刑法因果新论

侯国云　著

中国人民公安大学出版社

·北　京·

图书在版编目（CIP）数据

刑法因果新论 / 侯国云著. —北京：中国人民公安大学出版社，2012.8

ISBN 978-7-5653-0928-1

Ⅰ.①刑… Ⅱ.①侯… Ⅲ.①刑法—因果性—研究 Ⅳ.①D914.04

中国版本图书馆 CIP 数据核字（2012）第 166313 号

刑法因果新论

侯国云　著

出版发行：中国人民公安大学出版社
地　　址：北京市西城区木樨地南里
邮政编码：100038
经　　销：新华书店
印　　刷：北京泰锐印刷有限责任公司

版　　次：2012 年 8 月第 1 版
印　　次：2012 年 8 月第 1 次
印　　张：13.125
开　　本：880 毫米×1230 毫米　1/32
字　　数：378 千字

书　　号：ISBN 978-7-5653-0928-1
定　　价：40.00 元

网　　址：www.cppsup.com.cn　　www.porclub.com.cn
电子邮箱：zbs@cppsup.com　　zbs@cppsu.edu.cn

营销中心电话：010-83903254
读者服务部电话（门市）：010-83903257
警官读者俱乐部电话（网购、邮购）：010-83903253
公安图书分社电话：010-83905672

修订说明

本书第一版于2000年由广西人民出版社出版，这次再版时作了修订。修订的内容是删除了初版时关于准必然性和准偶然性的论述，详见再版前言第二部分。

序 一

刑法因果关系是犯罪构成客观方面的要素之一，也是行为人承担刑事责任的客观依据。司法实践中，如果人的行为与危害结果之间不具有因果关系，就不能令行为人对结果承担刑事责任。可见，刑法因果关系在犯罪论中占有十分重要的地位。

我国刑法学界对刑法因果关系的研究向来十分重视。早在新中国成立初期，就有学者对这个问题进行了深入的研究。党的十一届三中全会后，随着1980年《中华人民共和国刑法》的实施，刑法中的因果关系问题又开始引起学术界的重视并展开研究。据不完全统计，到目前为止，我国刑法学界就刑法因果关系问题发表的学术论文已有200余篇，而且出版了两本学术专著。但遗憾的是，关于刑法因果关系的诸多问题，至今仍未取得共识。比如，关于刑法中到底有无偶然因果关系问题，两种相反的观点至今仍然相持不下；在赞成有偶然因果关系的学者中，对于什么是刑法中的偶然因果关系，也是众说纷纭，莫衷一是。在西方国家，刑法中的因果关系也未彻底解决，“条件说”和“相当因果关系说”仍然在矛盾中被交替着使用。美国的双层次因果说，也存在自相矛盾之处。总之，刑法中的因果关系还需要投入更多的力量进行研究。

侯国云同志早在大学读书的时候就开始对刑法因果关系问题感兴趣，并撰写了《论刑法中的偶然因果关系》一文，发表在《江海学刊》1982年第5期上。走上大学讲坛后，他仍然孜孜不倦地研究这一问题，集20年的勤奋思索，终于写成了这本书，实属难能可贵。尤其是，他有一种不怕失败，勇于创新的精神。在这本书中，他首先向哲学上必然性、偶然性的传统定义提出质疑，认为必然性不是不可避免的、一定如此的发展趋势，否则它就无法与偶然性形成对立的统一。他认为只有绝然性才是不可能避免的、一定如此的，还认为偶然性也有内在的根据，它与必然性一样产生于事物的内在矛盾之中。他创立了“绝然性”、“绝然的因果关系”和“或然的因果关系”三个哲学概念，认为绝然性只靠自身的力量即可变为现实，由此可形成绝然的因果关系。他还认为，偶然因果关系是数个必然因果环节的必然（紧密）联结，而不仅仅是巧遇和交叉。由此创立了一套与传统刑法因果理论既有联系又有区别的新的刑法因果关系理论，自成体系，自圆其说。书中除了论述绝然的、必然的、或然的、偶然的四种因果关系外，还论述了自杀案件的因果关系、不作为犯罪的因果关系、直接与间接因果关系以及原因与条件的区别等，而且还介绍了其他国家的一些刑法因果观和我国近年来关于刑法因果关系的种种学说，并对他不赞成的观点提出了商榷性意见。全书力求以马克思主义的哲学理论为指导，结合大量实际案例，用通俗的语言讲述深奥的哲学理论，虽然充满着哲学的思辨和理性的思维，但读起来却轻松自如，不难理解。

我赞赏侯国云同志这种勇于创新的精神。他力图在这本书中为解决刑法因果关系问题提出一种新的思路，找到一种新的方法。至于这种新思路、新方法能否应用到司法实践中去，能否为刑法学界所接受，那是可以讨论也是需要实践检验的问题。创新本属不易，更不可能完美无缺。同理，侯国云同志在这本书中所提出的新理论也不可能就没有问题，但毕竟他是下了工夫的。总的来说，这是刑法因果关系理论中的一本比较有分量的专著，值得人们一读。

高铭暄

2000 年 2 月 16 日

序 二

将人的脑袋打碎，把人的心脏击穿等诸如此类的行为与死亡结果之间的因果关系无须进入刑法理论研究的视野，因为这类事件在司法实践中不会发生任何争议。刑法理论关注的应是司法运作中的疑难问题，主要是有害行为与危害结果之间存在一定的时空间隔（因而掺进了介入因素）情况下如何认定因果关系。

刑法因果关系问题是如此之艰深复杂以至于也许永远不可能提出一种不受挑战的理论。刑法中的因果关系学说，大陆法系理论从条件说经过多种原因说发展到相当因果关系说，英美法系理论从借用侵权法的事实原因说演变为刑事领域的法律原因说和预见说，总体轨迹大体相似；筛选外界情事以框限刑事责任范围从而为确定刑事责任的客观基础提供理论支持。在一个多世纪的漫长岁月里，刑法因果关系的理论著述卷帙浩繁，但是透过时间滤箔存留下来被学界推崇的并不多，大凡有两类：或者学术观点有独到之处，或者思路方法有创新性。两者兼备的，实为凤毛麟角，也许根本没有。试以此为参照，我们来阅读侯国云教授从思考到完成用了20年时间的专著《刑法因果新论》。

本书由绪论、哲理、本论、比较和质疑五篇组成，体系完整。从哲学到刑法，从纵向上刑法因果关系诸种学说的演变到横向上三大法系国家特色各异的理论比较，合理的结构又包含了丰富的文献信息，理论著作兼有工具性，更增添了学术价值。

哲理是奠定本书体系的理论基础，作者对相关哲学范畴进行了深入细致的思考，着实下了很大工夫。哲理篇以可能性启动，抓住可能性这一范畴作为研究因果关系理论的逻辑起点，是理论与实践结合上的最佳路径，颇有方法论价值。与现实性相对的可能性是指现存事物中所包含的预示其发展前景的种种趋势；由于事物之间联系性质的复杂性，因而这种趋势便具有多样性。可能性在量的维度上即为或然率（亦称概率）。本书所称的绝然性（概率为100%的发展趋势）实质上均是数量差异。对外界事物的观察，由定性到定性与定量兼备，是人类认识史上的伟大进步。

本论篇的着力之作落在“偶然因果关系”上。作者对通行哲学著作和刑法论述中的偶然性范畴进行了批判性重述，认为“刑法中的偶然因果关系是包含着发生危害结果的偶然性的行为，在一定条件下促使另一行为或自然力发挥作用，使得偶然性变为现实性，从而间接引起危害结果的一种内在的、合乎规律的联系”。其相应有四个特征：因果之间的间接性；原因对结果的发生起支配和促使作用；因果之间形成数个紧密联结的必然因果环节；它是一种内在的规律性的联系。历来刑法因果关系学说争论的深层焦点最终可归结为因果关系偶然性问题。将偶然因果关系作为讨论的重中之重予以展开，无疑将增加本书的学术分量。

本着作序者未必仅为赞誉而首先应当是评论者的意识，接下来想探讨一下书中的“纰漏”。“在可能性之下又划分为绝然性、必然性、或然性、偶然性四种发展趋势”的说法，意味着可能性是绝然性、必然性、或然性和偶然性的上位概念。但或然性实际是可能性的量化概念。此其一。其二，或然率（亦称概率）是用来表示随机事件发生的可能性大小的一个量。把必然性发生的事件的或然率规定为1，把不可能发生的事件的或然率规定为0，而一般随机事件（在相同条件下可能发生也可能不发生的这类事件）的或然率是介于0与1之间的一个数。书中所言“概率接近于1但仍小于1”的必然性和“概率接近于0但仍大于0”的偶然性，其实均应纳入或然性的范畴。人为地将或然性限定在50%左右的概率，其合理性并没有予以应有的论证。其三，绝然性概念的必要性问题。书中举例，如“个体生命的死亡、一个四季的更替等”均为绝然性，但它们与因果性无涉，因为生不是死的原因，死也不是生的结果。春不是夏的因，冬也不是秋的果。至于“杀人案件中，犯罪分子用斧子将被害人的脑袋击碎”，其因果关系属于直接联系，其间无介入因素，其因果关系在理论上和实践中不会有任何争议，理论似无研究之必要。其实将必然性按通常理解为有条件的或无条件的概率为1的发展趋势，在理论上也就够用了。以上只是个人浅见，可以讨论，难说是指正。

有长处也有缺点，有褒奖也有批评，正所谓瑕瑜互见，更要声明：瑕不掩瑜。不知广大读者有何高见？

储槐植

2000年2月12日

前 言

（一）

这本书从思考到完成整整经过了20年。

那是在1980年我还在西南政法大学读书的时候，有幸拜读了李光灿先生发表在《辽宁大学学报》1980年第3期上的《论刑法中的因果关系》一文，由此使我对刑法中的因果关系问题产生了浓厚的兴趣。我完全赞成李光灿先生关于“刑法中既有必然的因果关系，也有偶然的因果关系”的观点。但经反复推敲，我发现有点美中不足的是，李先生把偶然因果关系界定为“两个必然因果关系环节的巧遇和交叉”不十分科学。于是，在王者香教授的指导下，我撰写了专就偶然因果关系与李光灿先生进行商榷的论文——《论刑法中的偶然因果关系》（这篇文章后来发表在《江海学刊》1982年第6期上）。从此，我与因果关系结下了不解之缘。

大学毕业后的第二年，我从机关调到了中国政法大学，不知不觉间在讲台上已站了近20年。这些年，每年都要给学生讲授刑法课程，每讲到因果关系一节时，都要事先进行一番缜密的思索，都要增加一些新内容。在不断的思考和探索中，我发现传统刑法因果观的“唯必然因果说”与“偶然因果说”之所以长争不休，又说不清楚，主要原因在于必然性、偶然性等哲学概念原本就存在着严重的矛盾和缺陷，从而影响了人们对刑法因果关系的正确理解。

哲学上本来承认必然性与偶然性是一对对立统一的范畴，但却把必然性界定为一种产生于事物内部的一定如此的、不可避免的发展趋势；把偶然性界定为产生于事物外部的可以出现，也可以不出现；可以这样出现，也可以那样出现的现象。照此说来，必然性是一种趋势，偶然性是一种现象，二者风马牛不相及，怎么会对立统一呢？再说，不可避免的、一定如此的发展趋势是一种绝对性，怎么会是必然性呢？它又怎么与偶然性对立统一呢？还有，必然性产生于事物内部，偶然性却产生于事物外部，那么偶然性岂不是没有根据了吗？这些问题都存在自相矛盾之处。

由于哲学上认为只有必然性才是具有内在根据的发展趋势，于是有的人就说，只有必然的、内在的联系才是因果关系。

由于哲学上把必然性界定为不可避免的、一定如此的发展趋势，于是有的人就认为，只有在两个现象间存在着不可避免的、一定如此的关系时才有因果关系。

由于哲学上认为偶然性是产生于事物外部的一种不稳定的现象，于是有的人就说，在偶然性的基础上不能形成因果关系。

这些观点都有问题，而这些问题的根源都来自哲学上对必然性和偶然性的错误界定。于是，笔者开始对可能性、现实性、必然性、偶然性等哲学范畴进行思考，并把这些概念的定义作了修正，还创造了“绝然性”这个新的概念。笔者把可能性界定为“客观事物内部蕴藏着的这样或那样的发展趋势”。在可能性之下又划分为必然性、或然性、偶然性三种发展趋势。从所含概率上讲，绝然性是概率满100%的发展趋势，因而它也是一个独立的发展趋势，因而它不被包含在可能性之中。必然性是概率接近于1但仍小于1的发展趋势，或然性是概率在50%左右的发展趋势，偶然性是概率接近于0但仍大于0的发展趋势。所有这些发展趋势都有自己产生的内在根据，它们的内在根据都存在于事物的内在矛盾之中。绝然性占据着事物内在矛盾的全部，必然性占据着事物内在矛盾的主要方面，偶然性占据着事物内在矛盾的次要方面，或然性的正反双方分别占据着事物内在矛盾的两个方面。而且必然性和偶然性之和、或然性的正反双方之和总是等于1（100%）。

在此基础上，笔者把刑法上的因果关系分为绝然的、必然的、或然的、偶然的四种。当绝然性转变为现实性时，就形成绝然的因果关系；当必然性转变为现实性时，就形成必然的因果关系；当或然性转变为现实性时，就形成或然的因果关系；当偶然性转变为现实性时，就形成偶然的因果关系。绝然性的实现不需要任何条件与之配合，其自身就可完成转变；必然性的实现则要靠偶然性开辟道路，偶然性的实现也要靠必然性开辟道路；或然性的实现同样需要或然性为其开辟道路。

这就是本书所创立的一套新的刑法因果关系的理论体系。

（二）

本书所说的偶然因果关系，与传统观点所讲的偶然因果关系不完全相同。本书将偶然因果关系界定为数个必然因果环节的紧密（必然）联结。就像数个紧密连接的铁环一样，必须环环相扣，不能脱节。如果有一个环节不是必然的联系，那就脱节了，整个因果链条就不能形成偶然的因果关系。按照这一理论，刑法中的偶然因果关系成功地被限定在一个狭小的范围内，不少传统偶然因果说认为有偶然因果关系的案件，本书认为不存在因果关系。比如，（1）甲伤乙，乙去医院治疗，因大夫不负责任造成医疗事故，致乙死亡；（2）甲伤乙，乙去医院治疗，途中被汽车撞死；（3）甲伤乙，乙住在医院治疗，夜里因医院失火乙被烧死。这三个案例传统偶然因果说都认为甲的行为与乙的死亡之间有偶然因果关系，但本书认为无因果关系。因为在这类案件中，都不能形成数个必然因果环节的必然连结。比如在第一个案例中，可形成如下一个中间断掉的因果链条（实际上是两个因果链条）：甲打——乙伤——去医院治疗……医疗事故——乙死。这里共有四个环节，一、二、四这三个环节都是必然的联系，但第三个环节却没有任何必然的联系，即不能说去医院治疗就必然的导致出现医疗事故，要是这样的话，就没有人去医院治病了。由于第三个环节（去医院治疗与出现医疗事故之间）没有必然的联系，因而这个因果链条就中断了。由于因果链条中断，甲的殴打行为就不能作为原因渗透到乙死亡的结果中去，因而，甲的殴打行为与乙的死亡之间就不存在偶然的因果关系。另外，按照这个理论，某些被唯必然因果说认为是必然因果关系或者认为无因果关系的案件，本书认为有偶然的因果关系。比如，甲骑自行车横冲直闯，将乙撞倒在汽车道内，乙来不及站起，即被正常行驶的丙驾驶的汽车轧死。这类案件，有的唯必然因果说论者认为甲的行为与乙的死亡之间有必然的因果关系，有的唯必然因果说论者又认为二者之间无任何因果关系，只是一种偶然的联系。但是，按照本书的理论，二者之间有偶然的因果关系。因为这里已经形成了以下三个紧密联结的必然因果环节：甲撞——乙倒——车轧——乙死。可能有人认为中间一个环节（乙倒——车轧）不是必然的联系。其实不然，因为丙在驾驶汽车正常行驶并已来到乙的跟前时，乙突然倒在丙驾驶的汽车跟前，必然导致丙来不及杀车，从而使乙必然被轧身死。乙之所以突然倒在丙正常行驶着的汽车跟前，是由甲的行为直接引起的，所以甲的行为已经作为原因渗透到乙死亡的结果中去了。因而，甲撞乙的行为与乙的死亡之间就形成偶然的因果关系。为什么不能说二者之间是必然的因果关系呢？因为，就甲撞乙的行为本身来说，只是包含着乙被轧死的偶然性，而不是必然性。

本书所说的绝然因果关系、必然因果关系、或然因果关系，实际上就是传统刑法因果理论中所说的必然因果关系。换言之，本书把传统的必然因果关系进一步划分为绝然的、或然的、偶然的三种。这样划分的意义在于，可以更清楚地认清各种原因对结果所起作用的大小。缺点是增加了区分不同的因果关系的难度。但实际上，区分起来并不困难。尤其是绝然的因果关系，最容易认定，比如用斧子将人的脑袋劈碎、对着人的脑袋开枪，将人的脑袋砍掉、将人的心脏挖出等，行为与死亡结果之间都是绝然的因果关系。必然的与或然的因果关系，有时候可能不太容易区分，但从事物的发展概率上去分析，也不困难。这种分析的方法是，在结果发生之前，用过去曾经出现的这类现象的概率作参照，分析这种行为造成危害结果的可能性有多大，可能性超过80%的，就应认为是必然的因果关系；可能性在50%～80%之间的，就应认为是或然的因果关系。不过，从总体上讲，仍然可以把绝然的、必然的、或然的三种因果关系笼统地称之为必然的因果关系。

（三）

本书共五篇：绪论篇、哲理篇、本论篇、比较篇、质疑篇。绪论篇主要阐述刑法因果关系的一些基本问题如研究对象、研究目的、研究方法，等等，以及刑法因果关系与哲学因果关系的关系问题。这一部分也贯穿着一些新的观点；哲理篇主要是重新界定可能性、必然性、偶然性等几个哲学概念，并创造了绝然性这个新的概念，为建立因果关系理论奠定哲学基础；本论篇集中研究每一种不同性质的因果关系，除了绝然的、必然的、或然的、偶然的四种因果关系外，还研究了自杀案件的因果关系、不作为犯罪的因果关系、直接与间接因果关系，等等；在比较篇中介绍了其他国家主要是德、日、英、美、苏联关于刑法因果关系的研究，还介绍了我国十几年来关于刑法因果关系方面的种种学说；质疑篇主要是对作者不同意的一些观点提出商榷性意见。本书的创新部分主要集中在哲理篇和本论篇。

建议阅读本书的读者，不要错过了哲理篇的内容。因为本书在哲理篇中构筑了刑法因果关系的新的理论基础，只有把这一部分读过了，再去读本论篇时才比较方便。

刑法因果关系是一个十分复杂的理论问题，越往深里研究会越感到复杂。尽管本人对之思考了 20 多年，但绝不敢说对这个问题就思索明白了。书中肯定会有不少纰漏甚至谬误之处，尤其是属于创新的那一部分，更是难免。我由衷地欢迎师长、同仁们给予批评指正。

侯国云

1999 年 8 月 26 日于北京

再版前言

（一）

本书初版是2000年由广西人民出版社出版。在本书出版前后，还曾出版过其他数本专著。尽管学界对我的《过失犯罪论》、《新刑法疑难问题解析与适用》等专著评价不错，但我自己最看重的还是这本《刑法因果新论》。这本专著最大的特点在于创新，在于从根上、源上阐明了“什么是刑法上的因果关系”。不是有人埋怨必然性、偶然性难以解释清楚，也有人质疑为什么要把刑法因果关系区分为必然的和偶然的两种吗？本书正是从源上回答了这些问题。本书不但回答了什么是必然性、偶然性，而且回答了必然性、偶然性是如何转化为必然、偶然因果关系的；不但回答了刑法因果关系的根在哪里，而且回答了刑法因果关系的形成过程、内部结构和表现形式。其他关于刑法因果关系的学说，包括我国的必然、偶然因果说的其他观点、德国和日本的条件说、相当说以及英美国家的事实因果说、法律因果说，都没有从本源上阐明刑法因果关系的根在哪里，没有阐明刑法因果关系是如何形成的、如何发展的。换句话说，他们只说明是什么，不说明为什么，只是知其然，却不知其所以然，没有把刑法因果关系的深层理论挖掘出来。这正是导致有关刑法因果关系的各种学说都被质疑的根本原因。储槐植教授认为刑法因果关系“也许永远不可能提出一种不受挑战的理论”，恐怕也是基于这个原因。而本书的特点正是克服了以往研究因果关系的方法过于简单的缺点。正是由于本书从本和源上研究刑法因果关系，因而本书创立的因果关系学说能够科学地解决司法实践中遇到的难题。这里，我们不妨举两个案例来分析一下：案例一：甲致乙轻伤或轻微伤，乙去医院途中过马路时被丙驾驶的汽车撞死。案例二：甲将靠近汽车道骑车的乙撞倒在汽车道内，乙尚未来得及爬起，即被丙驾驶的汽车碾轧而死。案例一，如果认为甲的行为是致乙死亡的原因，让甲对乙的死承担责任，恐怕绝大多数人都不能接受。案例二，如果认为甲的行为不是致乙死亡的原因，不让甲对乙的死承担任何责任；或者认为甲的行为是致乙死亡的根本原因，让甲对乙的死承担全部责任，恐怕也不能为绝大多数人所接受。这说明，对案例一应当认定为不存在任何因果关系；对案例二应当认定为存在特定（偶然）的因果关系。用我所创立的“必然联结说”进行分析推理，得出的结论与社会一般人即绝大多数人的意见是一致的，即案例一不存在任何因果关系，案例二只存在偶然的因果关系，但用德、日的条件说和我国传统的偶然因果说，都能得出案例一有因果关系的结论。

（二）

本书初版至今已走过 12 个年头，市场上有七八年都买不到这本书了，因而早有人建议我再版本书。此次再版，作了一项重大的修改：就是删去了有关“准必然性”和“准偶然性”的内容。为何要作此种修改，这里需要作个说明：本书出版之后，我继续对因果关系问题进行思考，发现我在初版时所创立的“准必然性”和“准偶然性”换一个角度讲，其实仍然是必然性和偶然性本身，所以这次再版就把这方面的内容删掉了。当初，之所以创立这两个概念，是因为在研究必然性和偶然性向现实性转化时，发现二者要转化为现实都需要自己的反面为自己开辟道路。在研究的过程中，我发现必然性和偶然性都产生于事物的内在矛盾，而为必然性和偶然性开辟道路的偶然性和必然性却产生于另一个事物的内在矛盾。比如，某乙被毒蛇咬伤后，有死亡的必然性和不死的偶然性。死亡的必然性要转化为现实，需要“得不到及时抢救”这个条件来配合；不死的偶然性要转化为现实，需要“积极有力的抢救”来配合。得不到及时抢救，可能是因为找不到运送伤者的汽车，也可能是因为路上堵车等原因造成的；“路上堵车”对于伤者的死亡来说是偶然的，然而正是这个偶然性配合死亡的必然性变成了现实。可以说，这个偶然性是为死亡的必然性转变为现实开辟道路的偶然性。这时候我发现，死亡的必然性产生于蛇毒的内在矛盾，而为死亡的必然性开辟道路的偶然性产生于堵车的内在矛盾，于是我就觉得这个偶然性（堵车中包含的致伤者得不到及时治疗从而死亡的偶然性）与另一个偶然性（蛇毒的可解性中包含的伤者不死的偶然性）不是同一种偶然性，于是我就把为必然性的实现开辟道路的偶然性称之为准偶然性，把为偶然性的实现开辟道路的必然性称之为准必然性。在后来的继续思考中我发现，为必然性的实现开辟道路的偶然性表面上看是产生于另一个事物，但实际上仍然是与必然性同时产生于事物内在矛盾中的这个偶然性才能为必然性的实现开辟道路。仍以前例为例：某乙被毒蛇咬伤后，因蛇毒的内部有毒性和可解性两种本质，毒性占有99%的量，可解性只有1%的量。毒性与可解性构成一对对立统一的矛盾。显然，蛇毒的毒性决定了某乙有死亡的99%的必然性，蛇毒的可解性决定了某乙还有不死的1%偶然性。死亡的必然性要转变为现实性，需要偶然性来配合，也就是需要那1%的量来补充99%使之满足100%。某乙被毒蛇咬伤后，在送往医院的途中凑巧遇上了堵车。原来我把“堵车”中包括的某乙得不到及时治疗的偶然性当成为死亡的必然性开辟道路的偶然性了，后来我发现，“堵车”对于某乙的死亡来说只是一个条件，为某乙死亡的必然性开辟道路者表现上看是堵车，但实际上是产生于蛇毒的可解性中的不死的偶然性。因为，堵车导致某乙得不到及时的治疗，得不到及时治疗便使毒药的可解性得不到利用，可解性得不到利用，便使1%的可解性被毒性侵蚀而消失，1%的可解性的消失意味着这1%的可解性也变成了毒性，于是，原来只有99%的毒性加上这由原来的可解性转变而来的1%的毒性，毒性就上升为100%，成长为绝对性了。于是，原来只有99%的死亡的必然性也就成长为100%的死亡的绝然性，死亡也就不可避免了。你看，在这里，为死亡的99%的必然性开辟道路的正是那1%的不死的偶然性。这个不死的偶然性同样产生于蛇毒的内在矛盾中，它和死亡的必然性同时产生于蛇毒的内部。由此我发现，我不应把为必然性开辟道路的偶然性称之为准偶然性，而应该说，为必然性开辟道路的就是偶然性。同样道理，为偶然性的实现开辟道路的是必然性，而不是准必然性。我这一段论述，读者若初次阅读，可能还是不好理解。但我相信，您若多读几遍，再结合实例反复推敲、思考，是能够读懂的。当您读懂之后您就会发现，这套理论既符合辩证唯物主义，又符合客观实际，是完全正确的。

（三）

本书初版之后这些年，学界对刑法因果关系的研究不太活跃，虽然零零星星地有一些关于刑法因果关系的论文发表，有时候或许还有个小高潮，但学术理论仍然没有什么新的进展，相反却有些倒退的表现。这种倒退表现在两个方面：其一，是重新捡起德、日刑法因果理论中的条件说和相当因果关系说，甚至把它写进教科书里。德、日刑法因果理论中的条件说和相当说早就被我国刑法学界抛弃了，其中的条件说甚至在日本也被不少学者抛弃了，可我国的个别学者却把它重新捡起来，并千方百计地加以美化，好像发现了什么新大陆似的，这显然是一种学术倒退。应该说，这是一种不求甚解的、懒惰的学术思潮在作怪。说它不求甚解，是因为这种学术思潮并未完全弄懂德、日条件说与相当说的基本原理，如果弄懂了，就不会再简单地照搬了；说它懒惰，是因为这种学术思潮不下工夫研究因果原理，对我国的刑法理论不作深入研究，对德、日的条件说、相当说同样没有下工夫研究。比如，条件与原因的区别是什么？结果的根据存在于条件中还是存在于原因中？只有条件没有原因能否引起结果？相当说的“相当”在哲学上是什么意思？相当说与我国的必然、偶然因果关系说有什么联系和区别？这类问题他们都没有认真地研究。因此我说，简单地照搬德、日的条件说和相当说来取代我国的必然、偶然因果关系说，是不正确的、懒惰的表现。其二，是企图让刑法因果关系脱离哲学因果关系的指导。有学者指出：“我国刑法因果关系理论若要从徘徊中走出来，必须要打破哲学因果关系的禁锢”，认为“刑法因果关系也根本不是哲学因果关系的具体运用”① 并试图对我国因果关系理论的嬗

① 参见陈兴良：《刑法因果关系：从哲学回归刑法学——一个学说史的考察》，载《法学》2009 年第 7 期。

变过程进行梳理，试图勾勒出我国刑法因果关系理论从哲学化到去哲学化的演变轨迹。说实在的，看了这样的文章，我感到十分的惊诧，因为其论述和结论都过于简单和粗糙。我在电脑上用工具栏的“数字统计”查了一下，发现该文章共27083字，可引用别人的话（也有些是引用自己过去说过的话）就多达15481个字，剩下的11602个字也都是一些交代、介绍、议论、评论方面的文字，全篇只是把因果关系的研究与发展作了一个梳理，没有缜密的思考和论证，也没有实证分析，更缺少理论的思辨。这样的文章怎么就可以下结论说“刑法因果关系不是哲学因果关系的具体运用”呢？怎么就能将刑法因果关系去哲学化呢？不客气地说，这是一种学术上的投机取巧，或者说是一种不仔细不认真的表现。没有进行深入的研究，怎么就可以轻易地下结论呢？学术研究是一项艰辛的工作，必须自觉地运用哲学理论、逻辑学理论、文字学理论，还要结合社会实际，进行缜密的思索、分析、论证，才能得出真知灼见，绝对不是引用别人的话语再加以评论就可以完成的。说刑法因果关系不受哲学因果关系的指导，显然是一种哲学上的外行话。大家都知道，哲学乃是关于世界观的学问，它既是世界观，也是方法论。它所研究的“是有关整个世界，有关世界的一切事物（包括自然界、社会和人类思维）的最普遍的问题”①。就像所有的法规都受宪法的指导一样，所有的学科都要受哲学的指导，这是最起码的常识。不要说因果关系这样一个具体的哲学问题，即使刑法学中的其他问题也和其他学科一样，都要受哲学的指导，怎么能说刑法因果关系不受哲学因果关系的指导呢？可以肯定地说，脱离哲学因果关系的指导，刑法因果关系的研究就不可能不走向歧途。不过，我看了上述所提到的文章之后，发现作者极力提倡的所谓将刑法因果关系去哲学化，实际上就是将我国关于必然因果关系和偶然因果关系的学说退回到德国、日本的条件说和相当说中去，以为这样就“去哲学化”了。其实，即便这样，那也是去不了“哲学化”的。因为，德、日刑法因果中的“条件说”和“相当说”仍然

① 艾思奇主编：《辩证唯物主义　历史唯物主义》，人民出版社1978年版。

包含着哲学原理，仍然脱离不了哲学的指导。如果不了解这一点，那只能说是不了解哲学。

仔细地梳理一下可以发现，从新中国成立到如今的几十年间，在刑法因果关系的研究上，除了本书提出的理论属于学术创新之外，几乎再找不到属于创新的学说与见解。您若有兴趣，把有关刑法因果关系的著作和论文都找出来阅读一遍（我在写作本书过程中，是把已经发表的有关刑法因果关系的所有的论文及专著都找来阅读了的），您就会发现我这个说法是正确的。我在本书的第十七章对我国刑法学界关于因果关系的论争作了全面的介绍。从中您可以发现，我国关于刑法因果关系的论争，是从唯必然说与必然偶然说的对立展开的。然而，不论是唯必然说还是必然偶然说，其学术观点及其论述方法都是从苏联照搬过来的。您可以发现，在主张既有必然因果关系也有偶然因果关系的学者中，除了我在本书中提出的必然联结说之外，对什么是刑法中的偶然因果关系学界中还有如下几种不同的见解：巧遇交叉说、交错说、竞合说、引起说、条件原因说。在这几种见解中，前四种尽管名称不同，但实际上都是苏联的学术观点的复制，没有任何创新之处，而且根本没有对因果关系的基本原理进行阐述，没有回答为什么要把刑法因果关系区分为必然、偶然两种，没有说明必然、偶然因果关系是从哪里发展而来的。第五种见解，也就是条件原因说，或许也可以算是一种创新，但这种创新却过于荒谬。因为这种见解所说的条件不是哲学意义上的条件，而是特指刑法中所说的危害行为。比如甲一刀捅死了乙，他认为甲的捅刀行为是乙死亡的条件，二者之间是偶然的因果关系；乙的身体经受不住刀捅是乙死亡的根据，二者之间是必然的因果关系。其荒谬之处大家都看得明白，不需我再加以点明。除了上述学术见解之外，学界里就刑法因果关系问题还提出了事实因果关系与法律因果关系的见解①，并认为这是一种新的研究视角。然而，事实因果与法律因果的学说是从英美法系国家照搬过来的，也不是理论上的创新。《国家检察官学院学报》2004 年第 4 期上

① 参见张绍谦：《刑法因果关系研究》，中国检察出版社 1998 年版，第 111 页。

刊载一篇题为《刑法因果关系论之危机、反思与出路》的论文。单看标题，以为还真的有什么新出路呢，然而看完了才发现，原来仍然是在复制国外的学说。这篇文章先介绍了大陆法系的条件说、相当因果关系说，又介绍了英美法系的事实因果说、法律因果说，再介绍我国的必然因果说、偶然因果说，全部介绍一遍之后就说："因果关系的研究似乎走上了一条不归路"，认为出现了危机。因为他认为以上所有的见解都不妥当。于是提出了一种新思路：主张"将法律因果关系的概念转换为客观可归责性的概念"，也就是用"客观可归责"理论取代刑法因果关系理论。可细一追究，发现这种客观可归责之说又是从德国搬来的。这种见解在德国也不是一两年了，并未引起人们重视，却被我国的学者当做创新见解提了出来，以为这样就可以化解危机。我有点不理解，用因果关系这个概念都解决不了因果关系问题，难道用客观归责这个概念就能解决因果关系问题？实在是有些令人费解。长期以来，我国刑法学界在对刑法因果关系的研究上总想走捷径，总是复制、照搬国外的学说，而不是沉下心来作深思熟虑的思考，显然是研究方法上的一大失误。您若仔细阅读一下已经发表的有关刑法因果关系方面的论文，您就会发现，有许多文章都是凭一时兴趣，偶发感想，草草成文的。用这样的方法研究刑法因果关系，恐怕才真的会走上一条不归路呢！

（四）

趁着这次再版，我想对储槐植教授在初版序二中对本书提出的几点意见作个说明。我很感谢储教授在百忙中为本书初版作序。他在序中对本书的评价是"有长处也有缺点，有褒奖也有批评"。说实在的，我很希望能够看到对本书的详细批评。因为只有有了批评，我才能知道读者对我的创新观点是否认同，也才能与读者进行对话，展开进一步的讨论。储教授在序言的最后部分对本书指出了三点"纰漏"①，在初版时未来得及作出说明，现在我顺便作个说明，以便再

① 不过，我倒不认为这是"纰漏"，而是在哲学上的创新。

向储教授进行讨教。

储教授所说的第一个纰漏是我“在可能性之下又划分为绝然性、必然性、或然性、偶然性四种发展趋势”。在这里我首先对我自己的一个小小失误作个纠正：我本来没把绝然性纳入可能性之中，可能性之下只是划分为必然性、或然性和偶然性。这在本书第一版第三章第六节中说得清楚。那里讲：“根据可能性所含概率的大小，可以把可能性分为必然性、或然性与偶然性”。但我在第一版的前言中犯糊涂，竟然说我把可能性进一步划分为绝然性、必然性、或然性和偶然性。显然，前言中的说法是一个失误。不过，储教授所指的纰漏不是这个，他是说我不该把可能性作为必然性、或然性、偶然性的上位概念，因为“或然性实际是可能性的量化概念”。关于这一点，我是这样考虑的：可能性的本义是可能发生也可能不发生，可能这样发生也可能那样发生。按照这个含义去分析必然性和偶然性，您就会发现必然性和偶然性也是既可能发生也可能不发生，既可能这样发生也可能那样发生，所以必然性和偶然性显然也属于可能性。只是必然性和偶然性的概率含量一个很大一个很小而已。那么，除了概率很大的必然性和概率很小的偶然性之外，还有没有概率含量不太大也不太小的可能性呢？当然有，而且不少。那这种概率含量不大不小的可能性叫作什么呢？我想就应该叫作或然性。在这里我是把或然性看做可能性的一个下位概念，专指概率含量不太大也不太小的可能性，这也是我的一个创新见解。这个创新与“或然性实际是可能性的量化概念”并不矛盾。如果讲量化的话，实际上，必然性、偶然性也是可能性的量化概念，因为它们各自都代表着事物发展趋势的一定的量。至于绝然性，我为什么把它独立出来而不作为可能性的下位概念呢？因为绝然性只有一个发展趋势，不符合可能性“可能这样也可能那样”的基本含义，因而绝然性就不属于可能性了。

储教授所讲的第二个纰漏是说我不应该把必然性和偶然性从或然性中独立出来，“人为地将或然性限定在50%左右的概率，其合理性并没有予以应有的论证。”他认为，必然性和偶然性均应纳入或然性的范畴。因为“或然率（亦称概率）是用来表示随机事件发生的可能性大小的一个量。把必然性发生的事件的或然率规定为1，把不可能发生的事件的或然率规定为0，而一般随机事件（在相同条件下可能发生也可能不发生的这类事件）的或然率是介于0与1之间的一个数。”按照哲学和概率论的传统学说，储教授的意见当然是正确的。但我的意见恰恰是对传统学说的一个修正，这正是我的创新理论的一个重要组成部分。我认为，事件发生的概率为1或者0的，应界定为绝然性而不是必然性，只有发生的概率接近于1但仍然小于1的，才应界定为必然性，而发生的概率接近于0但仍然大于0的，则应界定为偶然性。您缜密地思索和分析一下就可发现，传统理论把概率为1的界定为必然性，把概率在0与1之间的统称为或然性，存在着两个巨大的缺陷：其一，把概率为1者界定为必然性违背了必然性的固有含义。我们知道，必然性的反面是偶然性，这就决定了必然性也有不发生的可能性，或者说必然性也是既可能发生，也可能不发生。因而它归属于可能性，是可能性的下位概念。但概率为1者却不是可能发生也可能不发生，而是肯定的、不可避免的要发生。这说明概率为1者不属于可能性，自然也不属于必然性。因而，把概率为1者界定为必然性显然不科学。其二，把概率在0与1之间者统统界定为或然性，而不根据其量的大小进行区别和分类，显然把或然性的范围设置得过大，这不利于人们对客观事物的观察，也不利于人们对重大事情的决策。我的理论是根据所含概率的量的大小，把概率接近于1但仍然小于1的界定为必然性，把概率接近于零但仍然大于0的界定为偶然性，把概率在50%左右的界定为或然性，把概率为1的界定为绝然性，这并不违背概率论的基本原理，且符合量变引起质变的哲学原理。更大的优点是这样分类能使人们对事物发展的趋势有一个清晰的认识。而且由此引申出的四种不同的因果关系，能使人们清楚地看到各种原因对结果所起的原因力的大小，能够说明不同的因果关系承担不同的刑事责任的理论基础，而且我这个理论正巧能够对“因果关系何以要分为必然的、偶然的”两种作出科学的说明。

储教授所说的第三个纰漏是我不该创立“绝然性”这个概念。他认为，“将必然性按通常理解为有条件的或无条件的概率为1的发展趋势，在理论上也就够用了”。这个问题我与储教授的见解有所不同。我认为，把概率为1的发展趋势界定为必然性，在理论上不但不够用，而且极易混淆不同的发展趋势之间的界限。首先，把概率为1的趋势界定为必然性，常与概率接近于1的趋势相混淆。大家都知道，传统理论一方面把概率为1的趋势界定为必然性，同时在习惯上也把概率接近于1的趋势界定为必然性。比如，向人的胸部捅刀子或者对着人的脑袋开枪，引起死亡的概率并非1而是接近于1，但人们都说这两种行为有引起死亡的必然性。这显然是把概率为1和概率接近于1这两种趋势混为一谈了。如果我们把概率为1的趋势界定为绝然性，把概率接近于1的趋势界定为必然性，二者就再也不会相互混淆了。其次，把有条件的和无条件的概率为1的趋势都界定为必然性，抹杀了不同的事物之间的区别，这恰恰是传统理论的一大弊端。比如，甲一斧子将乙的脑袋击碎，丙一刀子将丁的大腿上的动脉血管捅破，乙和丁都死亡了。在这两个案件里，甲的行为中包含着致乙死亡的概率为1的发展趋势（无条件），丙的行为加上距离医院太远这个客观条件也包含着致丁死亡的概率为1的发展趋势（有条件）。我们能否把甲的行为与丙的行为等同看待呢？当然不能。因为甲的行为本身所包含的致乙死亡的概率就达到了1，而丙的行为本身所包含的致丁死亡的概率却远没有达到1，必须加上客观条件才能使这个概率达到1。显而易见，甲的行为与丙的行为属于性质不同的两种行为，一个包含着致人死亡的绝然性，另一个仅仅包含着致人死亡的或然性。如果按照传统的观点，说二者都包含着致人死亡的必然性，显然无法把二者区别开来。我在本书第五章第一节中指出，按照绝然性产生的过程来划分，可以把绝然性划分为自生的绝然性和转化的绝然性。我所说的自生的绝然性和转化的绝然性正是储教授在这里所说的“无条件的和有条件的概率为1的发展趋势”。储教授不赞成我创立绝然性这个概念的另一个理论是绝然性与因果性无关，即使有关，绝然因果关系也过于简单，无须研究。我在书中指出，个体生命的死亡，一年四季的更替，均属于绝然性，而不是必然性。储教授针对我这个说法指出：“但它们与因果性无关，因为生不是死的因，死也不是生的果。春不是夏的因，冬也不是秋的果”。储教授的这个说法没有错。但问题是，虽然生不是死的原因，但人的死亡有没有其他的原因呢？死虽然不是生的结果，但死是不是其他原因的结果呢？这恐怕是不能否定的。虽然其间的因果关系我们不需要去研究，但这种绝然性的存在我们不能不承认。针对我说的“一斧子将人的脑袋击碎”之类的案例，储教授认为，其因果关系属于直接联系，在理论上和实践中不会有任何争议，理论似无研究之必要。关于这一点，我是这么考虑的，将人的脑袋打碎与人的死亡之间的因果关系的确很简单很明了，但这不能妨碍刑法因果理论将其归入因果关系中的一类。无论它如何简单，它也是因果关系的一种表现形式，我们不能弃之不顾。另外，将其划分为独特的一类因果关系具有如下的重要意义，这就是让人一眼就能看出其原因力有多大。将我所说的绝然、必然、或然、偶然四种因果关系加以比较，您可以发现，就原因对结果的作用力而言，前一种因果关系总比后一种因果关系为大。其中，绝然因果关系的原因力最大，偶然因果关系的原因力最小。大家都承认因果关系是行为人负担刑事责任的客观依据，那么，根据行为对结果所起的原因力的大小，让行为人在承担刑事责任时在重与轻上有所区别，自然会显得更合理也更科学。

以上，是我就储教授提出的几个问题所作的一个说明，想以此再求教于储教授，不知储教授能否赞同。当然，就这几个问题，我也欢迎其他学者参于讨论。

侯国云

2012 年 6 月 9 日于北京

目　录

绪 论 篇

哲 理 篇

本论篇

比 较 篇

质疑篇

绪 论 篇

第一章 刑法因果关系概说

第一节 引子

刑法因果关系在刑法学中占有十分重要的地位，也十分地令人瞩目。它既是犯罪构成理论的一个重要组成部分，也是司法实践中正确认定犯罪所必须解决的问题之一。因此，它早已成为刑法学中的一个重要的研究课题。

早在公元前11世纪至公元前841年的西周成、康年代，人们就认识到了因果关系的重要性，从而创造了一种朴素的以时间来限定因果关系的保辜制度，[①] 认为在限内发生结果的，有因果关系；在限外发生结果或者虽在限内但因他故发生结果的，没有因果关系。与此相似，在英美普通法上从中世纪开始确立了一种“一年零一天规则”(Year and a Day Rule)。“如果被害人不是在受到的打击或其他致死原因发生之日起的一年零一天内死亡的，任何人不得被认定犯有谋杀罪或非预谋杀人罪”。[②] 这种朴素的刑法因果观念，在一定程度上从客观方面遏止了奴隶主和地主阶级的滥刑、重刑和报复刑的无限蔓延，但由于它是产生和成长于以自然经济为基础的奴隶社会和封建社会，因而也就不可避免地含有浓厚的直观性、片面性和表面性等不科学成分。

进入19世纪以后，随着资本主义商品经济的高度发展，资产阶级的“民主”和“法制”建设得到加强。随之而来的是资产阶级的法律思想和法学理论得到充分发展。与此相适应，刑法理论也得到了

① 蔡枢衡：《中国刑法史》，广西人民出版社1983年版，第207～208页。
② ［英］特纳：《肯尼刑法原理》，华夏出版社1989年版，第142页。

较大的发展。截至19世纪中叶，资产阶级刑法学中的犯罪构成理论业已创立，犯罪主观结构论开始占统治地位。这时候，资产阶级的刑法学家们也开始关注起刑法因果关系命题来，就此撰写了大量的论文和专著，提出了“条件说”、“原因说”、“相当原因说”、“危险关系说”等不同的学说。这些学说对推动刑法因果关系的研究和发展，无疑起到了一定的积极作用。但是，由于这些学说都是受机械唯物论思想的指导只能似是而非地割裂和罗列某些思想观点的碎片，因而不但不能建立起严密科学的刑法因果关系学说，反而把这个问题弄得混乱不堪。

苏联的刑法学家们用辩证唯物主义的因果关系学说来指导刑法因果关系的研究，虽然取得了很大进展，但并未取得认识上的统一。比如，对于因果性与必然性和偶然性的关系问题、对于因果关系与刑事责任的关系问题、对于是否存在偶然因果关系的问题，一直存在着理论上的分歧。

新中国成立初期，我国刑法学界在引进苏联刑法理论的基础上，对犯罪构成理论和刑法因果关系理论都进行了初步的研究。在因果关系问题上，通过讨论，统一了如何将马克思主义哲学关于因果关系的理论运用到刑法科学中来的认识，并结合司法实践讨论了能否将刑法中的因果关系区分为必然因果关系和偶然因果关系的问题，而且初步形成了两种截然不同的意见。即有的学者认为，刑法中只有必然因果关系一种形式，有的学者认为，刑法中既有必然因果关系也有偶然因果关系。

进入20世纪80年代之后，随着《中华人民共和国刑法》于1980年1月1日起正式实施，又伴着改革开放的春风，我国的刑法学研究步入了空前繁荣的新阶段。刑法因果关系的研究也重新引起了人们的重视。据不完全统计，从1980年至1996年，在全国各类学术刊物上发表的研究刑法因果关系的专题论文有100多篇，而且出版了由李光灿、张文、龚明礼撰写的我国第一本关于刑法因果关系的理论专著《刑法因果关系论》。这些论著除了探讨刑法因果关系的一些基本问题，如马克思主义哲学对刑法因果关系的指导、因果关系的客观性与相对性、因果关系的内外因原理、因果关系与刑事责任的关系、原因与条件的区别、共同犯罪的因果关系、自杀案件的因果关系等问题之外，更多的是关于必然因果关系和偶然因果关系的争论。应该说这一时期我国刑法学界对刑法因果关系问题的研究投入了较大的精力，也取得了较为显著的成果。但是，也不可否认，在某些重大理论问题上仍未取得突破性进展，甚至在个别方面一时陷入了困境。比如，持“必然说”的学者坚持认为刑法中只有必然因果关系一种形式，但却讲不出很能令人信服的理由。持“偶然说”的学者讲的刑法中也存在偶然因果关系的理由虽然有一定的说服力，但由于大家对“什么是刑法中的偶然因果关系”意见不一，有的学者甚至把一些根本不存在偶然因果关系的案例硬说成具有刑法中的偶然因果关系，从而招致持“必然说”的学者的讥讽和反驳。再如，关于内外因理论也未得到很好的解决。竟然有人错误地认为，在杀人案件中，杀人行为是造成死亡的外因。另外，近年来在我国的刑法学教科书中，还出现了“条件即原因”的说法。“条件即原因”是资产阶级刑法学中的一个臭名昭著的观点，早已受到多数包括资产阶级在内的各国刑法学家的唾弃和批判，但近年来这一观点竟然在我国刑法学界重新被提起，这不能不说是耐人寻味的。笔者以为这恰恰是我国刑法因果关系理论陷入困境的一种表现，有些人为了摆脱这种困境，才捡起了这种早已过时的理论。

如前所述，我国刑法学界对刑法因果关系理论给予了较多的关注，且取得了显著的成果。可为什么在一些重大理论问题上会陷入困境甚至出现理论上的倒退呢？笔者认为原因主要有两个：一是哲学上对与因果关系有关的一些范畴的基本原理尚未完全理清楚。比如，关于必然性，哲学上一直错误地认为是一种不可避免的一定如此的发展趋势；对于偶然性，哲学上常常错误地把它看做事物的一种现象，并错误地认为偶然性的根据存在于事物的外部。哲学上的这些误导自然要影响到刑法因果关系的研究。二是刑法学界对与因果关系有关的一些基本概念的基本含义也没有完全弄清楚，甚至存在一些错误的理解。比如，对于必然性和偶然性的基本含义；对于必然性和偶然性的辩证关系；对于偶然性、偶然事件、偶然现象、偶然结果的区别；对于因果性和因果关系的区别；对于可能性、必然性、偶然性和现实性的联系与区别等基本问题都有不同的认识，也有错误的认识。这样一来，关于刑法因果关系的认识难以统一，甚至出现一些错误的和倒退的见解，便是不难理解的了。

上述的原因说明，要使刑法因果关系的研究摆脱目前的困境，有一个突破性的进展，首先，必须对哲学上的一些与因果关系有关的基本范畴进行深入的开拓性的研究，而且要敢于冲破传统理论的束缚。其次，必须对一些基本概念的基本含义统一认识，而且要勇于摆脱错误的认识，统一到正确的认识上来。当然，刑法因果关系的研究也要贯彻百家争鸣、百花齐放的方针，存在一些不同的观点和争论是正常的，也是必要的。但是，贯彻百家争鸣的方针不应成为对基本概念保留错误认识的理由。像有些同志把偶然性理解为事物的联系或现象，这并不是观点不同的问题，而是认识正确与否的问题。如果不把这种错误的认识统一到正确的认识上来，必然影响对刑法因果关系的深入研究。如果因为这种错误的认识而形成不同的观点，那么，这样的不同观点则是毫无意义的。

本书正是基于上述理由，试图从哲学的一些基本范畴着手，进行开拓的创造性的研究，并由此建立刑法因果关系理论的新体系，也希望通过本书的努力，能够找到“必然说”和“偶然说”之争的解决办法。

第二节　刑法因果关系的研究对象

恩格斯指出：“原因和结果这两个观念，只有在应用于个别场合时才有其本来的意义；可是只要我们把这种个别场合放在它和世界整体的总联系中来考察，这两个观念就汇合在一起，融化在普遍相互作用的观念中，在这种相互作用中，原因和结果经常交换位置；在此时或此地是结果，在彼时或彼地就成了原因，反之亦然”。[①] 恩格斯这

① 《马克思恩格斯选集》（第3卷），人民出版社1972年版，第62页。

几句话是告诉我们，在整个客观世界中，各种现象都是普遍联系、相互制约的，从而形成一个错综复杂、相互联系的“网”。在这个“网”中，任何一种现象都既是前一种现象的结果，同时又是后一种现象的原因。因此，要研究某两种现象之间的因果关系，就必须采用“孤立原则”，把它们从普遍的联系中抽出来，专门地加以考察，只有在这时，才能具体地确定某一种现象是原因，另一种现象是结果。同样的道理，刑法中的原因和结果这两种现象也是交织在世界的普遍联系之中的。因此，要研究刑法中的因果关系，也必须采用“孤立原则”，从世界的普遍联系中抽出两种现象来专门地加以研究。但是，到底应从世界的普遍联系中抽出哪两种现象来加以研究，却是一个很值得研究的问题。

一、学术界关于刑法因果关系研究对象的争论

关于“什么是刑法因果关系的研究对象”，目前在刑法学界共有“行为说”、“违法行为说”、“危害行为说”、“违刑危害行为说”、“犯罪行为说”五种不同的意见。

（1）“行为说”认为，刑法中的因果关系“是指人所实施的行为与危害结果之间的因果关系”。这就是说，刑法因果关系应当从世界的普遍联系中抽出“人的行为”和“危害结果”这两种现象专门地加以研究。其理由主要有两点：第一，“刑法把犯罪行为作为研究对象的同时，也必然要研究具有犯罪的某些特征而尚未构成犯罪的行为，如意外事件、不到法定年龄或无刑事责任能力的人造成危害结果的行为，这也是刑法的研究对象”。第二，“从刑法中研究因果关系的目的看，只是为了确定某种行为是否符合犯罪构成的客观要件，并不要求在研究客观条件的过程中，连同犯罪构成的主观方面也一起研究。某种行为是否符合犯罪构成的全部条件，并不是刑法中研究因果关系能全部解决的问题”。① 这种意见受到了其他意见的批评。针对第一个理由，有人反驳说：“不错，意外事件和不到法定年龄或无刑事责任能力的人造成危害结果的行为是刑法研究的对象。但是，我们

① 程康彦：《略论刑法中的因果关系》，载《法学评论》1983年第1期，第38页。

却不能因此而得出这些行为‘应该成为刑法中因果关系的研究对象’的结论。因为刑法中的研究对象比之刑法中因果关系的研究对象，范围更加广泛，内容更为丰富”。针对第二个理由，有人反驳说：“问题不在于我们主观要求怎样，而在于思想与行为之间的辩证关系的客观需要。而确定某种行为是否符合犯罪构成的客观要件，就必须研究支配这种行为的主观心理活动。不然，就无法对这种行为的性质作出判断和确定”。不过，这只是“为了确定某一行为的性质”，而不是“为了确定行为人有无罪过”。①

还有其他学者对“行为说”的见解提出了批评，指出：“不加任何分析地把人的行为一律作为刑法因果关系的原因来研究，是无限地扩大了刑法因果关系的研究范围，势必把追究刑事责任的客观基础扩大化。因为人的行为既包括对社会有害的行为，也包括对社会有益的行为。但是，从研究刑法因果的目的上说，不应当把人的对社会有益的行为也作为可能导致负担刑事责任的原因来研究。否则，不仅从研究刑法因果关系的角度上说毫无意义，而且可能导致‘客观归罪’，即‘唯后果论’，从而造成冤案”。②

（2）“违法行为说”认为，刑法因果关系“是指行为人的违法行为与危害结果之间的关系”。③ 这就是说，刑法因果关系应当把人的“违法行为”和“危害结果”这两种现象抽出来专门地加以研究。这种观点也受到了一些人的批评。有人指出：“违法行为包括的范围是很广泛的。民事违法行为、经济违法行为、行政违法行为、刑事违法行为等，都属于广义的违法行为。如果不加任何限制地将违法行为作为刑法因果关系的研究对象，就会混淆刑法与其他法律所研究的因果关系的区别”。④

---

① 吕占锁：《也谈刑法中因果关系的研究对象》，载《法学评论》1983年第3～4期，第96页。

② 李光灿、张文、龚明礼：《刑法因果关系论》，北京大学出版社1986年版，第19页。

③ 高铭暄主编：《新中国刑法学研究综述》，河南人民出版社1986年版，第159页。

④ 李光灿、张文、龚明礼：《刑法因果关系论》，北京大学出版社1986年版，第21页。

（3）“危害行为说”认为，“刑法中因果关系的研究对象是危害社会的行为与危害结果之间的关系”。这就是说，刑法因果关系应当从世界的普遍联系中抽出“危害社会的行为”和“危害社会的结果”这两个现象专门地加以研究。其理由也有两点：第一，“研究刑法中因果关系，就要首先看一看有无危害社会的行为和危害结果，然后才能进一步研究这两种现象有无因果关系。……危害社会的行为是指人的有意志、有意识侵害社会的活动，是行为人负刑事责任的客观依据。危害结果是指对我国刑法所保护的社会主义社会关系的损害。它只是一种客观事实，不能独立解决刑事责任问题。只有与引起这种危害结果的危害社会的行为结合起来，才能确定行为人是否负刑事责任。因此，要研究危害社会的行为与危害结果之间的因果关系”。第二，“危害结果同犯罪客体有着内在的有机联系，危害社会的行为与犯罪的主观方面亦有内在的统一的联系。……我们不能忘记或忽视危害社会的行为与犯罪的主观方面这种内在的统一性”。[①] 这一观点受到了“行为说”的批评。有人批评说：“按照上述意见推论，成为刑法中因果关系原因的，只能是客观上与危害结果有因果关系而主观上有罪过的行为。但是，持上述意见的人又认为，‘解决了因果关系问题，只是解决了负刑事责任的客观基础，要使行为人对自己的行为负刑事责任，还取决于他主观上有无故意或过失。如果行为人没有故意或过失，即使行为和结果之间有因果关系也不能负刑事责任。因此，那种认为有了因果关系就有了刑事责任的观点是不正确的’。这不是自相矛盾吗?”[②] 这一观点还受到了其他人的批评。有人指出，将人的危害社会的行为作为刑法中的因果关系的原因来研究，较之将人的行为作为原因，在研究的范围上作了一些限制，“但仍然显得广泛，未能反映出刑法因果关系的特点。因为‘危害社会的行为’的内涵是很广泛的，从轻微的违反社会道德的行为到严重的犯罪行为，都可

---

① 吕占锁：《也谈刑法中因果关系的研究对象》，载《法学评论》1983 年第 3 ~ 4 期，第 95 ~ 96 页。

② 程康彦：《略论刑法中的因果关系》，载《法学评论》1983 年第 1 期，第 37 页。

以包括在危害社会的行为之中。如果把一般的不道德行为、轻微的违法行为等都包括在刑法因果关系的研究范围之中，同样会扩大追究刑事责任的客观基础，在司法实践中也会引起不良的后果”。①

（4）“违刑危害行为说”认为，刑法因果关系的研究对象，“是客观上违反刑法规定的符合犯罪客观要件的危害社会的行为（包括作为和不作为）同危害社会的结果之间的因果关系”。这就是说，刑法因果关系应当从世界的普遍联系中抽出“违反刑法的危害社会行为（简称违刑危害行为）”和“危害社会的结果”这两个现象专门地加以研究。其理由共有四点：第一，“根据马克思主义的犯罪理论，具有社会危害性，是犯罪的最本质特征。……因此，能够作为刑法因果关系的对象来研究的行为，首先必须是对社会有危害的行为”。第二，“刑法因果关系是属于刑法研究的范畴，能够为它的对象来研究的，只能是违反刑法规定的危害社会行为和危害社会结果，也就是那些可能会引起追究刑事责任的行为和结果”。第三，刑法因果关系只是犯罪构成客观要件的一个内容，“因此，不论行为人主观情况如何，不论其是否具备犯罪主体的条件，只要他的行为在客观上符合犯罪构成的客观要件，那么，就可以作为刑法中的原因来进行研究。至于他的行为是否构成犯罪，还要看其是否具备犯罪主体以及主观罪过的条件”。第四，刑法因果关系所研究的结果，“是由行为人的危害社会行为所引起的在客观上违反刑法规定的危害社会的结果。如果在社会上出现的某种结果，不是危害社会的，或者是对社会有益的……就不属于刑法因果关系研究的范围”。另外，“刑法因果关系所研究的结果，不仅是事实上的概念，也是刑法上的概念，它同刑法所保护的社会关系密切地联系在一起”。②

（5）“犯罪行为说”认为，“刑法因果关系是研究犯罪行为与犯罪结果之间的因果关系”。这就是说，刑法因果关系应当从世界的普

① 李光灿、张文、龚明礼：《刑法因果关系论》，北京大学出版社 1986 年版，第 20 页。

② 李光灿、张文、龚明礼：《刑法因果关系论》，北京大学出版社 1986 年版，第 22 ~ 23 页。

遍联系中抽出“犯罪行为”和“犯罪结果”这两个现象专门地加以研究。其主要理由是：“刑法研究因果关系的目的，是为了在犯罪结果发生之后，同对犯罪主体和犯罪构成主观方面必要条件的研究相结合，着重研究犯罪构成客观方面的必要条件，以便确认某人实施的同已发生的犯罪结果具有因果关系的某一特定行为，具备犯罪构成的一切必要条件即已构成犯罪，那么，就可以肯定这一因果关系是犯罪的因果关系”。[①] 这种观点受到了多数同志的批评。有人批评说，“这种观点把危害行为与犯罪行为等同起来，把犯罪构成的全部要件特别是主观要件是否具备，作为刑法因果关系有无的先决条件，把确定因果关系的有无与确定刑事责任混为一谈。……这样一来，是不是危害行为，与危害结果之间具不具有刑法上的因果关系，以有无主观罪过为转移，这是令人难以接受的”。[②] 也有人明确指出这种观点是不科学的，“因为犯罪行为是犯罪主体的主观要件和客观要件的有机统一体，犯罪构成的单独的某一个要件，不能简单地说成是犯罪。根据系统论的观点，整体并不是部分的简单相加，整体与每一组成部分，都有各自的功能。……刑法因果关系只是犯罪构成的客观要件中的一个要素，即使某人的行为同危害结果之间存在刑法因果关系，那也不能单凭这一点就认为是犯罪行为。只有当某人的行为已经具备构成某一种犯罪的全部要件时，我们才能肯定他的行为是犯罪行为”。[③]

二、需要统一认识的几个理论问题

关于刑法因果关系的研究对象问题，学术界之所以会有这么多不同的观点，笔者以为是由于在一些基本理论问题上没有统一认识。因此，我们有必要先研究这些基本理论问题。

（一）我们在研究刑法因果关系之前，能不能先对行为的性质作出判断

在上述五种观点中，除了第一种之外，其他四种观点都对刑法因

① 李光灿、张文、龚明礼：《刑法因果关系论》，北京大学出版社 1986 年版，第 18 页。
② 高铭暄主编：《新中国刑法学研究综述》，河南人民出版社 1986 年版，第 159 页。
③ 李光灿、张文、龚明礼：《刑法因果关系论》，北京大学出版社 1986 年版，第 21 ~ 22 页。

果关系中的行为（原因）的性质作了限定，有的限定为违法行为，有的限定为危害行为，有的限定为犯罪行为。按照这些观点，研究刑法中的因果关系，似乎必须先判明行为的性质之后才能进行。那么，在司法实践中，我们能先判明行为的性质之后再研究刑法因果关系吗？回答只能是否定的。因为在刑事案件中，首先摆在司法人员面前的往往是危害社会的结果，而不是人的行为。司法人员必须运用因果关系的逆行研究法从危害结果倒溯上去，才能找到造成结果的行为。其次，才能进一步判明行为的性质。可是，当从危害结果倒溯上去找到行为之后，还未等判明行为的性质，因果关系就已经研究过了（从结果倒溯上去寻找行为的过程就是对因果关系的研究）。这充分说明，判明行为的性质只能在研究因果关系之后，而不可能在研究因果关系之前。由此可见，在研究因果关系之前，是不需要也不可能先判明行为的性质的。不过，上述四种观点可能还有下述一种见解：他们认为，从危害结果倒溯上去找到人的行为这个过程还不算是对刑法因果关系的研究，而只算是对一般因果关系的研究。只有在这一研究过程的基础上，进一步查明该行为是否具有违法（危害、犯罪）的性质，并从具有这种性质的行为再顺推到危害结果，建立起顺向的因果联系，才算是对刑法因果关系的研究。换言之，他们是把从危害结果倒溯上去找到的行为进一步划分为有这种性质的和无这种性质的两类，并认为，有这种性质的行为与危害结果之间的联系才是刑法因果关系，没有这种性质的行为与危害结果之间的联系就不是刑法因果关系，而只是一般的因果关系。按照这样一种解释，倒是先判明行为的性质，再研究刑法因果关系了。但是，这样一来，又提出一个新问题：不承认从危害结果倒溯上去寻找行为这个过程是对刑法因果关系的研究，到底对不对？这便是我们需要研究的第二个问题。

（二）在刑事司法实践中，究竟哪一个工作阶段算是对刑法因果关系的研究

具体来说，对刑法因果关系的研究，是在从危害结果倒溯上去寻找行为（原因）这个阶段（简称第一阶段），还是从这个阶段一直延续到判明行为人主观上有无罪过（简称第二阶段）？要回答这个问

题，我们应当先看看研究刑法因果关系的目的。谁都不会否认，研究刑法因果关系的目的，就是为了查明危害社会的结果是由谁的行为造成的，以便为行为人承担刑事责任提供客观根据（注意：这里仅仅是客观根据，而不是全部根据，更不是主观根据）。简单说，就是要查明是谁的行为造成了这个危害结果。那么，这个任务是在第一阶段完成的，还是在第二阶段才完成的？笔者以为在第一个阶段就完成了。因为在第一个阶段，当司法人员从危害结果倒溯上去找到某个行为的时候，也就找到了造成这个危害结果的原因，换句话说，也就查明了行为与结果之间的因果关系。也正是因为如此，司法人员才会进一步追查实施这个行为的人主观上有无罪过。否则，又何必要去追查这个人主观上有无罪过，而不去追查别的人呢？由此可见，我们在第一阶段所做的工作从危害结果倒溯上去寻找造成该结果的行为就是对刑法因果关系的研究。在此之后，进一步追查行为人主观上有无罪过，是为了证明行为人是否构成犯罪、应否承担刑事责任的问题，而不是为了进一步确认行为与结果之间的因果联系。至于说在查明了行为的性质之后，再从这种行为顺推到危害结果，则完全是多余的事。因为行为与危害结果之间的因果联系在从危害结果倒溯上去找到行为的过程中就已经得到了确认，并不需要在查明了行为的性质之后，再顺推到结果中去。如果实在需要顺推的话，那也是在倒溯上去找到行为之后，立即就又顺推了过去，而不会等到查明行为的性质之后才去顺推。而立即顺推的过程，仍然是在第一阶段进行的。这就充分说明，我们对刑法因果关系的研究工作，是在从危害结果倒溯上去找到行为的过程中就完成了。同时也证明，在这个过程中查明的行为与危害结果之间的因果关系就是刑法上的因果关系。而且这个因果关系中的原因（即人的行为）的性质，在这个时候还没有得到证明。说到这里，我们不但回答了第二个问题，也进一步回答了第一个问题，即在研究刑法因果关系之前，不需要也不可能先对行为的性质作出判断。用不承认从危害结果倒溯上去找到行为这个过程是对刑法因果关系的研究，来证明在研究刑法因果关系之前必须对行为的性质作出判断，是讲不通的。

（三）研究刑法因果关系，需不需要首先对结果的性质作出判断

前文我们指出，研究刑法因果关系之前，不需要也不可能先对行为的性质作出判断。那么，需不需要先对结果的性质作出判断呢？笔者以为对这个问题必须作出肯定的回答。大家知道，刑法作为国家的基本法律，它的根本目的就是要惩罚犯罪，保卫社会秩序，防止犯罪行为对社会造成的危害。因此，凡是对社会具有严重危害性的结果，刑法就要去追查原因。而对于对社会有利的结果，或者对社会有一定的危害但不太严重的结果，刑法则不去追查。这就决定了刑法因果关系中的结果必须是具有严重社会危害性的结果，而不是一般的结果，更不是对社会有利的结果。这就要求我们在研究刑法因果关系之前必须先对某种结果（社会现象）的性质作出判断，看它有没有严重的社会危害性。如果有严重的社会危害性，就要作为刑法因果关系中的结果加以研究，并从此倒溯上去寻找原因；如果不具有严重的社会危害性，则不能作为刑法因果关系中的结果加以研究。

（四）刑法因果关系会不会把人的一切行为都作为自己的研究对象

前文我们指出，在研究刑法因果关系之前，不需要也不可能对行为的性质作出判断，只需要对结果的性质作出判断，而且当从危害结果倒溯上去找到行为的时候，刑法因果关系的研究也就完成了。这样一来，作为刑法因果关系中的原因的行为在性质上必然是多种多样的：有些是违法的，有些是合法的，有些是故意的，有些是过失的，有些是无意识的，还有些是不符合法定年龄的人实施的。这样一来，是不是说人们的一切行为都可以成为刑法因果关系的研究对象呢？是不是就可以把刑法因果关系中的原因概括为“人的行为”呢？笔者以为是不可以的。前文已经指出，能够作为刑法因果关系中的结果的，都是经过性质判断确认具有严重社会危害性的结果，一般的结果、正常的结果、对社会有利的结果都不会作为刑法因果关系中的结果加以研究。而且对刑法因果关系的研究，都是从这种具有严重社会危害性的结果始发，倒溯上去进行研究的，如果是正常的结果，则不予研究。比如，当司法人员见到一具尸体时，首先要判明该人是正常

死亡还是非正常死亡。如果是非正常死亡，才进一步追查造成该死亡结果的原因（行为）。如果是正常死亡，则就此作罢，不再追查死亡的原因。因此，像农民种地、工人做工、交通运输等这些人类正常的行为，绝大多数都不可能纳入刑法因果关系的研究范围。因为这些正常行为在绝大多数情况下所造成的结果都是正常的，或者说是对社会有利的。结果是正常的，刑法就不会去追查造成这种结果的原因，那么，造成这种正常结果的人的正常行为自然也就不会成为刑法因果关系的研究对象了。事实上，只是在极个别情况下，当某个正常行为因某种特殊情况而造成了严重危害社会的结果时，由于刑法从严重危害结果倒溯上去寻找原因，才把这种造成了严重危害结果的正常行为纳入刑法因果关系中来。比如，在汽车司机没有违反交通规则，由于行人不加观察突然地横穿公路而被汽车撞死的情况下，由于该行人的非正常死亡属于一种有严重危害性的结果，刑法才会从这个结果倒溯上去找到造成该结果的司机的行为。假如这个司机的正常驾车行为没有遇到这个突然横穿公路的行人，也没有造成任何其他的危害结果，那么，这个司机的正常驾车行为无论如何也不会成为刑法因果关系的研究对象。由此可见，能够成为刑法因果关系中的原因的，尽管也有人们的正常（合法）行为，但仅仅是那些造成了严重危害结果的正常行为，而不是所有的正常行为。因此，可以肯定地说，刑法因果关系并不会把人的一切行为都作为自己的研究对象。

三、对各种不同观点的述评

以上我们研究了四个理论问题，同时也得出了四个结论。这就是：(1) 在研究刑法因果关系之前，不需要也不可能对行为的性质作出判断。(2) 在实践中，从严重危害结果倒溯上去寻找行为这个过程，就是对刑法因果关系的研究。(3) 在研究刑法因果关系之前，必须对结果的性质作出判断，而且必须判明是严重危害社会的结果，才能开始刑法因果关系的研究。(4) 刑法因果关系不可能把人的一切行为都作为自己的研究对象。在对上述四个问题进行了系统的研究并作出结论之后，我们再来评断上述五种观点是否正确，就比较方便了。

1. “犯罪行为说”

“犯罪行为说”认为，刑法因果关系的研究对象是“犯罪行为”与“危害结果”这两个社会现象。稍加分析即可发现，这一观点至少有如下三个突出的矛盾无法解释：第一，它把犯罪行为作为原因，那就意味着在研究因果关系之前，就已经对行为人的行为定性（确定构成犯罪）了。既然已经构成犯罪，那说明犯罪构成的四大要件包括刑法因果关系都已经齐备了。既然如此，还有什么必要再研究因果关系呢？第二，在研究因果关系之前就对行为人的行为定了性，那么是根据什么来定的性呢？要作出构成犯罪的定性，除了行为人主观上具有罪过之外，其行为与结果之间还必须具有因果关系。而这时候尚未研究因果关系，也就是说，行为与结果之间有无因果关系尚未得到确定，而且也未查明行为人主观上有无罪过，凭什么就对行为作出构成犯罪的定性呢？当然，“犯罪行为说”也可能是基于下述一种想法：从危害结果倒溯上去找到人的行为之后，再分析行为人主观上有无罪过，有罪过的，就认定其行为是犯罪行为，该犯罪行为与危害结果之间就有刑法上的因果关系；无罪过的，就认定其行为不是犯罪行为，该行为与危害结果之间就没有刑法上的因果关系。但是，这样一来，就出现了一个无法解释的矛盾：从危害结果倒溯上去找到行为之后，到底承不承认这个行为与危害结果之间的关系是刑法因果关系呢？如果承认这是刑法因果关系，而这时候尚未对行为的性质作出判断，尚未查明行为人主观上有无罪过，仅凭此客观的因果联系怎么就能认定这个行为是犯罪行为呢？如果不承认这是刑法因果关系，为什么要在此因果关系的基础上去追查行为人的主观罪过呢？在查明了行为人的主观罪过之后，为什么又要以此因果关系为依据，认定行为构成犯罪呢？第三，如果把刑法因果关系仅限定在犯罪行为与危害结果之间的联系，那就意味着在因果关系中已经包含了行为人的主观罪过。把这样的因果关系再纳入犯罪构成之中，犯罪构成中就重复出现主观要件。这不是违背犯罪构成理论的吗？总之，“犯罪行为说”矛盾重重，很难自圆其说。因此，我们不赞成这一观点。

2. “违法行为说”

“违法行为说”认为，刑法因果关系的研究对象是“违法行为”和“危害结果”这两个社会现象。如果把刑法因果关系的原因限定在“违法行为”上，那么，在研究刑法因果关系之前就得先判明这个行为是否违法。前文我们经过研究已经得出结论，在研究刑法因果关系之前，不需要也不可能先对行为的性质作出判断。可见，把刑法因果关系的原因限定在违法行为上是不科学的。另外，根据“违法行为说”的见解，这里的违法是指违反所有的法，而不是专指违反刑法。这样一来，则又失去了刑法因果关系自身的特点，容易与其他法律所研究的因果关系相混淆。再者说，违反其他法律造成严重后果的，也不一定都要拉到刑法因果关系中来。比如，某企业未按时到国家商标局续展商标，致使一名牌商标被外国某企业抢先注册，造成重大损失。不按时续展商标是违反商标法的行为，而且这个行为也招致了严重的后果，但我们却不能将二者之间的因果关系拉到刑法因果关系中来。可见，“违法行为说”不但也有解不开的矛盾，而且扩大了刑法因果关系的研究范围。因此，这一观点也是不正确的。

3. “违刑危害行为说”

这一观点是建立在“危害行为说”的基础之上的。意思是说，必须是违反刑法的危害行为才能成为刑法因果关系中的原因。我们先不分析“危害行为”的含义，只说这里的“违刑”二字。按照这一观点，在研究刑法因果关系之前，需要先判明这一行为是否违反刑法。这里出现两个问题：第一，如果首先摆在我们面前的是严重的危害结果，我们还没找到造成这个结果的行为，那么，我们是先从结果倒溯上去寻找行为呢，还是先去判断行为是否违反刑法呢？当然得先寻找行为。找不到行为，就无法判断行为的性质。那么，寻找行为这个过程算不算是已经研究了刑法因果关系呢？前文我们通过研究，对这个问题已经作出了肯定的回答。如果承认这个肯定性回答是正确的话，那就说明在研究刑法因果关系之前是无法判明行为是否违反刑法的。这样一来，强调“违刑”就是毫无意义的了。第二，判断某个行为是否违反刑法是以什么为标准呢？按照世界通行的“不知法者不免责”的刑法原则，自然应当以客观效果为标准。也就是说，只要这个行为从表面上看是刑法所禁止的，不管行为人实施这个行为时有意识或者无意识，都可以肯定这个行为是违反刑法的。然而，有些行为从表面上能够看出其是否违反刑法，但也有些行为必须查明行为人主观上是否具有过错，再结合行为所造成的结果，才能判明该行为是否违反刑法，仅从表面上是看不出来的。例如，汽车司机在未超速的情况下撞死了横穿马路的行人。这一事件从表面上就看不出司机的行为是否违反刑法。要判明司机的行为是否违反刑法，必须查明司机驾车时精力是否集中、发现行人后是否及时采取了措施。如果司机驾车时精力集中从而立即发现了横穿马路的行人，而且及时地采取了应急措施，但由于行人横穿公路时距离汽车太近，以至于刹不住车，才撞死了行人，那么，司机主观上没有过失，也就没有违反刑法。假如司机驾车时思想不集中或者只顾聊天，以至于没有及时发现横穿公路的行人，或者及时发现了行人但未及时采取应急措施，那就说明司机主观上有过失。主观上有过失，也就违反了刑法。这个例子说明，有些行为，要查明其是否违反刑法，还得先查明行为人主观上是否具有过错。但是，正如我们在前文所说的，当我们面对危害社会的结果时，必须首先从这个结果倒溯上去寻找造成这个结果的行为（原因），而不可能先去追查行为人的主观过错。这又如何查明行为是否违反刑法呢？总之，把刑法因果关系的原因限定在违反刑法的危害社会行为上，也是不科学的。

4. “危害行为说”

“危害行为说”认为，只能是具有社会危害性的行为，才能作为刑法因果关系的原因的研究对象。当前，绝大多数学者都持这一观点。其理由主要有三点：（1）只有把危害行为作为原因，才能把刑法因果关系的研究对象限定在一个恰当的范围内，而“行为说”扩大了这个范围，“犯罪行为说”则又缩小了这个范围。（2）“研究刑法中的因果关系，就要首先看一看有无危害社会的行为和危害结果，然后才能进一步研究这两种现象有无因果关系”，而且认为危害社会的行为就是“人的有意志、有意识侵害社会的活动”。[①]（3）“只有具有社会危害性的行为才能造成危害社会的结果”。不少人在讲述这一理由时，常常引用列宁“结果并不包含……原因中没有包含的东西，反过来也是一样”这句话加以说明。[②]不难看出，“危害行为说”的这三点理由都是不能成立的。它的第一个理由是用否定别人的办法来证明自己的正确，这样的证明是无效的。因为按照逻辑原理，在别人的错误中并不存在自己正确的根据，换言之，别人的错误不能证明自己正确。它的第二个理由实际上并不是理由，而是一个结论，即必须先看看是不是危害社会的行为，然后才能研究因果关系。那么为什么必须先看看是不是危害社会的行为呢？这个理由却没有讲。实际上也是讲不通的。前文我们已经指出，在司法实践中，不可能先看看行为有无社会危害性，再去研究因果关系。因为首先摆在司法人员面前的往往是结果而不是行为。而当找到行为的时候，因果关系已经研究过了。况且按照“危害行为说”的见解，所谓危害社会的行为，就是“人的有意志、有意识的侵害社会的活动”，如此说来，因果关系中岂不是已经包含主观罪过了吗？然而，持此观点的同志又说，仅有因果关系没有主观罪过的，不能负刑事责任。这里显然是自相矛盾的。看来，“行为说”批评“危害行为说”自相矛盾是批评对了。它的第三个理由，乍一看去似乎有些道理，但仔细分析，仍有矛盾。这一理由是运用“原因和结果中具有同一的质”这一原理从结果的性质推出行为的性质：结果是危害社会的，行为就也是危害社会的。于是认为“只有具有社会危害性的行为才能造成危害社会的结果”。其实，这是对列宁上述那句话的误解。列宁的这句话是摘录黑格尔《逻辑学》中的这样一句话：“结果总之一点也不包含原因所不包含的东西。反过来说，原因也一点不包含不是在其结果中的东西”。[③]

---

① 吕占锁：《也谈刑法中因果关系的研究对象》，载《法学评论》1983年第34期，第95页。

② 张令杰：《刑法中因果关系的研究对象及其在犯罪构成中的地位》，北京市刑法学研究会首届年会论文选编：《刑法学论集》，北京市法学会1983年编，第48页。

③ ［德］黑格尔：《逻辑学》，商务印书馆1982年版，第217页。

黑格尔在这里所讲的关于因果同质的理论，都是就因与果的自然属性（并不是就社会属性）而言的。他举例说："譬如下雨是潮湿的原因，潮湿是下雨的结果"，但二者的内容是"同一的水"；他还举例说："假如一个物体的运动被看做结果，那么，运动的原因便是一种推动力；但推动以前和以后，所面临的是同一的运动量，推动的物体所包含的和传达给被推动的物体的，是同一的存在；这个物体传达了多少，它本身也就失去了多少"。① 不难看出，黑格尔在这里所说的下雨、潮湿和水的关系；运动、推动力和运动量的关系，都是事物的自然属性，而不是事物的社会属性。就事物的自然属性来说，因与果中确实包含着同一的质，但在因与果的社会属性中却不一定都包含着同一的质。因为社会是由人组成的，因而社会属性中便包含了人的因素和人的认识因素。而人对事物的认识又是容易出偏差的，这便决定了人所造成的危害社会的结果，不一定就是出于危害社会的心理。有的人本来是出于好心，想干一件对社会有利的事，但由于某种原因却造成了对社会有害的结果，所以才有"好心办坏事"这一说法。在这里，好心不一定就能办出好事，坏事不一定就是出于坏心（科学试验失败造成严重后果就属于这种情况）。由此可见，因果同质的原理在社会因素中是不完全适用的，在犯罪的因果关系中也是不能完全适用的。因此，我们不能说结果有社会危害性，行为就一定也有社会危害性，更不能由此得出刑法因果关系就是危害行为与危害结果之间的关系的结论。总之，"危害行为说"也是不科学的。

5. "行为说"

"行为说"认为，凡是"人所实施的行为"，不管这种行为是什么性质的、有没有故意和过失，都可以作为刑法因果关系的原因的研究对象。理由是：在研究因果关系之前无法事先判明行为的性质。而当判明行为的性质之后，因果关系实际上已经研究过了。应当承认，"行为说"的这一见解是很有道理的。因为在刑事案件中，我们首先看到的往往是危害结果，而不是人的行为。我们只有运用因果关系的

① ［德］黑格尔：《逻辑学》，商务印书馆1982年版，第218～219页。

逆向研究法（从结果找原因），从危害结果倒溯上去，才能找到造成该结果的行为。当我们找到这个行为的时候，这个行为与危害结果之间的因果关系就显现出来了。在这之后，如果我们继续追查该行为的性质，就可以发现，它可能是违法的，也可能是合法的，可能是危害社会的，也可能不是危害社会的，可能是行为人故意实施的，也可能是行为人在无意识情况下实施的，可能构成犯罪，也可能不构成犯罪。不管怎样，它是已经作为原因被纳入刑法因果关系中来了。我们实在没有办法事先查明它的性质并专挑危害社会的（或者是违法的、犯罪的）行为拿来做刑法中的原因。正是从这个意义上讲，用“人的行为”来概括刑法因果关系中的原因，显然要比用违法行为、危害行为、犯罪行为更全面一些。因为这时候，作为刑法因果关系中的原因的，本来就是各种各样的行为。

如此说来，是不是说“行为说”的观点就完全正确了呢？不然。实际上，“危害行为说”批评“行为说”扩大了刑法因果关系的研究范围，并没有批评错。“行为说”确实是扩大了这个范围。因为“行为说”讲的刑法因果关系的原因是“人所实施的行为”。人所实施的行为可广泛多了，大到做工、上班，小到买菜、做饭，都是人所实施的行为，难道这些都可以作为刑法因果关系的研究对象吗？当然不能。事实上，能够作为刑法因果关系研究对象的，只是人所实施的行为中的一个极小的部分，即造成严重危害社会结果的那一部分，并不是人所实施的一切行为。因为刑法因果关系的研究，是从严重危害社会的结果（而不是从正常的社会结果）开始往上倒溯的，没有造成严重危害结果的行为，根本就不可能成为刑法因果关系的研究对象。尽管这极小一部分行为中，有违法的，也有合法的，有构成犯罪的，也有不构成犯罪的……总之，可以用“人所实施的行为”来概括，但这极小一部分行为都有一个共同的特点：那就是都造成了严重危害社会的结果，或者说都与严重危害社会的结果有因果联系。正是这一个特点，把它们与人所实施的其他行为区别开来了。由此可见，我们只能说“人所实施的造成严重危害结果的行为”是刑法因果关系的研究对象，却不能说“人所实施的行为”是刑法因果关系的研究对象。“行为说”正是在这一点上出了差错。

四、结论

现在，我们终于可以对刑法因果关系的研究对象下一个定义了。这就是：人所实施的造成了严重危害结果的行为与严重危害结果之间的因果关系，就是刑法因果关系的研究对象。或者说，刑法因果关系就是人所实施的造成了严重危害结果的行为与危害社会结果之间的因果关系。在这里，能够作为刑法因果关系中的原因的，只能是造成严重危害社会结果的行为，而不是人的一切行为。这类行为，从性质上看，有违法的，也有合法的，有故意实施的，也有过失实施的，还有在无意识的情况下实施的。但它们有一个共同的特点，即都造成了严重危害社会的结果。没有造成危害社会结果的行为不可能成为刑法因果关系中的原因。能够作为刑法因果关系中的结果的，只能是严重危害社会的结果，也就是对刑法所保护的社会关系所造成的实际损害，或者说都是刑法中的危害社会的结果，而不是一般的危害结果。这一点正是刑法因果关系的特殊性所在。这里必须强调指出，刑法因果关系中的结果，只能是实际造成的结果，而不是可能造成的结果。因为可能的结果，还只是一种可能性，而不是现实。因果关系只能是两个现实的事物（现象）之间的联系。一个现实的事物（行为）与另一个非现实的事物（可能的结果）不可能形成因果联系。另外，如果把可能造成的损害也作为刑法因果关系中的结果，犯罪未遂的理论就无法成立了。因为犯罪未遂是建立在未发生危害结果的基础之上的。既然可能造成的损害，也是危害结果，而且可以作为刑法因果关系中的结果加以研究，犯罪未遂岂不是就不存在了？因此，那种认为刑法因果关系中的结果“还包括对刑法所保护的社会关系可能造成的实际损害”的观点，[①] 是不正确的。

需要说明的是，在刑法因果关系的原因（行为）中，包含着极少一部分正常的行为，或者说是合法的行为。这部分行为与危害结果

---

① 李光灿、张文、龚明礼：《刑法因果关系论》，北京大学出版社 1986 年版，第23～24 页。

之间构成了意外事件的因果关系（意外事件中的因果关系也是刑法因果关系）。为什么人的正常行为与危害结果之间会形成刑法上的因果关系呢？这首先是因为人的正常（合法）行为在特殊情况下也会造成危害社会的结果，如意外事件造成的严重后果、科学试验失败造成的严重后果等，都属于这种情况。这里，我们不能因为行为是合法的，就说它造成的结果也一定是对社会有利的；也不能因为结果是有害的，就说行为一定是违法的。就像俗话说的“好心办坏事”一样，不能因为是出于好心，就说他办坏了的事也是好事，但也不能因为他办坏了事，就把他的好心说成是坏心。坏事归坏事，好心仍是好心，不能混淆和颠倒。同样道理，合法行为造成了危害结果，不能因为行为的合法性而改变结果的危害性，也不能因为结果的危害性而改变行为的合法性。结果是有害的，行为仍然是正常（合法）的；其次是因为当这些正常行为造成了危害社会的结果时，如果司法人员首先面对的就是这种危害结果，那么，司法人员就要从这种危害结果倒溯上去寻找原因。这样，自然就把这种正常的行为也纳入刑法因果关系中来了。

从表面上看，把这极少一部分正常行为纳入刑法因果关系中来，由于是正常行为，似乎也是扩大了刑法因果关系的研究范围，但实际上这并不是扩大。不但不是扩大，而且对于刑法因果关系的研究来说是十分必要的。因为刑法不单是研究犯罪，有时候为了区别罪与非罪的界限，也要对个别行为通过研究确定其不构成犯罪。而要确定某个行为不构成犯罪，就必须排除行为人主观上的罪过。要排除行为人主观上的罪过，就必须先找到行为人。要找到行为人，就必须从危害结果倒溯上去找到行为。而这个从危害结果倒溯上去寻找行为的过程正是研究刑法因果关系的过程。可见，刑法中的因果关系不但是行为人负刑事责任的客观基础，也是排除行为人主观罪过的必经过程。正是从这个意义上说，从危害结果倒溯上去所找到的行为中，虽然也有人们的正常行为、合法行为、无意识行为等，但并未因此而扩大刑法因果关系的研究范围。换句话说，这些行为与危害结果之间的关系也是刑法上的因果关系。只是由于行为人主观上没有罪过而不负刑事责任罢了。

如果有谁想把这部分正常行为与危害结果之间的关系从刑法因果关系中排除出去，那将是行不通的。首先，在研究因果关系之前不能排除。因为我们总不能面对危害社会的结果而不去追查原因。其次，在查明了这种正常行为与危害结果之间的因果联系之后，也不能排除。因为一旦把这部分排除出去，刑法因果关系中就只剩下犯罪行为与危害结果之间的关系了。这样一来，就又回到了“犯罪行为说”的错误观点上去。“犯罪行为说”的错误之处前文已经讲明，这里不再赘述。

第三节　刑法因果关系的研究目的

刑法因果关系的研究目的，首先是为了确认危害社会的结果是由谁所实施的行为造成的。在这一点上，刑法学界没有不同的意见。但是，查明造成危害结果的行为又是为了什么？或者说研究刑法因果关系的最终目的是什么？在这个问题上，刑法学界有两种不同的意见：第一种意见认为，研究刑法因果关系的最终目的，是为犯罪构成确立客观方面的要素，也就是为行为人负担刑事责任提供客观依据。[①] 按照这种意见，解决了刑法上的因果关系，不等于就解决了刑事责任问题。“要使行为人对自己的行为造成的危害结果负刑事责任，行为人还必须具备主观上的故意或过失。即使具备因果关系，如果行为人缺乏故意或过失，仍不能构成犯罪和使其负刑事责任”。[②] 第二种意见认为，研究刑法因果关系的最终目的，是为了“确认某人实施的同已发生的犯罪结果具有因果关系的某一特定行为，具备犯罪构成的一切必要条件即已构成犯罪”，[③] 并“直接导致刑事责任”。[④] 也就是

---

① 高铭暄主编：《新中国刑法学研究综述》，河南人民出版社 1986 年版，第 163 页。

② 高铭暄主编：《刑法学》，北京大学出版社 1989 年版，第 116 页。

③ 李光灿、张文、龚明礼：《刑法因果关系论》，北京大学出版社 1986 年版，第 18 页。

④ 陈兴良：《刑法哲学》，中国政法大学出版社 1992 年版，第 94 页。

说，当行为人的行为与危害结果之间具有刑法上的因果关系时，行为人就构成犯罪并直接承担刑事责任，而不必再考虑行为人的主观罪过问题。

不难看出，上述两种意见之所以在因果关系的目的上形成不同看法，关键在于双方对刑法因果关系的理解不完全相同。第一种意见是在纯客观的意义上研究刑法因果关系，换言之，在此种刑法因果关系中不包含行为人的主观罪过问题。因此，这样的因果关系只是行为人负刑事责任的客观依据，仅凭此还不能对行为人定罪，更不能令行为人负刑事责任。但上述第二种意见则不同，它是在主客观相结合的意义上研究刑法因果关系的，换言之，在这种刑法因果关系中，不仅包含行为与结果之间的客观联系，而且包含着行为人主观上的罪过。因此，一旦查明行为与结果之间具有这样的因果联系，行为人就构成犯罪，并应负刑事责任。第二种意见之所以把行为人的主观罪过包含在刑法因果关系中，是基于“价值评判”的理论。所谓价值评判，“是指在纯行为事实的因果关系的基础上，确认因果关系在刑法上的意义”。“在确认有无刑法意义上的因果关系的时候，应当在行为事实的因果关系的基础上，根据行为人的预见及其可能性作为标准”。①质言之，这种价值评判，就是在纯客观的因果关系的基础上，必须加上行为人的主观罪过，才能变为刑法上的因果关系。实际上，这种价值评判说与本章上一节中提到的“犯罪行为说”是一回事。二者都是在客观上研究了行为与结果之间的因果关系之后，再追查行为人有无主观罪过。有主观罪过的，就认定其行为与结果之间的因果联系是刑法因果关系。没有主观罪过的，则不承认其行为与结果之间的联系是刑法因果关系。

从纯客观的因果关系与刑事责任的联系上看，上述两种意见没有根本的区别。因为双方都没有排斥主观罪过在刑事责任的负担上所起的作用，或者说双方都没有在纯客观的因果关系的基础上就令行为人负刑事责任。第一种意见虽然是在纯客观的意义上研究刑法因果关

---

① 陈兴良：《刑法哲学》，中国政法大学出版社 1992 年版，第 94 页。

系，但此因果关系不能直接导致刑事责任，要使行为人负刑事责任，还必须再加上行为人的主观罪过。第二种意见虽然认为从刑法因果关系中可以直接导致刑事责任，但这样的因果关系中已包含了行为人的主观罪过。虽然二者在这一点上没有根本区别，但是当我们把刑法因果关系与犯罪构成理论联系起来的时候，就很容易发现上述第二种意见是不正确的。我们知道，在犯罪构成理论中，刑法因果关系属于犯罪构成的客观要件，它必须与其他要件（主体、客体、主观要件）结合起来并且必须四个要件同时具备，才能认定行为构成犯罪。四个要件中，任何一个要件单独都是不能认定行为构成犯罪的。另外，客观要件就是客观要件，无须与主观要件掺和在一起。如果在客观要件中硬加上主观要件，那么，这样的客观要件在与其他要件相组合时，犯罪构成中就多出了一个主观要件，这显然是不符合犯罪构成理论的。如果从这种客观要件中直接就得出构成犯罪的结论，并直接导致刑事责任，那就等于用这样的客观要件直接替代了犯罪构成，这同样是违背犯罪构成理论的。由此可见，上述第二种意见把主观罪过揉进刑法因果关系之中，并从这种因果关系中直接导致刑事责任，是不正确的。

综上所述，研究刑法因果关系的目的，只是为了为行为人负刑事责任提供客观依据，并不是为了直接导致刑事责任。上述第一种意见是正确的。

第四节　刑法因果关系的研究方法

关于刑法因果关系的研究方法问题，学术界尚未详细地进行过研究。笔者认为，认真研究一下这个问题，对于全面正确地理解刑法因果关系具有一定的意义。

本书在第一章中曾经指出，早在我国古代的西周时期就开始了对刑法因果关系的研究，自此从未间断过。古时候研究刑法因果关系的方法比较简单，都是顺向进行，并以时间为标准。所谓顺向进行，就是先看到原因，后看到结果，并从原因中找到结果，从而建立起因果联系。所谓以时间为标准，就是由法律规定一个时间期限，行为（原因）发生后，在这个期限内发生结果的，就认为行为与结果之间有因果关系；在这个期限外发生结果的，就认为行为与结果之间没有因果关系。比如，《唐律·斗讼》规定："诸保辜者，手足殴伤人，限十日；以他物殴伤人者，二十日；以刃及汤火伤人者，三十日；折、跌肢体及破骨者，五十日。限内死者，各以杀人论。其在限外及虽在限内以他故死者，各依本殴伤法"。

今天，我们对刑法因果关系的研究，在方法上已经大为改进，与古时候相比，可以说是有了根本的区别。首先，在研究的顺序上，我们已经不再局限于顺向研究方法，而是既可以顺向研究，也可以逆向研究；其次，我们已经完全抛弃了古时候以时间认定因果关系之有无的简单方法，而是以因果同质的理论来判断因果关系之有无。下面我们分别加以说明。

一、顺向研究法

顺向研究法，就是从原因到结果的研究方法，也就是按照原因和结果先后发生的顺序进行研究。这是研究刑法因果关系最古老、最基本的方法，这一方法我们今天仍然使用着，而且永远不会失效。不过，需要强调指出的是，这种顺向研究的方法虽然是最古老、最基本的方法，但在今天，它的适用范围却十分狭窄，已经降低为一个次要的研究方法了。这是因为它只能适用于个别因果联系十分简单明了而且是行为（原因）先于结果呈现在司法人员面前的刑事案件。比如，司法人员亲眼所见犯罪分子开枪打死某人，亲眼所见一辆汽车肇事撞死行人等。这类案件，原因与结果之间的联系十分简单明了，而且在结果发生之前，司法人员已经发现了造成这一结果的原因。因而，司法人员从原因到结果的先后发展顺序中就可以直接判断出二者之间的因果联系，而不需要从结果倒溯上去寻找原因。对于稍微复杂一些的刑事案件，尤其是危害结果首先呈现在司法人员面前的刑事案件，顺向研究法都是无能为力的。由此可见，使用顺向研究法研究刑法因果关系必须具备两个条件：一是司法人员在危害结果发生之前就发现了引起这个危害结果的行为（原因）；二是原因与结果之间的联系十分地简单明了。

二、逆向研究法

逆向研究法，就是从危害结果倒溯上去寻找原因的研究方法。这一方法是当今研究刑法因果关系的主要方法。它的适用范围比较广泛，可以说绝大多数刑事案件都要使用这一方法来研究因果关系。它的适用对象可以归纳为两类：一类是危害结果首先呈现在司法人员面前的刑事案件。这类案件往往需要通过对危害结果的分析研究，并由此倒溯上去，运用侦查手段，才能寻找到原因。这个寻找原因的过程，就是运用逆向研究法研究刑法因果关系的过程。另一类是危害行为先于危害结果或者是行为、结果同时呈现在司法人员面前，但因果联系比较复杂的刑事案件。这类案件由于因果联系比较复杂，往往在顺向研究之后，还要再运用逆向研究法加以核实，才能确定行为与结果之间的因果关系。比如，有这样一个案件：被告人夏某一天到女朋友家时，被女朋友家附近的一伙青年追打。遂于第二天组织十几人手持刀斧棍棒前来报复。这伙人来到夏某女朋友家附近，见到几个小青年，不由分说，挥棒就打、挥刀就砍。结果一中学生葛某背部被刺进一刀，经抢救无效死亡。事后，夏某主动投案承认是自己捅死了葛某，其他参与斗殴的人也都说是夏某捅的。据此，公安机关将案件移送检察院审查批捕。检察院认为，犯罪事实清楚，有被告人交代，又有同案犯口供证明，同意将夏某逮捕。批捕后，公安局又移送检察院起诉。检察院在审查起诉的过程中，未发现夏某捅人用的凶器。夏某供称伤人后将刀扔掉，但夏某几次供出的刀型均不一致，且找不到凶器。检察人员再审查尸体伤口鉴定，发现被害人的伤口是尖刀所致，而夏某曾供认拿的是菜刀。检察人员经过调查，果然有人证明夏某拿的是菜刀。至此，案情有了重大变化。最后终于查明，被害人葛某不是夏某捅死的，而是于某捅死的。这一案件，在因果关系的研究方法上，就是先用顺向研究法，又用逆向研究法，才使案件真正得以查实，避免了一起冤案的发生。这就说明，有些复杂的案件，即使危害行为首先呈现在司法人员面前，可以运用顺向研究法研究刑法因果关系，但也要运用逆向研究法加以核实。否则，单靠顺向研究法，就容易出现差误。

三、同质判断法

所谓同质判断法，就是从原因和结果中是否含有相同的质，判断二者之间是否存在因果关系。这里的“相同的质”，不像有些人理解的是指行为和结果中都含有社会危害性，而是指在行为和结果中都含有某些共同的特征。比如，用菜刀砍人造成死亡的，伤口的形状肯定是条形的；用三棱刀捅人造成死亡的，伤口的形状肯定是三角形的；投毒致人死亡的，尸体中肯定含有毒药的成分等。此外，这种“相同的质”也是指在行为中包含着危害结果发生的趋势（根据），危害结果是这种趋势在一定条件下所变成的现实。这种趋势依据其概率含量的大小，具体又分为四种：（1）绝然性，即概率为1（100%）的发展趋势；（2）必然性，即概率大到接近于1但仍小于1的发展趋势；（3）偶然性，即概率小到接近于0但仍大于0的发展趋势；（4）或然性，即概率在20%～80%的发展趋势。比如，一斧子将人的脑袋击碎，这一行为包含有致人死亡的绝然性，行为与死亡之间就是一种绝然的因果关系；一刀捅在人的胸部，这一行为包含有致人死亡的必然性，行为与死亡之间就是一种必然性的因果关系；一刀捅在人的腿上，只含有致人死亡的或然性，行为与死亡之间就是一种或然的因果关系，等等。因此，用同质判断法研究刑法因果关系，需要采取三个步骤：第一，首先看行为与危害结果之间是否具有某种共同的特征；第二，审查行为中是否含有引起危害结果的发展趋势；第三，审查危害结果是否是由行为中所包含的发展趋势所转变成的现实。

需要说明的是，以上三种研究方法相互之间都有一定的联系，而不是彼此孤立的。比如，当运用顺向研究法的时候，就要首先审查一下行为中是否含有造成某种危害结果的发展趋势；当运用逆向研究法的时候，则要首先审查一下危害结果中是否隐藏着某种行为的特征。这就说明，不论运用顺向研究法还是运用逆向研究法，都要同时运用同质判断法。另外，司法实践中在研究任何一个具体的刑事案件的因果关系时，也不是只孤立地运用一种研究方法。通常至少也得运用两种方法。其中，同质判断法在任何案件中都是必不可少的。其他两种方法，则根据案发的不同情况，决定是否运用。一般来说，当危害结果首先呈现在司法人员面前时，就运用逆向研究法；当行为首先呈现在司法人员面前时，就运用顺向研究法。不过，当运用顺向研究法的时候，都要用逆向研究法加以核实；当运用逆向研究法的时候，也要用顺向研究法加以核实。

第五节　刑法因果关系在刑法中的地位

一、古代和外国的见解

毫无疑问，刑法因果关系在刑法中占有十分重要的地位。这一点已经越来越清晰地被人们所认识到。不过，人们的这种认识也是随着刑事立法和刑法学的发展而不断发展的，而且在历史上也曾出现过错误的认识。

据史料记载，很早以前，人们就认识到了因果关系在刑法中的意义。这在我国古代的“保辜制度”和早期英美普通法上的“一年零一日规则”中都得到了证实。按照“保辜制度”，被伤害人在限内死亡的，行为人就要承担杀人罪的刑事责任，被伤害人在限外死亡或者虽在限内但因他故死亡的，则负伤害罪的刑事责任。按照“一年零一日规则”，如果被害人在遭受打击之后继续维持生命达一年零一日以上，即使在此之后死亡，行为人也不因此而负谋杀罪责；相反，如果被害人在遭受打击之后一年零一日之内死亡，除明显由于其他外力所致外，行为人都要因此而负谋杀罪责。这说明，不论在我国古代还是在英美早期普通法上，因果关系与犯罪的性质和刑事责任都是紧密联系在一起的。不过，古时候因果关系只是用来解决个别的具体犯罪（尤其是杀人罪）中的问题，它在刑法中尚没有普遍的指导意义。这种情况一直持续到19世纪以前。

19世纪以后，随着犯罪构成理论的提出，刑法因果关系在西方刑法学界得到重视，不再把它作为解决个别犯罪的问题来研究，而是把它作为刑法总则中的一般的犯罪特征来研究。不过在这以后，因受“客观归罪”和“主观归罪”的刑法指导思想的影响，对刑法因果关系在刑法中的地位问题的认识也开始有了较大的意见分歧。

在19世纪中叶，西方刑法学界受“客观归罪”思想的影响，把行为论作为犯罪构成理论的中心进行研究，在行为论中又以刑法因果关系为中心进行研究。这一时期，因果关系被看做行为的不可分离的要素，认为实行行为与危害结果之间，只要存在物理上的因果关系，就认为存在刑法上的因果关系，有因果关系存在，即认定行为在法律上应负责任。因此，这一时期，是以因果关系的存在作为追究刑事责任的唯一基础，故有“因果关系万能”之说。到了19世纪末期，由于受“主观归罪”思想的影响，西方刑法学界不再把行为论而是改把行为人论作为犯罪构成理论的中心进行研究，对因果关系也不再作为行为论的问题而是作为是否符合犯罪构成要件的问题来研究。另外，这一时期，刑法理论还认为只在“实质犯”的构成要件中存在因果关系问题，在“形式犯”的构成要件中不存在因果关系问题。这样一来，刑法因果关系在刑法中的地位就大大削弱了。它被降低为只是在追究行为人的刑事责任时所要考虑的一个因素。进入20世纪以后，在西方刑法学中，因果关系在刑法中的地位进一步受到削弱。这一时期，有人认为，刑事责任不是决定于什么因果关系，而是决定于行为主体与结果在目的上的联系，因而认为刑法科学可以不必对因果关系进行研究，甚至认为，“因果性这一概念对于我们的刑法理论来说是多余的”。主张用“意志和行动的联系”来代替刑法因果关系。[①] 这就从根本上否定了因果关系在刑法中的地位。

“十月革命”胜利后，苏维埃社会主义共和国联盟的刑法学家们把马克思列宁主义哲学关于因果关系的基本原理应用到刑法科学中来，使刑法因果关系的研究取得了累累硕果。关于刑法因果关系在刑法中的地位问题，苏联的刑法学家们在一开始的观点就是正确的。他们认为，“社会危害行为与这些行为的结果（刑事法律认为对社会主义社会有危害的）之间的因果关系乃是对所产生的社会危害结果承

① 萨厄尔：《一般刑法学》，1949年版，第70页。

担刑事责任的一个必需的和必然的条件”① 这就说明，在苏联的刑法理论中，刑法因果关系是犯罪构成中的一个客观要件，仅凭这种客观要件，还不能令行为人承担刑事责任。要使行为人承担刑事责任，除具备客观上的因果关系之外，行为人在主观上还必须具有罪过。关于这一点，A. A. 皮昂特科夫斯基在他早期主编的一本刑法教科书中就作出了正确地回答：“只有主体能够预见到或者应当预见到的那种因果关系，才对追究实施犯罪行为的有责任能力者的刑事责任具有法律意义”。② 由此可见，在苏联刑法学界，没有把刑法因果关系在刑法中的地位抬得过高，也没有降得过低，而是把它放在一个恰当的位置，即只是犯罪构成客观方面的一个要素，只是行为人承担刑事责任的一个客观基础。这一点是十分正确的。

二、我国刑法学界的不同见解

在我国刑法学界，关于刑法因果关系在刑法中的地位问题，有三种截然不同的观点。

第一种观点忽视刑法因果关系在犯罪构成中的地位，认为犯罪构成客观要件仅指危害行为和由该行为所造成的危害结果，而不包括因果关系。其理由主要有两点：第一点理由是说，因为犯罪构成客观要件所指的行为，与刑法因果关系研究对象所要求的行为不是同一种行为。犯罪构成客观要件的行为是犯罪行为，而刑法因果关系研究对象所要求的行为是危害社会的行为。因此，因果关系不是犯罪客观方面的要件。第二点理由是说，能够成为犯罪构成客观要件的只能是人的感觉器官能够直接感知的客观事实，如人的行为和行为所造成的结果，而行为与结果之间的因果关系，只有通过人的抽象思维才能把握它，凭人的感觉器官却不能直接感知，因而，因果关系不能成为犯罪

① ［苏］H. A. 别利亚耶夫、M. И. 科瓦廖夫主编，马改秀、张广贤译：《苏维埃刑法总论》，群众出版社 1987 年版，第 133 页。

② ［苏］A. A. 皮昂特科夫斯基等著，曹子丹等译：《苏联刑法科学史》，法律出版社 1984 年版，第 52 页。

构成的客观要件。[①]

第二种观点把刑法因果关系与犯罪构成等同起来，认为刑法因果关系可以直接导致刑事责任。比如，有的学者指出："对犯罪因果关系的研究，实际上是分两步来完成的：第一步查明与犯罪有关的结果和某一行为之间是否存在着一般意义上的因果关系；第二步是在肯定行为与结果之间存在着因果关系之后，再联系行为人主观方面的罪过和犯罪构成其他方面的要件，最后确认这种因果关系是不是犯罪的因果关系。也就是先解决事实问题再解决刑事责任问题"。[②] 按照这种观点，当确认行为与结果之间属于刑法因果关系的时候，这种因果关系中已经包含了行为人的主观罪过和犯罪构成其他方面的要件，因而，可以直接解决行为人的刑事责任问题。不难看出，这种观点实际上是把刑法因果关系与犯罪构成完全等同了。这就把刑法因果关系强调到了不适当的程度，而且与犯罪构成理论是相互矛盾的。

第三种观点没有忽视刑法因果关系在刑法中的地位，也没有把刑法因果关系的地位抬得过高，而是把刑法因果关系看做犯罪构成客观方面的一部分。这是比较科学的。但是，对于刑法因果关系究竟是属于犯罪构成的必备要素，还是属于选择要素，又分为两种不同的意见：一种意见认为，刑法因果关系是一切犯罪构成的必备要素。理由是，一切犯罪（包括犯罪未遂）都有危害社会的结果，因此，一切犯罪都有因果关系。如果没有因果关系，就不会构成犯罪。对于一切犯罪都有犯罪结果这一点，这种意见讲了如下三点理由：

（1）犯罪最本质的特征是社会危害性，具有社会危害性的行为，只要达到了应受惩罚的程度，就等于是造成了危害社会的结果。此种观点引用了我国 1979 年颁布的《刑法》第 10 条的规定："一切危害国家主权和领土完整，危害无产阶级专政制度，破坏社会主义革命和社会主义建设，破坏社会秩序，侵犯全民所有的财产或者劳动群众集

---

① 张令杰：《刑法中因果关系的研究对象及其在犯罪构成中的地位》，载北京市法学会 1983 年编：《刑法学论集》，第 54 ~ 55 页。

② 曾宪信：《对犯罪因果关系的几点看法》，载《法学研究》1992 年第 4 期。

体所有的财产，侵犯公民私人所有的合法财产，侵犯公民的人身权利、民主权利和其他权利，以及其他危害社会的行为，依照法律应当受刑罚处罚的，都是犯罪；但是情节显著轻微危害不大的，不认为是犯罪”。然后指出：“从这个规定中，我们可以看出，在我们国家里，任何一种犯罪都是危害社会主义社会的，并且这种对社会造成的危害，已经达到了依法应受刑罚处罚的程度。从这个意义上说，任何一种犯罪都造成了危害社会的结果”。①

（2）我国刑法在规定故意犯罪的定义和过失犯罪的定义时都使用了“危害社会的结果”一词，因此，一切犯罪（不论故意犯罪或过失犯罪）都有危害社会的结果。此种观点先引用了1979年《刑法》第11条和第12条的规定：“明知自己的行为会发生危害社会的结果，并且希望或者放任这种结果发生，因而构成犯罪的，是故意犯罪”；“应当预见自己的行为可能发生危害社会的结果，因为疏忽大意而没有预见，或者已经预见而轻信能够避免，以致发生这种结果的，是过失犯罪”，然后指出：“可见，不论是构成故意犯罪，还是构成过失犯罪，都包含危害社会的结果”。②

（3）危害结果既可以表现为“实际造成的损害”，也可以表现为“可能造成的损害”。认为我国刑法分则中，有些条文（如《刑法》第107条规定的破坏交通工具罪）将足以引起某种严重后果的危险，作为必要条件，这也是一种危害结果，并且批评说：“有些同志把这种可能发生的危害社会的结果，从犯罪结果中排斥出去，这是不符合刑法的规定的”。③

另一种意见认为，刑法因果关系是犯罪构成的选择要素，而不是必备要素。换句话说，刑法因果关系只是部分犯罪的构成要素，并不

① 李光灿、张文、龚明礼：《刑法因果关系论》，北京大学出版社1986年版，第29页。

② 李光灿、张文、龚明礼：《刑法因果关系论》，北京大学出版社1986年版，第30页。

③ 李光灿、张文、龚明礼：《刑法因果关系论》，北京大学出版社1986年版，第32页。

是所有犯罪的构成要素。理由是：我国刑法未把危害结果规定为犯罪构成的必备要素，因果关系也就不可能成为必备要素。因为根据我国刑法规定，只要实施了对社会有危害的、为刑法所禁止的、应当受到刑罚惩罚的行为，即使没有造成危害社会的结果，也照样构成犯罪。例如，犯罪预备、部分犯罪未遂和犯罪中止就是如此。这说明，有些犯罪的成立，并不要求必须有危害结果的发生。没有危害结果，自然也就没有因果关系。可见，刑法并没有把因果关系规定为一切犯罪的必备要素。此种意见认为，只有在三种情况下，因果关系才是犯罪构成的客观要素。第一种是在过失犯罪的情况下；第二种是在间接故意犯罪的情况下；第三种是在刑法分则特别标明只有诸如“情节严重”、“造成重大损失”、“数额较大”才构成犯罪的情况下。因为只有在这两种情况下，行为与结果之间是否具有因果关系，才能影响到行为的性质。

三、对各种意见的评价

稍加分析即可发现，上述第一种观点的两点理由都是不能成立的。就其第一点理由来说，其基本论据就是错误的。它的论据是：犯罪构成客观要件中的行为是犯罪行为，而刑法因果关系中的行为是危害行为，因而，因果关系不能成为犯罪构成的客观要素。实际上，犯罪构成客观要件中的行为与刑法因果关系研究对象的行为是同一种性质的行为，并不是两种不同的行为。如果把犯罪构成客观要件的行为看做犯罪行为，那么，等于在客观要件中已经包含了犯罪构成的其他要件（要不何以认定行为已构成犯罪呢?），这实际上是用犯罪的客观要件代替了整个犯罪构成，这就违背了犯罪构成理论。因此，这一论据是不能成立的。退一步讲，就算这两种行为不是同一种性质的行为，从中也得不出因果关系不是犯罪构成要素的结论。就其第二点理由来说，虽然论据是正确的，但结论却不正确。不否认因果关系是通过人的抽象思维才能把握的，但同时也不能否认因果关系又是客观存在的，它的客观存在并不依人的主观思维能否把握为转移。因此，不能以此为由，就把因果关系完全排斥在犯罪构成的客观要素之外。况且司法实践也一再证明，如果不把因果关系作为犯罪构成客观方面的选择要素，往往会造成冤假错案。比如，长途客运汽车司机某甲在超速行车过程中，乘客某乙打开窗户，将头伸出窗外观望。因道路较窄，当汽车为躲避对面来车而靠右行驶时，某乙的脑袋突然撞在道路右边的一棵树上，当即死亡。在这一案件中，某甲有违章超速的行为，也发生了某乙死亡的严重后果。但某甲的超速开车与某乙的死亡之间，并不存在因果关系，与死亡结果存在因果关系的是某乙自己的违章行为（将头伸出窗外）。因此，某甲虽有违章行为，也发生了严重后果，但某甲并不构成犯罪。可是，如果我们不强调因果关系在犯罪构成中的地位和作用，就很容易把此类案件中的某甲定为犯罪。由此可见，把刑法因果关系完全排斥在犯罪构成要件之外是不科学的。故此，我们不赞同上述第一种观点。

对于上述第二种观点，笔者在前文中已经指出，它把刑法因果关系在刑法中的地位强调到了不适当的程度，而且是违背犯罪构成理论的。因而，我们也不赞成这一观点。

上述第三种观点，具体又分为两种意见：第一种意见认为刑法因果关系是犯罪构成的必备要素，第二种意见认为刑法因果关系是犯罪构成的选择要素。笔者认为这第三种观点的第二种意见是正确的。

仔细分析，上述第一种意见的整体理由和三点具体理由都是不能成立的。它的整体理由是：任何犯罪都有危害结果，因而任何犯罪都有因果关系。其实，并非任何犯罪都有危害结果，至少在犯罪预备中是没有危害结果的，因而，说任何犯罪都有因果关系是不正确的。另外，有些犯罪即使有因果关系，也不能把这样的因果关系作为犯罪构成的要素，如杀人行为造成了被害人重伤的结果，能说杀人行为与重伤之间的因果关系是犯罪构成的要素吗？当然不能。可见，它的整体理由是讲不通的。它为了说明任何犯罪都有危害结果所讲的三点理由也是讲不通的。它的第一点理由是以《刑法》第 13 条的规定为论据的。认为从《刑法》第 13 条的规定“这个意义上说，任何一种犯罪都造成了危害社会的结果”。其实，从《刑法》第 13 条的规定中，一点也得不出这样的结论。因为《刑法》第 13 条只是强调，凡是危害社会的、违反刑法的、应受刑罚处罚的行为都是犯罪，并未说明凡是这类行为都必定要造成危害社会的结果。显然，上述第一种意见是把行为的社会危害性与危害结果混为一谈了，以为人的行为只要有社会危害性，而且违反刑法，应受刑罚处罚，就一定有危害社会的结果。这其实是一种误解。它的第二点理由是以《刑法》第 14 条和第 15 条的规定为论据的。认为这两条的规定中都有“结果”一词，便说明一切犯罪都是有危害结果的。其实，《刑法》第 14 条中的“结果”一词，并不能说明这个问题。因为明知自己的行为会发生危害社会的结果，并且希望或者放任这种结果发生，但这种结果却不一定就真的能够发生。这种现象在司法实践中是屡见不鲜的。它的第三个理由是，只要行为造成了危害结果发生的可能性，就也是一种危害结果。这一说法是直接违反刑法规定的。我国《刑法》第 21 条规定，在犯罪过程中，自动中止犯罪或者自动有效地防止犯罪结果发生的，是犯罪中止。这里的结果显然是指实际的危害结果，而不是指可能的危害结果。否则，《刑法》第 24 条就不会作出这样的规定了，因为有些犯罪即使中止，危害结果发生的可能性也仍然是存在的。由此可见，认为任何犯罪都必定会造成危害结果，进而认为任何犯罪都存在刑法因果关系，并认为刑法因果关系在任何犯罪的构成中都是必备要素的观点，是不正确的。

笔者完全赞成上述第三种观点的第二种意见，即刑法因果关系只是犯罪构成的选择要素。除了此种意见上述所讲的理由之外，笔者还可以补充如下三点理由：

第一，在有些故意犯罪中，根本就不存在因果关系。除了犯罪预备和部分犯罪未遂、犯罪中止根本不存在因果关系之外，在有些只是造成某种危险状态的故意犯罪中，也是不存在因果关系的。比如《刑法》第 116 条规定：“破坏火车、汽车、电车、船只、飞机，足以使火车、汽车、电车、船只、飞机发生倾覆、毁坏危险，尚未造成严重后果的，处三年以上十年以下有期徒刑”。这一规定中所说的“尚未造成严重后果”包括两种情况：一种是造成了较轻的危害后果，另一种是未造成任何危害后果。如果是未造成任何危害后果，那么，这一犯罪便不存在因果关系。既然有些犯罪根本就不存在因果关系，自然也就不能把因果关系列为这些犯罪的构成要素。

当然，持反对意见的人可能要反驳道，这类尚未造成严重后果的行为，虽然没有造成实际的危害结果，但却造成了某种危险状态，这种危害状态也是一种危害结果。其实，这种把危险状态也当做危害结果，进而把行为与这种危险状态之间的关系称作刑法因果关系的观点，是不符合哲学原理的。因为危险状态实际上只是一种危险性，而危险性也就是一种可能性。可能性在哲学上是指一事物中所包含的引起另一事物的发展趋势，“是潜在的尚未实现的东西”。[①] 它是和现实性相对而言的。现实性“是指现在的一切事物、现象的实际存在性，是已经实现了的可能性”[②] 而按照马克思主义哲学原理，因果关系是客观事物之间的引起与被引起的关系，“是实在现象之间的联系”。[③] 这说明，不论原因或者结果，都是现实的事物，或者说都是现实性，而不是可能性。正如黑格尔所说，原因是“自为之有的实体”；结果是现实是“建立起来之有的实体”。[④] 由此可见，把危险状态也当做结果是不科学的。因为这样一来，因果关系就成了一个现实事物与一个“潜在的尚未实现的东西”即可能性之间的关系，而不是两个现实事物之间的关系。这显然是违背因果关系的哲学原理的。

第二，在有些故意犯罪中，虽然有因果关系，但这种因果关系根本就不能作为犯罪构成的要素。否则，不但不利于犯罪性质的认定，反而会混淆罪与罪的界限。这种不能作为故意犯罪的构成要素的因果关系有两种情况。一是行为与未达目的的结果之间的因果关系。比如，杀人犯未将被害人杀死，但却造成了被害人重伤。杀人行为与被害人重伤之间虽然有因果关系，但这种因果关系却不能作为该类犯罪的构成要素。否则，将有可能把杀人罪错定为伤害罪。二是行为与超

---

① 李秀林、王于、李淮春主编：《辩证唯物主义和历史唯物主义原理》，中国人民大学出版社 1982 年版，第 168 页。

② 李秀林、王于、李淮春主编：《辩证唯物主义和历史唯物主义原理》，中国人民大学出版社 1982 年版，第 168 页。

③ ［苏］费·瓦·康斯坦丁诺夫主编：《马克思列宁主义哲学原理》，人民出版社 1985 年版，第 139 页。

④ ［德］黑格尔：《逻辑学》（下卷），商务印书馆 1976 年版，第 215～216 页。

出目的的结果之间的因果关系。比如，出于故意伤害的行为却造成了被害人死亡。这里，伤害行为与死亡结果之间也有因果关系，但这种因果关系也不能作为该类犯罪的构成要素。否则，将有可能把故意伤害罪错定为杀人罪。由此可见，在有些故意犯罪中，现存的因果关系不是而且不能是犯罪构成的要素。

第三，在一般的故意犯罪中，尽管造成的结果与行为人的目的相吻合，尽管行为与这种结果之间有因果关系，但这种因果关系实际上也不是犯罪构成的要素。这是因为司法实践中对于故意犯罪的构成和定性，主要是根据行为、行为的目的和行为所侵犯或指向的客体所决定的，至于行为是否造成危害结果，并不影响犯罪的成立，也不影响犯罪性质的确立。比如，开枪杀人的犯罪行为，不论是否击中被害人，也不论是否造成被害人死亡的结果，都构成了杀人罪。这里，并不因为杀人行为没有造成任何结果，没有因果关系，而影响犯罪的成立。这就说明，在这类犯罪中，即使有因果关系，这因果关系也只是影响量刑的轻重，而不决定罪的有无。因此，它不是犯罪构成的要素。

四、结论

综上所述，关于刑法因果关系在刑法中的地位问题，我们认为，可以概括为如下几点：

（1）刑法因果关系是犯罪构成客观方面的一个选择要素。具体来说，它只是过失犯罪、间接故意犯罪和刑法分则强调只有诸如“情节严重”、“造成重大损失”、“数额较大”才构成犯罪的故意犯罪的构成要素。对于大多数故意犯罪来说，它并不是犯罪构成的要素。这是不是说因果关系对这些犯罪就毫无意义了呢？不是的。虽然因果关系对这些犯罪的成立与否没有意义，但仍然具有下述（4）、（5）两方面的意义。

（2）刑法因果关系尽管是部分犯罪的构成要素，但仅凭因果关系并不能认定这部分行为就构成犯罪。要认定行为构成犯罪，除了具有行为与结果之间的因果关系之外，还必须具备其他方面的构成要素，如主体方面的条件、行为人的主观罪过以及侵犯的客体等。

(3) 刑法因果关系是行为人负刑事责任的客观依据，但仅凭因果关系还不能令行为人承担刑事责任。要使行为人对自己的行为所造成的危害结果承担刑事责任，还必须证明行为人主观上具有罪过。

(4) 刑法因果关系对于查明造成严重危害结果的行为和行为人，具有重要的意义。如果不研究因果关系，即不从结果倒溯上去寻找原因，将无法查明行为和行为人。

(5) 刑法因果关系对所有造成危害结果的犯罪都具有量刑方面的重要意义。有些因果关系能够证明犯罪的既遂（如杀人行为已致人死亡），从而为行为人承担较重的刑事责任提供客观依据；有的因果关系能够证明犯罪未遂（如杀人行为致人轻伤），从而为行为人承担较轻的刑事责任提供客观依据。

这里需要指出的一个问题是，刑法因果关系在刑法中的地位，是一个相当复杂的问题，必须结合犯罪构成理论，全面地考虑、仔细地研究，才能得出正确的结论。有些学者在研究这个问题时，往往只顾及这一点，却忽略了另一点，结果就会得出一些看似正确实际错误的结论。比如，有位学者在谈到因果关系在犯罪构成的意义时指出："犯罪因果关系在犯罪构成理论中有如下三个方面的意义：(1) 在某一行为与某一结果之间，如果不存在因果关系，据此就可否定这一行为是犯罪；(2) 在具备犯罪构成全部要件的情况下，只能根据与这一行为有因果关系的结果定罪，与行为没因果关系的其他结果，是不能作为定罪根据的；(3) 在确认某一行为已经构成某种犯罪的情况下，犯罪因果关系的不同表现，在一定程度上影响对这一犯罪的量刑"。①

乍一看去，上述三点似乎是完全正确的，但稍加推敲便可发现，除了第三点是正确的以外，第一、第二点都有问题。我们先看第一点。作者在这里强调，如果行为与结果之间不存在因果关系，就没有犯罪。但司法实践中，有时候行为与结果之间虽然没有因果关系，却

① 曾宪信：《对犯罪因果关系的几点看法》，载《法学研究》1982 年第 4 期，第 34 页。

不能据此就否定行为构成犯罪。比如，甲投毒杀乙，乙已经服毒。但在乙被毒死之前，丙开枪打死了乙。在这类案件中，甲的投毒行为与乙的死亡之间显然没有因果关系，但我们能够据此而否定甲的行为是犯罪吗？当然不能。再看第二点。作者强调，与行为没有因果关系的其他结果，不能作为定罪的根据。这是完全正确的。但作者强调的重点是，在具备犯罪构成全部要件的情况下，只能根据与这一行为有因果关系的结果定罪。这一点却不是完全正确的。比如，故意杀人犯，未将被害人杀死，但造成了被害人重伤。在这类案件中，显然已经具备了犯罪构成的全部要件，而且行为与危害结果之间也具有刑法上的因果关系，但我们却不能根据与杀人行为有因果关系的这个伤害结果定罪。否则，就会把杀人罪错定成伤害罪，而导致重罪轻判。由此可见，上述第二点结论也是不正确的。关于这个问题的正确结论应当是这样的：与行为没有因果关系的结果不能作为定罪的根据；但与行为有因果关系的结果，也不一定就能作为定罪的根据。事实上，在故意犯罪中，能够作为定罪根据的，主要是行为和行为的目的。即使结果与行为之间有因果关系，这样的结果也不是定罪的根据。只不过是量刑轻重的根据而已。

关于刑法因果关系在刑法中的地位和意义问题，还有其他一些错误的说法，这里不再一一赘述。

第二章 哲学因果关系对刑法因果关系的指导

恩格斯指出，辩证法“是关于自然、人类社会和思维的运动的普遍规律的科学”①。毛泽东也曾经指出，哲学就是“关于自然知识和社会知识的概括和总结”②。这就是说，哲学是既可以应用到自然科学也可以应用到社会科学的普遍真理。马克思主义在批判了唯心主义和形而上学的因果关系理论之后，创立了辩证唯物主义的因果关系理论，为我们认识自然和社会现象中的因果关系提供了理论武器。刑法中的因果关系是哲学因果关系的一部分，是马克思主义因果性理论的具体运用。因此，只有把马克思主义关于因果性的理论正确地运用到刑法中来，才能正确地解决刑法中的因果关系问题。

第一节 哲学因果关系与刑法因果关系

一、哲学因果关系

因果关系是哲学上一个十分重要的范畴，而且是客观世界普遍联系和相互制约的表现形式之一。那么，什么是因果关系呢？列宁曾明确指出：“‘因果关系的运动’实际上等于在不同的广度和深度上被抓住、被把握住内部联系的物质运动”。③ 又说：“‘……结果并不包含……原因中没有包含的东西’，反过来也是一样”④。这就明确地告诉我们：马列主义所说的因果关系，是适用于自然现象和社会现象的

① 《马克思恩格斯选集》，人民出版社 1972 年版，第 181 页。
② 《毛泽东选集》（合订本），人民出版社 1966 年版，第 818 页。
③ 《列宁全集》（第 38 卷），人民出版社 1957 年版，第 170 页
④ 《列宁全集》（第 38 卷），人民出版社 1957 年版，第 168 页。

普遍真理，是客观事物、现象之间的一种内部联系。不论在自然界还是在人类社会，任何一个或一些现象，在一定的条件下都会引起另一个或另一些现象的产生；反过来说，任何现象的产生都是由其他现象在一定的条件下所引起的。这其中，引起一定现象的现象就是原因，由于原因的作用而产生的现象就是结果。原因与结果之间这种引起与被引起的联系，就是因果关系。

唯物辩证法认为，因果关系只是客观世界普遍联系网上的一个纽结，或者说只是其中的一个环节。为了研究两个现象之间的因果联系，“我们必须把它们从普遍联系中抽出来，孤立地考察它们”①。只有这样，不断更替的运动才能显现出来，一个为原因，另一个为结果。在时间上，原因和结果有先行和后续的关系，原因总是在先，结果总是在后。

原因和结果的关系是辩证的，是对立的统一。

在客观世界中，一切现象都处在无限的相互联系、相互制约之中。从普遍的联系中，分不出哪一个是原因，哪一个是结果。但是，当我们把某两个特定的现象从普遍联系中抽出来单独进行考察时，原因和结果的对立就显现出来了。这时候，原因就是原因而不是结果，结果就是结果而不是原因。既不能倒果为因，也不能倒因为果。这就是原因和结果的对立关系。原因和结果又是统一的。这种统一首先表现在二者是相互联系、相互依存的。在现实世界里，原因总是伴随着一定的结果而存在的，结果也总是由一定的原因所引起的。没有无因之果，也没有无果之因。原因和结果的统一还表现在二者在一定条件下可以互相过渡、互相转化。这有两种情形：一种情形是，因与果在无限的发展链条中，经常互换位置。同一现象在一种关系中是结果，在另一种关系中则变成了原因。另一种情形是，在无限发展的因果链条中，每一现象的发展过程都是互为因果的。比如，生产力的发展引起生产关系的变革，而生产关系的变革反过来又成了促进生产力进一步发展的原因。

---

① 《马克思恩格斯选集》（第3卷），人民出版社1972年版，第552页。

原因和结果的关系还具有客观性、普遍性、多样性和复杂性。

客观性是指任何因果关系都是客观事物内部所固有的，是不以人们的主观意志为转移的。人们的因果观念只不过是客观因果联系在人们头脑中的反映，而不是从人们的意识中引申出来的纯主观范畴。普遍性是指任何事物都受因果联系的支配，因果制约性存在于一切现象的发展过程中。因果联系的多样性和复杂性主要表现在以下几种类型：

一因多果。一因多果，是指一种原因同时引起多种结果。例如，一个爆炸物爆炸，既炸毁了桥梁，又炸死、炸伤了行人。

多因一果。多因一果，是指一种结果是由多种同时起作用的原因所引起的。例如，大夫甲在写处方时点错了小数点，使药量增大了10倍；司药乙在取药时不认真审查，照方抓药；护士丙在给病人服药时也未认真审查而直接拿给病人服用，结果导致病人死亡。这里，病人死亡这个结果，就是由甲、乙、丙三个人的行为同时起作用而引起的。

多因多果。多因多果，是指多种结果是由多种原因同时起作用而引起的。例如，克拉玛依重大火灾案，既造成了重大的经济损失，也造成了人员伤亡，还影响了党和政府在人民群众中的威信。而从原因上看，既有市领导玩忽职守的责任，也有单位领导玩忽职守的责任，还有个别职工不尽职守的责任，此外还有建筑设计不合理等方面的原因。

同因异果。同因异果，是指一种原因在不同条件下引起不同的结果。例如，同是侮辱、诽谤行为，在有的情况下只是败坏被害人的名誉，而在有的情况下却引起被害人自杀身亡。

异因同果。异因同果，是指同一结果在不同条件下由不同的原因所引起。例如，公共财产的损失，有的是由于外部人员的盗窃行为所引起的，有的则是由于内部人员的贪污行为所引起的。

二、刑法因果关系

毫无疑问，现代刑法因果关系是建立在哲学因果关系基础之上的，是哲学上科学的因果观在刑法中的反映。但是，由于刑法因果关系具有自己的特殊性，不完全等同于自然界或社会生活中的一般因果关系，因而究竟什么是刑法中的因果关系，成了一个众说纷纭的复杂问题。这里分歧的焦点在于究竟什么是刑法因果关系的特殊性。由于对“特殊性”的理解不同，便决定了对刑法因果关系的理解的不同。关于这个问题，目前在刑法学界，主要有两种不同的观点。

一种是“行为事实说”①。此说认为，刑法因果关系与哲学因果关系相比，其特殊性主要表现在研究对象的不同上，认为刑法因果关系是研究人的危害行为与这种行为所造成的危害结果之间的关系。除此之外，在其他方面与哲学上的因果关系都完全相同。因此，按照这种观点来下定义，刑法上的因果关系就是“犯罪构成客观方面当中危害社会的行为与危害社会的结果之间的因果联系”②。依此观点，只要危害行为与危害结果之间存在物理上的因果关系，就认为存在刑法中的因果关系。这种观点是在纯客观的意义上论述刑法因果关系的，认为刑法因果关系是一种客观的联系，它不以人的意志为转移，不管人们是否认识它，也不管人们对它的认识程度如何，它总是客观地存在着。持此种观点的学者经常引用列宁“我们通常所理解的因果性，只是世界性联系的一个极小部分，然而唯物主义补充说这不是主观联系的一小部分，而是客观实在联系的一小部分”③这段话来说明因果关系的客观性。并强调说，“判断危害行为与危害结果之间是否存在因果关系，一定要从客观实际情况出发，深入到案件全部事实中去调查研究，而不能以某人是否认识到自己的行为可能造成某种结果作为标准，也不能以办案人员的主观推理作为标准”④。不难看出，此种学说实际上是把刑法因果关系当做一个纯客观的行为事实加以研究的，该事实中丝毫不包含行为人的主观成分。也正因为如此，此种学说又强调，不能把刑法中的因果关系与刑事责任混为一谈。指出查

---

① 这里的“行为事实说”以及下文中的“价值评判说”，均是本书作者对这两种观点的概括称谓。以前尚无人有此叫法。

② 高铭暄主编：《中国刑法学》，中国人民大学出版社 1989 年版，第 103 页。

③ 《列宁全集》（第 38 卷），人民出版社 1959 年版，第 170 页。

④ 高铭暄主编：《中国刑法学》，中国人民大学出版社 1989 年版，第 103 ~ 104 页。

明危害行为与危害结果之间的因果关系，只是解决了犯罪构成的客观方面问题，只是为追究刑事责任提供了客观依据。要使行为人真正负刑事责任，还必须具备主观上的根据。因此，“即使某一危害结果在客观上确实是某人的行为造成的，二者之间具有因果关系，但如果行为人主观上缺乏罪过，即既无故意也无过失，仍然不能构成犯罪和使其负刑事责任”①。

另一种是“价值评判说”。此说认为，刑法因果关系与哲学因果关系相比，其特殊性主要是表现在研究目的的不同上，认为刑法因果关系理论的意义（价值）在于从许许多多因果关系中确定何种因果关系同刑事责任有联系，所以考虑问题的总出发点应当是体现刑罚目的的刑罚功能。简言之，就是认为研究刑法因果关系的目的，在于追究犯罪人的刑事责任，并认为只要人的行为与危害结果之间具备刑法上的（犯罪）因果关系，就应该直接导致刑事责任，但这并不是客观归罪，仍然是主客观相统一的。因为“价值评判说”已经在客观的因果关系中揉进了行为人的主观因素。换言之，他们所说的刑法因果关系不是一个纯客观的行为事实，而是一个客观事实加主观罪过的综合体系。按照这种观点，刑法中的因果关系，就是对客观存在的作为行为事实的因果关系进行价值评判的因果关系，认为客观存在的作为行为事实的因果关系是价值评判的基础，价值评判是对因果关系的刑法意义的进一步确认，是因果关系由一般意义转化为刑法（犯罪）意义的桥梁。强调说，“没有价值评判，就不存在刑法（犯罪）因果关系”②。那么，什么是价值评判呢？所谓价值评判，“是指在纯行为事实的因果关系的基础上，确认因果关系在刑法上的意义”③。确认因果关系在刑法上的意义有三种标准：一是主观标准，认为确定行为与结果之间是否存在刑法因果关系，应当在行为事实的因果关系的基础上，根据行为人自己对这种因果关系能否预见为标准，而不管社会

① 高铭暄主编：《中国刑法学》，中国人民大学出版社 1989 年版，第 108 页。
② 陈兴良：《刑法哲学》，中国政法大学出版社 1992 年版，第 92 页。
③ 陈兴良：《刑法哲学》，中国政法大学出版社 1992 年版，第 94 页。

上一般人是否能够预见。二是客观标准，认为刑法因果关系是否存在，应当由法官以社会一般人对作为行为事实的因果关系能否预见为标准，作出客观的评断。凡是一般人已经预见或者能够预见的，就认为行为人的行为与结果之间存在刑法因果关系，否则，就不存在刑法因果关系。三是折中标准，认为凡是一般人对作为行为事实的因果关系能够预见的，就认为存在刑法因果关系，虽然一般人不能预见但行为人已经预见或能够预见的，也认为存在刑法上的因果关系。不难看出，这三个标准讲的都是行为人的主观罪过问题。说白了，所谓价值评断，也就是在一般因果关系的基础上，再看行为人主观上有没有罪过。有罪过的，这种一般的因果关系就转化为刑法上的因果关系；没有罪过的，这种一般的因果关系就仅仅是哲学上的因果关系，而不能转化为刑法上的因果关系。由此可见，"价值评断说"可以用下面的公式来表示：一般因果关系+主观罪过=刑法因果关系。

这两种观点究竟哪一种更科学呢？要对这个问题作出评断，需要先对这两种观点作一些比较。我们先来看看这两种观点有什么不同。

1. 二者所说的哲学上的因果关系，不完全相同

前文已经指出，"行为事实说"讲的刑法因果关系就是危害行为与危害结果之间的哲学上的一般因果关系。之所以把它称作刑法因果关系，仅仅在于这种因果关系的原因只限定在人的危害行为，结果只限定在人为的危害结果，而且是行为人负刑事责任的客观依据。而"价值评判说"讲的刑法因果关系则是在一般因果关系的基础上加上行为人的主观罪过。从表面上看，二者都包含着一般的因果关系，但实际上二者所说的一般因果关系并不完全相同。其中的区别至少有以下两点：

（1）二者中包含的原因不完全相同。"行为事实说"中的一般因果关系的原因是仅限定在人的危害行为，而"价值评判说"中的一般因果关系的原因，其范围则要广泛得多，除了人的危害行为之外，它还包括人的正当行为，缺乏意识的行为，等等。这是因为"价值评判说"中的一般因果关系是建立在"条件说"的基础之上的。而"条件说"认为，人的一切行为，只要在逻辑上是结果发生的条件，

就是结果发生的原因。

（2）二者的因果联系的紧密程度不同。二者虽然都是一般的因果关系，但二者在因果联系的紧密程度上不完全相同。“行为事实说”中的一般因果关系，通常是指“危害行为与危害结果之间内在地、必然地、合乎规律地引起和被引起的联系”[①]。在这样的因果联系中，原因中确实包含着结果的质（内在根据），正像黑格尔所说的，“结果并不包含……原因中没有包含的东西……”[②] 这说明，这里所说的一般因果关系是指内因与结果之间的联系。而“价值评判说”中的一般因果关系却是建立在“条件说”的基础之上的，其原因和结果之间不仅仅是内因与结果之间的联系，除此之外，它还包含着外因（条件）与结果间的联系。这种外因与结果间的联系，简单说就是“如无前者，即无后者”的联系。由于“条件说”把一切与危害结果存在条件关系的行为都视为原因，不可避免地扩大了因果关系的范围，为了弥补这个缺陷，就又提出了价值评判说，希望通过价值评判把扩大了的因果关系再压缩回来，从而使刑法因果关系限定在一个狭小的范围内。

2. 二者与刑事责任的联系不同

“行为事实说”讲的刑法因果关系与刑事责任没有直接的联系，它仅仅是行为人负刑事责任的一个客观依据，所以不能直接导致刑事责任。要使行为人承担刑事责任，还必须证明行为人主观上具有罪过，即具有犯罪的故意或过失。而“价值评判说”讲的刑法因果关系，与刑事责任却有着直接的联系，因为这种因果联系中已经包含了行为人的主观罪过，所以它可以直接导致刑事责任。也就是说，只要证明了人的行为与结果之间具有这种刑法上的因果关系，行为人就构成犯罪并承担刑事责任。

---

① 高铭暄主编：《中国刑法学》，中国人民大学出版社 1989 年版，第 106 页。

② 列宁：《黑格尔“逻辑学”一书摘要》（单行本），人民出版社 1963 年版，第 88 页。

3. 二者在犯罪构成中的地位，不完全相同

“价值评判说”批评“行为事实说”“将因果关系排斥在犯罪构成的要件之外”，并认为后者“是在纯客观意义上论述因果关系的”[①]。其实，这个批评并不准确。“行为事实说”是在纯客观的意义上研究刑法因果关系倒不假，但若说“行为事实说”将因果关系排斥在犯罪构成要件之外，则是令后者难以接受的。事实上，“行为事实说”并没有把因果关系排斥在犯罪构成要件之外，而是把因果关系作为犯罪构成客观要件的一部分加以研究的。在“行为事实说”看来，犯罪构成由主体、主观方面、客观方面和客体四大要件组成，因果关系属于犯罪构成的客观方面。要使行为人构成犯罪，必须四大要件同时具备。如果只有因果关系而缺乏其他有关要件，行为人就不能构成犯罪，但这并不是说因果关系不是犯罪构成的要件。而是说它只是犯罪构成四大要件的一部分，并不是犯罪构成的全部。也正因为如此，仅仅具有因果关系是不能令行为人承担刑事责任的。应当肯定，“行为事实说”在这方面的见解是正确的。在“价值评判说”看来，因果关系必须能够直接导致犯罪，才算是犯罪构成的要件。这其实是不正确的。这里涉及对犯罪构成如何理解的问题。在犯罪构成的四大要件中，究竟是每一个要件都是一个犯罪构成呢，还是四个要件组合在一起才是一个犯罪构成？我们认为，正确的回答只能是后者。而且也只有在四个要件全部具备时，每个要件才称得上是犯罪构成的要件。就好比一只箱子，它是由前后、上下、左右六块木板组成的。假如这六块木板缺少一块或两块，从而不能有机地组合在一起，那它就不是一只箱子了，现有的每块木板也仅仅是一块木板，而不是箱子的一部分。但是，当这六块木板按照前后、上下、左右的顺序有机地组合起来时，一只箱子就成立了。同时，每块木板也不再仅仅是一块木板，而是已经升华为箱子的一部分了。这时候，我们既不能说每块木板都不是箱子的一部分，也不能说每块木板都是一只箱子。同样道理，当刑事案件中的主体、客体、主观方面、客观方面四大要件有机

① 陈兴良：《刑法哲学》，中国政法大学出版社1992年版，第93页。

地组合在一起时，犯罪构成就成立了，这时，每个要件都是犯罪构成的一部分，都是犯罪构成的一个要件。因果关系是客观要件的一部分，当四大要件全部具备时，随着犯罪的成立，它自然也成为犯罪构成的要素之一。“行为事实说”正是从这个意义上来理解刑法因果关系的。可见，认为“行为事实说”把因果关系排斥在犯罪构成要件之外是没有根据的。当然，假如犯罪构成的四个要件不齐备，从而不能有机的组合在一起，那么，现有的要件也就算不上是犯罪构成的要件了。因此，当仅仅具备行为与结果之间的因果关系，不具备其他要件时，这样的因果关系不是犯罪构成的要件。

“价值评判说”认为自己是把因果关系纳入了犯罪构成之中的，这一点我们不否认。不但不否认，而且还进一步认为“价值评判说”讲的刑法因果关系不仅仅是犯罪构成的一部分，而是占据着犯罪构成的全部。甚至可以说，这样的刑法因果关系就是犯罪构成。因为这里所讲的刑法因果关系，不但包括行为与结果之间的客观联系，而且包括行为人主观上的罪过。既然包括主观罪过，犯罪主体自然也是包含其中的，既然有因有果，犯罪客体肯定也受到了侵害。可见，这里所说的刑法因果关系是一个主客观相统一的综合体系，是一个犯罪构成的代名词。也正因为如此，持此说的学者认为，只要具备了这种刑法因果关系，行为人就构成了犯罪，就“应该直接导致刑事责任”①。但是，这样一来就出现了一个矛盾：这种刑法因果关系到底是犯罪构成的一个要素呢，还是与犯罪构成等价呢？如果说这样的刑法因果关系与犯罪构成等价，可以替代犯罪构成，那么，岂不是可以废除“犯罪构成”这个概念，用刑法因果关系这个概念取而代之了吗？如果是这样的话，恐怕持“价值评判说”的学者们自己也是不能同意的。因为他们也知道，犯罪构成理论是不可动摇的。然而他们却没有意识到，他们的刑法因果关系学说在暗暗地与犯罪构成理论分庭抗礼，大有取代犯罪构成的架势。总而言之，用刑法因果关系取代犯罪构成是行不通的。那么，也就只能说“价值评判说”讲的刑法因果

① 陈兴良：《刑法哲学》，中国政法大学出版社1992年版，第94页。

关系也是犯罪构成四大要件的一部分了。这样说，估计持“价值评判说”的学者们是不会不同意的。然而，这样一来，又出现了新的矛盾，即在犯罪构成中，犯罪的主观方面重复出现，或者说，在犯罪构成中包含着两个犯罪的主观方面。因为“价值评判说”讲的刑法因果关系是包含主观罪过的，如果把这种包含主观罪过的刑法因果关系看做犯罪构成的客观要件的话，那么，加上犯罪构成的其他三个要件（主体、客体、主观方面），犯罪构成的全部要件中岂不是出现了两个主观罪过吗？这显然是不能自圆其说的。

以上分析了“行为事实说”因果关系和“价值评判说”因果关系的不同点，下面我们再来看二者的相同点。

如果说二者之间有什么相同点的话，应当说，二者在对于刑事责任的承担上观点是一致的。“行为事实说”虽然是从纯客观意义上来论述刑法因果关系，但它只是把这种因果关系作为行为人负刑事责任的客观依据，它并没有排斥主观罪过在刑事责任的承担上所应起的作用。也就是说，按“行为事实说”的观点，必须是在具备刑法因果关系的基础上，再加上行为人的主观罪过，才能导致刑事责任。而“价值评判说”虽然是从主客观相结合的意义上来论述刑法因果关系，但它这种刑法因果关系不需要另外再加行为人的主观罪过，就可以直接导致刑事责任，因为它的内部已经包含了主观罪过。说到底，“价值评判说”在与刑事责任的联系上，同样是因果关系+主观罪过=刑事责任。这和“行为事实说”与刑事责任的联系是完全相同的。只不过“行为事实说”是后加主观罪过，“价值评判说”是先加主观罪过罢了。这样说来，二者在效果上是完全相同的，都不会在刑事责任问题上出现差误。因此，可以说二者并没有根本的区别。

既然二者在客观效果上完全相同，没有根本的区别，那么是不是说二者在正确与科学的问题上是平分秋色，都应当保留呢？否也。效果相同，并不意味着其他方面也相同。前文我们已经分析了二者的不同，从二者的不同中，很容易看出“行为事实说”要比“价值评判说”科学得多。比如，在一般因果关系的比较上，“行为事实说”强调的是行为与结果间内在的本质的联系，而“价值评判说”强调的是外在的非本质的联系；“行为事实说”讲的是人的危害行为与危害结果间的联系，而“价值评判说”讲的是人的一切行为（条件）与结果间的联系，显然前者比后者更符合哲学和刑法学原理。在与犯罪构成的联系上，“行为事实说”不存在什么矛盾，而“价值评判说”却充满了矛盾。显然前者比后者更符合犯罪构成理论。俗话说，两利相遇取其重，两害相权取其轻。既然上述两种学说在效果上完全相同，那我们为什么不选择与犯罪构成理论矛盾少的学说呢？为什么不选择与哲学和刑法学更接近的学说呢？因此，笔者更赞成“行为事实说”，而不是“价值评判说”。再说，这种“价值评判说”是建立在“条件说”的理论基础之上的。而“条件说”把一切与结果有联系的条件都看做原因，存在着明显的弊端，早已被我国刑法理论所摒弃。“价值评判说”是想通过价值评判来弥补“条件说”的弊端，而价值评判的方法却又与“相当因果关系说”如出一辙。“相当因果关系说”也是以“条件说”所论证的刑法因果关系为前提，在此基础上又主观地限制刑法因果关系的范围。此说认为，“刑法因果关系虽然以伦理上的因果关系为基础，但并不是所有伦理上的因果关系都可作为刑法因果关系，只有那些在‘社会经验法则’上具有相当性的因果关系，才是刑法因果关系”①。至于判断相当性的标准，又分为主观说、客观说、折中说三种，这与前文所说的价值评判的三个标准完全相同。由此可见，“价值评判说”实际上就是“相当因果关系说”的翻版。不管是价值评判也好，还是相当也好，它们都与犯罪构成理论存有矛盾。因而，这两种学说所论证的刑法因果关系都不是十分科学的。

综上所述，笔者认为，刑法中的因果关系就是“行为事实说”所论证的因果关系。这就是危害行为②与危害结果之间内在的、本质的、合乎规律的引起与被引起的联系，而且这种联系中既有必然的联

① 陈兴良：《刑法哲学》，中国政法大学出版社 1992 年版，第 90 页。

② 严格来说，这里把刑法因果关系的原因说成是“危害行为”也是不科学的，正确的说法应当是“人的造成了严重危害结果的行为”。关于这个问题，在下一章中将要详加阐述。这里对这种不科学的说法，暂时不作纠正。

系，也有偶然的联系。近些年来，偶然因果关系常被说成是外在的、非本质的联系，甚至有人把偶然因果关系说成是条件与结果之间的关系，这些说法都是不正确的。其实偶然因果关系同必然因果关系一样，也是一种内在的、本质的、合乎规律的联系。关于这个问题，我们在后文的“本论篇”中将要详加阐述。

三、哲学因果关系与刑法因果关系的关系

关于哲学因果关系与刑法因果关系的关系问题，早在20世纪50年代，在我国刑法学界曾有两种错误的看法。那时候，“有些先生提出哲学上的因果律和刑法科学中的因果关系是不一致的，因而进一步引申到马克思列宁主义哲学是否可以在刑法科学中应用的问题。又有些先生强调提出，刑法中的因果关系似乎是只该孤立起来考察犯罪行为和犯罪结果之间的关系，其他原因和犯罪结果之间的关系，概不在刑法上因果关系的考察范围。由此得出结论说：刑法上的因果关系和哲学上的因果关系是有区别的，甚至区别很大”①。因而认为哲学上的因果关系理论不能应用到刑法因果关系中来。还有另外一种意见，认为哲学因果关系与刑法因果关系没有什么区别，只要将哲学上的因果关系理论简单地搬到刑法中来就行了，而不必考虑刑法因果关系有什么特点。这两种错误的见解，在当时就受到了一些刑法学家的批评，后来逐步得到了纠正。进入20世纪80年代之后，随着刑法学研究的繁荣，对刑法因果关系的研究重新受到重视，但这一时期刑法学界对因果关系的研究主要是集中在必然因果关系和偶然因关系的争论上，对哲学因果关系与刑法因果关系的关系问题涉论很少。虽有个别论文谈到这个问题，但见解基本上是正确的。各类不同的刑法学教科书在谈到这个问题时，意见也基本上趋于一致。

那么，哲学因果关系与刑法因果关系究竟是一种什么样的关系呢？我们认为，二者之间是一种一般与个别、共性与个性、普遍性与特殊性的关系。这种关系的内容具体表现在两个方面：第一，刑法因

① 周原冰：《如何把哲学上的因果范畴应用到刑法科学中来》，载《法学》1957年第1期。

果关系的理论包含于哲学因果关系的理论之中，受哲学因果关系原理的指导；第二，刑法因果关系的理论不完全包含于哲学因果关系的理论之中，因此，哲学因果关系的研究不能代替刑法因果关系的研究。

唯物辩证法认为，世界上任何一个事物都存在着共性和个性两个方面。共性使其和它事物相联系，个性使其和它事物相区别。把各个事物的共性概括起来，就成了一般性、普遍性；个性相对于一般性和普遍性，就是特殊性。由此可见，一般性和普遍性存在于个别性和特殊性之中，而个别性和特殊性又包括在一般性和普遍性之中，所以列宁说："个别一定与一般相联系而存在。一般只能在个别中存在，只能通过个别而存在。任何个别（不论怎样）都是一般。任何一般都是个别的（一部分，或一方面，或本质）"。

虽然一般包括了个别，但一般并不能完全包括个别，它只是包括了个别的共性，个别中的个性是无法包括的，所以列宁又接着说："任何一般只是大致地包括一切个别事物。任何个别都不能完全地包括在一般之中"①。

正因为一般既包括了个别，又不能完全包括个别，所以一般不能代替个别，个别也不能脱离一般。一般总是抽象的，个别总是具体的。抽象的要运用于具体的，具体的可以体现抽象的。

同样道理，各门科学（包括自然科学）中的因果关系也都存在共性和个性两个方面。哲学上的因果关系正是概括了各门科学中的因果关系的共性，才形成了自己的带有普遍意义的因果关系理论。因此，马克思主义哲学上因果关系的原理是既可以应用于自然科学也可以应用于社会科学的普遍真理。刑法学作为一门特殊科学，它的因果关系理论自然也有包含于哲学因果关系中的共性，也有哲学因果关系所包含不了的特殊性（个性），这种特殊性就在于刑法因果关系的研究目的和研究对象不同于哲学的和其他的因果关系。因此，刑法因果关系既不能脱离哲学因果关系的指导，也不能被哲学因果关系所代替，而只能将哲学上的因果关系原理按照刑法因果关系的特殊性应用

---

① 《列宁选集》（第2卷），人民出版社1972年版，第713页。

于刑法科学，这就是哲学因果关系与刑法因果关系的关系。

第二节　哲学因果关系对刑法因果关系的指导

前文已经指出，刑法因果关系包括在哲学因果关系之中，它离不开哲学因果关系的指导。那么，哲学因果关系中都有哪些原理可用来指导刑法因果关系呢？我们认为，哲学因果关系中可用来指导刑法因果关系的原理，主要有以下几个方面：

一、因果关系的客观性原理

辩证唯物主义认为，因果关系具有客观性，是宇宙间客观存在的普遍现象。正像列宁所说的，“我们通常所理解的因果性，只是全宇宙联系的一个极小部分，然而唯物主义补充说这不是主观联系的一小部分，而是客观实在联系的一小部分”①。

所谓因果关系的客观性，是指因果关系有它自身内在的规律性，是“‘物自身中’含有的‘因果依存性’”②。这就是说什么样的事物引起什么样的结果，是由事物自身的内在规律性决定的。这种规律性不依人的意志为转移，不管人们主观上是否认识它以及如何认识它，它都在自动地发挥着作用，人们的主观意志左右不了它，干预不了它。这就是因果关系的客观性。

刑法中的因果关系同哲学上的因果关系一样，也是客观的，不以人的主观意志为转移的。这一点在许多刑法学教科书中以及不少研究刑法因果关系的文章中都谈到了。但遗憾的是，许多教科书和文章只谈到此也就完事了，似乎只要说明刑法因果关系也是客观的，就算接受了哲学因果关系的指导了。其实远不是这么回事。前文我们曾经指出，哲学上的因果关系必须按照刑法因果关系的特殊性应用于刑法科学。这就是说，只强调刑法因果关系也是客观的还不够，还必须进一步说明把哲学因果关系的客观性应用到刑法因果关系中来的意义是什

---

① 《列宁全集》（第38卷），人民出版社1959年版，第170页。
② 《列宁全集》（第14卷），人民出版社1957年版，第159页。

么，也就是必须要说明刑法中的因果关系为什么要强调客观性，这才是问题的关键。如果忽略了这一点，就等于是白强调刑法因果关系的客观性了。

那么，我们用哲学因果关系的客观性来指导刑法中的因果关系到底是为了什么呢？要回答这个问题，我们需要先回顾一下研究刑法因果关系的目的是什么。

大家知道，刑法中研究因果关系，首先是为了查明危害社会的结果到底是由谁的行为造成的，最终目的是为追究行为人的刑事责任提供客观依据。而要追究行为人的刑事责任，仅仅具备因果关系还不够，还必须具备行为人的主观罪过。主观罪过就是行为人犯罪的故意或过失。而故意和过失又是行为人主观上对其行为与结果之间的因果关系是否认识和能否认识的问题。这种对因果关系是否认识和能否认识的问题，是行为人的主观罪过问题，并不影响其行为与结果之间因果关系的客观存在。然而在司法实践中，却常常有人以行为人对其行为与结果之间的因果关系缺乏认识为理由，而否认其行为与结果之间具有因果关系。有这样一个案例：一位保姆在家里照看只有一岁多的小男孩。孩子咳嗽得厉害，邻居某甲就送来一瓶止咳糖浆。保姆将止咳糖浆喂给孩子不久，孩子就口吐白沫，经抢救无效死亡。事后发现，瓶子里装的是敌敌畏，但瓶子却是装止咳糖浆的瓶子，连上面的商标和说明还是崭新的。原来是邻居某甲的丈夫某乙用止咳糖浆瓶装了敌敌畏拿回家中备用，因一时粗心，竟忘了撕去瓶上的商标，也忘了告诉家人。这就是说，邻居某甲和保姆并不知道瓶中装的是敌敌畏，她们都把瓶中的敌敌畏当成止咳糖浆了。那么，某甲和保姆的行为与孩子的死亡之间有没有因果关系呢？就这个案例，有不少人都认为二者之间没有因果关系。他们说，邻居和保姆都是出于好心，而且都不知道瓶子里装的是敌敌畏。如果认为她们的行为与孩子死亡之间有因果关系，那以后谁还敢做好事呢？显然，这些人是把好心（主观认识）与因果关系混为一谈了，也把因果关系与刑事责任混为一谈了。不错，邻居和保姆是不知道瓶子里装的是敌敌畏，但敌敌畏能够毒死人的这种内在规律性并不因为不知道就不发挥作用，它是不依你知不知道为转移的。所以，尽管邻居和保姆不知道，但她们的行为与孩子死亡之间的因果关系仍然是客观存在的。当然，这种客观存在的因果关系并不意味着邻居和保姆就一定构成犯罪并承担刑事责任。是否构成犯罪并承担刑事责任，还要看她们主观上有没有过失（罪过）。总之，我们不能因为邻居和保姆不知道是敌敌畏，就说她们的行为与孩子的死亡之间没有因果关系。否则，这种错误的看问题的方法就会导致在刑事案件中放纵有罪的人。因为在刑事案件中，首先摆在司法人员面前的是结果而不是原因。司法人员必须从结果倒溯上去才能找到原因，而且也只有在找到原因即找到造成结果的行为之后，才能进一步追查行为人和行为人的主观罪过。在具备因果关系的情况下，如果又能证明行为人具有主观罪过，那么，行为人就构成了犯罪并应承担刑事责任。但是，如果我们在追查行为人的主观罪过之前，把本来存在因果关系的案件说成是没有因果关系，也就不会再去追查行为人有没有主观罪过了。这样，即使行为人主观上有罪过，已经构成了犯罪，也会由于错误地将因果关系的有说成无而不去追查，从而使犯罪人逃避惩罚。比如上例中，邻居和保姆的行为与孩子的死亡之间本来是有因果关系的。至于构不构成犯罪，还需进一步追查她们主观上有没有罪过。据调查，保姆在打开瓶子给孩子喂药前，闻到药的味道"很难闻"时，也曾对这"止咳糖浆"产生过怀疑。但她看了崭新的瓶子和商标之后，又打消了怀疑。在她给孩子喂药时，因孩子闭嘴咬牙坚持不吃，她就强行给孩子灌了两汤匙。这说明，保姆在给孩子喂药的过程中，具有轻信商标和疏忽大意的心理，也说明她主观上是有过失的。因此，保姆构成了过失致死罪，应当承担一定的刑事责任。如果按照有些人的意见，认为保姆的行为与孩子死亡之间没有因果关系，也就不需要再去追查她主观上有没有过失了。这样一来，保姆也就逃避了刑事责任。

说到这里，再来回答前边所提出的问题，就比较好回答了，回答出来也比较好理解了。这就是：当我们在判断行为人的行为与危害结果之间有无因果关系的时候，一定要从客观实际出发，以事物内部的客观联系为标准，而不能以行为人的主观认识为标准，也不能以办案人员的主观假设为标准。只有这样，才能正确地解决刑法因果关系问题，也才能正确地办好刑事案件。这就是在刑法理论中坚持因果关系的客观性的重要意义。

二、因果关系的相对性和绝对性原理

恩格斯指出："当我们深思熟虑地考察自然界或人类历史或我们自己的精神活动的时候，首先呈现在我们眼前的，是一幅由种种联系和相互作用无穷无尽地交织起来的画面，其中没有任何东西是不动的和不变的，而是一切都在运动、变化、产生和消失"。① 这就是说，世界上的一切事物都是互相联系、互相影响、互相制约的。任何一个事物的存在和发展，都离不开许多其他事物的作用和影响，这些其他事物就是这一事物存在和发展的原因和条件。整个世界就是在这种互为条件相互作用中并存和发展着，从而形成一个错综复杂相互交织的网络。在这个网络中，任何一个事物或现象都既是原因，又是结果，使你分不清到底哪个是原因哪个是结果。正如恩格斯所说，把原因和结果"放在它和世界整体的总联系中来考察，这两个观念就汇合在一起，融化在普遍相互作用的观念中，在这种相互作用中，原因和结果经常交换位置；在此时或此地是结果，在彼时或彼地就成了原因，反之亦然"。② 这就是哲学上所说的因果关系的相对性。

恩格斯接着指出，种普遍的相互作用的观念"虽然正确地把握了现象的总画面的一般性质，却不足以说明构成这幅画面的各个细节；而我们要是不知道这些细节，就看不清总画面。为了认识这些细节，我们不得不把它们从自然的或历史的联系中抽出来，从它们的特性、它们的特殊的原因和结果等方面来逐个地加以研究"。③ 又说："只有从这个普遍的相互作用出发，我们才能了解现实的因果关系。为了了解单个的现象，我们就必须把它们从普遍的联系中抽出来，孤立地考察它们，而且在这里不断更替的运动就显现出来，一个为原

① 《马克思恩格斯选集》（第3卷），人民出版社1972年版，第60页。
② 《马克思恩格斯选集》（第3卷），人民出版社1972年版，第62页。
③ 《马克思恩格斯选集》（第3卷），人民出版社1972年版，第60页。

因，另一个为结果”。[①] 恩格斯的这些话说明了这样一个道理：“原因和结果这两个观念，只有在应用于个别场合时才有其本来的意义”。[②] 由于在客观世界普遍联系的总画面中分不清哪个是原因，哪个是结果，所以必须把它们从普遍联系中抽出来，“人为地把一个统一的世界过程的某些方面孤立起来”[③] 才能分清究竟哪个是原因，哪个是结果。而且此种情况下，原因只能是原因，结果只能是结果，不能倒果为因，也不能倒因为果。这种在“人为的孤立”原则下形成的原因只能是原因，结果只能是结果的关系，就是哲学上所说的因果关系的绝对性。

以上所说的哲学上的因果关系的相对性和绝对性，在刑法因果关系中是必须要坚持的。这一点在许多刑法学教科书中也提到了。但是，许多教科书只是讲了什么是因果关系的相对性和绝对性，至于为什么要在刑法中坚持因果关系的相对性和绝对性却没有谈到。这是不能不令人遗憾的。

那么，我们在刑法因果关系中为什么必须要坚持相对性和绝对性原理呢？我们知道，研究刑法因果关系的目的，是为了追究行为人的刑事责任提供客观依据。而要做到这一点，就必须查清危害社会的结果究竟是谁的行为造成的。在这里，原因只能是原因，结果只能是结果；谁的行为就是谁的行为，什么结果就是什么结果。不能把甲的行为说成是乙的行为，也不能把这种结果说成是那种结果，更不能把原因说成结果，或者把结果说成原因。只有这样，才能正确解决犯罪人的刑事责任问题。这里正体现着因果关系的绝对性，也正是我们坚持因果关系绝对性原理的意义所在。

为了追究行为人的刑事责任，必须查清原因和结果，而且不能倒果为因，也不能倒因为果。从这个角度讲，似乎坚持因果关系的相对性是没有意义的。其实不然。按照相对性原理，把原因和结果放回世

---

① 《马克思恩格斯选集》（第3卷），人民出版社1972年版，第552页。
② 《马克思恩格斯选集》（第3卷），人民出版社1972年版，第62页。
③ 《列宁全集》（第14卷），人民出版社1957年版，第157～158页。

界普遍的联系中之后，原因和结果就失去了原来的意义，原因不再是单纯的原因，结果也不再是单纯的结果。这对于确定造成危害结果的行为来说虽然没有什么意义，但对于查清行为人的主观罪过以及对有罪人的正确量刑却是不无意义的。因为要追究行为人的刑事责任，仅查明行为与结果之间的因果关系还不够，还必须进一步查明行为人主观上具有罪过。而要查明行为人的主观罪过，就需要采用相对的因果性原理，从原因倒溯上去再寻找原因，一步一步地才能查明。这个寻找过程是：从危害结果倒溯上去找到危害行为，再从危害行为倒溯上去找到行为人，再由行为人追查实施行为的动机和目的，由动机和目的再追查主观罪过（故意或过失）。在这一个倒溯上去由果寻因的锁链中，任何一个现象都既是结果，又是原因。比如行为人的行为，就既是造成的危害结果的原因，又是行为人的动机和目的的结果。在这个因果锁链中充分体现了因果相对性的原理，而我们又正是依靠这种相对性的因果锁链来追查到行为人的主观罪过的。可见，因果关系的相对性原理对于查明行为人有无主观罪过，进而确定行为人是否构成犯罪，具有十分重要的意义。

因果关系的相对性不仅对查明行为人的主观罪过具有意义，而且对正确的量刑也具有重要的意义。因为在量刑的时候，除了考虑犯罪构成的各大要件之外，还要考虑与犯罪有关的其他一些情况，如犯罪的动机、目的、间接危害结果等。而间接危害结果常常就是直接危害结果的结果，动机则是目的的原因，目的又是行为的原因。这里的每一个现象都既是原因，又是结果，充分体现着因果关系的相对性。由此可见，在刑法学中接受哲学因果关系相对性原理的指导，是十分必要的，也是十分重要的。

三、因果关系的时间顺序性原理

因果关系的时间顺序性原理，是指在原因与结果的联系中，原因总是在先，结果总是在后。比如，总是先有泼水，后有地湿；先有殴打，后有伤害，等等。这是连小孩子都明白的最简单不过的问题。如此简单的哲学原理，还必须要引用到刑法中来吗？回答当然是肯定的。这是因为虽然这个问题很简单，一般情况下，大家都知道危害行为在前，危害结果在后。但是，在刑事司法实践中，一旦遇到复杂的案件，往往就会有人把原因与结果的时间顺序给颠倒了。万一出现此种情况，就会在定罪量刑上出现重大差错。这一方面是因为刑事案件是一种十分复杂的社会现象，另一方面也是因为还有不少人并不十分精通刑法学的基本原理，因而在简单的因果时间顺序的认识上也会出现差错。比如，有这样一个案例：某甲（一成年男子）发现某乙（一个七八岁的小男孩）欺负自己三岁的女儿，一气之下用手拉着某乙的胳膊抡了一下。不料因用力过猛将某乙甩倒在地，头又正好撞在一块石头上，致使某乙当即死亡。某甲为掩盖事实，将某乙抱进一间草屋，用稻草盖起来。某甲由于精神紧张，在盖稻草时恍惚觉得某乙动了一下，误以为某乙没有死亡。此时又害怕某乙醒来告发自己，便产生了杀人灭口之心。于是，某甲搬来一块石头，在某乙的头上连砸几下。怕某乙不死，还另搬了一块较大的石头压在某乙的胸脯上才慌忙而去。案发之后，经法医鉴定证明，某乙是在被某甲甩倒时因头部撞到石头而死亡的。某甲后来用石头砸某乙的头部时，砸的已经是尸体，而不是活人了。

在这个案件中，有不少人都认为，对某甲应按故意杀人（既遂）罪论处。理由是，某甲既有杀人的故意，也有杀人的行为，而且也造成了某乙死亡的结果。不难看出，这种意见就恰恰是把因果关系的时间顺序弄颠倒了。法医鉴定已经证明，某乙是在被某甲甩倒时头部碰在石头上而死亡的。而某甲故意用石头砸某乙头部的行为是在某乙死亡之后才实施的。这说明造成某乙死亡的原因是某甲刚开始“手拉某乙胳膊用力一抡”的行为，而不是用石头砸某乙头部的故意行为。也就是说，某甲虽然实施了故意杀人的行为，但这一行为并未造成死亡的结果（因为实施这一行为时某乙已经死亡）。因此，这一行为只能构成故意杀人罪的未遂，却不能构成既遂。真正导致死亡结果的，是某甲刚开始的行为。而某甲刚开始的行为并不是为了杀死某乙，只不过是出于气愤想教训一下某乙而已。当然，某甲在实施教训某乙的行为时，应当预见到这种行为有可能造成某乙死亡，但他由于疏忽大意而没有预见。这说明，就这一行为来说，某甲主观上没有杀人的故意，但有疏忽大意的过失，而且正是这个具有过失的行为造成了某乙的死亡。因此，某甲刚开始的行为显然是构成了过失致人死亡罪。由此可见，某甲实际上是构成了过失致人死亡和故意杀人（未遂）两个罪，而不是只构成了故意杀人（既遂）一个罪。

这个案例充分说明，在刑事案件中严格强调因果关系的时间顺序性是十分必要的。尽管这个问题很简单，但遇到复杂的案件时却并不简单。

四、因果关系的必然性、偶然性相统一原理

唯物辩证法认为，因果关系是必然性和偶然性相互作用的结果，是必然性和偶然性的辩证统一。关于这一点，恩格斯曾经正确地指出："被断定为必然的东西，是由纯粹的偶然性构成的，而所谓偶然的东西，是一种有必然性隐藏在里面的形式"。[①] 恩格斯在这里明确地告诉我们，因果运动是既包含必然性又包含偶然性的矛盾运动过程。这里需要说明一个问题：关于恩格斯的这句话，有的同志往往把它理解为是必然性和偶然性的相互转化问题。这样理解是不正确的。其实，恩格斯在这里所讲的是必然性和偶然性在因果关系中的相互作用问题。因为恩格斯在这里除了使用必然性和偶然性两个概念外，还使用了"必然的东西"和"偶然的东西"两个概念。所谓"必然的东西"显然不是指的必然性，而是指由必然性所转化而成的结果。同样，"偶然的东西"也是指由偶然性转化而成的结果。意思显然是说，必然的结果是由偶然性促成的，偶然的结果是由必然性促成的。这与恩格斯在1894年致符·博尔吉乌斯的信中所说的"偶然性是必然性的补充和表现形式，必然性靠偶然性开辟道路"[②] 实际上是一个意思。这意思就是说，必然性要变为现实性，必须由偶然性为其开辟道路（相配合），偶然性要变为现实性，也必须由必然性为其开辟道路（相配合）。这里充分说明了因果过程是必然性和偶然性相互作用的过程的道理。关于这个道理，黑格尔也曾经指出过。他说："必然

---

① 《马克思恩格斯选集》（第4卷），人民出版社1972年版，第240页。
② 《马克思恩格斯选集》（第4卷），人民出版社1972年版，第506页。

性和因果性便消失在这种一致性中；它们包含着相异事物的作为联系和关系的直接同一性以及相异事物的绝对实体性，从而包含着它们的绝对的偶然性”。①

用因果关系是必然性和偶然性的辩证统一这一哲学原理来指导刑法中的因果关系有什么意义呢？我们认为，这对于正确理解刑法因果关系的性质，正确理解刑法中的因果性和必然性、偶然性三者之间的关系，都具有十分重要的意义。不言而喻，刑法上的因果关系与哲学上的因果关系一样，都是必然性和偶然性的统一。而且因果关系都是在必然性或偶然性的基础上形成的，都是必然性或偶然性变为现实性的结果。这是因为因果关系中的结果的根据首先是产生于必然性或偶然性，然后这种作为结果之根据的必然性或偶然性再在偶然性或必然性的配合下变为现实性，结果才得以产生，进而才形成因果关系。可见，因果关系的形成一步也离不开必然性和偶然性。比如，司机某甲把明知刹车装置不灵的汽车开上公路，当开到某岔路口时，凑巧遇上不加观察就猛然横穿公路的某乙，结果因刹不住车而将某乙撞死。在这一案件中，某甲将刹车不灵的汽车开上公路这一行为，一开始就包含着发生交通事故的必然性。虽然遇上不加观察就猛然横穿公路的某乙是偶然的，然而正是这一偶然性的出现，才使原来包含于某甲行为之中的发生交通事故的必然性变成了现实性。于是，某甲的行为与某乙死亡的结果之间就形成了必然的因果关系。这一案例充分说明了刑法中的必然因果关系与必然性和偶然性之间的紧密联系。刑法中的偶然因果关系与必然性和偶然性同样具有紧密的联系。鉴于这些问题在后文的“偶然因果关系”一章中要详加论述，所以在这里只是点到而已，不作更多的阐述。

将因果关系是必然性和偶然性的辩证统一这一哲学原理用来指导刑法中的因果关系，对于逐步统一刑法学界关于因果关系的论争，也有一定的意义。长期以来，在刑法学界一直存在着“必然因果关系

① 列宁：《黑格尔〈逻辑学〉一书摘要》（单行本），人民出版社1963年版，第91页。

说”和“偶然因果关系说”的争论。持“必然因果关系说”的学者认为，刑法中的因果关系只有必然因果关系一种形式；持“偶然因果关系说”的学者认为，刑法中的因果关系既有必然因果关系形式，也有偶然因果关系形式。持“必然因果关系说”的学者批评对方把因果关系与必然性、偶然性的概念混为一谈了，并且强调说：“因果关系是必然性和偶然性的辩证统一。因果关系就其本质而言，应该是必然的”，还说：“唯物辩证法认为因果关系是必然性和偶然性的统一，根本不存在作为实体存在的偶然因果关系”。[①] 不难看出，持“必然因果关系说”的学者正是以“因果关系是必然性和偶然性的辩证统一”原理来反驳“偶然因果关系说”的。其实，这样的反驳仍然不能说明问题，或者说是驳不倒对方的。因为从这个哲学原理中根本得不出因果关系只能是必然因果关系的结论。实际上，必然因果关系是必然性和偶然性的辩证统一，偶然因果关系同样是必然性和偶然性的辩证统一。因此我们认为，“偶然因果关系说”的见解是正确的。而这正是将“因果关系是必然性和偶然性的辩证统一”这一哲学原理应用于刑法因果关系所得出的必然结论。如果持“必然因果关系说”的学者也能接受这一观点，就会有利于双方意见的统一。

五、因果关系的内、外因原理

关于因果关系的内、外因原理，毛泽东在《矛盾论》一文中作了精辟的阐述。他正确地指出：“和形而上学的宇宙观相反，唯物辩证法的宇宙观主张从事物的内部、从一事物对他事物的关系去研究事物的发展，即把事物的发展看做是事物内部的必然的自己的运动，而每一事物的运动都和它的周围其他事物互相联系着和互相影响着。事物发展的根本原因，不是在事物的外部而是在事物的内部，在于事物内部的矛盾性。任何事物内部都有这种矛盾性，因而引起了事物的运动和发展。事物内部的这种矛盾性是事物发展的根本原因，一事物和他事物的互相联系和互相影响则是事物发展的第二位原因”。他还说：“唯物辩证法是否排除外部的原因呢？并不排除。唯物辩证法认

① 陈兴良：《刑法哲学》，中国政法大学出版社 1992 年版，第 76 页、第 80 页。

为外因是变化的条件，内因是变化的根据，外因通过内因而起作用”。[①] 毛泽东的这番关于内、外因的理论，是对辩证唯物论因果观在新的历史条件下的丰富和发展。由于它深刻地分析了内因和外因、根据和条件的关系，阐明了它们之间相互作用的机理，以及它们各自对结果的发生所起的不同作用，因而对各门学科中的因果观都有普遍的指导意义。

将毛泽东的这一内、外因理论引用到刑法因果关系中来，对于我们正确地解决原因与条件的区别、划分犯罪行为与非犯罪行为的界限同样具有十分重要的意义。我们知道，在刑事案件中，危害结果往往都不是由一个行为（原因）直接引起的，有些案件甚至是由许多个行为相互作用才造成一个或数个危害结果的。在此种情况下，就需要利用内因和外因、根据和条件的原理把起原因作用的行为和起条件作用的行为区别开来，从而为区分罪与非罪的界限奠定基础。如果不能正确理解内、外因的原理，就很有可能在此类案件中将起条件作用的行为当做原因，或者将起原因作用的行为当做条件，从而混淆罪与非罪的界限。比如，某甲将某乙打伤，某乙去医院治疗时，大夫某丙使用未消毒的器械为某乙治疗，结果导致某乙感染败血症而死亡。在此类案件中，常常有人认为某甲的行为与某乙死亡之间也有因果关系。其原因就在于没有正确理解原因与条件的区别。实际上，与某乙的死亡之间具有因果关系即能够成为某乙死亡之原因的，只是大夫某丙违章操作的行为，某甲的行为仅仅是某乙死亡的一个条件。因为某甲的行为仅仅是将某乙打伤而已，某乙即使不去治疗也不会有生命危险，也就是说，在某甲的殴打行为中根本不包含某乙死亡的内在根据。但某丙的行为则不同。某丙使用未消毒的器械为某乙治疗，首先是违反了医疗操作规程，其次是这种行为直接导致某乙感染了败血症，而败血症又包含着致人死亡的必然性。一句话，是某丙的行为中包含着致某乙死亡的内在根据。由此可见，能够成为某乙死亡之原因的，只能是某丙的行为，而不是某甲的行为。有人说，如果不是某甲打伤某

① 《毛泽东选集》（合订本），人民出版社 1966 年版，第 289 ~ 291 页。

乙，某乙就不会去医院治疗，某乙不去医院治疗，就不会遇上某丙违章操作的行为，某乙也就不会死亡。一句话，没有某甲的打人行为，某乙就不会死亡。可见某甲的行为也是某乙死亡的原因。我们认为，这样的推理过程，恰恰是违背内因是根据、外因是条件的基本原理的。唯物辩证法认为，“内因是变化的根据，外因是变化的条件”，但并不因为外因是变化的条件就否认它在变化中所起的作用。相反，唯物辩证法认为，外因通过内因对事物的变化所起的作用是十分重要的。但是，唯物辩证法也并不因为外因在事物变化中所起的重要作用而把它从条件的地位升格为原因。虽然它在事物的发展变化中起了重要的作用，但它对结果来说仍然是条件，而不是原因。因而，它与结果之间不可能形成因果关系。同样道理，某甲的殴打行为虽然对某乙的死亡起了重要的引起（无 A 即无 B）作用，但它并不能因此而从条件升格为原因，因为在它的内部不存在结果的根据，因而它与某乙死亡的结果之间不具有刑法上的因果关系。

不仅在多个行为的刑事案件中需要进行原因和条件的划分，有时在特殊情况下，虽然只有一个行为也同样需要进行原因和条件的划分。比如，甲乙二人发生口角，甲向乙头部轻击一拳，乙即倒地死亡。后经法医鉴定，乙因患有先天颅底脑血管畸形，甲的一拳使其脑血管破裂而死亡。在此类案例中，某乙死亡的原因究竟是某乙自身的病情，还是某甲的一拳之击，往往有不同的看法。一种意见认为，若不是某乙自身有病，某甲轻击一拳是不会引起死亡的。因此，某乙死亡的真正原因在于其自身的病情，某甲的一拳仅仅是一个诱因，严格来说只是一个条件。因此，某甲的一拳与某乙的死亡之间没有因果关系。另一种意见认为，某乙死亡的真正原因在于某甲的一拳，某乙自身的病情只是一个条件。因为如果没有某甲的一拳，某乙虽然有病，也不会死亡。因此，某甲的一拳与某乙的死亡之间有因果关系。这两种意见之所以相持不下，关键就在于对原因和条件的理解不同。我们认为，第二种意见是正确的。第一种意见把某乙的死亡归因于某乙自身的病情，显然是把条件当做原因了。不错，脑血管畸形对某乙的死亡确实起了重要的作用，若不是因为先天的脑血管畸形，某乙是不会因为某甲的一拳就死亡的。然而，某乙虽然患有先天性脑血管畸形，但若没有某甲的一拳也是不会死亡的。这已为某乙健康地活到成年所证明。这就说明，某乙患的脑血管畸形病并不含有使他死亡的内在根据，要不在某甲拳击之前他为什么不死呢？总之，某乙的病情只是导致他死亡的一个条件。在这样的一个条件下，某甲的一拳就包含了致某乙死亡的根据，或者说，某乙死亡的根据正是在这样的条件下存在于某甲的一拳之中的。因此，应当肯定某甲的拳击行为是某乙死亡的原因。当然，这并不意味着某乙就一定构成犯罪。如果某甲不知道某乙患有此病，他这一拳打得又不重，说明他主观上没有致人死伤的故意和过失（某乙的死亡对他来说是不能预见的），那么他就不构成犯罪。假如他明知某乙患有此病，说明他事先对其行为与结果之间的因果关系已有预见，至少也是应当预见，那么他主观上就有罪过，也就构成了犯罪。如果他是有预谋地用此一拳结束某乙的生命，那他就构成了故意杀人罪。如果他是由于一时气愤而忽略了某乙的病情才打此一拳，说明他主观上具有疏忽大意的过失，应负过失致人死亡的责任。然而，假如我们不承认某甲的一拳与某乙的死亡有因果关系的话，那么，即使某甲是有预谋地利用某乙的病情来达到犯罪目的，我们也无法追究他的刑事责任。可见，把某乙的病情作为某乙死亡的原因，否认某甲的一拳与某乙死亡之间的因果关系，是有放纵犯罪人的危险的。

这个案例充分说明了用哲学上的内、外因理论指导刑法因果关系的重要意义。

第三节 将哲学上的因果关系应用到刑法中需要注意的问题

前文我们已经阐明了刑法因果关系必须接受哲学因果关系原理指导的原因，而且还阐明了应当在哪些方面接受哲学因果关系的指导。那么，刑法因果关系究竟应当如何接受哲学因果关系的指导呢？或者说刑法因果关系在接受哲学因果关系的指导时应注意一些什么问题呢？这也是一个相当重要的问题。如果这个问题解决不好，就有可能在接受哲学因果关系的指导时出现偏差和错误，从而不能达到预期的目的。

我们认为，刑法学在接受哲学因果关系的指导时，应当注意如下几个问题：

一、一定要结合刑法科学的特殊性，不要简单照搬哲学上的因果性原理

哲学是自然知识和社会知识的概括和总结。它虽然吸收了各门学科的共性，但各门学科还有它自身的特殊性，这些特殊性未必都能概括到哲学的一般原理中去。因此，在解决因这些特殊性而发生的问题时，就必须结合这些特殊性具体地、灵活地运用哲学上的一般原理，而不可简单地生搬硬套。我们知道，刑法科学中的因果关系是有其自身的特殊性的。这些特殊性（至少有一部分）在哲学因果关系原理里还找不到。这就需要我们灵活地运用哲学因果关系原理。比如，哲学上认为事物发展变化的内因就存在于该事物的自身之中，如鸡蛋变为小鸡的内因是胚胎，而胚胎就存在于鸡蛋之中。所以毛泽东说，唯物辩证法“把事物的发展看做事物内部的必然的自己的运动”。认为“事物发展的根本原因不是在事物的外部而是在事物的内部，在于事物内部的矛盾性”，并且认为，“外因是变化的条件，内因是变化的根据”。[①] 这些哲学原理固然是正确的。但是，当我们把这一原理应用于刑法中的因果关系时，却不能生搬硬套，说刑法因果关系中事物变化的内因也是存在于该事物内部的。如果这样说的话，那就是不顾刑法因果关系的特殊性而犯了教条主义。因为哲学上说“事物发展变化的内因存在于该事物的内部”，是针对事物的正常发展而言的（鸡蛋变为小鸡就是鸡蛋的正常发展）。而刑法上的因果关系中所包含的事物的变化，绝大多数都不是事物的正常发展，而是事物正常发展的中断。比如，一个人突然被枪击（刀砍）致死，就是人的生命的正常发展的中断。事物的发展与事物发展的中断从表面上看都是事

① 《毛泽东选集》（合订本），人民出版社 1966 年版，第 289 页、第 291 页。

物的变化，但二者在本质上却是完全相反的两码事：一个是事物自身的正常发展，一个是对这种正常发展的破坏。二者是完全对立的，根本不相容的。因此，事物正常发展的内因存在于该事物的内部，而事物发展中断的内因却决不会存在于该事物的内部，而只能存在于该事物的外部。所以，寻找某人被杀致死的内因，只能从人身外部的枪击、刀砍中去寻找，而不能从人的身体中去寻找。需要强调的是，我们这样说，并不违背外因是条件、内因是根据的哲学原理。但遗憾的是，有个别学者在把哲学上的内、外因原理应用在刑法因果关系中时，却犯了这种生搬硬套的教条主义错误。这位学者不注意事物正常发展和正常发展的中断这两种变化的区别，认为事物一切变化的内因都存在于该事物的内部。比如，对于鸡蛋被打碎的内因（根据），他也要从鸡蛋自身中去寻找，说什么如果鸡蛋“遇到一块掉下来的石头，蛋壳的物理性能就成为鸡蛋被打碎的根据”[①]。大家知道，鸡蛋没有胚胎，就不会变为小鸡。因为“内因是变化的根据”，如果没有这种根据，事物就不会有这种变化。照这位学者的见解，蛋壳是鸡蛋被打碎的根据，那么，如果鸡蛋没有蛋壳，鸡蛋就打不碎了？如此说来，鸡蛋长个蛋壳倒是长错了。如果不长蛋壳，没了被打碎的根据，鸡蛋就打不破了，那该多好！真是荒唐之极。问题更严重的是，这位学者还把这种荒唐的论调引用到刑法因果关系中来。说在交通肇事案件中，“旅客死亡的内因在旅客身体内部，外因则是旅客身体外部的原因如重物的撞击或挤压等”。还说“在刑事案件中，被枪击致死，被刀砍成重伤……”枪击、刀砍等都是造成死亡、重伤的外因。[②] 简单说，他认为，在杀人案件中，杀人行为是被害人死亡的外因，被害人的身体是被害人死亡的内因。按照“内因是变化的根据，无这种根据就无这种变化”的哲学原理进行推论，被害人要是没有身体，被害人也就杀不死了，进而也就没有杀人行为了。如此说来，世界上

---

① 何秉松：《毛泽东的内外因理论是刑法因果关系的理论基础》，载《法律科学》1994 年第 2 期，第 21 页。

② 何秉松：《毛泽东的内外因理论是刑法因果关系的理论基础》，载《法律科学》1994 年第 2 期，第 19 页、第 21 页。

之所以有杀人行为发生，根本原因是因为世界上有活人存在。这岂不是十分荒唐的吗！另外，再按照哲学上“外因是变化的条件”的原理进行推论，杀人行为就成了被害人死亡的条件。既然是条件，它与被害人的死亡之间就只有一般的联系，而没有因果关系。刑法理论认为，行为人的行为与危害结果之间没有因果关系的，就不能令其负刑事责任。如此说来，按照这位学者的观点，在杀人案件中，应当负刑事责任的不是实施杀人行为的人，而应当是被害人自己的身体。这种荒唐的结论恐怕连这位学者自己也是不能接受的。然而按照这位学者对内外因理论的理解，却硬是得出了这种荒唐的结论。这就充分说明，把哲学上的内外因原理应用在刑法因果关系中时，是不能生搬硬套的，而必须结合刑法因果关系的特殊性，灵活地加以运用。那位学者之所以会闹出荒唐的笑话，就是因为他生搬了哲学上的理论。

这里需要指出的是，我们强调刑法因果关系的特殊性，必须是在哲学因果关系的指导下强调特殊性。如果脱离哲学原理的指导，片面地强调特殊性，那也是不正确的。比如，由于研究刑法因果关系目的的特殊性，决定了刑法因果关系的研究对象只能是人为的造成了危害结果的行为与危害结果之间的联系。但我们在具体地研究刑法因果关系时，却不能片面地强调这一特殊性，认为因就只能是因，果就只能是果，从而把“伤害行为”之类固定为因，把“伤害结果”之类固定为果。如果我们在审理刑事案件时这样来看待因果关系，那是很难不出问题的。比如有这样一个案例：张甲数年来好吃懒做，偷鸡摸狗，又参与赌博，欠了许多外债。一天下午，张乙（张甲之弟）和母亲在自家东屋谈论欠债之事，言语中有埋怨张甲之意。张甲在西屋听到后不满，跑到东屋质问张乙，二人争吵起来。张甲回屋拿出杀牛刀一把，砍碎中门玻璃一块，又砍掉大柜一角，然后扑向张乙连砍两刀。张乙躲过。其母出来劝阻，张甲不听，仍举刀追砍张乙。张乙被逼退到东屋墙根下，并被放在墙下的一根铁管绊了一下。张乙顺手抄起这根铁管，当张甲再次举起刀时，遂用该铁管对张甲头部连击两下，将张甲打倒在地，造成张甲颅内出血，经抢救无效，于当晚死亡。该案中，从表面上看，张乙的行为是原因，张甲的死亡是结果，但我们却不能就此决定二者之间的因果关系。张乙的行为固然是张甲死亡的“因”，但对于张乙为什么要实施此种行为的原因来说，它又是“果”。如此相对地看待因与果之间的关系，我们才能正确地判断出张乙的行为是正当防卫，而不是犯罪行为。可见，我们审理案件时，是不能孤立地去强调某一个方面的。

二、一定要把有关的哲学范畴理解准确，不要在基本问题上出现误解和偏见

唯物辩证法的哲学范畴是客观事物之间最普遍的辩证关系的反映，是辩证思维的逻辑形式，也是各门科学共同使用的最普遍、最基本的概念。它既是人们在实践基础上概括起来的科学成果，又是人们进一步认识世界和指导实践的方法。当我们把哲学上的因果关系原理引用到刑法中来的时候，必须首先弄清楚与因果关系有关的一些哲学范畴的基本含义，并且应当在对这些含义的理解上达成共识。否则，就很难准确地将哲学上的因果关系原理应用到刑法科学中来。然而，近些年来，我们在这个问题上做得并不十分好。大家在对必然性、偶然性、可能性、因果性、必然因果关系、偶然因果关系、根据、条件、内因、外因等范畴的理解上很不一致，而且有些纯粹是错误的理解，从而影响了对刑法因果关系研究的深入，甚至引起一些不必要的争论和混乱。比如，关于什么是因果关系，就有几种不同的理解：有些人把它理解为一种过程，有些人把它理解为事物与事物之间的联系，还有人把它理解为一种规律。有些人认为刑法中既有必然的因果关系，也有偶然的因果关系；又有人认为刑法中只有必然的因果关系，没有偶然的因果关系。在认为有偶然因果关系的学者中，对于什么是偶然因果关系又有不同的理解：有些人认为，偶然因果关系是危害行为与危害结果之间的引起与被引起的联系，有些人认为偶然因果关系是两个必然因果环节的巧遇和交叉，也有人认为偶然因果关系就是条件与结果之间的一般的联系，还有人认为偶然因果关系就是行为与结果之间的偶然联系。之所以有这些不同的理解和争论，其中一个相当重要的原因就是大家对与因果关系有关的几个范畴的认识不一致。例如，关于偶然性的含义，有的学者认为“是事物外部的非本质的联系”,[1] 有的学者则认为“是事物发展过程中由于外在的非本质的联系引起的现象”。[2] 其实，这两种理解都是错误的。实际上，偶然性既不是“联系”，也不是“现象”，而是事物的一种发展趋势，或者说是一种事物中所包含的引起另一种事物的发展动向。这种发展趋势仅仅是一种可能性，而不是一种现实。而现象则是一种现实的东西，所谓“偶然的现象”、“偶然的东西”、“偶然的结果”实际上都是指的一种客观现实。而所谓“联系”则是指两个现实事物之间的关联性。可见，把偶然性理解为“联系”和“现象”都是错误的。对偶然性的理解不正确，对偶然因果关系的理解也就不可能正确了。

除了上述所说的几个范畴之外，还有一些范畴在刑法学界存在不同的认识。这些认识上的分歧，在很大程度上阻碍着大家对刑法因果关系问题取得共识，也阻碍着大家在刑法因果关系的研究中得出正确的结论。因此，我们在把哲学上的因果关系原理应用在刑法科学中的时候，应该首先对这些与因果关系有关的基本范畴作一番细致的研究。

三、一定要结合实际有创造性发展，不要固守现有的哲学原理

人所共知，历史在不断进步，社会在不断发展。尤其是当今世界的自然科学，简直是突飞猛进，日新月异，以至于人们惊呼“不是我不明白，这世界变化快”。与自然科学相比，社会科学的进步虽然显得沉稳和缓慢一些，但必定也有所发展。比如社会学、人口学、心理学、犯罪学，包括我们的刑法学都有一些长足的发展。在此种情况下，作为“自然知识和社会知识的概括和总结”的哲学，当然也有所进步和发展。因此，当我们把哲学上的因果关系原理应用在刑法科学中的时候，就应当也有些开拓性和创造性，而不能停留在原有的基础上，裹足不前。然而，在这个问题上，却不是那么很尽如人意。近些年来，在因果关系的哲学原理上，我们一直还停留在一个世纪之前

① 文正邦、王剑南:《只存在间接因果关系不存在偶然因果关系》，载《法学季刊》1983 年第 3 期，第 27 页。

② 张晓明:《刑法中的因果关系论不科学》，载《法学季刊》1983 年第 2 期，第 30 页。

的水平上。这些年，我们的刑法学家们经常引用黑格尔的一些哲学论著来说明刑法中的因果关系，这固然是十分必要的，但遗憾的是，每次都仅仅局限于黑格尔说过的话，在某个问题上，黑格尔说是一，我们的一些同志就跟着说是一，黑格尔说是二，我们的一些同志也跟着说是二，对黑格尔没有说过的，就不敢涉足，不敢研究。这种研究实质上只是对黑格尔研究过的问题的重复或说明，而不是真正的研究。而且这种缺乏创造性和开拓性的研究方法，在很大程度上影响了刑法因果关系理论的深入和发展。近些年来，刑法学界关于必然因果关系和偶然因果关系长久的相持不下的争论，就与这种缺乏创造性的研究方法很有关系。比如，坚持必然因果关系说的同志引用黑格尔"因果关系无疑的是属于必然性的"① 这句话，就说因果关系只能是必然的，不能是偶然的。似乎黑格尔这样一说，就再也不能变更了。其实，黑格尔说过的话并非句句都是真理，尽管列宁称赞黑格尔对因果性的理解比当时的"许许多多'学者们'深刻和丰富千百倍"，② 但这并不意味着黑格尔说过的话就成了永恒的定论，再也不能研究和发展了。再如，坚持偶然因果关系说的同志虽然冲破了黑格尔关于"因果关系无疑的是属于必然性的"学说的束缚，大胆地提出了偶然因果关系的学说，但由于有些同志在对必然性和偶然性的理解上仍然受着传统的哲学观点的束缚，以致对偶然因果关系难以作出令人信服的解释，从而大大影响了论辩的力度，也影响了偶然因果关系在刑法科学中的正式确立。传统的哲学观点一直从对必然性的依附性上来理解偶然性，把偶然性理解为必然性的表现形式，似乎偶然性只能为必然性服务，只能依附于必然性，而不是把偶然性作为一种独立的发展趋势加以理解的。多数持偶然因果关系说的同志也是从这个角度来理解偶然性的，因而他们也就找不到偶然性产生的根据。找不到偶然性产生的根据，自然也就找不到偶然结果产生的根据，进而也就找不到究竟什么是偶然因果关系中的原因。于是，只好把条件与结果之间的

---

① ［德］黑格尔：《小逻辑》，人民出版社 1980 年版，第 318 页。

② 《列宁全集》（第 38 卷），人民出版社 1959 年版，第 169 页。

联系叫做偶然因果关系。条件就是条件，并不是原因。勉强地把条件与结果之间的一般联系说成是偶然因果关系，由于缺乏强有力的哲学论证，在坚持必然因果关系说的同志们的批驳下，也就难免败下阵来。但这并不是因为偶然因果关系不科学，而是因为某些持偶然因果关系说的同志没有进一步发扬创造性和开拓性，没有对偶然性进一步作出科学的创造性的解释。

对黑格尔的一些哲学观点和某些传统的哲学观点需要进行创造性的理解，对马列主义经典作家的一些哲学观点同样需要进行创造性的理解。不可否认，马列主义经典作家们对许多哲学问题包括因果关系问题都作了十分精辟的论述，这些论述对于我们的理论和实践都有极大的指导意义。但马列主义经典作家们不可能把每一个问题都毫无遗漏地论述清楚，更不可能把他们当时尚未遇见到的问题也给我们论述清楚。这就需要我们对马列的论著也要创造性的进行理解。然而在这个问题上，我们也做得不够好。不少同志常常是照搬照用马列的原著，马列说到一，也就用到一，马列说到二，也就用到二，不作创造性理解，不敢越雷池一步。这表面上看好像是对马列主义的尊重，实际上却是对马列主义的禁锢。这样做，不但不能发展马列主义，而且也不利于我们对刑法因果关系的研究。比如，恩格斯曾经讲："偶然性是必然性的补充和表现形式，必然性靠偶然性开辟道路"。[①] 稍加分析即可发现，恩格斯的这两句话都是以必然性为出发点来讲的，说的是在必然性的发展过程中偶然性对必然性的作用问题。但是，以偶然性为出发点，在偶然性的发展过程中必然性会对偶然性起到什么作用？这个问题恩格斯没有讲。恩格斯没有讲，不等于这个问题就不存在。但由于恩格斯没有讲，我们的理论工作者们就再也不进行研究了，似乎根本就不存在这个问题。这显然是不妥当的。假如我们不拘泥于恩格斯说过的话，假如我们对恩格斯说过的话进行创造性的理解，那我们就会很容易地发现，偶然性也是一种独立的发展趋势，而且当事物的发展以偶然性为出发点的时候，必然性也要对偶然性的实

① 《马克思恩格斯选集》（第4卷），人民出版社1972年版，第506页。

现起配合作用。当我们再把这一理论应用到刑法因果关系中的时候，就可以进一步发现，在刑事案件中偶然因果关系确实是存在的。这种偶然因果关系最初就是由偶然性产生的。某一事物包含着引起另一事物的偶然性，当这种偶然性在必然性的配合下变为现实性的时候，产生偶然性的那个事物与变为现实性的这个事物之间就形成了偶然的因果关系。由于在偶然性变为现实性的过程中得受到必然性的配合，因而在这种偶然因果关系中将包含着数个必然因果环节，但这数个必然因果系环节并不能改变偶然因果关系的性质。遗憾的是，不少同志由于没有坚持创造性的理解马列主义的哲学原理，以致没有发现这个问题。

以上所说，充分说明了在刑法因果关系理论中创造性的理解马列主义哲学原理的重要性。如果大家都能做到这一点，将有利于必然因果关系说和偶然因果关系说的论争的终结。

哲　理　篇

第三章 可能性

我国《刑法》第15条在规定过失犯罪时明确使用了“可能”一词，第11条在规定故意犯罪时也间接地使用了“可能”一词[①]。可见“可能性”在我国刑法中是一个相当重要的概念。另外，可能性与必然性、偶然性、或然性以及因果关系都有密切的联系。因此，我们要研究刑法中的因果关系，必须首先研究可能性问题。传统观点在研究刑法因果关系时，没有把可能性纳入进来一并进行研究，或者说没有把可能性作为因果关系的起点进行研究，这是导致在因果关系问题上存在模糊认识的一个相当重要的原因。

第一节 可能性的定义

从哲学上讲，可能性是“客观事物内部蕴藏着的这样或那样的发展趋势”[②]，或者说是指“包含在事物之中的、预示事物发展前途的种种趋势”[③]。总之，可能性是一种发展趋势，而不是现存的客观事物，也不是客观事物之间的联系。所谓趋势，就是事物发展的动向。比如，人被毒蛇咬伤后，有引起死亡的可能性，实际上就是具有引起死亡的趋向（趋势）。可能性作为一种发展趋势，只能存在于产生它的那个事物之后和它预示的那个事物出现之前。可能性预示的那个事物一旦出现，可能性就因变为现实性而归于消失。这时，在新出

① 按照《现代汉语词典》和《辞海》的解释，《刑法》第14条使用的“会”字含有“可能”的意思。

② 《辞海》（缩印本），上海辞书出版社1979年版，第40页。

③ 陈晏清：《马克思主义哲学纲要》，中央广播电视大学出版社、天津人民出版社1983年版，第142页。

现的事物中，又会产生预示下一个事物的新的可能性。可见，可能性只是一个只有根据而没有结果的发展动向。因此，我们可以用符号“○⟶”来表示可能性。其中“○”代表产生可能性的那个事物，“⟶”代表可能性的发展趋势。

可能性不是一种单一的发展趋势，而是有种种不同的发展趋势，或者说有这样那样的发展趋势。说它有种种不同的发展趋势，包含两层意思。一层意思是说，可能性在概率的大小上各有不同，比如有80%的可能性、60%的可能性、30%的可能性，等等；另一层意思是说，任何可能性都有正反两个方面，比如，说明天有60%下雨的可能性，同时也是在说，还有40%不下雨的可能性。因此，对可能性，应当用右边的符号来表示。其中，中间的“○”代表产生可能性的那个事物，四个不同方向的箭头代表可能性的四种不同的发展趋势。前边的符号“○⟶”只不过是可能性的一部分而已。可能性之所以有种种不同的发展趋势，是由产生它的那个事物的内在矛盾所决定的。这个问题，我们将在下一节中详加阐述。

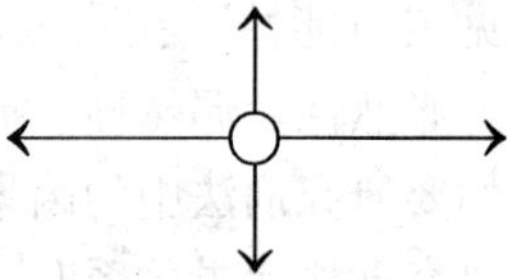

可能性与现实性是一对对立统一的范畴，二者既有紧密的联系，又有本质的区别。可能性这个范畴，只是反映了事物内部矛盾着的双方在斗争过程中各自发展的方向和前途，它体现着矛盾双方斗争和发展的趋向。而现实则标志着矛盾双方的斗争取得了谁胜谁负的结果，是矛盾的解决。现实是当前已经存在着的活生生的事物，是已经实现了的可能性，而可能性是指在以后才会出现的事物，是目前尚不存在的东西。

可能性不但与现实性有本质区别，也与不可能性有本质区别。二者的区别有两点：一是有无内在矛盾不同。可能性有内在根据，这一根据存在于产生它的那一事物之中；不可能性则没有内在根据。事物在发展过程中，由于缺乏内在根据不能转化为相应的事物，人们就会说这种现象是不可能的。比如，一袋棉花种子因受潮而发霉，经试验其发芽率为0。这时从中任取一粒，人们就会说要让这粒种子发芽是不可能的。换句话说，它具有发芽的不可能性。二是有无发展趋势不同。可能性至少有两个发展趋势，而不可能性则一个发展趋势也没有。例如，甲为杀乙而投毒，但误将白糖当毒药投入乙的碗中。由于白糖没有毒性，不具有致人死亡的内在根据，因而甲的这一行为就不具有致人死亡的可能性，它在任何情况下都不可能致人死亡。可见，不可能性是一种绝对性，它不能变为现实。

"可能"与"可能不"是同一个事物中产生的两种相反的发展趋势，或者说是同一种可能性的正反两个方面。比如，说一粒种子可能发芽，也可能不发芽，这实际上说的是一回事。说它可能发芽的同时就包含着它可能不发芽；说它可能不发芽的同时又包含着它可能发芽。这是因为，在种子内部既存在着发芽的根据，也存在着不发芽的根据。这一理论已被直接应用于刑法理论中了。比如，某甲开枪打猎前，发现猎物附近有人，他预见到此时开枪有可能打着人，但因打猎心切，竟对这种可能性采取放任态度而毅然开了枪。此种情况下，某甲如果打死了人就构成间接故意杀人罪，如果打伤了人就构成间接故意伤害罪，如果没有打着人就不构成犯罪。为什么某甲构不构成犯罪以及构成什么罪，均以是否发生危害结果以及发生什么样的结果为标准呢？原因就在于某甲在预见到有可能打着人的同时，也预见到了可能打不着人。也就是说，"打着人"这样的结果可能发生也可能不发生，两种可能性他都预见到了，而且他对这两种可能性都采取了放任的态度。打着了人符合他的心理状态，打不着人也符合他的心理状态。因而，他是否构成犯罪以及构成什么罪，均应以是否发生以及发生什么样的结果为标准。这既符合刑法上的犯罪构成理论，也符合哲学上的可能性理论。

"不可能"和"不可能不"二者都不是可能性，而是绝对性，是两种完全相反的绝对性。"不可能"中没有事物发展的内在根据；"不可能不"中则有着事物发展的完全的内在根据。比如100粒棉花种子都已发霉，那么每一粒都是不可能发芽的。说它不可能发芽，是因为它已经没有发芽的内在根据，是绝对地不会发芽了。如果100粒种子个个都是精选的优良品种，而且经多次试验，发芽率是100%，那么，在适当的条件下，每一粒都是不可能不发芽的。说它不可能不发芽，是因为它有着发芽的完全的内在根据，在适当的条件下是绝对地要发芽的。可见，“不可能”与“不可能不”都是绝对性，而且是完全相反的绝对性。

第二节 可能性的根据

这里的“根据”，是“出发”、“来源”的意思。[①] 研究可能性的根据，就是要研究可能性的发源地。从哲学上讲，根据是指事物内部固有的根本矛盾，是事物赖以存在、变化和发展的决定因素。在事物的发展过程中，根据起着主要的决定性的作用。不同的事物有着不同的根据，从而决定着它们不同的发展趋势。

辩证唯物主义认为，可能性产生于事物的内在矛盾，换言之，事物的内在矛盾就是可能性的根据。比如，某人被毒蛇咬伤后，具有死亡的可能性，这种死亡的可能性就产生于蛇毒的毒性（即蛇毒内在矛盾的一方）。唯物辩证法认为，任何事物内部都充满着矛盾，每个矛盾又分裂为两个对立面，这两个对立面既对立又斗争，由此推动事物的运动和发展。矛盾着的两个对立面在性质上是根本对立的，在发展趋势上是完全相反的。因此，一个事物在相同的条件下总是包含着两种相反的可能性。如一粒种子埋进土里，可能发芽，也可能不发芽；一个人患了重病，可能治好，也可能治不好；某人被毒蛇咬伤，可能死亡，也可能不死亡。这两种性质相反的可能性，都是由事物的内在矛盾产生的。事物的内在矛盾有两个对立面，因而由此产生的可能性也就有两个相反的发展趋势。比如，毒蛇的毒性，一方面对人体的细胞、神经或血液有破坏作用，另一方面这种毒性又可以被其他的药物分解。破坏作用决定了人被毒蛇咬伤后具有死亡的可能性，可被分解性则又决定了人被毒蛇咬伤后也有治愈的可能性。

分析和掌握可能性的根据，对于我们掌握事物发展的基本趋势，

---

① 《辞海》（缩印本），上海辞书出版社1979年版，第1303页。

不失时机地推动事物向着正确的方向发展，有着重要的意义。我们不论干什么事情，都应首先分析一下此事有没有根据。有根据的，就应积极创造条件，推动其向前发展；没有根据的，就不能盲目行动，以免造成人力物力的浪费。就像拿鸡蛋孵小鸡一样，总要先看看鸡蛋中有没有胚胎，有胚胎的才拿去孵，没胚胎的就不拿去孵，这就是重视事物根据的正确做法。做其他事情也一样，只有重视根据，才能减少盲目性，增加可靠性。小到日常生活，大到国家事务，概莫能外。比如，早在辛亥革命时期，孙中山先生就曾提出过修建长江三峡水电站的设想，新中国成立后，毛主席和周总理也曾几次提出这个问题，并进行过多次勘查和设计。但在过去，由于我国的国民经济和科学技术尚不具备建造三峡水电站的根据（实力），因而此项宏伟计划迟迟不能付诸实施。十一届三中全会之后，经过十几年的改革开放，我国的经济实力（即内在根据）有了大幅度提高，国家便及时作出了修建三峡水电站的决策。这一决策的过程，正是重视事物发展可能性的内在根据的体现。

分析和掌握可能性的根据，对于在刑法因果关系理论中正确区分原因和条件也有重要的意义。刑法上，某一行为之所以能够造成某种危害结果，首先是因为在行为中具有造成危害结果的内在根据，其次还由于某些条件的配合。犯罪中的条件，既可以表现为时间、地点、环境等，也可以表现为人的行为。当数个行为共同造成同一个危害结果时，究竟哪个（些）行为是原因，哪个（些）行为是条件，便需要仔细的划分。根据“内因是变化的根据”的原理，在引起危害结果的数个行为中，只有具备引起危害结果的内在根据的行为才是造成危害结果的原因。不具有引起危害结果的内在根据只是在危害结果发生的过程中起到某种配合作用的行为，则是条件。例如，甲在劳动中因失误而将乙的腿划伤，乙在医院治疗时，因大夫使用未消毒的器械，致使乙的伤口感染败血症而死亡。在该案中，甲的行为只是包含乙受伤的根据，并不包含乙死亡的根据。对于乙的死亡来说，甲的行为只是起到了一种条件的作用。尽管可以得出“没有甲的失误行为乙就不会受伤，乙不受伤就不会去医院治疗，乙不去医院治疗就不会死亡的”的因果联系，但这种联系只是一种表面的联系，其中并不包含乙死亡的内在根据。乙死亡的内在根据存在于大夫的违章行为之中，因为未消毒的器械中本来就包含着各种病菌，即包含着感染败血症的内在根据，而败血症又是一种死亡率较高的病症。因而大夫的违章行为才是造成乙死亡的原因，甲的行为只是造成乙死亡的一个条件。所以，甲只应对乙的受伤负责，大夫则应对乙的死亡负责。在这类案件中，不少学者之所以错误地认为甲的行为是导致乙死亡的偶然原因，就是因为混淆了根据与条件的区别。

第三节　可能性的条件

在上一节中，我们已经指出，可能性产生于事物的内在矛盾。这里还必须指出，可能性绝不仅仅产生于事物的内在矛盾。除了事物的内在矛盾之外，还必须有可能性赖以产生的条件。如果只有根据而没有条件，可能性是仍然不能产生的。因此，确切地说，可能性是在一定的条件下产生于事物的内在矛盾，或者说，可能性产生于根据与条件的结合。

可能性的条件，是指与产生可能性的某一事物的内在矛盾起配合作用的外部事物。例如，搬运工某甲用一辆未装刹车装置的人力车拉运铁坯，结果在下坡时，将一横穿马路的老人撞伤。这里，“撞伤行人”这一可能性产生的根据是“使用没有刹车装置的人力车”这一事物的内在矛盾，而这一可能性产生的条件则是下坡的路段。换句话说，正是在“下坡路”这个条件下，使用没有刹车装置的人力车才产生了撞伤行人的可能性。可见，一定的事物只有在一定的条件下才能产生一定的可能性。如果不是在下坡路而是在平路上，尽管使用了这样的车子，也不会有撞伤行人的可能性。如果把可能性的产生看做结果的话，那么，产生可能性的某一事物的内在矛盾就是可能性的内因，与这一事物的内矛盾起配合作用的外部事物就是可能性的外因。内因和外因都是可能性的产生所必不可少的，但它们对可能性的产生所起作用的大小并不相同。内因是第一位的、根本的原因，所以我们把它叫做根据；外因是第二位的、非根本的原因，它必须通过内因才能发挥作用，所以我们把它叫做条件。以内因为主的内、外因相结合，即根据与条件的结合，是一切事物发展、变化的根本途径，也是可能性产生的根本途径。

研究可能性的条件，对于在因果关系理论中正确区分原因与条件具有相当重要的意义。当可能性变为现实性，即发生结果的时候，具有可能性产生的根据的那个事物就成了结果的原因，而产生可能性的条件则仍然是结果的条件。如前例，当撞伤行人的可能性变为现实性（老人已被撞伤）的时候，使用没有刹车装置的人力车就是原因，下坡路则仍是条件。这时候，如果把下坡路当成原因，那就错了。

第四节 可能性的质与量

任何事物或现象，都有质和量这两个方面的规定性，都是质和量的统一体。因此，只有对事物进行定性和定量分析，才能全面地把握事物。可能性作为事物发展的一种趋势，在质和量的统一上也不例外。

可能性的质，是指可能性的根本属性。可能性本身不是物质，而是物质普遍联系的一种基本形式。联系是就两个事物之间的关联性而言的。可能性存在于产生它的事物之后和它将要变为现实的另一事物之前，当另一事物出现时，原有的可能性也就不存在了。因此，严格地讲，可能性还不是两个现实事实之间的联系，而仅仅是从发展变化的趋向来反映一个现实事物与另一个将要出现的事物之间的联系。可以说，它是把过去、现在和将来的事物联系起来的一根纽带。现实存在着的事物，是过去的可能性转化的结果；而现实存在的事物，又包含着新事物产生的可能性，一旦条件成熟，这种可能性就会转化为新的现实，从而使事物发展到一个新的阶段。可能性和现实性就是这样通过相互转化、循环往复，使新事物不断出现、不断发展的。

可能性的量，就是可能性的大小，以及大小到什么程度。这种量的大小，可以用概率论从数字上加以表示。在社会和自然界中，某一类事件在相同的条件下可能发生，也可能不发生，这类事件被称为“随机事件”。例如，在一只口袋里装进形状、大小、重量完全相同的2只黑珠、1只红珠和1只白珠，从袋中任取一珠，“所取得的是红珠”就是一个随机事件。不同的随机事件发生的可能性的大小是不同的，概率就是用来表示随机事件发生的可能性的大小的一个量。我们把肯定发生的事件的概率规定为1，把不可能发生的事件的概率规定为0，那么，一般随机事件的概率便是介于大于0与小于1之间的一个数。如上例中，从袋中任取一珠，取得红珠的概率为1/4，取得白珠的概率也是1/4，而取得黑珠的概率则为1/2。这里，1/4（25%）的概率就是取得红珠和白珠的可能性的量，1/2（50%）的概率就是取得黑珠的可能性的量，因此，我们就可以说，取得红珠和白珠的可能性是25%，取得黑珠的可能性是50%。概率愈大表示该事件发生的可能性愈大。当某一事件发生的概率达到100%即等于1时，我们就不再把它叫做可能性，而是叫做绝对性、肯定性或者不可避免性了。比如，在一只口袋里装进100个红珠，任取一珠时，取得红珠的概率是1（100%）。这时，“取得的是红珠”就是绝对的、肯定的、不可避免的（笔者把这种100%的概率称为绝然性）。当某一事物发生的概率降低为0时，我们就说这一事物是不可能发生的，这实际上也是一种绝然性。比如，在一只口袋里装进100个黑珠子，任取一珠时，取得其他颜色的珠子的概率为0，或者说取不到其他颜色的珠子的概率为100%。这时，“取得的不是其他颜色的珠子”就是绝对的、肯定的。当某一事物发生的概率小于1大于0时，我们就说这一事件的发生具有或然性，也就是一般的随机事件。比如，在一只口袋里装进形状、大小、重量完全相同的90个黑珠子，10个白珠子，任取一珠时，取得黑珠子的可能性为90%，取得白珠子的可能性为10%；如果装进80个黑珠子20个白珠子，任取一珠时，我们就说，取得黑珠子的可能性是80%，取得白珠子的可能性是20%。这里的10%、20%……80%、90%等的可能性，都是或然性。在这种一般的随机事件中，如果某一事件发生的概率大到接近于1，我们就说这一事件具有发生的必然性；如果某一事件发生的概率小到接近于0，我们就说这一事件具有发生的偶然性。比如，在一只口袋里装进99个黑珠子，1个白珠子，任取一珠时，取得黑珠子的可能性为99%（接近于1），取得白珠子的可能性为1%（接近于0），这时我们就会说，“取得黑珠子”是必然的，“取得白珠子”是偶然的。

这里必须指出，不少哲学书籍把必然性说成是不可避免性，[①] 并把必然发生的事件的概率规定为1，[②] 这是不正确的。如果某种事物的发展趋势是不可避免的，或者说某一事件发生的概率是1（100%），那就成了绝对性、肯定性，而不是必然性了。比如在一只口袋里装入100个红色的珠子，任取一珠时，“所取得的珠子”绝对是红色的，而不可能是其他颜色的。另外，必然性与偶然性是对立统一的关系，二者谁也离不开谁，离开了对方，自己也就无法存在。如果把必然性说成是不可避免的、百分之百的，那它就成了脱离偶然性的孤立的必然性，而这样的必然性是根本不存在的。不能否认，在客观世界中，不可避免的、一定如此的发展趋势是有的，比如，个体生命的死亡、严冬过后是春天等，就是不可避免的，但这些是绝对性、肯定性，或者就叫做不可避免性，而不是必然性。如果硬说是必然性，那就违背了辩证法。比如，如果说人是必然要死的，那就意味着人还有偶然不死的；如果说严冬过去必然是春天，那就意味着严冬过去也有偶然不是春天的。显然，这种说法是不正确的。正确的说法只能是：人是绝对要死的，严冬过去肯定是春天。总之，必然性和不可避免性（绝然性）是两个不同的概念。哲学上把必然性说成是不可避免性，显然是把二者混为一谈了。

从数量关系上来分析可能性的大小，这对我们掌握刑事犯罪发展的基本趋势，进而作好犯罪预防工作十分重要。比如，在交通肇事案件中，据有关专家研究发现，汽车司机因疲劳过度造成事故的占事故

---

① 艾思奇主编：《辩证唯物主义历史唯物主义》，人民出版社1978年版，第143页；陈晏清：《马克思主义哲学纲要》，中央广播电视大学出版社、天津人民出版社1983年版，第137～138页。

② 参阅《辞海》（缩印本），上海辞书出版社1979年版，第1319页；任玉隆：《论可能性》，载《哲学研究》1980年第2期，第29页。

总数的33%～50%，因酗酒引起的死亡事故约占总死亡事故的30%。[①] 据国外专家对造纸工业的研究发现，视力合乎要求的工人中发生事故的占37%，而在视力不合乎要求的工人中发生事故的竟占67%。[②] 另据苏联的专家研究，在工矿企业的重大责任事故案件中，因违反安全法规而造成的重大事故竟占总事故的80%左右，每发生几十起违章行为，就会导致一起严重的或者致命的事故。[③] 依据这些概率统计，我们就可以找到预防过失犯罪的重点：交通管理部门应重点禁止汽车司机疲劳驾驶和酒后驾驶；工矿企业部门应尽量减少视力不合乎要求的工人，而且应严格规章制度的贯彻执行，严禁违章行为的发生。从数量关系上分析可能性的大小，对于完善刑事立法也有重要意义。比如，经社会学研究表明，"在执行短期剥夺自由刑的人犯中间，累犯的比例最大。在被调查的执行短期剥夺自由刑的300人当中，有155人在获释不到1年期间内又重新犯罪"。[④] 这说明，被判处短期剥夺自由刑的人犯，重新犯罪的可能性在50%以上。各国犯罪学和刑法国际会议正是根据对此种可能性大小的分析，一再呼吁减少对罪犯适用短期剥夺自由刑。而不少国家的刑事立法也确实已经或正准备在这方面作出改善。此外，从适用法律、认定案情、定罪量刑等几个方面检查一个法院已经办结的案件的质量，如果经过抽查，发现合格率占99.9%，那么我们就可以说，这个法院的审判质量是合乎要求的，如果合格率占85%～90%，那是一般化；如果合格率在80%以下，那就说明审判质量成问题了，就需要限期整顿。我们分析任何问题，都既要从性质上看，也要从数量关系上看，因为"任何质量都表现为一定的数量，没有数量也就没有质量"。[⑤] 只有透过数量关系才能看出质的关系或区别。科学的本质就在于它的精确性，不

① 侯国云：《过失犯罪论》，人民出版社1993年版，第19页、第21页。

② 陈昭：《工业心理学漫谈》，甘肃人民出版社1985年版，第39页。

③ ［苏］N. C. 戈列利克等：《在科技革命条件下如何打击犯罪》，群众出版社1984年版，第101页。

④ ［苏］N. C. 戈列利克等：《在科技革命条件下如何打击犯罪》，群众出版社1984年版，第81页。

⑤ 《毛泽东选集》（第4卷），人民出版社1966年版，第1332页。

精确就不成其为科学。随着科学技术的发展，数学也将越来越广泛地被应用到犯罪统计学和刑法学的研究当中，这是自然科学和社会科学日趋完善的一个重要标志。

第五节 可能性的正与反

辩证唯物主义认为，可能性是具有对立面的发展趋势，也就是说，任何可能性都有与之相反的可能性与其同时并存。比如，一粒种子埋入土中，可能发芽，也可能不发芽；天上飘来一片乌云，可能下雨，也可能不下雨。发芽与不发芽，下雨与不下雨，正好是相反的。如果我们把“发芽”和“下雨”作为正可能性，那么，“不发芽”和“不下雨”就是反可能性。这种正反可能性可以用符号“←—○—→”来表示。其中的“←—”代表反可能性，“—→”代表正可能性，“○”代表产生正、反两种可能性的事物。

可能性之所以同时包含正反两个方面，也是由事物的内在矛盾决定的。辩证唯物主义认为，任何事物内部都包含着相互矛盾着的两个方面，这矛盾的双方便规定着事物发展的两种基本趋势，即两种相反的可能性。

正可能性与反可能性也是一种对立统一的关系。二者的对立主要表现在两点：（1）二者的发展方向是完全相反的。（2）二者不能同时得到实现，一方实现，另一方则必定丧失。二者的统一表现在以下四点：（1）二者共生于同一个事物的内部。（2）二者各以对方的存在为自己存在的前提，即任何一方一旦失去了对方，自己也就无法存在。（3）二者的概率之和正好等于1。比如，正可能性是60%，反可能性肯定是40%；正可能性是99.9%，反可能性肯定是0.1%，二者相加正好是100%。（4）二者在量的大小上互相依存，而且正好成反比。比如，正可能性是90%，反可能性必定是10%，正可能性是70%，反可能性必定是30%。即正可能性大，反可能性就小，正可能性小，反可能性就大，而且这一方小多少，另一方就正好大多少，这一方大多少，另一方就正好小多少。

区分两种相反的可能性，对于我们在实际工作中，一切从实际出发，努力争取好的可能性，避免坏的可能性，具有十分重要的意义。另外，对于我们深入研究刑法理论中的必然性和偶然性以及必然因果关系和偶然因果关系，也具有十分重要的意义（这一点在下一章中将要谈到）。

第六节　可能性的分类

在前两节中我们谈到了可能性的质与量和可能性的正与反。根据可能性含量的大小和可能性的正反关系，可以对可能性作出不同的分类。

一、根据可能性的性质，可以把可能性分为正可能性与反可能性

正可能性，是指一事物中所包含的引起另一事物的发展趋势，比如，种子埋入土中具有发芽的可能性。

反可能性，是指一事物中所包含的引起另一事物的反面事物的趋势，比如，种子埋入土中，也有不发芽的可能性（不发芽正是发芽的反面）。

正可能性与反可能性在量上之和是100%，一方的增大，就是另一方的缩小；一方越大，另一方就越小。当一方大到1时，另一方就只能是0；当一方小到0时，另一方就肯定是1。

二、根据可能性所含概率的大小，可以把可能性分为必然性、或然性与偶然性

（1）必然性，是仅次于绝然性的最大的可能性，大到接近于1（但仍然小于1）。比如，统计数字表明，飞机在100万架次的飞行中，只有一次出事的。那么，不出事的概率为百万分之九十九万九千九百九十九，即99.9999%（0.999999）。很显然，这个数字虽然仍小于1，但已经接近了1。因此，当一架飞机起飞后，人们就会说，这架飞机具有不出事的必然性（出事只具有偶然性）。这里必须强调，必然性的概率再大，也不能大到等于1，而只能是接近于1。如果等于1，那就成了绝然性，而不是必然性了。

（2）偶然性，就是最小的可能性，小到接近于0（但仍然大于0）。比如，飞机在100万架次的飞行中只有一次出事的，那就是说，出事的概率是百万分之一，即0.0001%（0.000001）。很明显，这个数字虽然仍大于0，但已经接近了0。因此，当一架飞机起飞后，人们就会说，出事对于这架飞机来说只具有偶然性（不出事是必然的）。这里也必须强调，偶然性的概率再小，也不能小到等于0，而只能是接近于0。如果等于0，那就也成了绝然性，而不是偶然性了。

不难看出，必然性就是正可能性，偶然性就是反可能性。必然性加偶然性正好等于绝然性（即100%），而且，必然性愈接近于1，偶然性也就愈接近于0。也就是说，必然性所含的概率越大，偶然性所含的概率也就越小。

（3）或然性，是指介于必然性与偶然性之间的可能性。一般来说，概率在5%～95%之间的任何一个数，都可以称之为或然性。当然，或然性与必然性和偶然性的区分并不是绝对的，因为理论上无法就最大的可能性和最小的可能性作出统一的界定。比如，不好说99.99%的可能性是最大的，而99%就不是最大的。这个问题只能是具体问题具体分析，个别事物个别对待。在飞机失事的概率中，最小的可能性是百万分之一，而在摩托车失事的概率中，最小的可能性则是万分之一。那么，百万分之一的概率对于飞机失事来说是偶然性，而万分之一的概率对于摩托车失事来说，同样是偶然性。因此，我们不能绝对地说，99.9999%是必然性，而99%就不是必然性。

或然性具有正反两个方面，而且正反两个方面都是或然性。比如，正或然性的概率是60%，反或然性的概率就是40%；二者相加仍然是100%，即等于1。

三、根据可能性所含概率的种类，可以把可能性分为广义的可能性和狭义的可能性

广义的可能性包括必然性、或然性与偶然性，而狭义的可能性则专指或然性，也就是人们通常所说的可能性。这里需要指出的是，传统的哲学观点把必然性、偶然性与可能性割裂开来，不认为必然性、偶然性也是可能性的一种，是不正确的。

第七节　可能性的实现

可能性的实现，是指可能性向现实性的转变。唯物辩证法认为，任何现实的事物都是由可能性转化而来的，而任何可能性只要具备了必要和充分的条件，就都会转化为现实性。客观事物的发展，就是一个由可能转化为现实的过程。

可能性之所以能转化为现实性，首先是由于事物内部的矛盾运动所决定的。前文曾已指出，任何事物内部都包含着相互矛盾的两个方面，这两个方面在性质上是根本对立的，在发展趋势上是完全相反的，因此，同一个事物在相同的条件下都有两种相反发展的可能性，一种是正面的可能性，一种是反面的可能性。这两种性质相反的可能性都是由事物的内在矛盾产生的，只要具备了必要而充分的条件，都能转变为现实。关键是看哪一种可能性具备的条件更充分、更成熟。不过，在这两种性质相反的可能性中，只有一种可能性能转化为现实，不能同时都变为现实。其中一种可能性的实现，就意味着另一种相反的可能性的消失。但是，从总的趋势和长远的观点来看，新事物发展的可能性终归能战胜旧事物发展的可能性。

可能性能否转化为现实，关键在于条件，如果没有适当的条件，尽管一事物中存在着另一事物的内在根据，也同样不能引起另一事物。就像鸡蛋中虽有胚胎但若没有适当的温度同样孵不出小鸡是一个道理。在自然界里，条件是自发形成的，可能性向现实性的转化也是自发进行的，但在社会生活领域里则不同。人类社会的发展规律，总是通过人的有意识的活动发生作用的。人们虽然不能创造规律和可能性，但却可以创造条件。条件从无到有，从不成熟到成熟，都是人们实践活动的结果。条件有客观和主观之分，客观条件是指离开人们的主观意志而独立存在的各种客观因素，主观条件是指人们的思想认识水平和主观努力的程度。在变可能为现实的过程中，丝毫不能忽视客观条件，但在客观条件已经具备的基础上，人的主观努力则是促使可能性转化为现实的决定性力量。

不同的可能性在向现实性转化的过程中所需的条件是不同的。一般来说，代表事物内在矛盾的主要方面的可能性，只需较小的条件即可转化为现实；代表事物内在矛盾次要方面的可能性，则需要较大的条件才能转化为现实。也就是说，可能性在向现实性转化的过程中，根据的大小与所需条件的大小正好成反比。根据愈大，所需条件愈小；根据愈小，所需条件愈大。必然性的实现需要偶然性开辟道路，偶然性的实现需要必然性开辟道路，其道理就在于此。比如，毒药的毒性和可解性是其内在矛盾相互对立的两个方面，这两个方面决定了人在中毒之后具有死亡和治愈两种可能性，这两种可能性的大小又是由人中毒时毒性含量的大小所决定的。毒性含量大的，可解性就小，于是人死亡的可能性就大，治愈的可能性就小；反之，毒性含量小的，可解性就大，于是人死亡的可能性就小，治愈的可能性就大。假如一个人中毒时，所服毒药达到了足以致人死亡的量，则死是必然的（毒性大），不死是偶然的（可解性小）。这时，由于中毒人的死亡具有必然性（最大的可能性），因而只需较小的条件（偶然性）加以配合（比如抢救稍微不及时），死亡的可能性就会转变为现实；反之，由于中毒人的不死（治愈）具有偶然性（最小的可能性），则需要较大的有力的条件（必然性）予以配合（迅速及时的抢救、良好有效的解药、高度负责的大夫相结合），这种治愈的可能性才会转化为现实。同样道理，如果中毒人服毒的量很小（未达到致死的量），则不死是必然的，死是偶然的。由于不死是必然的，所以需要较小的条件（不必送医院，自己服些解药，如绿豆汤），即可达到治愈的目的。由于死是偶然的，（即死的可能性很小），则必须有较强的条件（比如中毒者自身患有某种疾病）相配合，才能转化为现实。

分析和掌握可能性向现实性转化的过程和条件，对于我们一切从实际出发，分清事物的轻重缓急，处理好现在与将来的关系，更好地做好实际工作，具有十分重要的意义。列宁指出："马克思主义的政策是以现实的东西，而不是以可能的东西为依据的"。[①] 在我们的实

① 《列宁全集》（第35卷），人民出版社1959年版，第256页。

际工作中，必须处理好可能性与现实性的关系。我们做任何工作，都应当从实际出发，按实际情况办事。对于在现阶段已经有可能转化为现实的可能性，就应把它提到当前的工作日程上来，努力工作，创造条件，促使它变为现实；对于在以后某个阶段才能实现的可能性，则应待将来条件成熟时再提到工作日程上，不要急于求成，盲目从事。一个人或一个单位如果撇开当前可能办到的事不去办，硬要办那些不可能办到的事，只能是浪费精力，浪费时间；反之，如果把当前能够办到的事硬要推到将来去办，认为这也不可能，那也不可能，则会错失良机，贻误工作。这两者都是极为有害的。

分析和掌握可能性向现实性转化的过程和条件，对于我们做好防灾抢险工作以及做好犯罪的预防工作也有十分重要的意义。只要我们认识和掌握了客观事物发展的规律，正确地反映客观事物中存在的各种可能性，以及由可能转化为现实的各种条件，就可以经过主观努力，创造有利条件，克服不利条件，争取实现好的可能性，防止坏的可能转性变为现实。由于任何事物都有正反两种可能性，因而我们在工作中必须同时准备两手，从最坏处着想，向最好处努力，也就是说，在争取好的可能性的同时，要估计到坏的可能性，并为克服坏的可能性积极准备条件。我国政府每年都未雨绸缪，及早布置，做好防洪抢险的准备工作，其道理就在于此。近年来，一些厂矿企业重大事故不断，火灾频频发生，这与他们没有做好防止坏的可能性向现实转化的工作不无关系。有些人已经预见到了危害结果发生的可能性，但是轻信能够避免，不做或者不认真做防范准备，以致构成过失犯罪，其原因也在于此。

第四章 必然性和偶然性

必然性和偶然性在因果关系理论中占有相当重要的地位，可以说没有必然性和偶然性，就没有必然和偶然因果关系，也可以说必然性、偶然性是必然和偶然因果关系的基础。因此，要研究因果关系，必须首先弄清有关必然性和偶然性的理论问题。传统刑法学在因果关系问题上之所以存在许多模糊认识，与对必然性和偶然性的研究不够深入不无关系。

第一节 必然性和偶然性的定义

本书对必然性和偶然性的解释与哲学上的解释大不相同。为了与哲学上的解释区别开来，我们需要先对哲学上的解释作些介绍。

一、必然性的定义

(一) 哲学上对必然性的界定

综观哲学界对必然性的解释，大致有如下几种主张：

(1) 认为必然性是一种事物或事件。例如，德国弗朗克·菲德勒和奥托·芬格尔等合著的《辩证唯物主义与历史唯物主义》中指出："如果一事物或一事件不仅仅是可能存在或可能发生，而且是必定存在或必定发生，则该事物或该事件就是必然的"①。

(2) 认为必然性是事物之间的一种联系。例如，苏联费·瓦·康斯坦丁诺主编的《马克思列宁主义哲学原理》中指出："必然性是

① ［德］弗朗克·菲德勒、奥托·芬格尔：《辩证唯物主义与历史唯物主义》，郑伊倩、王亚汶等译，求实出版社 1985 年版，第 141 页。

现实世界中现象、过程、客体的稳定的本质的联系”①。

（3）认为必然性是事物的一种发展趋势。此种观点又分为两种：一种观点认为必然性是一种不可避免的、一定如此的发展趋势。例如，陈晏清在他撰写的《马克思主义哲学纲要》一书中写道：“必然性是客观事物的联系和发展中合乎规律的确定不移、不可避免的趋势”②。我国的哲学大师艾思奇先生也认为：“必然性就是客观事物的联系和发展中的不可避免、一定如此的趋向”③。另一种观点认为必然性并非都是不可避免的。例如，苏联费·瓦·康斯坦丁诺主编的《马克思列宁主义哲学原理》中指出：“应当区分开必然性和不可避免性。并非所有必然的东西都是不可避免的”④。

（二）对哲学上关于必然性的解释的评说

在上述三种观点中，第一、二种观点显然是不正确的。第一种观点把必然性解释为事物或事件，这就混淆了必然性与现实性的界限。不论事物或是事件，都是现存的客观实在。这种客观实在在哲学上是作为结果看待的，它是在一定条件下，由作为原因的前一事物或事件中所包含的引起这一事物或事件的发展趋势所转变而成的，同时它又包含着引起其他事物或事件的发展趋势，但它本身并不是发展趋势，而是实实在在的客观现实。而必然性则是包含在现实事物或事件中的引起另一事物或事件的发展趋势，是尚未展开、尚未实现的现实性。可见，必然性并不是事物或事件，而是事物或事件中所包含的引起另一事物或事件的发展趋势。

上述第二种观点把必然性解释为联系，也是不正确的。所谓联系，是指两个现存的事物之间的关联性。比如原因与结果之间的联系就是因果关系，而原因与结果都是客观存在的现实。如果是一个孤立

① ［苏］费·瓦·康斯坦丁诺主编：《马克思列宁主义哲学原理》，李光谟等译，人民出版社1985年版，第142页。

② 陈晏清著：《马克思主义哲学纲要》，中央广播电视大学出版社、天津人民出版社1983年版，第137～138页。

③ 艾思奇主编：《辩证唯物主义历史唯物主义》，人民出版社1978年版，第143页。

④ ［苏］费·瓦·康斯坦丁诺主编：《马克思列宁主义哲学原理》，李光谟等译，人民出版社1985年版，第142页。

的事物，不论是就这个事物自身来讲，还是就这个事物中所包含的引起另一事物的可能性来讲，都不存在关联性，即都不发生联系问题。而必然性正是包含在某种孤立的事物之中的一种发展趋势，因而它并不是一种联系。只有当这种发展趋势变为现实的时候，前一事物和后一事物之间才存在某种联系。可见，把必然性说成是事物与事物之间的联系，也是不正确的。

上述第三种观点把必然性说成是客观事物联系的一种发展趋势，是正确的。但这种观点中的第一种观点又把这种发展趋势说成是不可避免的、一定如此的，则是不正确的。因为这种说法把必然性与绝对性混为一谈了，不但与客观现实相矛盾，而且在理论上也不能自圆其说。

首先，从客观现实来看，任何必然性都不是不可避免的。比如，种瓜有得瓜的必然性，但得瓜却不是不可避免的。再如，被毒蛇咬伤后或者服了一定量的毒药之后，有死亡的必然性，但却不是非死不可的，如果抢救及时，仍可避免死亡。

其次，上述说法在理论上不能自圆其说。我们知道，传统的哲学观点也认为，必然性和偶然性是对立统一的，哲学家们在谈到必然性与偶然性的关系时常常指出："必然性和偶然性是对立的统一"；[①] 或者说"必然性和偶然性是事物联系和发展中两种对立的趋势，但二者又是统一的"[②]。那么，什么是"对立统一"呢？从哲学上讲，对立是指矛盾的斗争性，统一是指矛盾的同一性。矛盾的斗争性是指矛盾双方互相排斥、互相对立、互相分离、互相否定的性质；矛盾的同一性则是指矛盾双方互相联系、互相吸引、互相依存的性质。[③] 毛泽东在谈到矛盾的同一性时曾指出："同一性、统一性、一致性、互相

---

① 艾思奇主编：《辩证唯物主义历史唯物主义》，人民出版社 1978 年版，第 144 页。

② 陈晏清著：《马克思主义哲学纲要》，中央广播电视大学出版社、天津人民出版社 1983 年版，第 138 页。

③ 陈晏清著：《马克思主义哲学纲要》，中央广播电视大学出版社、天津人民出版社 1983 年版，第 86 页；艾思奇主编：《辩证唯物主义历史唯物主义》，人民出版社 1978 年版，第 90 页。

渗透、互相贯通、互相依赖（或依存）、互相联结或互相合作，这些不同的名词都是一个意思，说的是如下两种情形：第一，事物发展过程中的每一种矛盾的两个方面，各以和它对立着的方面为自己存在的前提，双方共处于一个统一体中；第二，矛盾着的双方，依据一定的条件，各向着其相反的方面转化”。[①] 由此可见，必然性和偶然性是一对矛盾的统一体，二者既对立，又统一，其中每一个方面脱离了它的对立面就不能存在，“一方假如没有和它对立的另一方，它自己这一方就失去了存在的条件”。[②] 换句话说，必然性和偶然性是谁也离不开谁的，离开了必然性就没有偶然性，离开了偶然性也就没有必然性。但是，按照哲学上给必然性所下的定义，必然性就脱离了偶然性（既然必然性是不可避免的，一定如此的，那么，与必然性相对的偶然性自然也就不存在了）。这样一来，必然性和偶然性就不是对立统一的了。有些哲学家硬把绝然性（或叫绝对性）说成是必然性，比如，他们说，“人是必然要死的”，“过了冬天必然是春天”，等等。这种说法，意味着人还有偶然不死的，过了冬天也有偶然不是春天的。其实，人的死亡和冬天之后是春天这类现象不是必然的，而是绝然（绝对）的。这才真正是不可避免的、一定如此的。

也许有的哲学家强调说，他们说的必然性离不开偶然性，是指“必然的东西同时是偶然的，没有纯粹的必然性”，或者说“必然性总是要通过大量的偶然性表现出来，并通过偶然性为自己开辟道路”，[③] 比如说瓜苗是必然要结瓜的，但某棵瓜苗具体在什么时候结瓜，结多大一个瓜，却是偶然的；又如，人是必然要死的，但具体到一个人究竟怎么死去，是因为生病而死，还是因为车祸而死，是在洪水中被淹死，还是在大火中被烧死，等等，则是偶然的。但必须指出，从这个意义上讲必然性与偶然性的关系，是讲必然性在变为现实

① 《矛盾论》，载《毛泽东选集》（第1卷），人民出版社1966年版，第301～302页。

② 艾思奇主编：《辩证唯物主义历史唯物主义》，人民出版社1978年版，第88页。

③ 艾思奇主编：《辩证唯物主义历史唯物主义》，人民出版社1978年版，第139页。

性的过程中离不开偶然性的配合，并不是讲必然性本身与偶然性的对立统一关系。必然性与偶然性的对立关系只能表现在它们的性质是相反的，发展方向是相反的；必然性与偶然性的统一关系表现在它们是产生于同一个事物的内在矛盾，共处于同一个统一体中，它们在量上的和总是等于1。正是因为如此，必然性才不能是不可避免的。如果是不可避免的，那就成了唯一的发展趋势，因而也就成了绝然性，而不是必然性了。拿瓜苗来说，它在没结瓜之前就存在着结瓜的必然性，但同时也存在着不结瓜的偶然性，因而结瓜的必然性就不是不可避免的。可见，哲学家们在讲述这个问题时不自觉地犯了一个错误，那就是把必然性的实现当成了必然性本身（关于必然性在变为现实性的过程中离不开偶然性的问题，下文中还要详细论述）。总之，把必然性与绝然性相混淆，把它说成是不可避免的、一定如此的，是不正确的。

上述第三种观点的第二种意见，主张把必然性与不可避免性区别开来，这是完全正确的。但这种意见同时又认为，“并非所有必然的东西都是不可避免的”，其意思是说，只有部分必然性是可以避免的，多数必然性仍然是不可避免的。这就又不正确了。其实所有的必然性都不是不可避免的。只有强调这一点，才能把必然性与绝然性区别开来。

（三）关于必然性定义的正确说法

依笔者拙见，必然性的定义应当这样来下：所谓必然性，是指在一定条件下产生于事物内在矛盾的主要方面并由该主要方面决定其发展方向的一种稳定的发展趋势。由这个定义可以看出，必然性具有如下几个特征：

(1) 必然性是事物发展的一种趋势，而不是一种联系，也不是一种现象。联系是就两个事物之间的关联性而言的，现象是指某个客观实在的事物，而趋势则是一种发展动向，是一事物引起另一事物的可能性。比如，某人服了一定数量的毒药之后，就具有死亡的必然性，可以说，“服毒”这一行为中就包含着死亡的发展趋势。必然性这种发展趋势可以用符号“◐——→”来表示。其中“◐”代表产生发展趋势的前一事物；“◑”中的黑色部分代表事物内部矛盾的主要方面；“⟶”代表发展的动向。

（2）必然性这种发展趋势产生于事物内在矛盾的主要方面（这个问题后文还要专门论述），存在于前一事物（原因）之后和后一事物（结果）之前。后一事物一旦出现，就又产生新的发展趋势，而原来包含在前一事物之中的引起后一事物的发展趋势因变为现实而自然消失。

（3）必然性这种发展趋势是比较稳定的，但不是不可避免、一定如此的。之所以是比较稳定的，是因为它是由事物内在矛盾的主要方面决定的，因而它在绝大多数情况下都能变为现实性，也正因为如此，它的发展方向（目标）是比较稳定的。说不是不可避免的，是因为除了矛盾的主要方面之外，还有矛盾的次要方面，这次要方面便决定了必然性是可以避免的。比如，毒药都含有两种性质：一是毒性，即对生物体的破坏性，这是矛盾的主要方面；二是毒性的可被分解性，这是矛盾的次要方面。毒药的毒性（矛盾的主要方面）决定了人服毒之后具有死亡的必然性；毒药的可被分解性（矛盾的次要方面）则决定了人服毒之后还有不死的偶然性。虽然服了达到致死量的毒药，但只要抢救及时，还有可能免予一死，这是极为常见的事。可见，不能把必然性说成是不可避免的。

二、偶然性的定义

关于偶然性的定义，在哲学领域里尚没有一个确切的界定。有的哲学书籍没有给偶然性下定义，有的书籍虽然给偶然性下了定义，但显得不够科学，而且不同的书籍对偶然性所下的定义又不完全相同。因此，对偶然性的界定，也需要详细地加以研究。

（一）哲学领域对偶然性的界定

当今哲学界对偶然性的解释，大致可分为以下四种主张：

（1）现象说。这种观点认为，偶然性就是一种“现象”。例如，韩树英先生在他所著的《通俗哲学》一书中指出：“偶然性是事物发展过程中可能出现，也可能不出现，可能这样出现，也可能那样出现的现象”[①]。我国的权威性辞书《辞海》也把偶然性界定为“由事物之间的非本质联系引起的现象，如这个豌豆夹中有五粒豌豆，那个豌豆夹中有四粒等”。新中国的哲学大师艾思奇先生在他主编的《辩证唯物主义历史唯物主义》中虽然没有明确地对偶然性下定义，但从他对偶然性所作的解释中可以看出，他也认为偶然性是一种现象。他解释说：“某一偶然的现象是事物发展过程中由于外在的、非本质的原因而产生的，它对这一事物的发展过程说来，可以出现，也可以不出现；可以这样出现，也可以那样出现”[②]。

（2）情况说。这种观点认为偶然性是一种情况。例如，《现代汉语词典》指出：“偶然性是指事物发展、变化中可能出现也可能不出现，可以这样发生也可以那样发生的情况”[③]。

（3）事件说。这种观点认为，偶然性是一种事件。例如，李达主编的《唯物辩证法大纲》中指出：偶然性是“构成过程的单个的具体事件，这些事件是可以发生也可以不发生、可以这样发生也可以那样发生的”[④]。德国弗朗克·菲德勒、奥托·芬格尔等著的《辩证唯物主义与历史唯物主义》也指出：“如果一事物或一事件仅仅是可能存在或可能发生，则该事物或该事件就是偶然的”[⑤]。

（4）趋势说。这种观点认为，偶然性和必然性一样，也是事物发展的一种趋势，而不是现象、事件或情况。例如，陈晏清先生在他所著的《马克思主义哲学纲要》一书中指出：“偶然性是事物的联系和发展中不确定的、并非必定如此的趋势，它可以出现也可以不出现，可以这样出现也可以那样出现”[⑥]。另外，李秀林、王于和李淮

---

① 韩树英：《通俗哲学》，人民出版社 1978 年 4 月第 3 版，第 143 页。

② 艾思奇主编：《辩证唯物主义历史唯物主义》，中国青年出版社 1982 年版，第 212 页。

③ 《现代汉语词典》，商务印书馆 1983 年版，第 846 页。

④ 李达主编：《唯物辩证法大纲》，人民出版社 1978 年版，第 374 页。

⑤ ［德］弗朗克·菲德勒、奥托·芬格尔等：《辩证唯物主义与历史唯物主义》，求实出版社 1985 年版，第 141 页。

⑥ 陈晏清：《马克思主义哲学纲要》，中央广播电视大学出版社、天津人民出版社 1983 年版，第 138 页。

春主编的《辩证唯物主义和历史唯物主义原理》也认为偶然性是一种趋势，该书指出，“偶然性是指事物发展的必然过程中呈现出来的某种摇摆、偏离，是可以这样出现也可以那样出现的、不确定的趋势”①。

（二）对“现象说”的评价

在上述四种观点中，现象说、情况说和事件说存在着相同的问题。这里仅就现象说作一些评述。

把偶然性解释为一种现象，可以说是一个重大的失误。现象是什么意思呢?《现代汉语词典》解释说，现象是“事物在发展、变化中所表现的外部的形态和联系”。《新华字典》解释说，现象是“事物的表面状态”。《辞海》解释说：“现象是本质在各方面的外部表现，一般是人的感官所能直接感觉到的”。从这些解释可以看出，现象是一种实实在在的事物，是相对于原因的结果。比如瓜苗结了一个瓜，结的这个“瓜”就是一种现象。把偶然性解释为现象，那就等于说现实存在的事物就是偶然性。这种解释至少存在以下三个问题。

（1）与可能性的解释相矛盾。在前一章中我们已经指出，可能性是现存事物中所包含的引起另一事物的发展趋势，而偶然性是可能性的一种。因此，偶然性也应当是一种发展趋势。若把偶然性解释为一种现象，那与可能性就不再有共同的属性，也就不是可能性的一种了。

（2）容易与“非决定论”② 相混淆。前文曾指出，现象是客观事物的外部表现，或者说是事物的表面形态，是人的感官能够直接感知的。而只有现实存在的事物才具有外部表现，才能为人的感官所直接感知。如果把偶然性解释为现象，那就等于说所有现存的事物都是偶然性，或者说世间一切事物都是偶然的。这就很难与非决定论划清界限。

---

① 李秀林、王于、李淮春主编：《辩证唯物主义和历史唯物主义原理》，中国人民大学出版社 1982 年版，第 163 页。

② 非决定论是唯心主义形而上学的一种学说。它强调“意志自由”，否认必然性，否认事物有任何规律。把世界上的一切现象都看成是偶然的，认为偶然性支配一切。

（3）与必然性的解释相矛盾。目前，绝大多数哲学教科书都是把必然性解释为一种“不可避免的，一定如此的发展趋势”。同时又认为，偶然性是必然性的反面，必然性和偶然性是对立的统一，等等。比如，艾思奇主编的《辩证唯物主义历史唯物主义》指出：“必然性和偶然性是对立的统一”①。陈晏清先生也说：“必然性和偶然性是事物联系和发展中两种对立的趋势，但二者又是统一的”②。既然二者是对立统一的，为什么会一个是趋势，一个是现象呢？既然一个是趋势，一个是现象，又如何对立，如何统一呢？按照现象说的解释，必然性和偶然性在一定的条件下还可以互相转化，那么，必然的趋势怎么转化为偶然的现象，偶然的现象又怎么转化为必然的趋势呢？在这些问题上，现象说都很难解释清楚。

上述第二、第三种观点把偶然性解释为“情况”和“事件”，也不准确。其谬误与现象说相近，故不再赘述。第四种观点认为偶然性和必然性一样，也是事物发展的趋势，而且指出是与必然性相对立的趋势。这一点是正确的。但遗憾的是，第四种观点把偶然性解释为“不确定的、并非一定如此的趋势”，又不十分准确了。因为这样一来就很难把偶然性与必然性、可能性区别开来。前文我们已经指出，必然性并不是不可避免的，它也是“并非一定如此的趋势”，至于可能性，它本身就包含着“可能不”，更是“不确定的，并非一定如此”的了。所以，把偶然性解释为不确定的、并非一定如此的趋势，就不准确了。

（三）对“趋势说”的评价

上述第四种观点将偶然性界定为“趋势”，从本质上说是正确的，但这种观点又把偶然性解释为“事物发展的必然过程中呈现出来的某种摇摆、偏离”就不正确了。比如，他们认为，对于一棵瓜苗来说，结瓜是必然的，至于这棵瓜苗什么时候结瓜、结多大一个

---

① 艾思奇主编：《辩证唯物主义历史唯物主义》，人民出版社 1978 年版，第 144 页。

② 陈晏清：《马克思主义哲学纲要》，中央广播电视大学出版社、天津人民出版社 1983 年版，第 138 页。

瓜，则是偶然的。他们说，什么时候结瓜、结多大一个瓜，都是在瓜苗结瓜的必然过程中呈现出来的摇摆和偏离。而且认为这种摇摆和偏离（偶然性）产生于瓜苗之外的事物，如阳光、水分、肥料的充足或不足等等。但是，如此界定的偶然性存在如下两个问题：一是与必然性不存在对立统一关系。照理说，结瓜是必然的，那么不结瓜就是偶然的，结瓜与不结瓜二者存在着对立统一关系。何时结瓜、结多大一个瓜都是结瓜，显然与结瓜的必然性是同一个发展方向，不存在对立关系。二是与必然性不是产生于同一个事物的内部。上述观点认为，瓜苗结瓜的必然性产生于瓜苗的内部，何时结瓜和结瓜大小则是受阳光、水分、肥料的影响所致，即产生于瓜苗之外的其他事物。这样的必然性和偶然性不是产生于同一个事物的内部，又如何对立统一呢？由上可见，上述第四种观点虽然把偶然性解释为事物发展的一种趋势，但从根本上讲仍然是不科学的。

（四）偶然性定义的正确下法

依笔者之见，偶然性的定义应当这样来下：所谓偶然性，是指在一定条件下产生于事物内部矛盾的次要方面并由该次要方面决定其发展方向的一种不稳定的发展趋势。由这个定义可以看出，偶然性具有如下几个特征：

（1）偶然性也是事物的一种发展趋势，而不是什么现象、联系，更不是什么事件。偶然性和必然性一样，是一事物中所包含的引起另一事物的发展动向，比如瓜苗中包含有不结瓜的偶然性，某一生物有发生突变的偶然性，某颗行星有掉下来的偶然性，等等。偶然性不是现实性。它作为事物的一种潜在趋势，着眼于“未来”，预示着事物发展的方向和前途，与现实有着本质的区别。现实作为现存的客观实际，它是着眼于“现在”，标示事物的现状。而所谓的“现象”、“事件”等，都是属于现实的范畴，“联系”则是两个现实之间的关系。所以，将偶然性解释为“现象”、“事件”、“联系”等都是不正确的。偶然性存在于产生它的那一事物之后和它所预示的那一事物出现之前。如果它预示的那一事物已经出现，它自己便因变为现实性而自动消失。偶然性这种发展趋势可以用符号“←—◐”来表示。其中

“◑”代表产生偶然性的事物；“◑”中的白色部分代表事物内部矛盾的次要方面；“←—”代表偶然性的发展方向。

（2）偶然性也是产生于事物的内部，而且是产生于事物内部矛盾的次要方面，而不是产生于事物的外部（这个问题在下一节中还要详细论述）。比如，瓜苗出土后，包含着结瓜的必然性，同时也包含着不结瓜的偶然性。这种不结瓜的偶然性同样是产生于瓜苗自身之中。因为瓜苗需要阳光、水分、肥料等，如果缺乏必要的阳光、水分、肥料，它就不能结瓜。瓜苗这种自身的矛盾就决定了在瓜苗中存在着不结瓜的偶然性。有人说偶然性是产生于事物的外部，比如说瓜苗不结瓜的偶然性是产生于下了一场冰雹（冰雹砸坏了瓜苗）。这种说法是不正确的。其实，瓜苗不结瓜的偶然性早在下冰雹之前就存在着，下冰雹只是把这种偶然性变为现实性的一个条件罢了。虽然这个条件在把偶然性变为现实性的过程中起到了重要的决定性的作用，但它并不是偶然性产生的根据。总之，偶然性产生于事物的内部，但要把偶然性变为现实性则要靠它事物来决定。

（3）偶然性的发展方向是不稳定的，但却不是不能实现的。所谓方向不稳定，有两层含义：一是指偶然性变为现实的可能性极小。之所以如此，是因为偶然性是由事物内在矛盾的次要方面所决定的。矛盾的次要方面在事物的发展过程中一般都不起决定作用，因而由这种次要矛盾所产生的偶然性在发展过程中便也起不到决定作用，这就决定了偶然性很少能够变为现实性。偶然性变为现实的可能性虽然极小，但并不是不可能的，在一定的条件下（当得到了必然性的有力配合时），偶然性也可以变为现实（也正因为如此，便决定了必然性不是不可避免的）。二是指偶然性可能向这个方向发展，也可能向那个方向发展。之所以如此，是由于偶然性的根据存在于事物的内部，而偶然性的发展与实现则决定于事物的外部。偶然性产生之后，受这方面的外部因素所影响，它就向着这个方向发展，受那方面的外部因素所影响，它就向着那个方面发展。比如某乙受某甲殴打致轻伤。轻伤在一般情况下都包含着痊愈的必然性。因轻伤而导致死亡或残废，则只能是偶然性。如果某乙在受伤之后凑巧感染了败血症，又抢救得不及时，那么某乙就会向着死亡的方向发展（死亡对于轻伤来说是偶然的）；如果某乙在治疗过程中凑巧遇到一个缺乏经验的医师，并造成了医疗技术事故，那么，某乙的身体就会向着残废的方向发展（残废对于轻伤来说也是偶然的）。

第二节　必然性和偶然性的根据

研究必然性和偶然性的根据，是要探讨必然性和偶然究竟产生于什么地方。这对于正确理解必然性和偶然性以及正确解决因果关系问题都具有十分重要的意义。传统的哲学观点错误地认为必然性是不可避免的，其原因就在于没有弄清楚必然性产生的根据；传统的刑法学观点错误地认为在刑法中不存在偶然的因果关系，也是因为没有弄清楚偶然性产生的根据。因此，研究必然性和偶然性的根据，对于纠正哲学和刑法学上的一些错误见解，也具有重要的意义。

一、必然性的根据

关于必然性的根据，在哲学上有各种各样的说法，概括起来，大致有以下几种见解：第一种见解认为，必然性是产生于事物内在的、本质的原因，如韩树英先生在《通俗哲学》一书中说：必然性“是由事物内在的本质原因即根本矛盾所决定的”[1]。艾思奇先生也说：“必然性产生于事物的内在根据、本质的原因”[2]。第二种见解认为，必然性是产生于事物内部的根本矛盾。例如，陈晏清先生说：“事物内部的根本矛盾规定过程的基本性质，也就决定着事物发展的必然趋势”[3]。李达先生也说：“由事物内部的根本矛盾所规定的确定不移的趋势，就是必然性”[4]。第三种见解认为，必然性产生于事物的本质之中。例如，苏联哲学家费·瓦·康斯坦丁诺夫主编的《马克思列

① 韩树英著：《通俗哲学》，中国青年出版社 1982 年版，第 212 页。

② 艾思奇主编：《辩证唯物主义历史唯物主义》，人民出版社 1978 年版，第 143 页。

③ 陈晏清著：《马克思主义哲学纲要》，中央广播电视大学出版社、天津人民出版社 1983 年版，第 138 页。

④ 李达主编：《唯物辩证法大纲》，人民出版社 1978 年版，第 375 页。

宁主义哲学原理》一书指出："必然的东西是从事物的本质中产生出来、而在一定条件下必定出现的"。第四种见解认为，"必然性是由一定的、根本的、起决定作用的原因所引起的"①。第五种见解认为，必然性是产生于"诸种条件的总合"②。第六种见解认为，必然性是产生于事物内部的主要原因。例如，李秀林、王于和李淮春主编的《辩证唯物主义和历史唯物主义原理》一书中指出："必然性产生于事物内部的主要原因，因而它在发展过程中居于支配地位，代表着一定要贯彻下去的趋势，决定着事物发展的前途和方向"③，并认为"事物内部的根本矛盾规定过程的基本性质，也就决定着事物发展的必然趋势"。

在上述六种见解中，除第五种见解认为必然性产生于诸种条件的总合外，其余五种见解在说法上虽然不完全相同，但意思基本上是一致的。这里所说的"事物内部的、本质的原因"、"事物内部的根本矛盾"、"事物的本质"、"根本的起决定作用的原因"和"事物内部的主要原因"等，说的都是一回事，即都是指事物内部的根本矛盾。这些说法虽然都不能说不对，但笔者认为却都算不上十分准确。比如"根本矛盾"这种说法，既然是矛盾，它就肯定有两个方面。因为任何矛盾都是由相互对立的两个方面组成的，而且唯物辩证法还认为，任何矛盾的两个方面都肯定有一方是主要的，另一方是次要的。因此，仅指出必然性产生于事物内部的根本矛盾，而不指出产生于根本矛盾的哪个方面仍是不准确的。事实上，必然性是产生于事物内部的根本矛盾的主要方面。这才是既正确又准确的说法。比如，拿蛇毒来说，它内部的根本矛盾就是毒性与可解性之间的矛盾。在这一对矛盾中，毒性（对生物体的破坏性）当然是主要的，而可解性（将毒性化解为无毒）当然是次要的。因此，人被毒蛇咬伤后所包含的死亡的必然性，只能说是产生于蛇毒的毒性，即产生于蛇毒内部的根本矛

① 黎克明等编撰：《哲学原理集辩》，广东人民出版社 1984 年版，第 212~213 页。

② 黎克明等编撰：《哲学原理集辩》，广东人民出版社 1984 年版，第 117 页。

③ 李秀林、王于、李淮春主编：《辩证唯物主义和历史唯物主义原理》，中国人民大学出版社 1982 年版，第 163 页。

盾的主要方面；而不能说是产生于蛇毒内部的根本矛盾，即蛇毒的毒性与可解性的综合体。总之，应当说必然性是产生于事物内部的根本矛盾的主要方面。这样，才能揭示出必然性的本质属性，也才能把必然性产生的根据与偶然性产生的根据划分清楚。

说必然性是产生于事物内部的根本矛盾的主要方面，应该说是抓住了问题的关键。但我们还必须注意，必然性都是一定条件下的必然性，换言之，必然性都不是孤立地而是在一定条件下才产生于事物内部的根本矛盾的主要方面。这是因为任何事物其内在根据的主要方面是否包含引起另一事物的必然性，都与一定的条件相联系。同样事物，在此种条件下具有引起另一事物的必然性，在彼种条件下就不具有引起另一事物的必然性。比如，行人不加观察就猛然地横穿马路这件事，如果是在城市车如水流的马路上，就具有被汽车撞着的必然性；但如果是在偏僻农村的马路上，就不具有这种必然性。同样是城市的马路，如果行人是在交通高峰期不加观察猛穿马路，就具有被汽车撞着的必然性，但若是在凌晨三四点之间，则不具有这种必然性。可见，地点变了，时间变了，一事物中是否包含另一事物的必然性也会跟着变。这说明，必然性并非只产生于事物内在矛盾的主要方面，而是产生于事物内在矛盾的主要方面和外部条件的结合。或者说，必然性是在一定条件下产生于事物内在矛盾的主要方面。换言之，必然性都是一定条件下的必然性，离开一定的条件，某种事物就很难产生某种特定的必然性。

二、偶然性的根据

研究偶然性的根据，弄清楚偶然性究竟产生于什么地方，对于正确解决刑法中的偶然因果关系问题具有重要的意义。刑法学界的一些学者之所以认为刑法中不存在偶然因果关系，与他们没有认真地研究必然性与偶然性的关系，尤其是没有认真研究偶然性的根据不无关系。

（一）哲学上对偶然性的根据的种种解释

关于偶然性的根据，哲学上也有各种不同的解释，概括起来，大致有以下几种意见：第一种意见认为，偶然性的根据是事物外在的非本质的原因。例如，韩树英先生在他撰著的《通俗哲学》一书中指出：偶然性“是由事物外在的非本质原因即非根本矛盾所决定的”①。艾思奇先生也说：“某一偶然的现象是由于事物发展过程中由于外在的，非本质的原因而产生的”②。第二种意见认为，偶然性的根据是某些非根本矛盾或外部条件。例如，陈晏清先生在《马克思列宁主义哲学纲要》一书中指出：由于某些非根本矛盾或外部条件的影响，会使事物的发展过程出现各种摇摆和偏差，表现为种种偶然性③。第三种意见认为，偶然性的根据应分为两种：一种是过程内部的非根本矛盾，另一种是其他过程对本过程的影响。例如，李达先生在他主编的《唯物辩证法大纲》中指出：“一般说来，偶然性的根据有以下两种情形：第一种情形：偶然性的根据在于过程内部的非根本的矛盾……第二种情形：偶然性的根据在于其他过程对本过程的影响”④。

上述第一、第二种见解在表述上虽有不同，但他们的基本见解是一致的，即都认为偶然性没有内在的根据，或者说偶然性的根据存在于事物的外部，本书认为这是一种很值得商榷的不科学的哲学见解。只认为必然性有内在的根据，同时认为偶然性的根据存在于事物的外部，那就是说必然性和偶然性的根据不是存在于同一个事物之中，这就从根本上违背了辩证法。如果必然性与偶然性的根据不是存在于同一个事物的内部，那它们就无法形成对立统一了。第三种见解与第一、第二种见解有所不同，此种见解把偶然性的根据分为两种：一种是存在于过程内部的非根据矛盾，另一种是其他过程对本过程的影响。这种见解仍然值得商榷。因为“过程内部的非根据矛盾”是一个不正确的表述。唯物辩证法认为，任何事物内部都存在着相互矛盾着的两个方面，一个是主要方面，一个是次要方面，并非是存在着根

---

① 韩树英著：《通俗哲学》，中国青年出版社 1982 年版，第 212 页。

② 艾思奇主编：《辩证唯物主义历史唯物主义》，人民出版社 1978 年版，第 143 页。

③ 陈晏清：《马克思列宁主义哲学纲要》，中央广播电视大学出版社、天津人民出版社 1983 年版，第 138 页。

④ 李达主编：《唯物辩证法大纲》，人民出版社 1978 年版，第 375 ~ 376 页。

本的和非根本的两种矛盾。否则，根本的矛盾应有两个方面，非根本的矛盾也应有两个方面，那事物内部就有两种矛盾四个方面了。这显然不符合唯物辩证法的基本原理。所谓事物内部的根本矛盾和非根本矛盾，实际上，正是事物内在矛盾的主要方面和次要方面罢了。至于说“其他过程对本过程的影响”，实际上与第一、第二种见解是一样的，即都认为偶然性的根据在事物的外部，当然也是不正确的。

哲学上错误地认为偶然性的根据存在于事物外部，这与他们对偶然性的错误理解不无关系。这一点我们在“偶然性的定义”一节中已经讲过，这里不再赘述。

本书认为，所谓偶然性，是指在一定条件下产生于事物内部矛盾的次要方面并由该次要方面决定其发展方向的一种不稳定的发展趋势。这个定义中已经强调了偶然性产生于事物内部矛盾的次要方面，换句话说，事物内部矛盾的次要方面就是偶然性的根据。唯物辩证法认为，任何事物内部都充满着矛盾，任何矛盾都存在着相互对立的两个方面，这相互对立的两个方面又代表着事物内部相互对立的两种性质，这两种性质又包含着事物潜在的两种发展方向（趋势）。而且在事物内部矛盾相互对立的两个方面中总有一方是主要的，一方是次要的。矛盾的主要方面在事物的发展中起着决定的作用，它所包含的事物的发展方向（趋势）总是稳定的，并且在绝大多数情况下都能变为现实性，因而它便是必然性产生的根据；矛盾的次要方面在事物的发展中不起决定作用，它所包含的事物的发展方向（趋势）总是不稳定的，并且在绝大多数情况下都不能变为现实性，因而它便是偶然性产生的根据。由此可见，必然性和偶然性是产生于同一事物的内在矛盾之中，只不过一个产生于矛盾的主要方面，一个产生于矛盾的次要方面罢了。也正是因为如此，才决定了必然性和偶然性对立统一的关系（二者的关系将在第六章中详加阐述）。必然性和偶然性的根据存在于同一事物的内在矛盾这种关系，可以用符号“←——◐——→”来表示。其中向左的箭头“←——”代表偶然性，向右的箭头“——→”代表必然性，“◐”代表产生必然性和偶然性的事物；“☾”代表偶然性产生的根据——事物内在矛盾的次要方面，“●”代表必然性产生的根据——事物内在矛盾的主要方面。由于它们分别产生于事物内在矛盾中相互对立的两个方面，因而它们的发展趋势也是相互对立的，即各向着与对方相反的方向发展。

第三节　必然性和偶然性的条件

研究必然性和偶然性的条件，对于在研究因果关系问题时正确地区分原因和条件具有重要的意义。

一、必然性的条件

必然性的条件可以分为两种：一种是必然性产生的条件，另一种是必然性实现的条件。必然性产生的条件，是指在产生必然性时与某一事物内在矛盾的主要方面起配合作用从而促使必然性得以产生的内部和外部的各种因素的总和。比如，某人不遵守交通规则，于上下班高峰期间在城市的交通要道上不加观察猛然地横穿公路。某人的这一行为中显然包含着被汽车撞着的必然性。这一必然性产生的根据当然是横穿公路这一行为的内在矛盾的主要方面——与行驶着的汽车路线相交叉。其产生的条件则既有内在的因素，也有外在的因素。内在的因素如某人法制观念的淡薄（不遵守交通规则）、考虑问题简单、不注意观察的习惯、某种事情的紧急、心情的急躁，等等；外在的因素如时间（交通高峰期）、地点（车流量很高的交通要道）、环境、光线、音响、天气，等等。不论是内在的因素还是外在的因素，都是某人与汽车相撞的必然性的产生所不可缺少的。这些内外因素的总和便构成了该必然性所赖以产生的条件。这种条件是与必然性产生的根据相对而言的。如果把必然性的产生作为结果的话，那么，产生必然性的那一事物的内在矛盾的主要方面就是必然性的原因（内因），而这些对事物内在矛盾的主要方面起配合作用的内、外因素，则是必然性产生的条件（外因）。

必然性实现的条件，是指必然性在变为现实性的过程中对必然性起配合作用的各种外部因素的总和。必然性作为事物的一种发展趋势，绝大多数都能变为现实性，但并非所有的必然性都能变为现实。

要使必然性变为现实性，必须有一定的条件来配合。例如，要使瓜苗结瓜的必然性变为现实性，必须有适量的水分、阳光、肥料，等等；又如，某乙被毒蛇咬伤后含有死亡的必然性，此种必然性要变为现实性，也必须有一定的条件来配合，比如路途遥远、抢救不及时、没有有效的解药，等等，这些都是配合这一必然性变为现实性所不可缺少的条件。必然性实现的条件是与引起结果的原因相对而言的，如果把必然性的实现作为结果的话，那么，产生必然性的那一事物就是引起结果的原因（内因），而对必然性起配合作用的外在因素则是引起结果的条件（外因）。

由上可见，必然性产生的条件分为内在和外在两种因素，而必然性实现的条件则都是外在的因素。一般来说，内在因素多为静态的、既存的条件，外在因素则多为动态的、随机的条件。详加分析还可发现，必然性实现的条件实际上也就是为必然性的实现开辟道路的偶然性，它能够弥补必然性不足100%的部分，从而使必然性发展为绝然性，进而不可避免地变为现实性。关于偶然性为必然性的实现开辟道路的问题，在本章第七节“必然性的实现”中将详加阐述。

必然性产生的条件和必然性实现的条件在因果关系中虽然都是引起结果的条件，但它们在因果关系中所起的作用是不同的。没有前者，引起结果的必然性将无从产生，结果的产生就根本不可能了。但产生了必然性之后，如果没有后者的配合，必然性无法变为现实性，结果仍然是不能产生的。

二、偶然性的条件

偶然性的条件也可以分为两种：一种是偶然性产生的条件，另一种是偶然性实现的条件。偶然性产生的条件，是指在产生偶然性时与某一事物内在矛盾的次要方面相配合，从而促使偶然性得以产生的内部和外部的各种因素的总和。比如，某人被毒蛇咬伤后，具有死亡的必然性，也有不死的偶然性。这种不死的偶然性就是由蛇毒内在矛盾的次要方面（可解性）所决定的。但仅有可解性，还不能产生使某人不死的偶然性，还必须有一定的条件来配合。比如当时没有随身携带的解药、离医院较远，等等。正是在这样的条件下，死是必然的，不死才是偶然的[①]。可见，条件对偶然性的产生也起着相当重要的作用。偶然性产生的条件是与偶然性产生的根据相对而言的。如果把偶然性的产生作为结果的话，那么，产生偶然性的那一事物的内在矛盾的次要方面就是偶然性的原因（内因），而这些对事物内在矛盾的次要方面起配合作用的内、外因素，则是偶然性产生的条件（外因）。

偶然性实现的条件，是指偶然性在变为现实性的过程中对偶然性起配合作用的各种外部因素的总和。偶然性作为事物的一种发展趋势，只有极少数才能变为现实性。要使偶然性变为现实性，必须有一定的条件来配合。例如，某人被毒蛇咬伤后，在没有随身携带解药的条件下，要使其不死的偶然性变为现实性，必须迅速将某人送往医院进行有效的急救。又如，在1～7月气温逐渐升高的总趋势中，要使气温突然下降的偶然性变为现实性，必须有乌云遮空、寒流袭击等条件来配合。偶然性实现的条件是与引起结果的原因相对而言的。如果把偶然性的实现作为结果的话，那么，产生偶然性的那一事物就是引起结果的原因（内因），而对偶然性起配合作用的外在因素则是引起结果的条件（外因）。

偶然性产生的条件可分为内在和外在两种因素，而偶然性实现的条件则都是外在的因素。详加分析还可发现，偶然性实现的条件实际上也就是为偶然性的实现开辟道路的必然性，它能够弥补偶然性不足100%的部分，从而使偶然性发展为绝然性，进而变为现实性。关于必然性为偶然性的实现开辟道路的问题，在本章第七节“偶然性的实现”中将详加阐述。

第四节　必然性、偶然性的质与量

前文曾指出，可能性是一个质和量的统一体。而必然性和偶然性

① 如果当时有有效的解药（条件变了），则不死是必然的，死反而成了偶然的。这说明，条件变了，必然性和偶然性的趋势也会跟着变。

均属于可能性的范畴，因而必然性和偶然性肯定也是一个质和量的统一体。研究必然性、偶然性的质和量，对于正确理解必然性、偶然性向现实性的转化，正确理解必然因果关系和偶然因果关系，都具有重要的意义。

一、必然性和偶然性的质

必然性和偶然性的质，是指必然性、偶然性的根本属性。必然性和偶然性的根本属性究竟是什么，在哲学上有不同的说法。有人认为必然性和偶然性是事物与事物之间的一种联系；有人认为，必然性和偶然性都是某种事物、事件或现象；也有人认为，必然性和偶然性都是事物的一种发展趋势。显然，认为必然性、偶然性是事物、事件、现象或事物与事物之间的联系的说法，都是不正确的。正确的说法应当是：必然性和偶然性都是一事物中所包含的引起另一事物的发展趋势。必然性和偶然性本身不是事物，也不是物质，而是事物的两种发展方向。联系是就两个事物之间的关联性而言的，而必然性和偶然性都只是存在于现实的事物之中，它们所预示的另一事物尚未出现，而且另一事物一旦出现，原有的必然性或偶然性也就消失了。可见，必然性和偶然性总是见不着未来的事物，因而它们也就不可能是两个事物之间的联系。它们最多只不过是从发展变化的趋向上来反映一个现实事物与另一个可能出现的事物之间的联系。可以说它们都是把过去、现在和未来的事物联系起来的一根纽带。但它们本身并不是事物，更不是事物与事物之间的联系。

二、必然性和偶然性的量

必然性和偶然性的量，就是必然性和偶然性的大小，以及大小到什么程度。本书在前面曾经谈到，必然性是最大的可能性，大到接近于 1 但小于 1；偶然性是最小的可能性，小到接近于 0 但大于 0。那里所讲的就是必然性和偶然性的量的问题。我们知道，必然性和偶然性的量与可能性的量一样，可以用概率从数字上来表示。当我们把 100% 的概率（1）看做是绝然性（绝对性）时，那么，大于 0 小于 1 的概率都属于可能性。在这个范围内，最大的可能性（如 0.999）就是必然性，最小的可能性（如 0.001）就是偶然性。至于究竟多大的概率才算最大，多小的概率才算最小，不可能有一个固定不变的数值，实践中应根据不同的事物作不同的测定。有些事物的发展趋势可能占百分之一（0.01）就是偶然性，而另一些事物的发展趋势可能占千分之一、万分之一，甚至百万分之一、千万分之一，这仍然是偶然性。比如，据统计十万辆汽车中有一辆肇事的，那么，对于任何一辆行驶着的汽车来说，肇事的偶然性就是十万分之一（0.00001），不肇事的必然性则是十万分之九万九千九百九十九（0.99999）。又如，百万架飞机中有一架失事的，那么，对于任何一架飞行着的飞机来说，失事的偶然性只有百万分之一（0.000001），不失事的必然性则是百万分之九十九万九千九百九十九（0.999999）。

传统的哲学观点一直认为必然性的概率是1（100%）。例如，李秀林、王于和李淮春主编的《辩证唯物主义和历史唯物主义原理》一书指出："如或然率等于1，就是百分之百的可能，这时的可能就完全成了必然"。还有的学者指出："必然性可看做是可能性的一种特殊情况，是百分之百的可能性，是绝对的、必然的可能性，从数量关系来衡量，就是概率为1的可能性"①。必须指出，把必然性的概率看做1（100%），完全是一种误解。我们知道，必然性作为事物的一种发展趋势，它同事物的其他发展趋势一样，是由事物内在矛盾的某个方面所决定的。由于任何事物的内部都存在着相互矛盾着的两个方面，因而任何事物内部也都包含着两种相反的发展趋势；又由于任何事物内部相互矛盾着的两个方面都含有一定的量，因而任何事物所包含的两种相反的发展趋势肯定也含有一定的量，而且这两种发展趋势的量的大小是由产生它们的事物内在矛盾的两个方面的量的大小所决定的。也就是说，事物内在矛盾的两个方面不但决定着事物的两种发展趋势，而且决定着两种发展趋势的量的大小。由于任何事物内在矛盾的两个方面的含量之和等于1（100%），因而任何事物的两种发展趋势的含量之和也肯定等于1（100%）。正因为如此，两种发展趋势在含量上构成相互依存的反比关系，即一方的含量大多少，另一方

---

① 任玉隆：《论可能性》，载《哲学研究》1980年第2期，第29页。

的含量肯定就小多少；一方的含量越大，另一方的含量肯定也就越小；如果一方大到接近于1，成为必然性，另一方肯定就小到接近于0，成为偶然性；如果一方大到等于1，成为绝然性，另一方则肯定会小到等于0，成为绝对的无。不难看出，绝然性是一个孤立的发展趋势，它占据着事物内在矛盾量的总和，使得相反的发展趋势没有任何根据，因而也就没有相反的发展趋势与之纠缠和抗衡（见下图）。

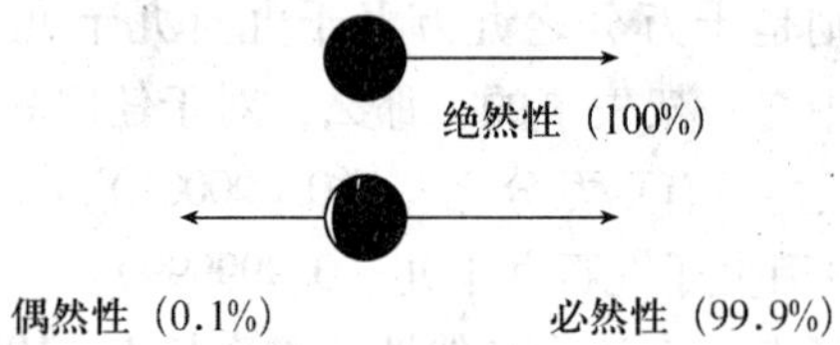

而必然性则不同，因为它只占据着事物内在矛盾的主要方面（并未占据全部），还有事物内在矛盾的次要方面被偶然性占据着，因而在它的反向还有一个发展趋势（偶然性）与之纠缠着、对抗着（见上图）。这同下面的例子是一个道理：比如，在一个坛子里放100个豆子，只能放红白两种。那么，如果放60个红豆，就只能放40个白豆；如果放90个红豆，就只能放10个白豆；如果放100个红豆，就只能放0个白豆。当放了99个红豆，1个白豆时，如果我们从坛中任取一豆，显然取到红豆的概率是99%（必然性），而取到白豆的概率只有1%（偶然性）。当放了100个红豆，0个白豆时，如果我们从坛中任取一豆，显然取到红豆的概率是100%（绝然性），而取到白豆的概率则是0。由此可见，必然性在量上永远也达不到1，它再大也只能大到接近于1，而不能等于1。因为在它的反面总有偶然性与它共享着概率的含量。尽管偶然性所占的含量极小，但正是这含量极小的偶然性打破了概率的百分之百，使得必然性永远不能达到1。如果达到了1，那就成了绝然性而不再是必然性了。一言以蔽之，把必然性的概率看做1，是不正确的。这种说法不但与绝然性相混淆，而且与事物内在矛盾的理论以及概率论都是不相符合的。

第五节　必然性、偶然性的地位和作用

当我们深入研究因果关系的时候就会发现，必然因果关系和偶然因果关系都是在必然性和偶然性的基础上形成的。可以说，没有必然性和偶然性，就没有必然因果关系和偶然因果关系。也就是说，必然性和偶然性在必然、偶然因果关系中起着关键的作用。因此，研究这个问题，对于正确认识事物发展的原因，合理解决刑法中的因果关系，具有十分重要的意义。这也是本书在必然性、偶然性问题上着力研究的原因所在。

一、必然性的地位和作用

哲学上一般认为，必然性在事物的发展过程中居于支配的地位，代表着一定贯彻下去的趋势，决定着事物发展的前途和方向。① 按照传统的哲学观点，这样来看待必然性的地位和作用当然是可以的。但是，由于传统的哲学观点将必然性解释成一种不可避免的一定如此的发展趋势，因而，在传统的哲学观点下，事物的发展趋势就只有必然性一种了。这样，在只有必然性（而且是作为绝对性加以理解的）一种发展趋势的观念下，这种必然性当然是居于支配地位，而且是一定要贯彻下去的了。但事实上，事物的发展趋势并非必然性一种，除必然性之外，还有绝然性、或然性以及与之相反发展的偶然性，等等。偶然性同必然性一样，也产生于事物的内在矛盾，在一定的条件下也可以变为现实性。简言之，事物的发展趋势不只是必然性一种。在此种观念下来研究必然性的地位和作用就可发现，认为“必然性处于支配地位”的哲学观点是不正确的。

研究必然性的地位，应当着力于必然性与偶然性的关系。因为“地位”一词是指在与其他同类事物的关系中所处的位置。拿必然性

① 李秀林、王于、李淮春主编：《辩证唯物主义和历史唯物主义原理》，中国人民大学出版社 1982 年版，第 163 页；艾思奇主编：《辩证唯物主义历史唯物主义》，人民出版社 1978 年版，第 144 页；陈晏清：《马克思主义哲学纲要》，中央广播电视大学出版社、天津人民出版社 1983 年版，第 138 页。

与偶然性相比，必然性当然是主要的，因为它产生于事物内在矛盾的主要方面。从这个角度讲，应当说必然性是处于主导地位的。所谓主导地位，就是处于主要的并引导事物向某种方向发展的地位。传统的哲学观点说它是处于支配地位，那么，它在支配谁呢？偶然性的产生和发展并不是必然性支配的，难道必然性在自己支配自己吗？必然性的确是靠自身的规律在不断地发展着，但若说是自己支配自己就不合适了。总之，“必然性处于支配地位”的说法是不准确的。正确的说法应当是“必然性是处于主导的地位”。

传统的哲学观点认为必然性代表着一定要贯彻下去的趋势，也是不正确的。虽然必然性是处于主导地位，绝大多数必然性都能贯彻下去，但并非所有的必然性都能贯彻得下去。因为必然性的反面还有偶然性，偶然性和必然性共享着事物内在矛盾的总量，这样，必然性就不可能占据事物内部矛盾量的总和，即它并不具有 100% 的发展概率，因而它就不是不可避免的、一定要贯彻下去的。但由于必然性占据着事物内在矛盾的主要方面，它在绝大多数情况下都能变为现实性，因此，应当说必然性是代表着稳定的发展趋势。

关于必然性的作用，哲学上认为是“决定事物的发展前途和方向”。笔者以为这种说法也不完全正确。因为偶然性在一定的条件下也能变为现实性，当偶然性变为现实性的时候，必然性就趋于消失而不能变为现实，况且偶然性的发展并不靠必然性来决定。由此看来，必然性并不能完全决定事物的发展前途和方向，有些事物的发展前途和方向是由偶然性决定的。当然了，必然性毕竟是产生于事物内在矛盾的主要方面，是事物主要的发展趋势，而且在绝大多数场合下都能变为现实性，这也是不能否认的。因此，正确的说法应当是：必然性决定着事物的主要的发展前途和方向。

综上所述，可归纳如下：必然性在事物的发展过程中处于主导地位，它代表着事物的稳定的发展趋势，决定着事物主要的发展前途和方向。这就是必然性的地位和作用。

二、偶然性的地位和作用

关于偶然性的地位，哲学上有两种说法：一种说法认为，偶然性在事物的发展中居于从属的地位;[1] 另一种说法认为，偶然性在事物发展中不居支配的地位。[2] 这两种说法虽然不完全相同，但意思是一样的，即都认为偶然性是处于从属的地位。这里笔者还得提醒读者，哲学上把偶然性解释成现象、事件或事物，或者解释成产生于外部事物的发展趋势，因而，他们关于偶然性的地位和作用的见解也是不准确的。本书认为偶然性是与必然性同时产生于事物的内在矛盾并与必然性对立统一的一种发展趋势。这种偶然性在事物的发展中究竟是处于什么样的地位呢？回答这个问题，还是要从偶然性与必然性的关系上来找答案。我们知道，在二者的关系中，必然性是主要的，因为它产生于事物内在矛盾的主要方面；而偶然性则是次要的，因为它产生于事物内在矛盾的次要方面。这也就决定了必然性和偶然性的地位问题。前边已经指出，必然性是处于主导的地位，那么，偶然性当然就是处于次要的地位了。能不能说偶然性是处于从属的地位呢？笔者认为是不行的。因为偶然性并不从属于必然性。假若偶然性和必然性是从属的关系，那么，必然性实现的，偶然性应跟着得到实现；必然性不能实现的，偶然性就也不能实现。但事实上并不是这么回事，事实上，必然性和偶然性是相互对立的，一方得到实现，另一方就不能实现；一方不能实现，另一方就一定能够实现。可见，二者不是从属的关系，而是主与次的关系，而且是对立的关系。简言之，偶然性在事物的发展中是处于次要的地位。

关于偶然性的作用，哲学上一致认为“是对事物的发展进程起着加速和延缓的作用”。[3] 比如，他们认为，瓜苗结瓜是必然的。充足的雨水加速了瓜苗结瓜，干旱则延缓了瓜苗结瓜。他们说，充足的

---

① 李秀林、王于、李淮春主编：《辩证唯物主义和历史唯物主义原理》，中国人民大学出版社 1982 年版，第 163 页。

② 艾思奇主编：《辩证唯物主义历史唯物主义》，人民出版社 1978 年版，第 144 页；陈晏清：《马克思主义哲学纲要》，中央广播电视大学出版社、天津人民出版社 1983 年版，第 138 页。

③ 李秀林、王于、李淮春主编：《辩证唯物主义和历史唯物主义原理》，中国人民大学出版社 1982 年版，第 163 页；艾思奇主编：《辩证唯物主义历史唯物主义》，人民出版社 1978 年版，第 144 页；陈晏清：《马克思主义哲学纲要》，中央广播电视大学出版、天津人民出版社 1983 年版，第 138 页。

雨水对瓜苗早结瓜来说是偶然的，干旱对瓜苗晚结瓜来说也是偶然的。但本书认为，他们所说的偶然性根本就不是偶然性，而只是配合必然性实现的一种条件而已。因而，哲学上关于偶然性的作用的见解同样是不正确的。

本书所说的偶然性，在事物发展的过程中究竟起什么作用呢？这就要从偶然性产生的根据和实现的过程来寻找答案。我们知道，偶然性是产生于事物内在矛盾的次要方面，它也代表着事物的一种发展趋势，这种发展趋势在一定条件的配合下也能变为现实性。尽管偶然性在向现实性转化的过程中，外在的条件起着关键地决定性的作用，但毕竟偶然性是事物发生转化的根基，如果没有偶然性，不论什么条件都是不能起作用的。比如，某人服了一定量的毒药之后，含有死亡的必然性，同时也含有不死的偶然性。由于家人迅速采用土办法抢救，使不死的偶然性得到了实现。对于某人的不死来说，虽然是家人采用土办法抢救起了关键地决定性的作用，但毕竟还是因为此种毒药具有可解性，或者说是因为某人还有不死的偶然性。如果此种毒药没有可解性（也没有了不死的偶然性），那么，无论什么样的抢救办法都是无济于事的。由此可见，在偶然性向现实性转化的过程中，偶然性自身仍然起着根本的决定性的作用。这里就体现了偶然性的作用问题——它在一定条件下也决定着事物发展的前途和方向。当然，跟必然性比较起来，偶然性显然是次要的，而且偶然性所决定的事物的发展前途和方向与必然性决定的事物的发展前途和方向比较起来，也是次要的。因此，我们可以说，偶然性的作用，就是决定事物的次要的发展前途和方向。

第六节 必然性与偶然性的辩证关系

必然性与偶然性是事物联系和发展中的两种相互对立的趋势，但二者又是统一的。简单说，二者是一种对立统一的关系。

一、必然性与偶然性的对立

二者之间的对立主要表现在以下四个方面：

(1) 二者的发展方向正好是相反的。即必然性的反面是偶然性，偶然性的反面是必然性。比如，瓜苗具有结瓜的必然性，又有不结瓜的偶然性，结瓜与不结瓜正好是相反的。又如，某人服了达到致死量的毒药之后，具有死亡的必然性，又有不死的偶然性（抢救及时可免于一死），死与不死也正好是相反的。二者这种互为对方之反面的关系，可以用如下的符号“←○————→”来表示。其中，向右的箭头代表必然性，向左的箭头代表偶然性。

(2) 二者产生的根据不同。必然性和偶然性虽然同时产生于同一事物的内在矛盾，但必然性产生于事物内在矛盾的主要方面，偶然性产生于事物内在矛盾的次要方面。例如，毒药的内在矛盾的两方面是毒性与可解性。当一个人服了较多的毒药之后，就服下的这部分毒药来说，毒性是矛盾的主要方面，由此便决定了死亡的必然性；可解性是矛盾的次要方面，由此便决定了不死的偶然性。但是，当一个人服下的毒药较少时（即未达到致死的量）毒药的可解性便上升为矛盾的主要方面，毒性则下降为矛盾的次要方面。于是不死成为必然的，死则成为偶然的了。

(3) 二者所含的概率相差悬殊。必然性、偶然性都属于可能性，但必然性是最大的可能性，偶然性是最小的可能性。如果把绝对性的概率规定为0和1（100%）的话，则可能性的概率是介于0与1之间的任何一个数。在这些数中，必然性的概率大到接近于1，而偶然性的概率则小到接近于0。比如，一个人服了达到致死量的毒药之后，具有死亡的必然性，不死的偶然性。如果死亡的必然性的概率是0.999的话，那么不死的偶然性的概率就只有0.001。

(4) 二者转变为现实的机会不等。必然性在绝大多数情况下都能转变为现实性，而偶然性只是在个别情况下才能转变为现实性。这是因为必然性所含的概率最大，稍微遇到一点条件的配合，即可使所含的概率上升到100%，从而变为绝然性，进而变为现实性；而偶然性由于所含的概率最小，必须遇到强有力的条件的配合，才能使所含的概率上升到100%，而遇到强有力的条件的机会又是极少的。

二、必然性与偶然性的统一

二者之间的统一关系也表现在四个方面：

（1）二者共生于同一个事物之中。必然性、偶然性虽然是两种相反的发展趋势，虽然一个生于事物内在矛盾的主要方面，一个生于事物内在矛盾的次要方面，一个是最大的可能性，一个是最小的可能性，但它们却是由同一个事物的内在矛盾所产生的。也就是说，它们是共生于同一个事物之中。这便决定了二者之间难分难解的内在联系。二者共生于同一个事物之中，同样可以用符号“←○————→”来表示。其中的“○”就代表同时产生必然性和偶然性的事物。必然性和偶然性之所以会同时产生于同一个事物的内部，是因为任何事物都存在着内在矛盾，任何内在矛盾又都存在着相互对立的两个方面，而且这两个方面总有一方是主要的，一方是次要的。主要方面决定着事物发展的主要的、稳定的发展趋势（必然性），次要方面则决定着事物的次要的、不稳定的发展趋势（偶然性）。比如，一个人被毒蛇咬伤后，死亡的必然性产生于蛇毒的内部，不死的偶然性同样产生于蛇毒的内部。这是因为蛇毒的内在矛盾具有主要和次要两个方面。主要方面是蛇毒的毒性——对人体细胞、神经或血液的破坏性，它决定了人被毒蛇咬伤后具有死亡的必然性；次要方面是蛇毒的可被分解性——用其他药物可以把蛇毒化解，它决定了人被毒蛇咬伤后还有不死的偶然性。

（2）二者相互依赖，即互以对方的存在为自己存在的前提。必然性、偶然性是一对相互吸引、相互依存的发展趋势，二者谁也离不开谁，任何一方一旦失去了对方，自己也就不复存在。换言之，内在矛盾的两个方面共同享有概率的100%。这样，内在矛盾的两个方面在概率的享有上便形成反比关系，即一方越小，另一方越大；一方越大，另一方就越小。而且，这一方的大，决定着另一方的小；这一方的小，决定着另一方的大。当一方大到接近于1成为必然性时，另一方就肯定会小到接近于0而成为偶然性。反之，当一方小接近于0成为偶然性时，另一方就肯定会大到接近于1而成为必然性。换句话说，必然性之所以是必然性，就因为对方是偶然性；偶然性之所以是偶然性，也正因为对方是必然性。由此可见，必然性和偶然性是谁也离不开谁的。如果这一方不是偶然性，另一方就不可能是必然性；如果这一方不是必然性，另一方也不可能是偶然性。比如，在一个坛子里放上99粒红豆子，1粒白豆子。当我们从坛中任取一粒时，具有取到红豆的必然性（因为取到红豆的概率达到99%，是最大的可能性），也具有取到白豆的偶然性（因为取到白豆的概率只有1%，是最小的可能性），之所以取到白豆的可能性只有1%，成为偶然性，正是因为取到红豆的可能性是99%，成了必然性；同样，之所以取到红豆的可能性是99%，成为必然性，也正因为取到白豆的可能性是1%，成了偶然性。但是，当我们在坛子里放上50粒红豆50粒白豆，或者放上60粒红豆40粒白豆，那么，任取一粒时，取到红豆的可能性是50%或者60%，取到白豆的可能性是50%或者40%。这时候，由于取到红豆的可能性和取到白豆的可能性都不是最大也不是最小，因而双方都既不是必然性，也不是偶然性。这个例子充分说明了必然性和偶然性相互依存的道理。

（3）二者在一定的条件下可以相互转化。实践证明，必然性和偶然性都与一定的条件相联系。同样一件事物，在这种条件下具有引起某种事物的必然性，换一种条件就只有引起某种事物的偶然性，反之亦然。比如，在水、肥、光充足的条件下，瓜苗结瓜是必然性，不结瓜是偶然性；反之在缺少水、肥、光的条件下，瓜苗不结瓜是必然性，结瓜却成了偶然性。又如，同是被毒蛇咬伤，在无解药的条件下，死是必然性，不死是偶然性；反之，在有解药的条件下，不死是必然性，死才是偶然性。

（4）二者之和等于绝然性。前文已经指出，必然性是最大的可能性，偶然性是最小的可能性。但是，必然性再大也还是小于1，偶然性再小也还是大于0。而且，必然性加偶然性正好等于1。在1的这个范围内，必然性大，偶然性就小，必然性小，偶然性就大。而且必然性增大多少，偶然性就正好缩小多少；必然性缩小多少，偶然性就正好增大多少。当偶然性小到0.01时，必然性就正好大到0.99；当必然性大到0.9999时，偶然性就正好小到0.0001；当偶然性小到

0时（这时偶然性就不再是偶然性，而成为绝然性），必然性就正好大到1（这时必然性也不再是必然性，而也成为绝然性）。总之，必然性与偶然性之和，总是等于1，等于绝然性。

第七节　必然性和偶然性的实现

必然性和偶然性的实现，是指必然性和偶然性向现实性的转化。唯物辩证法认为，任何现实的事物都是由绝然性或可能性（包括必然性、或然性、偶然性）转化而来的。因此，任何必然性或偶然性，只要具备了必要和充分的条件，就都会转化为现实性。

因果关系都是在绝然性或者可能性实现的基础上形成的（绝然性实现后形成绝然的因果关系，必然性实现后形成必然的因果关系，或然性实现后形成或然的因果关系，偶然性实现后形成偶然的因果关系）。如果必然性和偶然性不能实现，必然或偶然因果关系也就无法形成。可见，必然性和偶然性的实现，是形成必然或偶然因果关系的关键。也可以说，必然性和偶然性实现的过程，就是必然或偶然因果关系形成的过程。因此，认真研究必然性和偶然性的实现问题，对于正确理解刑法中的因果关系，具有十分重要的意义。

一、必然性和偶然性实现的原理

在客观事物的联系和发展中，任何潜在的事物要由可能性变为现实性，都必须是内因与外因相结合，或者说是根据与条件相结合，并在概率的含量上满足100%（即等于1），否则，事物向现实性的转化就是不可能的。比如，卵生动物的出生，必须是有胚胎的卵加上适当的温度；胎生动物的出生，必须是健康的受精卵加上母体的健康和正常的营养供应；果树结果，必须是授粉的雌花加上正常的阳光、水分，等等。如果我们把胚胎、受精卵、授粉的雌花等看做内因（根据）的话，那么，适当的温度、正常的营养供应、正常的阳光和水分等，就是外因（条件）。这里的内因（根据）中就包含着引起另一事物的必然性。虽然这种必然性在概率的含量上最大（是最大的可能性），但它毕竟不占有概率的100%，不是绝然性。因此，单靠这种必然性并不能使另一事物的出现不可避免。也就是说，必然性单凭自身的力量并不能变为现实性，还必须依靠外因（条件）的帮助。这里的外因（条件）中正好包含着弥补必然性不足100%部分的概率含量，成为配合必然性变为现实性的偶然性。因此，内因加外因，或者说是根据加条件，也就是必然性加偶然性，便在概率上满足了100%，这时，必然性才能不可避免的转变为现实性。这就是必然性实现的原理。这一原理可以用公式表示为：必然性+偶然性=绝然性→现实性。例如，某甲被毒蛇咬伤后，存在着死亡的必然性和不死的偶然性。死与不死这两种发展趋势都产生于蛇毒的内部。蛇毒的内在矛盾有两个方面：一个是毒性，这是矛盾的主要方面，它决定着某甲被毒蛇咬伤后死亡的发展趋势；另一个是可解性，这是蛇毒内在矛盾的次要方面，它决定着某甲被毒蛇咬伤后不死的发展趋势。假设毒性占蛇毒内在矛盾量的99%，可解性占蛇毒内在矛盾量的1%。那么，某甲死亡的必然性在概率的含量上也是99%，不死的偶然性的含量则是1%。虽然死亡的必然性在量上高达99%，但它毕竟不是绝然性，因而单靠必然性自身某甲仍然不会死亡，它必须依靠偶然性的配合，死亡才能变为现实。又由于死亡的必然性在量上高达99%，因而它只需要一个微小的条件的配合，就可以变为现实。比如，某甲被毒蛇咬伤后，没有人在场出手相救，或者虽有人在场出手相救，但找不到交通工具；或者找到了一辆汽车，但因路上堵车而未能及时赶到医院；或者虽然及时赶到了医院，但医院恰巧没有化解此种蛇毒的解药；或者虽然有适合的解药，但恰巧大夫不在，或者大夫麻痹大意未及时施救……上述这些原因，随便哪一个出现，都会造成某甲不治而亡。这些导致某甲不治而亡的原因，在哲学家们看来是某甲死亡的必然发展过程中出现的摇摆和偏差，但实际上这是配合某甲死亡的必然性转变为现实性的外在条件。这些外在条件对某甲的死亡来说是偶然的，反映到事物（蛇毒）内部，恰好就是为必然性的实现开辟道路的偶然性。因为表面上看是未得到及时救治，实际上却是没有利用蛇毒的可解性。由于蛇毒的可解性没有利用，那占1%的可解性就受到毒性的侵袭而消失，于是1%的可解性也转化成了毒性，使得原本

99% 的毒性增加为 100%，于是死亡的必然性也由 99% 转化为 100% 而成为绝然性，这时，死亡就成为不可避免的了。从这个过程可以看出，表面上是外在的条件（如堵车造成抢救不及时）对死亡的必然性的实现起了配合作用，实际上正是偶然性为必然性的实现起了开辟道路的作用。这种关系可以用下图表示：

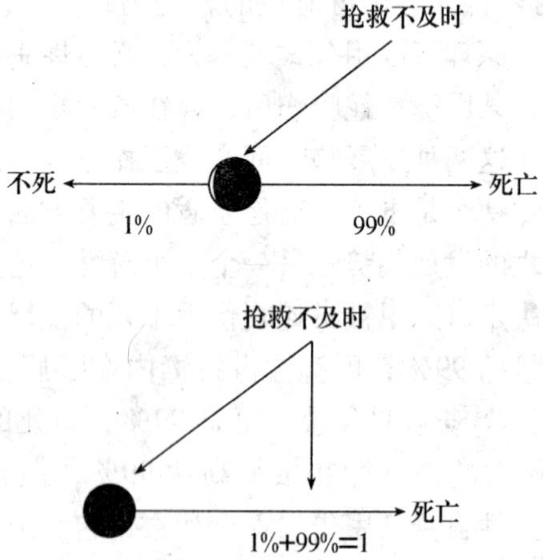

偶然性在概率的含量上极小，是最小的可能性，因而单靠它自身的力量更不能变为现实性。但是，当它遇到强有力的外因（条件）的配合时也能够变为现实性。这里的外因（条件）中便包含着弥补偶然性不足 100% 部分的概率含量，成为配合偶然性变为现实性的必然性。这时，内因加外因，或者说是根据加条件，就是偶然性加必然性，便也在概率上满足 100%，从而使偶然性发展为绝然性，使偶然性的实现成为不可避免。这便是偶然性实现的原理。这一原理可以用下面的公式来表示：偶然性 + 必然性 = 绝然性→现实性。仍以前例为例：某甲被毒蛇咬伤后，存在着死亡的必然性，同时也存在着不死的偶然性。之所以还存在着不死的偶然性，是因为在蛇毒的内部还存在着蛇毒的可解性，由于可解性在量上只占有 1%，因而由此决定的不死的偶然性也只有 1%。由于不死的偶然性在量上只有 1%，因而它必须有一个强有力的条件的配合，才能够变为现实。假如某甲被毒蛇咬伤时，有人在场出手相救，立即找来汽车，立即送往医院，一路畅通没有堵车，医院里恰巧也有化解此种蛇毒的解药，又遇到认真负责的大夫，立即施救，注射解药，于是，某甲因抢救及时有效而获得新生。这一连串紧张有序的抢救行动正是配合某甲不死的偶然性转变为现实性的外在条件，这些外在条件（抢救行动）对于某甲的不死来说是必然的，反映到事物（蛇毒）内部，恰好就是为偶然性的实现开辟道路的必然性。因为表面上看是紧张有序的积极救治起了作用，实际上正是有效地利用了蛇毒的可解性。由于蛇毒的可解性得到有效利用，那占99%的毒性就受到解药的化解而消失，于是99%的毒性也转化成了无毒，使得原本1%的可解性（安全性）增加为100%，于是不死的偶然性由1%转化为100%而成为绝然性，这时，不死就成为不可避免的了。从这个过程可以看出，表面上是外在的条件（如紧张有序及时有效的抢救）对不死的偶然性的实现起了配合作用，实际上正是必然性为偶然性的实现起了开辟道路的作用。

二、必然性和偶然性实现的根据

必然性和偶然性之所以能转化为现实性，是由于必然性和偶然性都具有内在的根据所决定的。唯物辩证法认为，任何事物的内部都存在着相互对立的两个方面。尽管这两个方面有强有弱，但它们都分别包含着事物的一种潜在的发展方向。这两个包含着事物潜在发展方向的相互对立着的方面正是必然性和偶然性产生的根据，也是必然性和偶然性实现的根据。由于必然性和偶然性有了这种内在的根据，一旦遇到适当的条件，就能变为现实性。不过，在必然性和偶然性二者中，只有其中之一能转变为现实，而不能同时都转变为现实。如果必然性转变为现实，偶然性就只能消失；如果偶然性转变为现实，则必然性必须消失。至于二者之中究竟谁能转变为现实，关键是看谁能遇到必要而充分的条件。但从总的趋势看，必然性在绝大多数情况下都能转变为现实，而偶然性只有在个别情况下才能转变为现实。这是因为，必然性比偶然性更容易遇到必要而充分的条件。

三、必然性和偶然性实现的条件

必然性和偶然性能否转化为现实，关键在于能否遇到适当的条件。如果遇不到适当的条件，就无法转化为现实。

必然性和偶然性在向现实性转化的过程中所需要的条件是各不相同的。一般来说，必然性只需要弱小的条件就能转化为现实，而偶然性则必须遇到强大的条件才能转化为现实。这是因为，必然性是产生于事物内在矛盾的主要方面，它的根据最大，或者说它转变为现实的概率最大（大到接近于1），稍微遇到一点条件，就能使其概率的含量由接近于1上升到等于1，从而由必然性转变为绝然性。而偶然性是产生于事物内在矛盾的次要方面，它的根据最小，或者说它转变为现实的概率最小（小到接近于0），只有遇到强有力的条件，才能使其概率的含量上升到1，从而由偶然性转变为绝然性。比如，在一个坛子里放了99粒红豆，1粒白豆，从坛中任取一粒时，取到白豆的概率只有1%（偶然性），要使取到白豆的偶然性变为现实性，即准确无误地取到白豆，就必须看准这粒白豆，专门地把它挑出来。而取到红豆的概率是99%（必然性），要使取到红豆的必然性变为现实性，只需闭上眼睛随便一摸即可。可见取到白豆的难度比取到红豆的难度要大得多。这也就说明了一个道理：使偶然性变为现实性所需的条件比使必然性变为现实性所需的条件大得多。

仔细推敲可以发现，必然性向现实性转化所需要的条件正是偶然性，而偶然性向现实性转化所需要的条件又正是必然性。这就是说，必然性的实现需要偶然性开辟道路，偶然性的实现也需要必然性开辟道路。恩格斯在1894年1月25日给符·博尔吉乌斯的信中曾经谈到必然性靠偶然性开辟道路的问题，但偶然性也要靠必然性开辟道路的问题，他没有谈到。没有谈到，不等于这个问题不存在。因此，这个问题，我们不能因为导师们未解答，就不去研究。

四、必然性、偶然性的实现与因果关系的形成

当必然性、偶然性得到实现的时候，必然因果关系或偶然因果关系也就形成了。这时，产生必然性的事物与结果之间形成必然的因果关系；产生偶然性的事物与结果之间形成偶然的因果关系。

在刑法学界有一种错误的见解，认为根据与结果之间是必然的因果关系，条件与结果之间是偶然的因果关系。① 这种错误见解的根源在于没有正确理解什么是必然性和偶然性以及二者之间的关系。在这种错误的见解看来，只有必然性才有内在的根据，而偶然性是没有内在根据的。因而，他们从偶然性中找不到偶然因果关系，无奈只好从条件中去找偶然因果关系。这样一来，任何结果的出现，都同时存在着必然和偶然两种因果关系。这种错误的见解，不论在哲理上还是在刑法学上，都有许多地方是讲不通的。不过，由于主题和篇幅的限制，我们在这里不打算展开论述这个问题。在后文的《质疑篇》中将专设一章对此种错误见解展开讨论。

---

① 何秉松：《论刑法因果关系——兼论刑法必然、偶然因果关系争论的终结》，载《法学研究》1994 年第 2 期，第 58 页。

第五章 绝然性与或然性

第一节 绝然性

一、绝然性的定义

这里所说的绝然性，是从事物发展趋势的意义上讲的，它是指一事物中所包含的引起另一事物的不可避免的、一定如此的发展趋势。事物的这种绝然的发展趋势同必然性、偶然性一样，在客观世界中普遍存在着，比如，个体生命的死亡、一年四季的更替等，就都是不可避免的，一定如此的。因此，这些都是绝然性。在刑事案件中，绝然性也是普遍存在的。比如，犯罪分子将刀子捅进被害人的身体，这种行为包含着被害人受伤的绝然性；犯罪分子用斧子将被害人的脑袋击碎，这种行为包含着被害人死亡的绝然性。值得注意的是，哲学上一直把这种绝然性说成是必然性。这种说法，不但抹杀了必然性固有的含义，而且混淆了必然性与绝然性的界限。

这里所说的绝然性，虽然也可以把它理解为是一种绝对性，但它同哲学上所讲的“绝对”并不是一回事。哲学上的“绝对”和相对，构成反映现实事物普遍联系的一对范畴。它们是“表明世界永恒发展过程和事物暂存状态之间、普遍性和特殊性之间、无限性和有限性之间、无条件和有条件之间的关系”。[①] 而这里所说的绝然性只是指事物的一种发展趋势，它不与任何相对性构成一对范畴。哲学上的绝对，是指永恒的、无限的、普遍的、无条件的意思；哲学上的相对，是指暂时的、有限的、特殊的、有条件的意思。比如，运动和静止的

---

① 吴树明：《绝对和相对范畴简论》，载《哲学原理研究》，福建人民出版社1984年版，第211页。

关系、矛盾的普遍性和特殊性的关系、物质对精神的作用和精神对物质的反作用关系等，都是绝对与相对的关系。这里所说的绝然性，在其发展趋势上虽然也是无条件的，但并没有其他有条件的趋势与它构成矛盾。它是一种孤立的、唯一的、不可避免的趋势。从哲学上讲，绝对和相对是对立统一的关系。一方面，相对之中有绝对，绝对寓于相对之中；另一方面，绝对之中有相对，相对是绝对的一个成分。但这里所说的绝然性则不和任何相对性构成对立统一的关系，它只是和自己的反面形成对立统一关系。因为没有反面的“绝对不”，也就没有正面的“绝对是”。

二、绝然性的特征

(1) 绝然性是一种孤立的、唯一的发展趋势。绝然性不像必然性、偶然性、或然性一样，同时有数个发展趋势，而是只有一个发展趋势。比如，对于一个个体生命来说，他最终的发展趋势只有一个，那就是死亡。除此之外，再没有任何别的发展趋势。尽管从古至今，总有人梦想长生不老，得道成仙，但终归是一种梦想，并未形成一种发展趋势。

(2) 绝然性产生于事物内在矛盾量的总和。按照辩证唯物主义原理，任何事物的内部，都充满着矛盾，而且矛盾的各方随时都在斗争着。经过斗争，当矛盾的各方势均力敌时，矛盾着的每一方便都平等地决定事物的发展趋势，而且各种发展趋势在量的大小上也基本一致，这时，每种发展趋势都是一种或然性；当矛盾的一方十分强大，另一方十分弱小时，强大的一方便决定着事物的一种主要的发展趋势（必然性），弱小的一方则决定着事物的一种次要的发展趋势（偶然性）；当矛盾的一方特别强大，强大到占据事物内在矛盾量的总和时，或者说当事物内在矛盾的其他各方均被强大的一方所吞没时，强大的一方实际上已经成为事物内在矛盾的主宰，成为唯一的一方，这时候，事物的发展趋势便只由这一方所决定，于是事物的发展趋势也就只有一个。由于事物的其他发展趋势全部被吞没，这唯一的发展趋势也就成了不可避免的、一定如此的绝然性。比如，毒药的内部本来包含着毒性和可解性一对对立统一的矛盾，但是，当一个人吞服了大剂量的毒药，且耽误了抢救时间时，毒药的可解性就会被毒性所吞没，从而使毒性独霸“朝纲”，成为事物内在矛盾的主宰和唯一的一方，这时，人的死亡便成为绝然性，成为不可避免的了。

（3）绝然性占据着事物发展概率的100%。按照概率论的解释，在社会和自然界中，某一类事件在相同条件下，发生的可能性的大小，可以用概率来表示。概率越大，发生的可能性也就越大；概率越小，发生的可能性也就越小。当某一事件的发生概率达到1，即满足100%时，这一事件的发生就会成为绝然性。例如，在一个盒子里装上大小、形状、重量完全一样的两个黑珠、一个白珠、一个红珠，从盒中任取一珠时，取得黑珠的概率是1/2，取得红珠和白珠的概率都1/4。这时，取得黑珠的可能性就比取得红珠和白珠的可能性大一倍。如果在盒子里装的4个珠子全是黑珠，任取一珠时，取得黑珠的概率是1（100%），这时，取得黑珠便成为绝然性，成为绝对的，不可避免的。

（4）绝然性是无条件的。绝然性的无条件，是指绝然性在向现实性的转化过程中不需要条件来配合，也就是说，绝然性一旦形成，依靠它自身的内在根据，就能最终变为现实，而不需要任何条件的配合。比如，一个人出生之后，便包含着死亡的绝然性。不论早死还是晚死，也不论是死于什么原因，死在什么地方，反正最终必须要死亡。这一点是绝对的、无条件的、不可避免的，不存在任何不死的偶然性。从表面上看，似乎有些人的死亡需要条件来配合，比如有的人遇到车祸而死亡，似乎是车祸这个条件把死亡的绝然性变成了现实。其实，从本质上讲，人的死亡是无条件的。车祸只不过是导致某人提前死亡或者在某一天死亡的一个条件，而不是某人死亡的绝然性变为现实性的条件。

绝然性的实现之所以是无条件的，是因为它已经具备了事物发展变化的全部根据，或者说它已经具备了事物发展变化所需要的100%的概率。本书在可能性一章中曾已指出，任何事件的发生，都必须在概率上满足100%，这100%的概率来自事物内在根据和外在条件之和。如果内在根据所含概率不足100%，不足的部分就需要条件来补充。如果事物内在根据所含的概率已经满足了100%，依靠它自身的能量足以引起另一事物的发生，也就不再需要条件的配合。绝然性正是这样一种在内在根据中已经包含着100%的发展概率的趋势，因而，它的实现便是无条件的。比如，一年四季的更替就是这个道理。由于地球围绕太阳公转，并且地球绕太阳公转的轨道和地球赤道面相交成23°26′的角度，这便决定了四季更替的绝然性，也就是满足了四季更替的100%的概率。因此，地球只依靠自身绕太阳公转就能实现一年四季的更替，而不需要任何其他条件（比如地势、风力的影响）的配合。

虽然绝然性的实现不需要条件配合，但绝然性的产生仍需要条件，尤其是由必然性转化而来的绝然性，必须有条件的配合才能产生。比如，一个人误服了一定量的毒药，本来只包含死亡的必然性①，但由于抢救不及时，致使这种必然性转化成了绝然性。这个绝然性的产生，就离不开“抢救不及时”这个条件的配合。

三、绝然性的类型

按照不同的标准，可以把绝然性划分为不同的类刑。

（一）按照绝然性产生的过程来划分，可以把绝然性划分为自生的绝然性和转化的绝然性

自生的绝然性，是指从事物的内在根据中直接产生的绝然性，换句话说，就是在事物的内部包含着引起另一事物的100%的根据，因而，另一事物发生的概率也是100%。这种绝然性的产生不需要任何条件的配合，只要前一事物一产生，产生后一事物的绝然性也就自然形成。比如，四季更替、个体生命的死亡等，都属于此种绝然性。自从地球形成并围绕太阳公转之后，地球上四季更替的绝然性就同时产生了。又如，当犯罪分子用斧子将被害人的脑袋击碎时，被害人死亡的绝然性也同时产生了。产生此种绝然性的根据，是引起后一事物

① 由于毒药有可解性，如果抢救及时，就有不死的可能（尽管这种不死可能性很小，仅仅是一种偶然性）。正因为有不死的可能性（或者说是偶然性），死也就不是绝然性，而只能是必然性。

（绝然性变成的现实）的唯一原因，是原因力最强的原因。

转化的绝然性，是指从事物的内在根据和一定的外在条件中产生的绝然性。换句话说，从事物的内在根据中产生的本来不是绝然性，而是一种可能性，但由于某种条件的配合，这种可能性便转化成了绝然性。这种转化的绝然性，可以再分为如下三种：

（1）由必然性转化而来的绝然性。即在某一事物中包含着引起另一事物的必然性，由于某种条件的配合，使这种必然性转化成绝然性。例如，某人误服了一定量的毒药，因抢救不及时而死亡，就属于此种转化的绝然性。误服了毒药，本来只是包含着死亡的必然性，并不是非死不可的。但由于耽误了抢救的时间，便使毒药的毒性吞没了可解性，于是死亡的必然性也就转化成了绝然性。

（2）由或然性转化而来的绝然性。即在某一事物中本来只是包含着引起另一事物的或然性，由于某种条件的配合，使另一事物的出现成为绝然性。例如，汽车司机甲因超速开车，过失地将乙的大腿轧断，甲将受伤的乙抱上汽车，不是送往医院，而是拉到荒郊野外，将乙丢在一条不易被人发现的干沟里，结果乙因未得到及时抢救，失血过多而死亡。本案中，乙的死亡就是由或然性转化成了绝然性。本来，汽车将乙的大腿轧断，只是着包含着乙死亡的或然性（可能死亡，也可能不死亡，两种可能性大致均等），但由于介入了甲将某乙丢弃这样一个条件，断绝了乙被救治的机会，乙的死亡就由或然性转化成绝然性，成为不可避免的了。

（3）由偶然性转化而来的绝然性。即在某一事物中本来只包含着引起另一事物的偶然性，由于某种条件的配合，使另一事物的出现成为绝然性。例如，某甲骑自行车横冲直撞，将靠近汽车道骑车的某乙撞倒在汽车道内，恰在其时，某丙驾驶汽车疾至，因来不及刹车，车从某乙的胸部轧过，致某乙当即死亡。本案中，某乙的死亡，就是一个偶然性向绝然性转化的例子。本来，某甲将某乙撞倒，只是包含着某乙死亡的偶然性（不死是必然的），但由于介入了某丙刹不住车的行为，又由于汽车从某乙的要害部位轧过，便使某乙的死亡由偶然性转化为绝然性，成为不可避免的了。

(二) 按照绝然性实现的方式来划分，可以把绝然性分为预期实现的绝然性和当即实现的绝然性

(1) 预期实现的绝然性，是指绝然性产生之后，不会立即变为现实，而是必须经过一定的时间之后，才能变为现实。比如，一年四季的更替、个体生命的死亡，都属于此种类型。这种类型的绝然性，可以再分为固定期限的绝然性和不固定期限的绝然性。固定期限的绝然性，亦可称作规律性的绝然性，是指绝然性从产生到变为现实的期限大体上是固定不变的，比如一年四季的更替就是这样；不固定期限的绝然性，亦可称作非规律性的绝然性，是指绝然性从产生到变为现实的期限有长有短，不固定。比如，个体生命的死亡就是如此。

(2) 当即实现的绝然性，是指绝然性一经产生，立即就变为现实的绝然性。比如，犯罪分子用斧子将被害人的脑袋击碎，导致被害人立即死亡。此类案件中，被害人死亡的绝然性的产生和实现，几乎是同步的。

四、绝然性的实现

(一) 绝然性实现的特点

绝然性的实现，是指绝然性变为现实性，也就是从事物的一种发展趋势转变为一种实在的结果。比如，某人活了105岁于1996年6月9日死亡，“死亡”作为一种现实，正是某人从生到死的绝然性变为现实性的结果。绝然性的实现不像必然性、或然性、偶然性一样需要条件的配合，而是完全依靠自己的力量完成的。这就使得绝然性的实现具有两个显著的特点：一是直接性，就是由绝然性直接变为现实，而不是像必然性或偶然性那样，需要先变为绝然性之后，再变为现实性；二是自动性，就是绝然性完全靠自身的矛盾运动变为现实，而不需要任何条件来配合。

(二) 绝然性实现的方式

绝然性实现的方式有两种：一种是预期实现，另一种是立即实现。所谓预期实现，是指绝然性产生之后，需要经过一定的时间之后才能变为现实；所谓立即实现，是指绝然性的产生和实现是同时进行的，没有时间上的间隔。

（三）绝然性的实现与其他可能性的实现

当自生的绝然性变为现实性时，与其他可能性的实现毫无关系。但是，当转化的绝然性变为现实性时，实际上也是转化之前的可能性向现实性的转变。这是因为，转化的绝然性正是由可能性加条件转化而来的。从某种意义上可以说，转化的绝然性正是可能性向现实性转化的一个跳板、一个过渡。而可能性（包括必然性、或然性和偶然性）要变为现实性，必须首先转变为绝然性，否则，就无法变为现实。因为任何可能性——即使大到接近于1的必然性——在概率上均未达到1，要想达到1，其不足部分必须依靠一定的条件来补充。而当一定的条件把某种可能性的概率补充到1的时候，这种可能性也就转化成了绝然性。而一旦转化成绝然性，这种可能性也就变成了现实。由此可见，转化的绝然性的实现，实际上是转化之前的可能性的实现。

（四）绝然性的实现与因果关系

毫无疑问，当绝然性实现之后，作为绝然性产生之根据的事物与绝然性变为现实的那个事物之间就形成了绝然的因果关系。前者是后者的绝然原因，后者是前者的绝然结果。不过，自生的绝然性和转化的绝然性变为现实之后，各自所形成的因果关系是不完全相同的。自生的绝然性变为现实后，形成的因果关系是纯粹的绝然因果关系，原因就是绝然的原因，结果就是绝然的结果。但是，转化的绝然性变为现实之后，只能转化之前的可能性加条件与绝然性转变成的现实（结果）之间才具有绝然的因果关系，而转化前的可能性与结果之间却不是绝然的因果关系。比如，某甲为杀死某乙而投毒（该行为包含着致某乙死亡的必然性，不是绝然性），某乙服毒之后，未及时被人发现，待被人发现送往医院，为时已晚，某乙终因抢救不及时而死亡。该案中，某甲的投毒行为只是包含着致某乙死亡的必然性，但加上“发现不及时”这个条件，某乙死亡的必然性就转化成了绝然性。当这一绝然性转化为现实之后，与这一现实（某乙的死亡）之间具有绝然因果关系的，是某甲的投毒行为加“发现不及时”这个条件（即原因加条件），而单就某甲的投毒行为来说，它与某乙死亡之间仍然是必然的因果关系。

第二节 或然性

一、或然性的定义与特征

这里所说的或然性，等同于人们通常所理解的狭义的可能性，是广义的可能性①的一种，它是指一定条件下由事物内在矛盾的各方所共同决定的引起或不引起某一事物的一种不稳定的发展趋势。比如，气象台预报，受云层、风力和气压的影响，明天可能下雨。说“明天可能下雨”，这本身就是在说，明天也可能不下雨。“明天可能下雨，也可能不下雨”，这就是一个或然性。由此可见，或然性是表示某一事物可能发生，也可能不发生的一种趋势。它具有如下一些特征：

（一）或然性是一种多向的、不稳定的发展趋势

或然性不像绝然性那样只有一个发展趋势，而是有数个发展趋势，至少也有正反两个发展趋势。比如，就明天的降水概率来讲，就至少有“可能下雨”和“可能不下雨”两个趋势。由于或然性同时有两个发展趋势，并且在一定条件下，只有其中的一种发展趋势能转化为现实，且不论哪种趋势转化为现实，都排斥其他趋势转化为现实。因而，每一种趋势的发展，实际上都是不稳定的。

（二）或然性产生于事物内在矛盾各方力量的均衡

按照辩证唯物主义原理，任何事物的内部都充满着矛盾，而且矛盾着的各方都控制着事物的一种发展趋势。当矛盾的某一方力量强大时，它控制的某一发展趋势也随之强大；当矛盾的某一方力量弱小时，它控制的某一发展趋势也会随之弱小；当矛盾的各方力量均衡（当然不是绝对的均衡）时，它们各自所控制的发展趋势也就大致均衡。如果一个事物所包含的数个发展趋势大致均衡，由于各个趋势互相制约着，因而每个趋势都有可能变为现实，也都有可能不变为现

---

① 广义的可能性包括必然性、或然性和偶然性。

实。这种“可能变为现实也可能不变为现实，而且可能变为现实和可能不变为现实的概率大致相当”的发展趋势，就是我们所说的或然性。可见，或然性产生的根据，是事物内在矛盾各方力量的均衡。换言之，或然性是从“事物内在矛盾各方力量的均衡”中产生的。

（三）或然性的概率不会太大也不会太小

正如前文所说，在社会和自然界中，某一类事件在相同条件下发生的可能性的大小可以用概率来表示。而这种概率的大小，实际上是由事物内在矛盾各方力量的大小所决定的。前文已经指出，或然性产生于事物内在矛盾各方力量的均衡。由于矛盾各方在力量上大致均衡，因而各方所控制的发展趋势在概率上也会大致均衡。又由于每个发展趋势在概率的大小上大致均衡，因而每个发展趋势的概率都不可能太大，也不可能太小，而是相互接近。如果是矛盾的五方并存，那么每个发展趋势的概率就会在1/5左右，如果只有矛盾的双方，那么每个发展趋势的概率就会在1/2左右。在只有两方矛盾的情况下，如果一个发展趋势的概率在1/5，那么它的反面（即不可能性）就是4/5，……由此可见，或然性的概率应在20%（1/5）到80%（4/5）之间。比如，气象台预报，明天的降水概率是20%，这就等于说，明天不降水的概率是80%。那么，20%的降水概率和80%的不降水概率均属于或然性。

（四）或然性的实现离不开条件的配合

或然性的实现之所以离不开条件，是因为或然性的根据不占有事物内在矛盾的总和，即或然性的概率不足100%。前文曾已指出，事物的发展趋势必须占有概率的100%，才能依靠自身内在矛盾的运动直接变为现实，如果不占有根据的100%，不足部分必须依靠条件补充之后，才能变为现实。而由于产生或然性的事物内在矛盾各方在量上的均衡，便决定了或然性不可能占有事物内在矛盾量的总和，也不可能在概率上满足100%，因而或然性的实现就必须靠条件来配合。比如，一个人误服了少量的毒药，由于毒性不大，只有40%的死亡可能性，不死的可能性占60%（死与不死都是或然性）。但由于该人肝功能不健全，加之解毒措施不得力，致使毒药的可解性不断下降，毒性不断上升，终于不治而死。该人本来只具有死亡的或然性，这种或然性之所以能变为现实，就是依靠“肝功能不健全”和“抢救措施不得力”这两个条件配合的结果。若不是这两个条件的配合，该人本来是死不了的。

（五）或然性与其自身的反面构成对立统一关系

任何或然性都有自己的反面，比如明天可能下雨的反面是可能不下雨，某事件可能发生的反面是可能不发生。“下雨”和“不下雨”、“发生”和“不发生”都是对立的统一。按照唯物辩证法的原理，“一切对象、现象和过程都包含有相互对立的方面、倾向、趋向（对立面），它们构成一个统一体，相互排斥，同时又互为条件，相互渗透”。[①] 或然性和它自身的反面正是这样一对既相互排斥，又相互渗透的矛盾统一体。说它们相互排斥、相互对立，是指它们在性质上完全相反；说它们互为条件、相互统一，是指它们谁也离不开谁，任何一方一旦离开了对方，自己也就无法存在。比方说，明天降水的概率是40%，不降水的概率就是60%。如果降水概率不是40%，而是0.5%，那么，不降水的概率就也不再是60%，而是99.5%了。这样一来，降水与不降水就都不再是或然性，而成为偶然性和必然性了。

二、或然性的类型

按照不同的标准，也可以对不同的或然性作出不同的分类。

（一）以或然性的性质为标准，可以把或然性分为正或然性与反或然性

正或然性，是指肯定某一事物可能发生的或然性，或者说是一种肯定性的发展趋势。比如，气象台预报明天降水的概率是40%。“降水”是一种肯定性的发展趋势，因而，40%的降水概率就是一个正或然性。

反或然性，是指否定某一事物可能发生的或然性，或者说是一种否定性的发展趋势。比如，气象台预报明天不降水的概率是60%。

① ［德］阿·科辛主编，郭官义等译：《马克思列宁主义哲学词典》，东方出版社1991年版，第63页。

“不降水”是一种否定性发展趋势，因而60%的不降水概率就是一个反或然性。

（二）以同一事物内部所含肯定性或然性的多少，可以把或然性分为单项或然性与多项或然性

单项或然性，是指同一事物内部只包含一个肯定性的或然性。比如，某人在劳动中不小心将皮肤划破，因伤势不重，未去看医生。这样，某人的伤口便有发炎的可能（也有不发炎的可能）。除了发炎之外，没有死亡或残废的可能性。因而，“发炎”便是一种单项或然性。

多项或然性，是指在同一事物内部同时包含着数个肯定性或然性。比如，某人被汽车撞成重伤，有可能死亡，也有可能残废。这里，有两种肯定性或然性，因而是一种多项或然性。

（三）以或然性所含概率的大小，可以把或然性分为均衡的或然性与不均衡的或然性

均衡的或然性，是指在同一事物内部所包含的数个或然性，在概率的含量上均衡。具体又可分为绝对均衡和大致均衡两种。绝对均衡的或然性，是指数个或然性所含的概率完全相等。比如，只有正反两个或然性的，各占概率的50%，有三个或然性的，各占概率的33%；大致均衡的或然性，是指相互之间概率的差额不超过20的或然性，比如，只有正反两个或然性的，一个概率是40%，一个概率是60%，就属于大致均衡；如果三个概率分别是20%、30%、50%，由于20%与50%之间差额已超过20，便不再属于均衡的或然性。不均衡的或然性，是指在同一事物内部所包含的数个或然性，在概率的含量上相差悬殊。一般来说，两个或然性的概率差额超过20%的，就属于不均衡的或然性。具体又可分为绝对不均衡和相对不均衡两种。一般来说，差额在20与40之间的，属于相对不均衡，差额在40以上的，就属于绝对不均衡。比如，只有正反两个或然性，一方的概率是30%或40%，另一方的概率是70%或60%，就属于相对不均衡；如果一方的概率是20%或10%，另一方的概率是80%或90%，那就成了绝对的不均衡。

三、或然性的实现

（一）或然性实现的特点

或然性的实现，是指或然性向现实性的转变，即由事物的一种发展趋势转变为实实在在的结果。或然性的实现像必然性、偶然性的实现一样，必须借助于条件的配合。这就使或然性的实现具有如下两个特点：一是间接性，二是条件性。所谓间接性，是指或然性不是直接变为现实性，而是先转变为绝然性，然后再变为现实。所谓条件性，就是指或然性向现实性的转变离不开条件的配合。

（二）或然性的实现方式

或然性的实现方式既不是直接式，也不是预期式，而是过渡式。所谓过渡式，就是由或然性先过渡到绝然性，然后再转化为现实性。之所以如此，是因为或然性不占有概率的100%，它不能依靠自身的力量直接转变为现实，而必须依靠条件的配合，先转变为绝然性，然后才能转变为现实。

（三）当或然性转变为现实性之后，产生或然性的事物与或然性转变成的现实之间，就形成或然的因果关系，前者为后者的或然原因，后者为前者的或然结果

例如，汽车司机某甲夜间开车时过失地撞伤了某乙，（伤势不是太重），某乙具有死亡的或然性（即可能死亡也可能不死亡）。某甲将某乙送往医院后，恰遇该医院的主治大夫突生重病，其他大夫正忙于抢救该主治大夫，一时抽不出有经验的大夫来抢救某乙，某甲只好将某乙转送到其他医院。这样就耽误了不少时间，结果某乙因抢救不及时而死亡。该案中，某甲过失撞伤某乙的行为与某乙的死亡之间是一种或然的因果关系。这里需要注意的一个问题是，虽然或然性是在先转变为绝然性之后再转变为现实性，但决不能认为产生或然性的事物与或然性转变的现实之间是绝然的因果关系。因为成为或然性转变为现实的绝然原因的，是产生或然性的事物和条件的共同作用，或者说，这二者的共同作用与或然性转变的现实之间，才是绝然的因果关系。而就产生或然性的事物本身来讲，它与或然性转变成的现实之间，只能是或然的因果关系。比如，司机某甲的过失行为加上“时

间被耽误”这个条件，与某乙死亡之间才是绝然的因果关系，而仅就某甲的过失行为来说，它与某乙的死亡之间，只能是或然的因果关系。

本　论　篇

在本篇中，把刑法上的因果关系划分为绝然的、必然的、或然的、偶然的四种，这样划分的好处，是便于认识清楚原因对结果所起作用的大小。

通常可以把绝然的、必然的、或然的三种因果关系通称为必然的因果关系。

在故意犯罪中，由于行为人是故意追求危害结果的发生，因而，因果关系的性质不影响对犯罪人量刑的轻重。

在过失犯罪中，由于行为人不追求危害结果的发生，因而，不同性质的因果关系对犯罪人的量刑应有所区别。这是因为，不同性质的因果关系，在预见的难易上有所不同。绝然的因果关系更容易预见，而行为人却没有预见，或者预见到了却轻信能够避免，表明行为人的过失比较严重，因而量刑时应适当从重；偶然的因果关系预见的难度较大，表明行为人的过失较轻，因而在量刑时应适当从轻。

第六章 绝然的因果关系

第一节 绝然因果关系的定义与特征

所谓绝然的因果关系，是指包含着发生某种危害结果的绝然性的危害行为与该种危害结果之间的一种内在的合乎规律的联系。比如，犯罪分子某甲将匕首捅入某乙的腹部，使某乙的健康不可避免地受到了损害，某甲的行为与某乙的受伤之间就是一种绝然的因果关系。又如，某丙为了报复解恨将某丁的膝盖骨砸碎，不可避免地造成了某丁的残废，某丙的行为与某丁的残废之间也是一种绝然的因果关系。从上述定义和举例可以看出，绝然的因果关系具有如下几个特征：

一、绝然因果关系是一种直接的联系

前文曾经指出，所谓直接的联系，是指在危害行为和危害结果之间没有介入其他的行为，只有危害行为与危害结果这一个因果环节。绝然的因果关系之所以是直接的因果联系，是因为在绝然原因中包含着危害结果发生的绝然性（绝对性），不需要其他任何行为或条件的配合，它本身就能绝对地不可避免地决定危害结果的发生。比如，往人的身上捅刀子这种行为，不需要任何其他条件的配合，就绝对地能致人受伤，所以绝然原因与危害结果之间只能是直接的联系。

二、绝然原因对危害结果的发生起着绝对地决定作用

所谓绝对的决定作用，是指绝然原因单靠自己就可以完全决定危害结果的发生。这同样是因为在绝然原因中包含着危害结果发生的绝然性。所谓绝然性，是指一事物中所包含的引起另一事物的不可避免的、一定如此的发展趋势，它占据着事物发展概率的百分之百，或者说它包含着另一事物的全部的质和量，因而，它便能绝对地、一定如此地决定另一事物的发生。

三、在绝然因果关系中没有条件

条件是对原因起配合作用的，是为了补足原因中不足百分之百的概率，以帮助原因能动地引出结果。当原因中所包含的引起某种危害结果的概率不足百分之百的时候，就必须由条件将不足的部分补齐，方能引出危害结果。如果原因中已经包含了引起某种结果的百分之百的概率，则不需要条件的配合，单凭原因自己即可引起危害结果的发生。由于绝然性是一种全概率的发展趋势，因而它不需要条件的配合，就能引起危害结果的发生。所以在绝然因果关系中，只有原因与结果之间的引起与被引起的关系，没有条件的配合关系。

在绝然因果关系中没有条件，也就是说绝然性向现实性的转化不需要条件的配合，但这不等于说绝然性的产生也不需要条件。不过绝然性的产生条件与绝然因果关系的条件并不是一回事。比如，某甲趁某乙熟睡之机，一斧子将某乙的脑袋击碎，杀死了某乙。该案中，某甲的行为与某乙的死亡是绝然的因果关系。显然，某乙的熟睡为某甲实施杀人行为提供了条件，但这个条件是某甲实施杀人行为之前被行为人所利用的一个条件，或者说，正是由于这个条件的存在，某甲才得以顺利实施杀人行为，而某甲只有实施了杀人行为，才能产生某乙死亡的绝然性。这就是说，某乙熟睡这个条件，只是某甲得以实施杀人行为的条件，或者说是某甲得以制造绝然性的条件，是绝然性得以产生的前提条件，并不是绝然性实现的条件。当某甲用斧子将某乙的脑袋击碎之后，不再需要任何条件的配合，就完全决定某乙的死亡了。所以，在某甲的杀人行为与某乙的死亡之间所存在的绝然因果关系中，没有条件的存在。这说明，在所有的因果关系中，绝然因果关系的原因是原因力最强的原因，同时也说明了在绝然因果关系的犯罪案件中，犯罪行为的严重性。

四、原因与结果的质和量是对等的

意思是说，在原因和结果中存在着同等的质和量，因而也可以说，结果是原因的再现，是“原因的自身返回”①，而原因的原始性

---

① ［德］黑格尔：《小逻辑》，贺麟译，商务印书馆1980年版，第317页。

则被熔化在结果里，“它在结果里使自己成为这一设定的存在了”①。哲学大师黑格尔在谈到原因与结果的关系时，曾讲出下面一段精辟的话：“原因，作为原始的实质，具有绝对独立性和一种与结果相对而自身保持其持存性的规定或特性，但原因只有在其同一性构成原始性本身的必然性中才过渡到结果。假如我们重新想要谈论一种特定的内容，可以说，我们找不到一种只存在于结果里而不存在于原因的内容；上述那种同一性就是绝对内容本身”②。我们借用黑格尔的这段话来说明绝然因果关系中原因与结果的关系是再恰当不过了。的确，绝然原因正是“具有绝对独立性和一种与结果相对而自身保持其持存性的规定或特性”的原因，而且在绝然因果关系中，确实“找不到一种只存在于结果里而不存在于原因的内容”，因为结果的质和量全部来自于原因，没有一点来自于条件。但遗憾的是，由于时代的局限，黑格尔也把绝然性理解成了必然性，他说“原因只有在其同一性（绝对内容本身，即绝对性）构成原始性本身的必然性中才过渡到结果”，假如这句话反转过来，说“原因只有在其必然性构成原始性本身的绝对性中才过渡到结果”，即原因中的必然性只有在条件的配合下上升为绝然性时，才能引起结果，那就完全正确了。

第二节　成立绝然因果关系的条件

构成刑法上的绝然因果关系，需要具备如下两个条件：

一、在危害行为中必须包含着引起危害结果的绝然性。

绝然性的存在，是构成绝然因果关系的前提，因为只有绝然性才能发展为绝然的因果关系。必须强调一点：当我们谈论因果关系的时候，是仅就原因与结果之间的关联性而言的，或者说是仅就原因对结果所起的作用而言的。就这个意义而言，只有包含着危害结果发生的绝然性的危害行为才能与危害结果之间形成绝然的因果关系。但是，

① ［德］黑格尔：《小逻辑》，贺麟译，商务印书馆 1980 年版，第 316 页。
② ［德］黑格尔：《小逻辑》，贺麟译，商务印书馆 1980 年版，第 145 页。

假如我们不是就这个意义而言，而是就危害结果发生之前所发生的一切因素的总和而言，即从危害结果发生之前的一切现象的总联系中去寻找原因，那么，所有的因果关系就都是绝然的因果关系了。因为哪怕是仅仅包含危害结果发生的偶然性的行为，只要加上条件（必然性）的配合，也会形成绝然性，也会引起危害结果的发生。传统哲学（包括传统刑法因果观）正是从这个意义上把一切因果关系都说成是必然的（实为绝然的，因为他们在这个意义上所说的必然性实为绝然性）因果关系。但是，这样一来，也就分不清不同的原因对结果所起作用的不同了，也就是把所有的原因对结果所起的作用统统拉平了，这实际上是不符合事物发展的客观规律的。客观世界一再证明，在各种各样、错综复杂的因果关系中，有的原因对结果的发生只起到很小的引起作用，而有的原因对结果的发生则起着完全的决定作用。而只有起完全的决定作用的原因，与结果之间才能形成绝然的因果关系。因此，当我们谈论因果关系的时候，只能就原因本身与结果的关系来谈，不能就原因和周围事物的联系与结果的关系来谈。

就原因本身与结果之间的关系而言，原因中必须包含着发生危害结果的绝然性，才能与结果之间形成绝然的因果关系。这是因为绝然性是一种全概率的发展趋势，只要行为中具备了发生危害结果的绝然性，不需要任何条件的配合，行为就会不可避免地引起危害结果的发生，换言之，绝然性是无条件地一定要变为现实性的。反之，如果行为中不是包含着危害结果发生的绝然性，而是包含着这样的必然性、或然性或者偶然性，那么，要引起危害结果的发生，就必须要有条件来配合。而条件的出现又有一定的随机性，如果遇不到适当的条件，危害结果就不会发生。可见，离开了绝然性，危害结果的发生都不是不可避免的，即使发生了，也离不开条件的配合作用。因而，没有绝然性，也就没有绝然的因果关系。

二、危害行为中包含的引起危害结果的绝然性必须变为现实性

尽管绝然性是无条件地、不可避免地、一定如此地要变为现实性，但绝然性并非都是立即就变为现实性，有些绝然性要变为现实性，往往需要一定的时间。比如，某甲暗中给某乙服用了绝对致某乙

死亡的且无法解除的慢性毒药，在毒药的毒性完全发生作用之前，某乙尚不会死亡。这时候，尽管某甲的行为包含着致某乙死亡的绝然性，但我们却不能说此种绝然因果关系已经成立，因为某乙死亡的绝然性尚未变为现实性。只有当某乙已经死亡，即死亡的绝然性变为现实性的时候，才能说某甲的行为与某乙的死亡之间形成了偶然的因果关系。

有些绝然性的实现需要一定的时间，这是不是说绝然性的实现需要时间这个条件加以配合呢？或者说“时间”是不是绝然性的实现必不可少的条件呢？不是的。因为任何事物都存在于一定的时间和空间之内，因而任何因果关系的形成也都离不开一定的时间，即使绝然性立即变为现实性，它也离不开一定的时间，只不过它所需的时间很短罢了。既然包括绝然因果关系在内的一切事物都离不开时间，那么时间就不是绝然因果关系所特有的，因而它也就谈不上是绝然因果关系的条件了。

第三节　绝然因果关系的内部结构

绝然因果关系的内部结构和其他因果关系相比，要简单得多。它表现为由原因独立地完全地决定危害结果的发生，不需要任何条件的配合。这是因为在原因中包含着结果的全部的质和量，包含着结果发生的100%的概率，因而，原因能完全地决定结果的发生，结果完全是原因的再现，是“原因的自身返回”。如果用图形表示，就是由一条较粗的黑线直接与原因和结果相连，如图：□——○。

第四节　绝然因果关系的分类

按照不同的标准，也可以对绝然因果关系作出不同的分类。

一、根据原因的数量，可以把绝然的因果关系分为单一的和竞合的两种

（一）单一的（亦称简单的）绝然因果关系

这是指由一个危害行为绝然地引起了危害结果的发生，包括一因一果和一因多果两种情况。它的特点是只有一个危害行为，而且这一个危害行为就包含着危害结果发生的绝然性。例如，某甲持刀捅向某乙的腹部，绝然地造成了某乙的伤害，这属于一因一果的单一式绝然因果关系。又如，某丙拉响一颗手榴弹扔向人群，一次炸死 3 人，炸伤 5 人，这属于一因多果的单一式绝然因果关系。

（二）竞合的（亦称复杂的）绝然因果关系

这是指由数个危害行为相竞合，从而共同地绝然地引起了危害结果的发生，包括多因一果和多因多果两种情况。它的特点是具有数个危害行为，而且是数个危害行为共同包含着危害结果发生的绝然性。如果就每个行为单独而言，则不一定包含危害结果发生的绝然性。此类因果关系，根据数个危害行为相互竞合的方式的不同，又可分为先后竞合和同时竞合两种。

（1）先后竞合的绝然因果关系，是指数个危害行为前后相继，后行为在前行为的基础上发挥作用，从而共同引起危害结果所形成的绝然因果关系。例如，1993 年 12 月 22 日在潍坊医学院附属医院发生了这样一起医疗事故：一个名叫刘某的 5 岁男孩因患扁桃体肥大需做扁桃体摘除手术；另一位名叫徐某的 4 岁男孩因患先天性心脏病需做法乐氏四连症心内修补术。但由于巡回护士、全麻大夫、手术大夫等几道关口都不认真核对姓名，以至于将该作心内修补术的徐某摘除了扁桃体，将该摘除扁桃体的刘某做了心内修补术，使得两位患者的身体受到重创①。该医疗事故案中，各个护士、大夫的玩忽职守行为与造成的严重后果之间就是一种先后竞合的绝然因果关系。

（2）同时竞合的绝然因果关系，是指数个危害行为同时发生并相互竞合，从而共同引起危害结果所形成的绝然因果关系。例如，甲、乙、丙三人为泄私愤，前去杀害丁，该三人各持匕首将丁围在中间，甲从正面向丁的前胸刺，乙从后面向丁的背部刺，丙从侧面向丁的右肋刺，当即将丁杀死。该案中，甲、乙、丙三人的行为与丁的死亡之间就是一种同时竞合的绝然因果关系。

---

① 葛范、张颖等：《调包两男孩惨遭刀下苦》，载《光明日报》1994 年 1 月 15 日。

二、根据原因之前是否存在特定的静态条件，可以把绝然因果关系分为一般的和特殊的两种

（一）一般的绝然因果关系

这是指危害行为没有借助任何既存的条件，单纯依靠自身决定性地不可避免地引起危害结果所形成的绝然因果关系。如某甲趁某乙熟睡之机，用斧子击碎某乙脑袋，造成某乙死亡，就属于这种因果关系。本案中，某甲在实施杀人行为时，虽然借助了某乙熟睡这个条件，但这个条件并不是特殊的条件。因为这个条件只是能便于某甲行为的实施，并不能促使某甲的行为造成某种危害结果的绝然性的产生。因此，这仍然是一个一般的绝然因果关系。

（二）特殊的绝然因果关系

这是指在危害行为实施之前，就存在着某种静态的特殊条件，由于此种特殊条件的存在，危害行为才决定性地、不可避免地造成了危害结果的发生。假如不存在这种特殊条件，危害行为即使实施，也不能造成危害结果的发生。例如，某乙患脑溢血行开颅术后刚刚出院，被某甲一拳打在头上，当即死亡。某甲的一拳与某乙的死亡之间就是这种特殊的绝然因果关系。一般情况下，一拳是不会致人死亡的，但由于某乙行开颅术后不久，尚未痊愈，某甲的一拳也就绝然地、不可避免地造成了某乙的死亡。显然，“某乙刚动过手术，尚未痊愈”这个事先存在的静态条件对某乙的死亡起了特殊的作用，因而我们说这是一个特殊的绝然因果关系。

“某乙患脑溢血手术后尚未痊愈”与前例中的“某乙熟睡”，虽然都是行为实施之前存在的静态条件，虽然都对某乙的死亡起到了重要的作用，但它们却有两点根本的不同：第一，是否对行为的实施提供便利不同。前例中某乙的熟睡为某甲杀人行为的实施提供了便利，但后例中某乙的患病手术并未为某甲的行为提供便利。换言之，前例中，若不是某乙熟睡，某甲的杀人行为也许不能得逞，但后例中不存在这个问题。第二，对危害行为所起的作用不同。前例中的某乙熟睡，不能决定某甲杀人行为的本质，但后例中的某乙患病手术却能决定某甲行为的本质。换言之，前例中，不论某乙是否熟睡，某甲的行

为都有致人死亡的绝然性，但后例中，若不是某乙患病手术，某甲的行为则不具有致人死亡的绝然性。总之，若无前例，某甲的行为不一定能实施，但一旦实施，某甲定死无疑；若无后例，某甲的行为不一定不能实施，但即使实施，某乙也不一定死亡。由此可见，后例中的条件某乙患病手术对某乙的死亡起到了关键的特殊的作用，但前例中的条件某乙熟睡并未对某乙的死亡起到这种作用。所以，前例是一般的绝然因果关系，后例是特殊的绝然因果关系。

第七章 必然因果关系

第一节　必然因果关系的定义与特征

什么是刑法中的必然因果关系？学术界有多种不同的说法。撇开“唯必然因果说”的观点不谈，单是“偶然因果说”的观点，对刑法中的必然因果关系就有数种不同的表述。目前比较有影响的主要是以下两种：（1）认为“刑法中的必然因果关系是：某（某些）危害行为对危害结果的发生起了决定作用，包含了危害结果的本质，是危害结果产生的根据，在一定条件下，合乎规律地产生该结果，这个（这些）危害行为与危害结果之间是必然因果关系”①。（2）认为“所谓必然因果关系，是指一种行为在一定条件下必然地、合乎规律地产生某种结果，亦即前者包含有产生后者的内在根据，后者是前者内在本质所决定的必然结果”②。

以上两种对必然因果关系的表述都使用了“一定条件下”、“合乎规律地”、“根据”、“本质”等词语，所不同的仅仅是第一种比第二种多使用了一个“决定作用”。可以说，上述两种表述的基本含义是完全一致的。

从基本含义上讲，上述两种对必然因果关系的表述是正确的。但从对概念下定义的角度讲，上述两种表述却并不十全十美。其缺陷之一是，表述过于累赘。若仅仅作为一种表述，还勉强可以，但若作为必然因果关系的定义，就显得不够精练。其缺陷之二是，没有将必然

---

① 李光灿、张文、龚明礼：《刑法因果关系论》，北京大学出版社1986年版，第114页。

② 高明暄、王作富主编：《新中国刑法的理论与实践》，河北人民出版社1988年版，第210页。

因果关系与必然性联系起来。实际上，任何必然因果关系都是在必然性的基础上发展而来的，没有必然性就没有必然因果关系。因此，不强调必然性，只强调“根据”和“本质”，并不能真正揭示出必然因果关系的实质。因为偶然因果关系也有根据，偶然原因与偶然结果之间也有质的联系，只不过偶然原因中所含的结果的质比必然原因中所含的结果的质较小而已。所以，只强调根据和本质就不能划清必然因果关系和偶然因果关系的区别。问题还不只这些。实际上，上述两种表述使用“本质”一词，其用意主要是为了强调与偶然因果关系的区别。在他们看来，只有必然因果关系才是一种质的联系，而偶然因果关系则不是质的联系。其实，这完全是一种误解。必须指出，偶然性也有根据，偶然因果关系也是一种质的联系（关于这方面的内容，详见本书对偶然性和偶然因果关系的论述，这里不再赘述）。由此，便引申出上述两种表述的第三个缺陷，这就是使用“根据”、“本质”的用意，不是单纯为了揭示必然因果关系的内在联系，而是为了表明与偶然因果关系的区别。本来，在表述必然因果关系时，使用“根据”、“本质”是正确的，但由于他们在表述偶然因果关系时不使用“根据”和“本质”，这样，就使“根据”和“本质”成了必然因果关系与偶然因果关系的区别，这一点就不正确了。

根据必然因果关系与必然性的内在联系，笔者以为，必然因果关系的定义应当是：所谓必然因果关系，是指包含着危害结果发生的必然性的危害行为在一定条件下使必然性变为现实性，从而直接引起某种危害结果的一种内在的、本质的、合乎规律的联系。由这个定义可以看出，必然因果关系具有如下几个特征：

第一，必然因果关系也是一定条件下的因果联系。所谓“一定条件下”，是指危害行为只有在一定条件下才能引起危害结果，离开一定条件的配合，单凭危害行为并不能引起危害结果的发生。这里需要指出的是，强调条件的作用，丝毫不意味着降低危害行为的作用，相反，恰恰是为了突出危害行为的作用。因为这里的真正目的是在于说明，不要因为条件的作用，而抹杀了行为的作用。比如，某甲为毒杀某乙而投毒于某乙的水杯中，某乙服下毒药之后，某甲悔悟，主动将某乙送医院抢救，但恰巧该医院没有分解该毒药的解药，待将某乙转送其他医院时，为时已晚，某乙终因抢救不及时而死亡。在这个案件中，从表面上看，“医院没有解药”似乎是某乙死亡的原因，但实际上它只是一个条件，真正的原因是某甲的投毒行为。我们不能因为“没有解药”这个条件的特殊作用而否认某甲投毒行为的原因作用。因而，某甲仍然构成犯罪既遂，而不是犯罪中止。

第二，必然因果关系是由必然性的实现所形成的。也就是说，在危害行为中预先就包含着发生危害结果的必然性，而且正是这种必然性的实现，才是行为与结果之间形成必然的因果联系。

第三，必然因果关系是一种直接的联系。所谓直接的联系，是指在危害行为与危害结果之间没有介入其他的原因，而是由行为在一定条件下直接引起了危害结果。这种直接的联系共有如下五种表现形式：(1) □⟶○（其中的“□”代表危害行为，“⟶”代表行为与结果之间引起与被引起的关系，“○”代表危害结果。下同)，即由一个危害行为直接引起一个危害结果，如一枪打死一人；(2) □⟶（○+○)，即由一个危害行为直接引起数个危害结果，如一枪打死一人打伤一人；(3)（□+□）⟶○，即由数个危害行为共同直接引起一个危害结果，如数人共同打死一人；(4)（□+□）⟶（○+○)，即数个危害行为共同直接引起数个危害结果；(5) □⟶（□+○)，即一个危害行为直接引起另一个危害行为和危害结果，例如，逼人自杀案件就属于此种类型的因果关系。

有的学者认为，必然因果关系并非都是直接的联系，他们举例说，比如教唆行为与危害结果之间是必然的因果联系，但却不是直接的联系，因为其中介入了实行行为。笔者以为此种见解有待商榷。说教唆行为与危害结果之间是间接的联系是正确的，但说二者之间是必然的联系，则不正确。按照笔者的见解，教唆行为与危害结果之间是一种或然的因果联系。因为教唆行为并不能必然地引起危害结果，被教唆犯可能接受教唆，也可能不接受教唆，即使接受教唆，也不一定就能如愿地造成危害结果。可见，教唆行为只具有引起危害结果的可能性。当这种可能性变为现实性时，教唆行为与危害结果之间就构成或然的因果关系。因此，不能以教唆行为与危害结果之间的联系来否认必然因果关系是直接的联系。教唆行为与危害结果之间是间接的联系，但不是必然的联系。

第四，必然因果关系是一种内在的、本质的联系。所谓“内在的”，是指在原因中存在着危害结果的根据，所谓“本质的”，是指原因所以能引起结果，是由事物的内在矛盾决定的。这里的“内在”和“本质”实际上是一个意思，都是指危害行为与危害结果之间的内在联系。

第五，必然因果关系是一种规律性的联系。所谓“规律性”，是指一定的原因在一定的条件下，能够不断地、重复地引起一定的结果，而且这种不断地、重复地引起作用，是不移人的意志为转移的。

第二节　成立必然因果关系的条件

成立刑法中的必然的因果关系，必须具备如下几个条件：

一、在危害行为中必须包含着引起危害结果的必然性

在危害行为中必须包含着引起危害结果的必然性，是形成必然因果关系的先决条件。也就是说，没有必然性，就没有必然因果关系。本书在哲理篇中已经指出，必然性是事物发展的一种趋势，是一事物中所包含的引起另一事物的最大的可能性，而且这种最大的可能性是由事物内在矛盾的主要方面决定的。比如，某甲将足以致人死亡之数量的毒药投入某乙的饭碗内，便包含着致某乙死亡的必然性。这一必然性正是由“毒药”这一事物的内在矛盾的主要方面（毒性）所决定的。当这一必然性在一定条件的配合下变为现实性（即某乙被毒死）时，某甲的投毒行为与某乙的死亡之间就形成了必然的因果关系。

为什么在危害行为中必须包含着引起危害结果的必然性，危害行为与危害结果之间才能形成必然的因果关系呢？这是因为在客观事物的发展中，存在着多种不同的发展趋势，除了必然性之外，还有绝然性、或然性、偶然性，等等。任何一种发展趋势，在一定条件的配合

下都可以变为现实性，都可以形成独特的因果关系，而只有必然性才能发展为必然的因果关系。如果在危害行为中不存在引起危害结果的必然性，而是存在着偶然性，那就只会形成偶然的因果关系，同样，如果是存在着绝然性，那就只会形成绝然的因果关系。如果在某一行为中不存在发生危害结果的任何趋势，那么，即使在这一行为之后发生了某种危害结果，行为与结果之间也不存在任何因果关系。

这里需要特别指出的是，传统的刑法因果观把一切因果关系都称为必然的因果联系，这实际上是把一些或然的因果关系、绝然的因果关系都当成必然的因果关系了。这与传统哲学观点把绝然性与必然性混为一谈十分有关。从实际情况看，不论任何发展趋势，当即将变为现实性的时候，即当某种结果立刻就要出现的时候，结果的出现就是绝对的、肯定的、不可避免的了。从这个意义上讲，任何即将出现的结果都是绝对要出现的。也正是由于这个原因，传统的哲学观点把一切因果关系都看做是必然的因果联系。然而，这种观点却是错误的。必须明确，当我们讲因果关系的时候，并不是从“结果即将出现”这个意义上讲的，而是从行为自身与结果之间的关联性来讲的。哲学大师黑格尔曾经指出：必然因果关系“必须扬弃那包含在因果关系里的中介性，并须表明其自身为简单的自身关系”①。黑格尔的这句话是很有道理的。从行为自身来讲，它可能包含着某种结果发生的必然性，也可能只包含着某种结果发生的或然性（一般的可能性）。但是随着事物的不断发展，随着事物在发展过程中不断地遇到各种条件的配合，行为自身中所包含的引起某种危害结果的必然性或可能性会不断地发展壮大为绝然性（原来的偶然性随着条件的不断配合，也会不断地发展为或然性、必然性，并最终发展为绝然性），但这最终的绝然性并不是行为自身中所固有的，而是行为自身中所包含的某种发展趋势加上条件的配合才形成的。因而，当我们确定因果关系的性质时，不能根据结果即将出现时的情况来确定，而“必须扬弃那包含在因果关系里的中介性”，从行为自身中所包含的趋势来确定。如

① ［德］黑格尔：《小逻辑》，贺麟译，商务印书馆1980年版，第318页。

果行为自身中包含着引起某种结果的必然性，当这种必然性变为现实性的时候，行为与结果之间就是必然的因果关系。如果我们以结果即将发生时的情况来确定因果关系的性质，即不把“包含在因果关系里的中介性”排除出去，那就等于把事物发展过程中遇到的条件（中介）因素也强加给行为了，这样，所有的因果关系就都是绝然（照传统哲学的观点是必然）的了，也就分不清原因（行为）自身对结果所起作用的大小了。

二、在行为中所包含的引起某种危害结果的必然性必须转变为现实性

所谓现实，是指客观存在的事物。黑格尔说“现实是本质与实存或内与外所直接形成的统一。现实事物的表现就是现实事物本身”①，他又说，“当实体在过渡到偶性时，反而返回到自身，并且，因而是原始的实质，但同时又扬弃它的自身返回或扬弃它的单纯可能性，以设定其自身为它自身的否定者，从而产生出一种效果，产生出一种现实性。这种现实性虽然只是设定出来的东西，却通过产生效果的过程而同时又是必然的东西”②。意思是说，当在先的一个实体（现实）通过扬弃它的自身而产生一种结果时，便产生一种新的现实，而这种新的现实，又是在先的现实的必然的东西。这里便揭示出一个道理：必然性只有在变为现实性，即产生出一个效（结）果时，才能形成必然的因果关系。因而可以肯定地说，必然性的实现，是形成必然因果关系的决定性条件。换句话说，虽然行为中包含着引起某种危害结果的必然性，但若这种必然性没有变为现实，仍然不能形成必然因果关系。

必然性之所以能转变为现实性，是由它内在的矛盾运动所决定的。辩证唯物主义认为，任何事物内部都存在着肯定和否定两个方面，包含着一事物转化为他事物的根据。但是，只要这种转化还没有完成，他事物的出现终究还只是一种可能性。“只有在一定条件下，

---

① ［德］黑格尔：《小逻辑》，贺麟译，商务印书馆 1980 年版，第 295 页。
② ［德］黑格尔：《小逻辑》，贺麟译，商务印书馆 1980 年版，第 316 页。

经过对立面的斗争，矛盾的一方克服了另一方，这种可能性才转化为现实”①。必然性向现实性的转化也是这样，只有在一定条件下，当事物内部产生必然性的根据克服了偶然性的根据，从而使产生必然性的根据独占事物内在矛盾量的全部，并转化为绝然性时，必然性也就转化成了现实性。

必然性向现实性的转变是一个过程。本书在哲理篇中已指出，必然性向现实性转变必须要有偶然性为其开辟道路，也就是要有条件来配合。这就是说，不单必然性的产生需要一定的条件，必然性的实现同样需要一定的条件。这里需要注意的是，不要把为必然性的实现起配合作用的条件当成了原因。

三、必然性在向现实性转变的过程中未被其他必然性切断

由于客观事物相互联系的复杂性，相同的事物中可以蕴藏着不同的发展趋势，不同的事物中也可以蕴藏着相同的发展趋势。因此，有时同样的原因可以引起不同的结果，不同的原因也可以引起相同的结果。当一事物中所包含的引起另一事物的必然性在向现实性转化的过程中突然被中断，并由其他事物中所包含的同一必然性合乎规律地转化成该现实时，则原有的事物与新出现的事物之间就不能形成因果关系。比如，某甲基于杀人的故意投毒于某乙的水杯中，某乙中毒之后，在被毒死之前，突然被某丙开枪打死。这样，某乙的死亡（现实）是由某丙开枪的行为直接引起的，而不是由某甲的投毒行为直接引起的，因而，某丙的开枪行为与某乙的死亡之间有因果关系，某甲的投毒行为与某乙的死亡之间就没有因果关系。这是因为某甲的投毒行为虽然包含着致某乙死亡的必然性，但这一必然性在向现实性转化的过程中，突然被某丙的开枪行为中所包含的同样的必然性所切断，因而，某甲的投毒行为中所包含的致某乙死亡的必然性并未实际转化为现实，故而某甲的投毒行为与某乙的死亡之间也就不能形成因果关系。当然，这并不意味着某甲不构成犯罪，只不过是不构成犯罪既遂而已。

---

① 艾思奇主编：《辩证唯物主义历史唯物主义》，人民出版社1978年版，第148页。

四、必然性转化为现实性之后，必须形成一个实在的结果，而不是虚拟的结果

所谓虚拟的结果，是指从哲学意义上看，某种必然性已经转化为现实，但从实际情况看，并未引起某种具体的客观外界的变化。比如，某甲误服了少量的毒药，由于少量的毒药中包含的毒性较小，可解性较大，因而某甲因此而死亡是偶然的，不死才是必然的，或者说某甲的行为使其含有死亡的偶然性，不死的必然性。经过必要的治疗，如果某甲正常地恢复健康，没有因此而死亡，那么，我们就可以说，某甲未死是一个虚拟的结果。因为从哲学意义上看，某甲误服毒药的行为确实使他具有死亡的偶然性。偶然性的反面是必然性，因而从哲学意义上看某甲也确实具有不死的必然性，而且这种不死的必然性又确实变成了现实性。从哲学意义上讲，可能性（包括必然性、偶然性和或然性）变为现实性，就是一种结果。但从实际情况看，这一现实性并未引起客观外界的变化，因而这样的结果就是一个虚拟的结果。

当某种可能性变为现实性之后，虚拟的结果与产生该可能性的行为之间不能形成因果关系。一方面是因为虚拟的结果不是一个真实的结果，它实际上是没有结果，既然没有结果，自然也就不能形成因果关系。另一方面，如果说虚拟的结果也有因果关系，就会得出荒唐的结论。如前例中，如果说某甲的不死与某甲误服少量毒药有因果关系，那就成了“误服少量毒药”是不死的“原因”，这显然是荒唐的。

我们说虚拟的结果是没有引起客观外界的变化，但也不能把一切未引起客观外界变化的情况都看做虚拟的结果。比如，犯罪分子倒卖伪劣种子，造成某村农民颗粒未收。“颗粒未收”也是未引起客观外界的变化，但不能说“颗粒未收”不是危害结果，也不能说“颗粒未收”与犯罪分子倒卖伪劣种子的行为之间没有因果关系。二者的区别在于，虚拟的结果未引起客观外界变化，是未引起客观外界的破坏性变化，而后者是未引起客观外界的正常性变化。应当引起客观外界的正常性变化（如粮食增收），但由于某种破坏行为而未引起的，属于危害社会的结果，而不是虚拟的结果。

第三节　必然因果关系的内部结构

结构，是指各个组成部分的搭配和排列。所谓必然因果关系的内部结构，是指必然因果关系中原因、条件、结果三者之间的搭配和排列问题。仔细分析，可以发现必然因果关系的内部结构是以原因中的内在矛盾的主要方面为根据，在其发展过程中与外部条件相结合，共同引起危害结果。其中，原因对结果的发生起决定作用，条件起辅助作用。用图形表示，原因与结果之间由一条较粗的黑线相连，而条件则由一条细细的黑线与原因之后的黑线相连。这表明，条件是在原因的作用下发挥作用的（如图 7 -1)。图中的“□”代表原因，“◇”代表条件，“○”代表结果。这一结构具有以下几个特点：

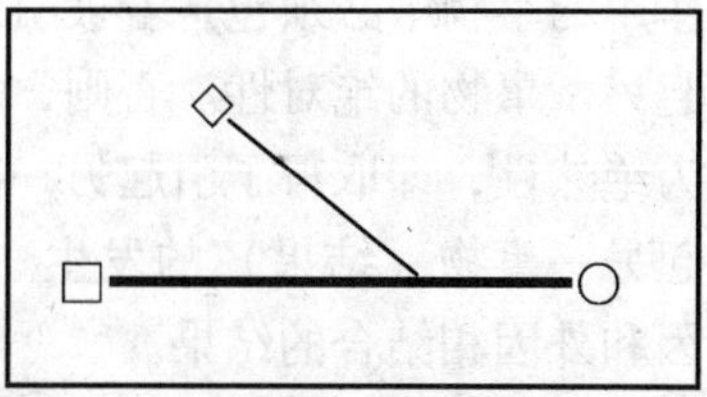

(图 7 -1)

第一，原因对结果的发生起决定作用。这是因为在原因中存在着结果的主要元素（根据)，也就是引起结果的必然性。正如前文所说，必然性是最大的可能性。最大的可能性，说明它占据着事物内在矛盾量的绝大部分，因而它便对结果的发生起着决定的作用。这种决定作用，可以用一条较粗的黑线来表示，通过这条黑线把原因和结果平行地联结在一起：□——○。

第二，条件对结果的发生起辅助作用。这是因为在条件中只是存在着结果的次要元素（外因)，它作为一种对必然性的实现起配合作用的偶然性，只能从事物的外部对结果的发生起辅助作用，不过，条件并不是直接地对结果发生作用，而是直接作用于原因或者由原因所利用，从而间接地对结果发生作用，因而可以说，条件是通过原因而起作用。所以用图形表示时，条件只能用一条细细的黑线来表示，而且这条黑线的另一端不是直接与结果相连，而是直接与表示原因的作用的黑线相连。这说明，必然性只有在其他事物的配合下才能引起另一事物的发生。因为必然性虽然占据着事物内在矛盾量的最大部分，但它毕竟没有占据全部，因而其不足的部分就得靠外部的条件来弥补。

第三，结果是根据和条件、内因和外因的结合。意思是说，结果是在原因和条件的相互配合、共同作用下才得以产生的。如果离开了原因，单凭条件根本就无法产生结果；但如果离开了条件，单凭原因也产生不了结果。这是因为原因中虽然包含着发生结果的必然性，虽然必然性是最大的可能性，但必然性并不占有事物（原因）内在矛盾的总量（事物内在矛盾量的一小部分还由必然性的反面偶然性占据着），因而单凭必然性本身尚不能引起结果的发生。根据客观事物的发展规律可以发现，一件事物要想独立地引起另一件事物，起引起作用的事物中必须包含着被引起的事物的全部矛盾量，也就是具有引起另一事物的绝对性。否则，它就必须通过条件的弥补，使自己发展为绝然性，即取得了引起另一事物的全部矛盾量，才能合乎规律地引起另一事物（结果）的发生。所以，任何结果都是根据和条件即内因和外因相结合的结果。

第四节　必然因果关系的分类

为了更深刻地认识必然因果关系，可以把必然因果关系划分为几种不同的类型。按照不同的标准和方法，可以对必然因果关系作出不同的分类。到目前为止，刑法学界对必然因果关系大致有以下几种分类方法：第一种，是通过列举几种情况的方法来阐述必然因果关系的类型[①]；第二种，把必然因果关系划分为一般形式和特殊形式两种；第三种，把必然因果关系划分为一般形式、特殊形式和复杂形式三种[②]；第四种，把必然因果关系划分为简单的类型和复杂的类型两

---

① 王作富：《中国刑法研究》，中国人民大学出版社 1988 年版，第 130～134 页。
② 王净：《论刑法中的因果关系》，载《法学》1982 年第 8 期。

种[①]；第五种，把必然因果关系划分为单独的、竞合的和介入的三种[②]；第六种，把必然因果关系划分为单一式、相生式、共生式和交叉式四种[③]。这些不同的划分方法，都各有自己的特点和道理，但也有一些划分方法不太全面或不太合理，甚至有些把非必然因果关系也划到必然因果关系里来了（此类问题在以下的阐述中将会谈到）。为了实践中使用的方便，本书采用如下两种划分方法：

一、以危害行为的个数为标准，把必然因果关系划分为单一的必然因果关系和竞合的必然因果关系

（一）单一的必然因果关系

单一的必然因果关系，是指一个危害行为直接造成了一个或数个危害结果的发生，包括一因一果和一因多果两种情况。比如，某甲对着某乙开枪，一枪打死了某乙，这属于一因一果式的单一必然因果关系；又如，某丙对着人群开枪，打死一人，打伤两人，这属于一因多果式的单一必然因果关系。在单一的必然因果关系中，一个或多个危害结果都是由某个单独的危害行为直接引起的。条件可能只是被动地被行为人所利用，对危害结果的发生起不到妨碍和促使作用；也可能对危害结果的发生起到了某种特殊的促成作用。但无论如何，条件都不能改变行为与结果之间的必然因果关系的性质。

（二）竞合的必然因果关系

竞合的（亦称复杂的）必然因果关系，是指数个危害行为相竞合，共同导致一个或数个危害结果的发生，包括多因一果和多因多果两种情况。比如，某甲将农药置于止咳糖浆瓶中拿回家里，忘记告诉家人，其妻误将该药喂给小儿，致小儿死亡。这属于多因一果的竞合式必然因果关系；又如，某甲开车转弯不亮尾灯，某乙追尾太紧未保持距离，致使两车相撞，造成一死一伤，这属于多因多果的竞合式必

---

① 李光灿、张文、龚明礼：《刑法因果关系论》，北京大学出版社 1986 年版，第 118 ~ 122 页。

② 马克昌、杨春洗、吕继贵主编：《刑法学全书》，上海科学技术出版社 1993 年版，第 73 页。

③ 高铭暄主编：《新中国刑法学研究综述》，河南人民出版社 1986 年版，第 171 页。

然因果关系。在竞合的必然因果关系中，是数个危害行为在竞合中共同造成危害结果，或者说危害结果发生的必然性是产生于数个危害行为的竞合。若就竞合中的单个行为来说，则有两种情况：一种情况是每个行为单独都不包含危害结果发生的必然性，而仅仅是包含着这样的可能性。由于数个行为的相互竞合，才使各自行为中包含的发生危害结果的可能性相合并，从而上升为必然性。比如，某甲开车转弯不亮尾灯，只具有引发交通事故的或然性，某乙开车追尾太紧，也只有引发交通事故的或然性，但二者竞合在一起，就形成了引发交通事故的必然性。因此，在此类因果关系中，就数个行为的结合来说，与危害结果之间是必然的因果关系，但就每个行为单独来说，与危害结果之间则只能是或然的因果关系。另一种情况是，在数个危害行为中，有的行为单独就包含着危害结果发生的必然性，有的则只是包含着这样的或然性。比如，前例中的某甲把农药拿回家中不告诉家人的行为，只是包含着致其小儿死亡的或然性，其妻误将农药喂给小儿的行为，则包含着致其小儿死亡的必然性。因而，在此类因果关系中，就数个行为的结合来说，与危害结果之间是必然的因果关系，但就每个单独的行为来说，则可能有的与危害结果之间是必然的因果关系，有的是或然的因果关系。传统观点认为，在共同犯罪中，每个共犯的行为与危害结果之间都是必然的因果关系，值得重新加以研讨。

这种竞合的必然因果关系，也可称之为复杂的必然因果关系。但是，有一点必须指出，另外有一种被称之为复杂形式的必然因果关系，实际上并不存在因果关系。这种被称为复杂形式的必然因果关系，据说“是从事物的普遍的相互作用出发，以因与果的转化为基本内容，并往往是通过偶然性表现出来的一种必然因果关系形式”。但从引文的表述中，丝毫看不出这种因果关系有什么复杂性。因为任何因果关系都是事物的普遍联系和相互作用的结果，都是以因与果的相互转化为基本内容的，而且必然因果关系的形成也都是由偶然性表现出来的。可见，上述表述只能说明因果关系是复杂的，却不足以说明此种因果关系有什么特殊的复杂性。为了说明这种“复杂的必然因果关系”，有人举了一个案例：某县有三个巫婆、神汉，给一个患心因性反应症的青年“治病”。他们装神弄鬼，说这个青年身上附有屈死冤魂，于是扎草人，用菜刀大搞请神弄鬼。由于他们巫医活动的刺激和诱发，患者的父母也都得了精神病，硬说这个青年不是自己的儿子，是屈死冤魂，便在这个青年的头部、身上、四肢钉了32根钉子，活活将自己的亲生儿子钉死。该人认为，该案中巫婆、神汉的巫医行为与某青年的死亡之间就是一种复杂形式的必然因果关系。他讲了三点理由：第一，他认为，在该复杂的必然因果关系中存在着两个必然因果环节，一个是三巫医的迷信活动与被害人父母得精神病之间的必然联系，另一个是被害人父母在被害人身上钉钉子与被害人死亡之间的必然联系。并认为第二个环节的果，就是第二个环节的因。第二，他认为第二个因果环节是第一个因果环节的延续和发展。第三，他认为巫医的活动是本案的根本矛盾，而且第一个因果环节的因也支配着第二个因果环节的因，使结果合乎规律的得以发生[①]。

其实，这个案例根本就不存在因果关系，更谈不上什么必然因果关系了。首先，在巫医的迷信活动中，根本就不存在被害人父母得精神病的根据，不要说必然性，就是偶然性也不存在。被害人父母得精神病的内在根据存在于他们自己特有的身体素质内，或者说，他们身体中存在的病灶即精神病的基因，才是他们得精神病的根据。巫医的活动只不过是他们得精神病的一个条件，最多也不过是一个诱因而已。那位同志说，被害人的父母得精神病是巫医行为的必然结果，显然是不正确的。其次，说第一个环节的果（被害人的父母得精神病）就是第二环节的因（被害人父母在被害人身上钉钉子），显然也是不正确的，因为他把得精神病与得病后的失常行为当做同一个问题了。其实，得精神病的并不一定都实施危害社会的行为，也就是说，精神病与危害行为之间并不具有必然的联系。最后，说第一个环节的因（巫医的活动）也支配着第二个环节的因（在被害人身上钉钉子）也是不正确的。因为巫医并未唆使被害人的父母向被害人身上钉钉子。

---

① 王净:《试述刑法中的因果关系》，载《法学》1982年第8期，第5~7页。

巫医的行为与被害人的父母得精神病之间就没有必然联系，与得精神病之后的失常行为更没有必然的联系了。总之，认为这个案例是一个复杂的必然因果关系的见解，是不正确的。

笔者认为，复杂的必然因果关系只有一种，这就是本章所讲的竞合式必然因果关系。这种竞合的必然因果关系，根据每个原因对结果发生作用的方式的不同，可以进一步划分为相互作用的竞合式必然因果关系、相继作用的竞合式必然因果关系和共同作用的竞合式必然因果关系三种类型。

1. 相互作用的竞合式必然因果关系

这是指数个危害行为相互作用（即甲行为作用于乙行为，乙行为也作用于甲行为），形成合力，共同引起危害结果所构成的因果关系。如前文所举甲、乙二人开车追尾相撞的案例，就属于此种类型（此种类型的因果关系，可用图 7－2 来表示。图中的“□”代表行为，“○”代表结果，下同）。在此种类型的因果关系中，各个原因对结果所起作用的大小往往是均等的，因而，一般情况下无需划分原因的主次。前文所举的汽车相撞案例，有的同志认为是相继竞合因果关系[①]。此种划分方法恐有不妥。虽然从表面上看，甲、乙两车前后尾随，具有相继的关系，但实际上它们是相互作用的。因为，若不是甲车不亮尾灯，乙车就会及时刹车，也就不至于两车相撞；但若不是乙车追尾太紧且速度太快，甲车虽不亮尾灯，乙车也来得及刹车，也不至于两车相撞。可见，甲、乙两车是相互竞合，而不是相继竞合。

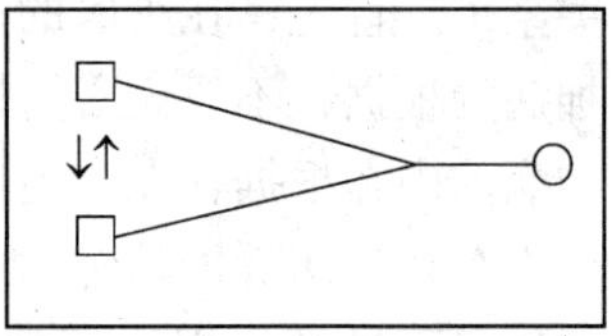

（图 7－2）

2. 相继作用的竞合式必然因果关系

这是指数个危害行为前后相继，前行为作用于后行为，由后行为直接引起危害结果所构成的因果关系。如教唆犯、实行犯与危害结果

① 马克昌、杨春洗、吕继贵主编：《刑法学全书》，上海科学技术出版社 1993 年版，第 73 页。

之间，就属于此种类型的因果关系（此种类型的因果关系，可用图 7－3 来表示）。在此类因果关系中，前行为与后行为的竞合与危害结果之间是一种必然的因果关系，后行为与危害结果之间也是一种必然的因果关系，但前行为与危害结果之间却是一种或然的因果关系。因为就前行为本身来讲，它只是包含着引起危害结果的或然（可能）性，并不包含必然性。比如，教唆犯教唆他人犯罪，他人不一定就听信其教唆，即使听信其教唆，也不一定就能造成危害结果。所以，教唆行为只具有引起危害结果的可能性，它与危害结果之间只能构成或然的因果关系。

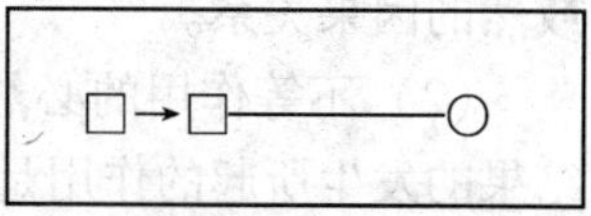

（图 7－3）

3. 共同作用的竞合式必然因果关系

这是指数个独立的危害行为从不同的角度、不同的时间共同朝一个方向发挥作用，从而引起一个或数个危害结果所构成的因果关系。在此类因果关系中，作为原因的数个危害行为，相互间并不存在引起、支配或从属的关系，它们都是一个独立的行为。就每个行为对危害结果所起的作用来说，可能有大也有小。因此，这种类型的必然因果关系，按照每个行为对结果所起原因力的大小，又可分为同等作用的必然因果关系和不等作用的必然因果关系两种。

（1）同等作用的必然因果关系，是指每个行为人的行为对危害结果的发生所起的作用是相等的。例如，某甲误将致死量之一半的毒药砒霜当做治病的良药付给病人某丙服用，之后，某乙也误将同等数量的砒霜当做治病的良药付给某丙服用，以致某丙死亡，就属于此种类型的因果关系（此种类型的因果关系，可用图 7－4 来表示）。在此类因果关系中，就每个行为来说，都不能单独地引起危害结果，但它们的综合作用，作为一种合力，就必然地引起了危害结果的发生。因而数个行为的合力与危害结果之间是必然的因果关系，但每个单独的行为与危害结果之间却是

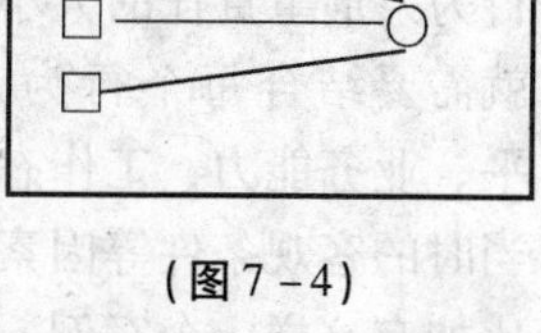

（图 7－4）

或然的因果关系。

（2）不等作用的必然因果关系，是指每个行为人的行为对危害结果的发生所起的作用是不相等的。在这类竞合式必然因果关系中，就每个行为来说，有的行为不能单独引起危害结果的发生，而有的行为却可以单独引起危害结果的发生。因此，对这类因果关系，可以再分为有主式和无主式两种。有主式必然因果关系，是指在数个共同引起危害结果的行为中，其中有一个行为起主要作用，它包含着引起危害结果的必然性。比如，甲乙丙三人共同殴打某丁，致某丁死亡，某中某甲下手最重，并向某丁的要害部位打击。因此，某甲的行为包含有致某丁死亡必然性，乙、丙的行为包含有致某丁死亡的可能性（此种必然因果关系可用图7－5来表示）。在此类因果关系中，数个行为的合力与危害结果之间是必然的因果关系，某个起主要作用的行为与危害结果之间也是必然因果关系，但其他起次要作用的行为与危害结果之间则是一种或然的因果关系。

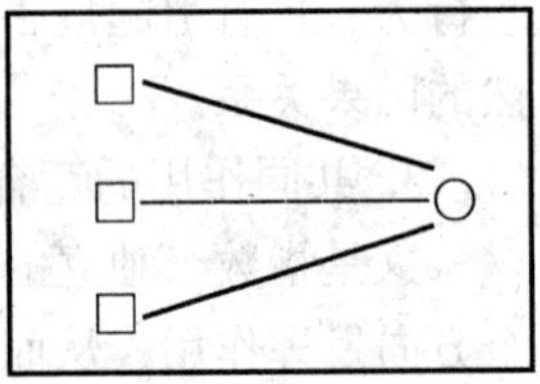

（图7－5）

无主式必然因果关系，是指在数个共同引起危害结果的行为中，虽然每个行为对结果所起作用的大小也有所不同，但没有一个是主要的，或者说没有一个能单独引起危害结果的发生，危害结果完全是靠数个行为的合力而共同引起的（此种因果关系可用图7－6来表示）。在此种因果关系中，数行为的合力与危害结果之间是必然的因果关系，而每个行为与危害结果之间则是或然的因果关系。正因为如此，在此类因果关系中，解决各个行为人刑事责任的大小往往十分困难。这就需要结合每个行为人的职务、技术水平、业务能力、工作态度、主观罪过以及当时的客观条件等因素，全面地进行分析、考虑，决不可草率从事。比如有这样一个案例：病人张某患肠梗阻到某医院住院治疗，值班医

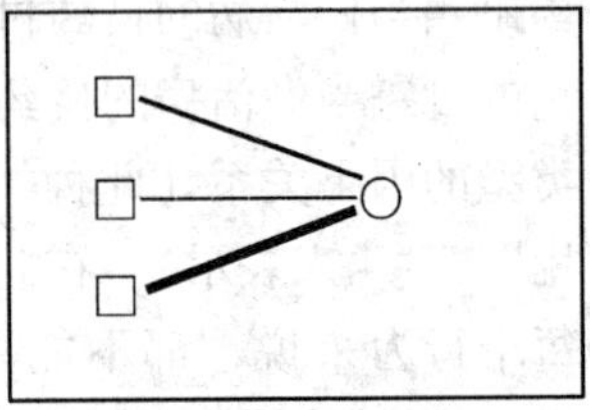

（图7－6）

生某甲不作认真检查，误诊为“粘连性不全肠梗阻”，交主管医生某乙治疗。某乙也不作认真检查，即草率地按某甲的错误诊断实施错误治疗。第二天，患者腹痛加剧，病情恶化，患者家属数次找值班医生某丙，某丙都消极地不予抢救，后经反复催促，又违反治疗规则，很不耐烦地给病人注射止痛剂，掩盖了病情。第三天凌晨，患者腹痛进一步加重，某丙又给其注射止痛剂，直到上午8时才向科里作重点交班，又拖至晚上8时才动手术，手术后值班医生某乙放下病人去睡觉，值班护士某丁不严格执行医嘱，少给病人输液1500毫升。患者张某终因误诊造成肠梗阻穿孔和抢救不及时而死亡。在该医疗事故案中，甲、乙、丙、丁四人的行为都是不作为，即不认真履行业务上所要求的义务。如果甲、乙、丙、丁四人中有一人认真履行自己的职责，病人也不至于死亡。因此，患者张某死亡的危害结果是甲、乙、丙、丁四人的行为共同造成的，他们的行为与张某死亡的结果之间都存在必然的因果关系。但是，他们四人中哪个人的行为是主要原因，哪个人的行为是次要原因，却很难划分。笔者以为，医生某丙的行为是张某死亡的主要原因，应负主要的责任。因为，他在病人病情恶化的情况下，不但不积极抢救，反而违反规则，做错误处理，使病人失去了抢救机会，是造成病人死亡的主要的、直接的原因。其次，是医生某乙和护士某丁的责任。虽然某甲一开始作出了误诊，但主管医生某乙若能认真检查，完全可以纠正某甲的错误诊断，从而避免事故的发生，但他却玩忽职守，未作认真检查；护士某丁少输液1500毫升，是加速张某死亡的直接的、决定的因素之一。再次，是医生某丙的责任。医生某丙的行为所起危害作用最小，其责任应该最轻。另外，还应追究医院院长的责任。该案中，四个医护人员玩忽职守，足以说明该医院在管理上的松懈和漏洞，也足以说明该医院院长在管理方面玩忽职守的严重性，因此，院长应负玩忽职守的刑事责任。当然，院长的玩忽职守行为与张某死亡的危害结果之间不是必然的而是或然的、间接的因果关系。

二、以因果关系中是否具有特殊的条件起促成作用，可以把必然因果关系划分为一般的必然因果关系和特殊的必然因果关系

（一）一般的必然因果关系

一般的必然因果关系，是指行为人的行为在正常情况下直接地、合乎规律地引起了某种危害社会的结果，包括一因一果、一因多果、多因一果、多因多果。比如，甲向乙的胸部捅刀，致乙死亡。甲的捅刀行为，是乙死亡的原因；乙的死亡，是甲捅刀行为直接的合乎规律的必然结果。在此类因果关系中，只有一般的条件被行为人所利用（比如甲趁乙不注意、人多拥挤，等等），这类一般的条件不会对危害结果的发生起特殊的促成作用，危害结果完全是由危害行为直接造成的。因而，这类因果关系显得十分的简单和明显，一般不会在原因的归属上发生差错。

（二）特殊的必然因果关系

特殊的必然因果关系，是指危害行为由于某种静态的、被动的条件发挥特殊作用才直接地合乎规律地引起了某种危害结果的发生。在此类因果关系中，行为之所以能造成某种危害结果，关键是某种特殊条件发挥了特殊的作用，否则，该行为在一般情况下是不会发生该结果的。但我们却不能因为特殊条件的存在，而否认行为与结果之间的必然因果关系的性质。因为必然因果关系本来就是一定条件下的因果联系，换句话说，正是在此种特殊的条件下，该行为才具有造成该危害结果的必然性。虽然特殊的条件在此类因果关系中对结果的发生起了决定性作用，但条件毕竟是在行为的作用下才发挥作用的，离开了行为，条件并不会独自发挥作用。因而，行为才是危害结果的根据，是造成危害结果的原因。但由于特殊条件的存在，成为危害结果发生的关键因素，因而这种特殊条件也确实减弱了危害行为的作用程度，从而成为从轻或者减轻行为人刑事责任的一个酌定情节。此种特殊的必然因果关系，根据特殊条件出现的早晚，又可分为如下两种：

1. 既存的特殊必然因果关系

这是指在危害行为实施之前，某种特殊条件就事先存在于犯罪对象之中，在危害行为的作用下，特殊条件也发挥作用，共同引起危害结果的发生。例如，某乙腹部动过手术尚未痊愈，某甲不知，以开玩笑之意向某乙腹部轻踢一脚，某乙当即死亡。又如，丁患有先天颅底脑血管畸形，自己和他人皆不知。一天，丙和丁发生矛盾，丙向丁左颞部轻击一拳，致丁颅内出血而死亡。在这两个案例中，乙的手术未愈，丁的先天颅底脑血管畸形，是在甲的脚踢、丙的拳击之前就存在着的，也正是这两个既存的特殊条件，对乙和丁的死亡起了特殊的作用，若不是这两个特殊的条件，甲的轻踢一脚和丙的轻击一拳本是不会引起死亡结果的。当然，乙的手术未愈和丁的脑血管畸形，是通过甲的脚踢和丙的拳击而发挥作用的，若没有甲和丙的行为，乙和丁自身的特殊条件并不会引起自己的死亡。因此，甲的脚踢行为和丙的拳击行为是乙、丁死亡的决定性原因，二者与乙、丁死亡的危害结果之间是一种既存的特殊必然因果关系。

2. 介入的特殊必然因果关系

这是指在危害行为向危害结果发展的过程中，介入了某种特殊的条件，由于这种特殊条件的作用，使危害行为必然地引起了危害结果。例如，甲将乙殴打后，立即将乙送往医院抢救，但由于交通堵塞，耽误了抢救时间，致乙死亡。在这个案例中，交通堵塞发生于甲的殴打行为之后，故属于介入的特殊条件。正是这一特殊条件的介入，促成了乙的死亡，所以这是一个介入的特殊必然因果关系。本案中，如果抢救及时，换言之，如果不是交通堵塞这个特殊条件的介入，乙不至于死亡，可见，条件在这里起了关键的作用。但我们却不能因为交通堵塞这个特殊条件的作用，而否认甲的殴打行为与乙的死亡之间的必然因果关系的存在。因为交通堵塞这个特殊条件的作用，是通过甲的殴打行为才得以发挥的，如果没有甲的殴打行为，交通无论如何堵塞，也不会对乙的死亡起到任何作用。可见，乙死亡的内在根据是存在于甲的殴打行为中，而不是存在于交通堵塞中。因而，不能因为交通堵塞而否认甲的殴打行为与乙的死亡之间的必然因果关系的存在。

第八章 或然因果关系

第一节 或然因果关系的定义与特征

所谓或然因果关系，是指危害行为中包含着发生危害结果的或然性，在一定条件的配合下，此种或然性变为现实性之后，所形成的一种因果关系。例如，一名在阿根廷首都大广告公司工作的青年某甲经常从 47 层的高楼上以向窗外抛扔硬币取乐。在 18 个月的时间内，共有 3 个成年人和一个 5 岁的女孩被其抛扔的硬币砸死。据测算，硬币的下落速度是每小时 190 公里，它会像子弹和利刀一样置人于死命。① 显然，从 47 层的高楼上向下抛扔硬币，具有砸死人的或然性，因此，某甲抛扔硬币的行为与那四人的死亡之间是一种或然的因果关系。又如，一个有雾的早晨，汽车司机张某出车拉煤，和他同坐在驾驶室的工人刘某提醒说："雾太大了，开慢点，别出事"。张某随口说："出不了事"。于是照原速继续开车，结果在一个拐弯处，因速度太快将行人某乙撞死。雾天开车，必须减速，不减速就有发生事故的或然性。因此，张某不减速的开车行为与某乙的死亡之间也是一种或然因果关系。

从以上定义和案例中可以看出，或然因果关系具有如下几个特征：

一、或然原因对结果具有不完全的决定作用

或然因果关系的根据是或然性，而或然性的根据是事物内在矛盾中大致平衡的两个方面。由于事物内在矛盾的两个方面处于大致平衡的状态，因而由此产生的或然性便是一种两可的发展趋势，即可能发

---

① 《高楼掷币砸死四人》，载《北京晚报》1993 年 5 月 8 日，原载《新民晚报》。

生，也可能不发生，而且发生与不发生的概率均在50%左右。由此便决定了或然因果关系的原因中既有危害结果的根据，但又不是完全的根据，因而，原因对结果既有决定作用，但又不是完全的决定作用，或者说只有一半左右的决定作用。比如，在一个坛子里放上形状、大小、重量都完全相同的40个红珠子、60个黑珠子，混匀之后，闭着眼睛从中随便取一个，取到红珠子的可能性是40%，取到黑珠子的可能性是60%，因而可以说，取到红珠子是一种或然性，取到黑珠子也是一种或然性。而这种或然性的产生正是由坛子内部两种珠子的数量所决定的。由于坛子里的红珠子是40个，因而它便具有40%的使人拿到红珠子的决定能力；坛子里的黑珠子是60个，它便具有60%的使人拿到黑珠子的决定能力。总之，不论是红珠子或是黑珠子，都有可能被拿到，也有可能不被拿到，谁都只有一半左右的决定作用，而不具有完全的决定作用。

二、或然因果关系的条件也是或然性

我们在哲理篇（第五章第七节）中曾经指出，任何事物要引起另一事物，都必须是内因和外因即根据和条件相结合，并要在概率的含量上满足100%。如果根据中所含的概率不足100%，不足的部分就必须由条件来补齐。如果根据中所含的概率很大，条件中所含的概率就可以小些；如果根据中所含的概率很小，条件中所含的概率就必须很大；如果根据中所含的概率适中，那就也需要适中的条件来配合。由于或然性的概率在50%左右，因而就需要所含概率也在50%左右的条件来配合。这种所含概率在50%左右的条件，实际上也是一种或然性。例如，行人某乙在横穿公路（不违章）时，司机某甲驾驶汽车超速而来，因来不及刹车，致将某乙撞死。在此类案件中，司机超速开车的行为是事故发生的原因，行人横穿公路的行为是事故发生的条件。但是，超速开车的行为只含有发生交通事故的或然（可能）性；并不具有这样的绝然性，如果没有行人横穿公路的行为，司机超速也不会发生事故。可见，行人横穿公路的行为，在此类案件中起到了重要的条件（配合）作用。但是，行人横穿公路的行为也只具有发生交通事故的或然性，即可能发生事故，也可能不发生事故。由此可见，在此类因果关系中，原因中包含的是或然性，条件中包含的也是或然性。

三、或然因果关系既可以是直接的联系，也可以是间接的联系

或然因果关系绝大多数都是表现为直接的联系。所谓直接的联系，就是由原因直接地引起危害结果，而不是由其他原因直接引起危害结果。或然因果关系的直接联系有两种情况：一种情况是，原因在条件的配合下直接引起危害结果，如高楼抛物砸死行人者即是；另一种情况是，原因在另一个原因的配合下直接引起危害结果。此种情况虽然在原因之后介入了另一个原因，但第一个原因与危害结果之间仍然是直接的联系，并非间接的联系。因为并不是由第一个原因引起第二个原因，再由第二个原因直接引起危害结果，而是由第一原因和第二原因共同地直接引起危害结果。比如，行人违章突然横穿公路，被超速行驶的汽车撞死，就属于此种情况。

或然因果关系在少数情况下也可以表现为间接的联系。所谓间接的联系，是指一个原因引起另一个原因，由另一个原因直接引起危害结果时，第一个原因与危害结果之间的联系。例如，某煤矿矿长玩忽职守，平时对本矿职工违反安全法规的行为放任自流，不加阻止。某日，矿工某甲违反安全法规，终于引起重大事故。这里，矿长玩忽职守的行为具有引发重大事故的或然性，矿工违反安全法规的行为也有引发事故的或然性。事故是由矿工的违规行为直接引起的，但矿工的违规行为又是由矿长疏于管理的玩忽职守行为引起的，所以矿长的玩忽职守行为与重大事故之间是一种间接的或然因果关系。

四、或然因果关系也是一种内在的、规律性的联系

说或然因果关系也是一种内在的联系，是因为它也有自己的根据，也是产生于事物内在矛盾之中的。比如，汽车司机超速开车之所以能或然的撞死行人，正是由于超速开车这一行为的内在矛盾所决定的。据实验证明，汽车速度越高，从采取刹车措施到完全刹住车所需要的距离越长，而且速度越高，遭遇紧急情况的概率也越高。如果司机超速开车，就可能遇到紧急情况，而一旦遇到紧急情况，就很难立即刹住车。这正是超速开车行为的内在矛盾，而这一内在矛盾便决定了发生交通事故的或然性。说或然因果关系也是一种规律性的联系，是因为当同样的或然性遇到同样的条件时，就会重复地出现同样的结果，比如，同样的超速开车行为遇到同样的紧急情况（如行人突然横穿公路），就会重复地发生交通事故。这正体现了一定的规律性。

第二节　成立或然因果关系的条件

成立刑法上的或然因果关系，需要具备如下几个条件：

一、在危害行为（原因）中必须包含发生危害结果的或然性

或然性，也就是通常人们所说的可能性，它是由事物内在矛盾中相对比较均衡的各方所共同决定的某种事物可能发生也可能不发生的一种不稳定的发展趋势。这种发展趋势的概率不像必然性那么大，也不像偶然性那么小，而是介于必然性与偶然性之间的一种发展趋势。由于产生或然性的事物的内在矛盾的各方在力量上大致均衡，因而或然性的正反双方在发展概率上也是大致均衡的。由此便决定了具有或然性的某种事物可能发生和可能不发生的几率是大致均等的。比如，可能发生的几率是50%，可能不发生的几率就也是50%；可能发生的几率是60，可能不发生的几率就是40%。

危害行为中必须含有发生危害结果的或然性，是成立刑法上的或然因果关系的前提条件。如果危害行为中包含的不是发生危害结果的或然性，而是这样的绝然性、必然性或者偶然性，那就只能构成绝然的、必然的或者偶然的因果关系。

二、危害行为中所包含的发生危害结果的或然性必须变为现实

或然性只是一种可能性，是尚未实现的、尚未展开的现实，而因果关系必须是两个现存的事物之间的联系，因而只具有或然性，尚不能形成或然因果关系。要使或然因果关系实际成立，必须使危害行为中包含的发生危害结果的或然性转变为现实性，即必须实际发生了危害结果。

或然性转变为现实性，离不开条件的配合。这是因为或然性仅占有事物内在矛盾量的一半左右，还有另一半被它的反面占据着，因而

或然性单靠自身的力量无力引起危害结果的发生，必须由条件将其在事物内在矛盾中缺少的一半补齐，满足事物发展所需的100%的概率，或然性才能如期地转变为现实性。

或然性转变为现实性所需的条件既可以表现为动态性条件，也可以表现为静态性条件。比如前文所举司机某甲超速开车撞死行人某乙的案例中，行人某乙突然横穿公路的行为，就是某甲超速开车行为所遇到的动态性条件，正是这一动态条件的配合，才是某甲超速开车行为中所包含的发生交通事故的或然性变成了现实性。又如，农民刘某驾驶胶轮拖拉机往地里运肥料，走到一下坡处，正巧遇上同村好友郑某步行回家。刘某想和郑某开个玩笑（吓他一跳），故意将车擦着郑某的身边走。由于下过雨后路面尚未完全干，加之该段下坡路面又有一处向左倾斜，结果拖拉机前部擦着郑某身边过去后，拖拉机的后轮因路面倾斜而突然向左打滑，以致郑某刮倒，轧于车轮下而亡。该案中，刘某用擦人身边开车的危险方法开玩笑，包含有发生事故的或然性，这一或然性在“雨后路面不干”和“路面倾斜”这两个条件的配合下变成了现实性。而“路面不干”和“路面倾斜”这两个条件就属于静态性条件。

或然性转变为现实性所需要的条件，有时候显得很不明显，我们可以把这种条件称之为隐性条件。例如，某甲在山上举枪打兔子时，突然发现离兔子不远处有一人，他已经预见到此时开枪有可能打中那个人（客观上确实存在着这样的或然性），但他又怕不及时开枪兔子会跑掉，于是毅然开了枪，结果真的打中了那个人。本案中，某甲的开枪行为与危害结果之间就是一种或然的因果关系。首先，某甲的开枪行为包含有打中人的或然性，这一或然性的产生是基于“人与兔子距离很近”这个条件，但这个条件只是或然性产生的条件，并不是或然性实现的条件。或然性实现的条件，仔细考究，似乎是存在于某甲开枪时的某一偶然因素，如瞄得不准或者开枪时手指抖动了一下等，正是这一偶然因素，使得开枪行为中包含的打中人的或然性变成了现实。不难看出，这一偶然因素作为配合或然性变为现实性的条件，由于它和行为（原因）紧贴在一起，因而显得十分隐蔽。因此，我们也可以把这种因果关系称之为“条件隐蔽的或然因果关系”。

三、或然性变为现实性之后，必须形成实在的结果，而不是虚拟的结果

任何或然性都有正反两个方面，正面是或然性，反面同样是或然性。比如，某甲超速开车具有发生交通事故的可能性，也有不发生事故的可能性。发生事故的可能性是一种或然性，不发生事故的可能性也是一种或然性，而发生和不发生正好是相反的或然性。当发生事故的或然性变为现实性之后，就会形成实在的结果，而当不发生事故的或然性变为现实性之后，就没有实在的结果。没有实在的结果，就无法形成因果关系。但从哲学意义上讲，不发生事故的或然性变成了现实性也是一种结果，只是由于它不是实在的结果，因而我们把它叫做虚拟的结果，虚拟的结果不能形成因果关系。

第三节　或然因果关系的内部结构

或然因果关系的内部结构表现为由或然原因和条件共同引起危害结果，其中原因起决定作用，条件起配合作用。如果用图形表示的话，原因的作用和条件的作用都用较细的黑线表示，两条较细的黑线相交之后，形成一条较粗的黑线，再与结果相连（如图 8－1）。这表明是原因和条件的合力共同引起了危害结果。

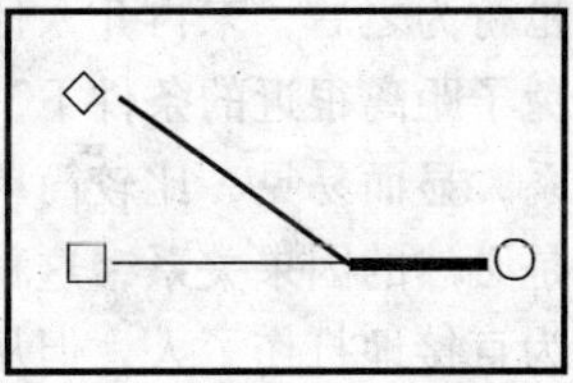

（图 8－1）

仔细考察可以发现，或然因果关系的内部结构有两种不同的表现：一种表现为原因和条件可以互换位置，即条件也可以看做原因，原因也可以看做条件，因为原因对结果只有一半的决定作用，条件对结果也有一半的决定作用，哪个是原因，哪个是条件，实难分清。例如，在某乙突然横穿公路，被某甲超速驾驶的汽车撞死的案件中，可以说甲、乙二人的行为都是原因，也都是条件（甲的行为有撞人的或然性，乙的行为有被撞的或然性）。若把甲的行为看做原因，则乙的行为是条件，若把乙的行为看做原因，则甲的行为是条件。因此可以说，甲乙二人的行为对危害结果的发生都起了一半的决定作用和一半的配合作用。另一种表现为原因和条件不能互换，即原因只能是原因，条件只能是条件。例如，在高楼抛物砸死行人的案件中，抛物行为只能是原因，行人路过此处的行为只能是条件，二者的位置永远不能互换。

第四节 或然因果关系的分类

根据行为之后是否介入了其他人的行为，可以把或然因果关系划分为简单的和复杂的两种。

一、简单的或然因果关系

这是指在危害行为与危害结果之间，未介入其他任何人的行为，也没有其他任何事件与之交错，由危害行为在一定条件下直接地引起了危害结果的发生。比如，某甲对着附近有人的兔子开枪，以致将人打伤者即是。对着附近有人的兔子开枪，显然具有打中人的或然性（不是必然性，因为枪是瞄着兔子，并不是瞄着人），但在某甲的开枪行为之后，未再介入任何其他人的行为，是某甲的开枪行为在人和兔子距离很近的条件下，直接地造成了人的伤害。此种或然的因果关系，显而易见，比较简单。值得注意的是，此类因果关系一直被认为是必然的因果关系，这种传统的见解值得商榷。虽然是某甲的开枪行为直接地打伤了人，但从危害结果发生之前来看某甲的行为，它只是包含着致人受伤或死亡的或然性（可能性），并不包含这样的必然性。因为某甲是瞄着兔子开枪的，并不是瞄着人开枪的。如果是瞄着人开枪，则就有了致人死伤的必然性。现在是瞄着兔子开枪，只是由于人与兔子距离很近，才有了致人伤亡的或然性，如果人与兔子不是离得很近，则连伤人的或然性也没有了。由于某甲的开枪行为中不包含致人伤亡的必然性，因而此类案件就不可能形成必然的因果关系。再说，如果是必然的因果关系，那么，行为人对结果的态度就不能是间接故意了。

二、复杂的或然因果关系

这是指在危害行为之后介入了其他人的行为，由危害行为和其他人的行为共同引起危害结果所形成的因果关系。在危害行为之后介入的其他行为，有的也属于原因，有的仅属于条件；有的是被害人的行为，有的是第三者的行为。因此，根据介入行为的性质的不同，对这种复杂的或然因果关系又可以作出不同的分类。

(1) 根据介入的行为中是否包含危害结果的根据，可以把复杂的或然因果关系划分为如下两种：

第一，在危害行为之后又介入原因行为的或然因果关系。例如，汽车司机超速开车，撞死突然横穿公路的行人，就属于此种因果关系。因为此类案件在行人突然横穿公路的行为中也包含着发生交通事故的内在根据，所以司机的行为和行人的行为都是事故发生的原因。

第二，在危害行为之后介入条件行为的或然因果关系。例如，高楼抛物砸死行人的案件，就属于此种因果关系。在此类案件中，虽然若不是行人正巧走到抛物的楼下，就不会发生砸死人的事故，但行人正巧走到抛物的楼下，只是发生事故的一个条件，而不是发生事故的原因。因为行人走路，不包含被物体砸着的内在根据，事故发生的内在根据只存在于高楼抛物的行为之中。

(2) 根据介入的行为是否被害人自己的行为，可以把复杂的或然因果关系划分为以下两种：

第一，在危害行为之后介入被害人行为的或然因果关系。如前边两例均属于此种因果关系。在这种介入被害人行为的因果关系中，如果被害人的行为也是危害结果发生的原因，应因此而减轻被告人的刑事责任。如行人突然横穿公路因而被超速行驶的汽车撞死者，应适当减轻司机的责任；但若汽车未超速也无其他违章，完全是被害人自己的责任，则不能追究司机的责任，因为此种情况下，司机的正常驾驶行为不是事故的原因。如果被害人的行为仅仅是发生事故的一个条件，如高楼抛物砸死正巧走到楼下的行人，则不能减轻被告人的刑事责任。

第二，在危害行为之后介入第三者的行为的或然因果关系。例如，汽车司机某甲超速开车，行人某乙突然横穿公路，某甲为防止撞着某乙，急打方向盘躲避某乙，结果撞着了某丙。在此类案件中，如果第三者的行为也是造成危害结果的原因，则应同时追究司机和第三者的刑事责任。如果第三者的行为仅仅是发生危害结果的一个条件，则不能让第三者承担刑事责任，也不能因第三者的行为而减轻被告人的责任。例如，前例中，如果行人某乙违章横穿公路，汽车司机为躲避某乙撞着了不违章在路边行走某丙，那么，违章横穿公路的某乙对事故也应承担责任。再如某乙是在人行横道上横穿公路，不违章。汽车司机因速度过快，来不及刹车，为躲避某乙撞伤了某丙，则某乙不对某丙的伤负责，只能由汽车司机一人负责。

第九章 偶然因果关系

第一节 偶然因果关系的定义与特征

按照本书之见，所谓刑法中的偶然因果关系，是指包含着发生危害结果的偶然性的行为在一定条件下促使另一行为或自然力发挥作用，使得偶然性变为现实性，从而间接引起危害结果的一种内在的、合乎规律的联系。例如，继母某甲在一条死胡同里手持棍棒追打8岁的继子某乙，某乙在逃向大街时，凑巧碰上由侧面过来的某丙驾驶的汽车，某丙因一时刹不住车，致某乙被撞死。在这个案件里，继母某甲的追打行为与某乙的死亡之间就具有偶然的因果关系。由上述定义和案例可以看出，偶然因果关系具有以下几个特征：

一、原因与结果之间是一种间接的联系

所谓间接联系，是指通过第三者而发生的联系。在偶然因果关系中，原因都不是直接地引起危害结果，而是通过另一行为或自然力发挥作用，由另一行为或自然力直接地引起危害结果。但另一行为或自然力之所以能直接地引起危害结果，又是由原因行为支配或促使的。所以，偶然原因与结果之间是一种间接的联系。比如前例中，某乙的死亡并不是由某甲的行为直接引起的，而是由某丙驾驶的汽车撞死的，但某丙的汽车之所以会撞死某乙，又是由某甲的追打行为促成的。所以某甲的追打行为与某乙的死亡之间具有间接的引起与被引起的关系。

二、原因对结果的发生起支配和促使作用

在偶然因果关系中，原因对结果的发生不能起决定作用，但却起着支配或促使的作用。之所以不能起决定作用，是因为在原因中不存在引起危害结果的必然性；之所以能起到支配或促使作用，是因为在

原因中存在着引起危害结果的偶然性（关于这个问题，在下文中将详细谈到）。“支配”，是安排、调度、指挥、控制的意思，“促使”，则是推动的意思。这就是说，偶然原因是借助一定的条件，安排、调度、指挥、推动着另一行为或自然力发挥作用，从而间接引起危害结果的。比如在上例中，是某甲的追打行为在客观上指挥、推动着某乙与汽车相撞，才造成了某乙的死亡。因为在某甲的追打下，某乙只能向着大街奔逃，某甲追得急，某乙也就跑得急，某甲起追的时间和追赶的速度，又决定着某乙逃跑的时间和速度，总之，正是某甲追打的时间、速度决定着某乙正巧在某时某分突然出现在某丙驾驶的汽车前。一句话，是某甲的行为支配、促使着某乙与汽车相撞的。

偶然原因之所以能对另一行为或自然力起支配和促使作用，原因有二：一是因为在原因中包含着这样的可能性，如果不存在这样的可能性，它也就不能支配、促使另一行为或自然力发挥作用；二是因为一定条件的配合。比如上例中就有两个关键性条件：一个是某甲、某乙所在的胡同是一条死胡同，另一个是胡同的出口正好是一条大公路。若没有这两个条件的配合，某甲的追打行为也就不会导致某乙被汽车撞上。这说明，偶然因果关系也是一定条件下的因果联系。

三、在原因与结果之间形成数个紧密连环的必然因果环节

由于偶然原因是通过另一行为或自然力间接地引起危害结果，这样，在原因和结果之间也就不可避免地会形成两个以上的因果环节，而不可能只是一个因果环节。也正是由于这个特征，我们可以把刑法中的偶然因果关系简称为“数个必然因果环节的紧密联结”。

四、偶然因果关系也是一种内在的、规律性的联系

偶然因果关系是基于偶然性的实现而产生的，而偶然性是由事物内在矛盾的次要方面产生和决定的，事物内在矛盾的次要方面也是事物内在本质的一部分，因而应当说偶然因果关系也是一种内在的联系。传统哲学认为，偶然性的根据存在于事物的外部，是由外在的事物决定的，因而有的同志就认为，偶然因果关系是一种外在的联系。其实，这些见解都值得重新研究。事实上，偶然性的根据仍然存在于事物的内部，也就是事物内在矛盾的次要方面，只不过，偶然性的实现需要外部的事物加以配合罢了。比如，瓜苗不结瓜的偶然性也是由瓜苗自身的组织、基因和特性所决定的，或者说瓜苗自身的本质决定了它有不结瓜的偶然性，只不过这种偶然性的实现需要瓜苗之外的事物（如冰雹、洪水、干旱等）加以配合罢了。假如一场冰雹砸坏了瓜苗，就使瓜苗不结瓜的偶然性变成了现实性。从表面上看，似乎瓜苗不结瓜的偶然性来自于冰雹，但实际上冰雹只是配合不结瓜的偶然性变为现实性的一个外在条件，而不是偶然性的根据。又如前例中某乙死亡的偶然性，从表面上看似乎产生于某甲追打行为之外的某丙的驾车行为，但实际上仍然是产生于某甲的追打行为之中。因为某甲从一个出口就是大公路的死胡同内由里向外追打只有 8 岁的某乙，某乙就会慌不择路，直冲公路路口，而公路上又是车流如水，这样，某乙在跑向路口时被汽车所撞的可能性就不难想象了。某丙刹不住车的行为，虽然直接导致了某乙的死亡，但它却是配合某甲追打行为中包含的使某乙被车所撞的偶然性变为现实性的一个外部条件。有些同志看不到偶然性产生的内在根据，误把配合偶然性变为现实性的外部条件当做偶然性的根据，自然也就不能正确理解偶然因果关系的内在联系了。这一点，不论在哲学上，还是在刑法理论上，都是十分令人遗憾的。

偶然因果关系不仅是一种内在的联系，而且它和必然因果关系一样，也是一种规律性的联系。恩格斯曾经指出，“在表面上是偶然性在起作用的地方，这种偶然性始终是受内部的隐藏着的规律支配的，而问题只是在于发现这些规律”①。偶然性起作用的地方，当然会形成偶然因果关系。因此，恩格斯的这句话也可说明，偶然因果关系是一种规律性的联系。前文已指出，所谓规律性，是指一定的原因在一定的条件下，可以不断地、重复地引起一定的结果，而且这种不断地、重复地引起作用，是不以人的意志为转移的。一事物中所包含的引起另一事物的偶然性，在一定条件的配合下就会变为现实性，而且相同的偶然性只要遇到相同的条件，就总会变为现实。比如，瓜苗一

---

① 《马克思恩格斯选集》（第 4 卷），人民出版社 1972 年版，第 243 页。

旦遇到较大的冰雹，就总会被砸坏；把骑自行车的人撞倒在汽车道内，一旦遇到刹不住的汽车，行人就会被轧，这正是偶然性向现实性转化的规律性。正因为偶然性的实现也有一定的规律性，因而人们对偶然因果关系也能够预见到，而且也能够在一定范围内预防偶然事件的发生。这些都说明偶然因果关系也是一种规律性的联系。不少人认为，偶然结果可能发生，也可能不发生，可能这样发生，也可以那样发生，就认为偶然因果关系不是规律性的联系。其实这是一种误解。偶然性作为一种最小的可能性，它确实有不能变为现实（即不发生偶然结果）的可能，而且这种可能性是很大的，而变为现实的可能性却是很小的。总之，它发生的可能性很小，不发生的可能性很大。而且当它发生的时候，的确是可能这样发生，也可能那样发生。但是，偶然结果为什么可能发生，也可能不发生，可能这样发生，也可能那样发生？完全决定于条件。遇到有利的条件，它就发生，遇到不利的条件，它就不发生；遇到这样的条件，它就这样发生，遇到那样的条件，它就那样发生。这里边恰恰是有规律可循的。正因为有规律可循，人们常常会创造条件促使某些好的偶然事件发生（如科学试验），也常常会创造条件阻止某些坏的偶然事件发生。这不正说明了偶然因果关系也是一种规律性的联系吗？

第二节　成立偶然因果关系的条件

成立刑法中的偶然因果关系，必须具备如下几个条件：

一、在危害行为中必须含有引起危害结果的偶然性，这是构成偶然因果关系的前提条件

本书在哲理篇中已经讲到，所谓偶然性，是指在一定条件下产生于事物内在矛盾的次要方面，并由该次要方面决定其发展方向的一种不稳定的发展趋势。这是一种最小的可能性，小到接近于零但大于零。比如，在一个房间里放上 100 个西瓜，其中只有一个是生的，从中随便拿一个，拿到熟瓜的可能性是 99%，拿到生瓜的可能性是 1%。拿到生瓜的这种 1% 的可能性，就是一种偶然性。又如，英国微姆斯福特市一妇女，1995 年生下一对双胞胎女儿，一女像母亲金发白皮肤，另一女像父亲黑发棕皮肤。医生说："此种罕见的异色双胞胎遗传率只有百万分之一的机会"①。这种"百万分之一的机会"，也是一种偶然性。

偶然性之所以是构成偶然因果关系的先决条件，是因为偶然性是引起偶然结果的内在根据。虽然偶然性是最小的可能性，但这最小的可能性也是产生于事物内在矛盾之中的，因而它便是引起偶然结果的内在根据。比如，在 100 个西瓜中之所以能偶然地拿到一个生瓜，是因为在这 100 个瓜中本来就有一个生瓜，这就是根据；又如，英国的那位妇女之所以能偶然地一胎生出一棕一白两个肤色不同的女儿，是因为在她妊娠的受精卵中本来就含有棕、白两种遗传基因，这也是根据。如果瓜中没有生瓜，你就不可能拿到生瓜，同样，如果英国那位妇女不是与一名棕色男子结婚，她也就不会一胎生出两个不同肤色的女儿。

偶然性之所以是形成偶然因果关系的先决条件，还因为只有偶然性才能转变为偶然因果关系。如果在某个行为中包含着引起危害结果的必然性或绝然性，那它就只能形成必然的或绝然的因果关系，而不是偶然因果关系。

二、行为中包含的引起危害结果的偶然性，必须在一定的条件下变为现实，这是构成偶然因果关系的决定性条件

现实，是指现存的事物和现象，是已经充分展开和实现了的可能。当过去的现实所包含的可能性（包括必然性、或然性、偶然性）已经变为现在的现实时，过去的现实与现在的现实之间就形成了因果关系。如果现实中包含的可能性不能转变为新的现实，那么，新的因果关系便无法形成。

偶然性要变为现实性，条件起着十分关键的作用。由于偶然性的根据很小（是最小的可能性），因而它要变为现实性必须要有强有力的条件与之配合，也就是必须要有必然性为其开辟道路。关于这方面

① 参见《北京晚报》1995 年 8 月 31 日第 16 版《一母双胞棕白分明》一文。

的理论，本书在哲理篇关于偶然性的实现中已作过详细阐述，这里不再赘述。

三、在原因和结果中必须形成数个紧密连环的必然因果环节，这是构成偶然因果关系的关键性条件

比如在前述某甲追某乙跑致某乙被汽车撞死的案例中，至少存在如下三个必然因果环节：某甲追——某乙逃向大街——某丙刹不住车——某乙死亡。对上述一、三两个环节，一眼即可看出是必然的因果联系。对中间这个环节，通过分析可以发现也是必然的因果联系。孤立地看，中间这个环节（某乙逃向大街与某丙刹不住车之间）只具有哲学上的意义，不具有刑法上的意义，因为它不是危害行为与危害结果之间的联系。但如果把前后两个环节联系起来看，中间这个环节就具有十分重要的意义了。我们能否认定行为与结果之间存在刑法上的偶然因果关系，关键就是要看中间一个环节是否构成哲学上的必然因果联系，因为只有中间一环构成哲学上的必然因果关系，才能使前后两个必然因果环节紧密地衔接起来，才能说明前一行为（某甲的追赶行为）的原因力已经渗入到促使危害结果（某乙死亡的结果）实现的境界中去了。因而当我们证明了中间一环已经构成哲学上的必然因果关系时，也就证明了前一行为与后一结果之间已经构成刑法上的偶然因果关系了。比如在前例中，我们之所以确认在某甲的追赶行为与某乙的死亡之间存在刑法上的偶然因果关系，就是因为某乙逃向大街的行为与某丙刹不住车的行为之间在时间巧合这个条件下构成了必然的因果关系，某甲追赶行为的原因力已经渗入到某乙死亡的结果中去了。也就是说，当某乙在逃向大街的一瞬间突然与汽车相撞的时候，由于时间的短促和汽车的惯力，就必然地、合乎规律地导致司机某丙来不及刹车，也必然地、合乎规律地导致某乙来不及躲车。这两个“来不及”就使某乙被汽车所撞这一事件由抽象的、偶然的转化为实在的、必然的了。而我们如果再进一步追问某乙为什么会凑巧地与汽车相撞时，就不能不追究某甲的追赶行为了，因为这两个“来不及”都是由某甲的追赶行为直接促成的。在某甲的紧紧追赶和没有其他道路可逃的情况下，某乙只能向着大街奔逃，势情迫使他不可能来得及有其他选择。而某乙的突然出现，又迫使司机某丙不可能来得及制止汽车的惯力。因而，我们就不能不承认某甲的追赶行为已经作为原因对某乙死亡的结果发生作用了，不能不承认中间一个环节的必然联系是由某甲的追赶行为直接促成的。可见，某甲的追赶行为作为原因对结果的渗入与中间一个环节必然因果关系的形成是紧密联系、相辅相成的。因而，查清中间一个环节是否构成必然的因果关系，正是认定前一行为（某甲的追赶行为）与后一结果（某乙死亡的结果）之间是否构成刑法中的偶然因果关系的重要前提。

强调刑法中的偶然因果关系必须在行为与结果之间存在数个必然因果环节，可能有人要提出疑问：既然行为与结果之间是一种偶然的因果关系，为什么中间又存在数个必然因果环节呢？既然中间存在数个必然因果环节，为什么行为与结果间不是一种必然的因果关系呢？

要解决这个问题，需要弄清楚必然性与偶然性的关系。这主要是基于如下几个原因：

第一，必然性是偶然性实现的根据，偶然性的实现要靠必然性开辟道路。

恩格斯在谈到必然性和偶然性的关系时曾经指出："偶然性是必然性的补充和表现形式，必然性靠偶然性开辟道路"①。恩格斯的这两句话都是以必然性为出发点来讲的，说的是在必然性的发展过程中偶然性对必然性的作用问题。那么，以偶然性为出发点，在偶然性的发展过程中，必然性会对偶然性起什么作用呢？这个问题恩格斯没有讲，我们无法从理论上获得现成的答案。但是，根据事物发展的客观规律，我们可以发现，在偶然性的发展过程中，偶然性也要靠必然性开辟道路，必然性是偶然性实现的根据。这就是说，必然性和偶然性在其发展过程中，彼此都会受到对方的干扰和影响。必然性在其发展过程中受到偶然性的干扰和影响就会造成许多偶然性现象，使事物的发展过程产生种种摇摆和偏离，但是这并不能从根本上改变事物发展的必然性质和联系。偶然性在其发展过程中受到必然性的干扰和影

① 《马克思恩格斯选集》（第4卷），人民出版社1972年版，第506页。

响，就会造成许多必然现象，使事物的发展过程不断地朝着偶然性既定的某一方向发展，直至偶然性变为现实性。但是，这也不能从根本上改变事物发展的偶然性质和联系。仍以前例为例，在某甲的追赶行为中本来只是存在着某乙死亡的偶然性，但由于某甲的追赶行为在其发展过程中不断受到其他事物的发展过程（如某乙逃跑的发展过程，某丙开车的发展过程，某乙、某丙行进路线的交叉和时间的巧合等）的干扰和影响，就在某乙死亡这一偶然性的发展过程中形成了种种必然性因素，通过这些必然因素的作用，就使某乙死亡的偶然性最终变成了现实。

这样，在某甲的追赶行为到某乙的死亡之间就合乎规律地构成了三个必然因果环节。但这三个必然因果环节都是受到其他过程的干扰而形成的，并不是某甲行为本身所固有的，因而它们并不能从根本上改变某甲的追赶行为与某乙死亡之间的偶然因果关系的性质。

第二，偶然性的背后总是隐藏着必然性，必然性是偶然性的支配力量。

任何事物的发展过程都是由一系列的具体事件构成的，每一个具体事件个别地说来都是偶然的，但是这些零乱的偶然现象都受隐藏在背后的必然性的支配。比如，从某甲的追赶行为到某乙的死亡这一发展过程，是由某甲的追打行为、某乙逃向大街、某丙驾驶汽车疾至、某丙来不及刹车、某乙与汽车相撞等一系列的具体事件构成的。这一系列的具体事件对于某乙的死亡，个别地说来都是偶然的，但是这些偶然的事件背后都有必然性在起作用。某乙逃向大街这一事件孤立地看去，完全是偶然的，但它的背后“没有其他道路可逃”在起着支配作用；某乙与汽车相撞，孤立地看去也是偶然的，但在它的背后也有必然性在起作用——某丙因送客人在下午两点钟将汽车飞速地驶到A街靠B胡同的岔口处，而某乙适在同一时间内自B胡同跑到A街——这样某乙与汽车相撞也就成为必然的了。正因为偶然现象都受在其背后隐藏着的必然性的支配，因而在某甲的追赶行为与某乙死亡这对偶然因果关系之间存在三个必然因果环节也就毫不奇怪了。

第三，必然性和偶然性在一定条件下是可以互相转化的。

首先，对于前一个环节来说是必然性的东西，对于后一个环节来说就可能转化为偶然性，反之亦然。这是因为前一环节和后一环节的根本矛盾是不同的。比如，某甲的追赶行为对于某乙的逃跑行为来说是必然的，但对于某乙撞上汽车来说就是偶然的了，因为某甲的追赶行为在前一环节里是主要矛盾，而在后一环节里则变为次要矛盾了。其次，在大环节说来是偶然的东西，对于小环节说来则可能是必然的，反之亦然。这是因为大环节内的根本矛盾同小环节内的根本矛盾不一定是一致的。某乙的死亡对于某甲的追赶行为来说是偶然的，但对于被汽车所撞这一事件来说就是必然的了。因为在某甲的追赶行为中不存在某乙死亡的主要根据，但在被汽车所撞这一事件中就存在某乙死亡的主要根据了。某乙被汽车所撞这一事件对于某甲的追赶行为来说也是偶然的，但对于某乙突然出现在行驶着的汽车跟前来说就是必然的了，因为它们的根本矛盾也是不同的。可见，各个环节内因果关系的性质是根据各个环节内的根本矛盾所决定的，前一环节因果关系的性质并不影响后一环节因果关系的性质，小环节内因果关系的性质也不影响大环节内因果关系的性质，反过来也是一样。某甲的追赶行为与某乙的死亡之间之所以存在偶然的因果关系，这是由某甲的追赶行为的内在矛盾的决定的；其间包含的三个因果环节之所以是必然的因果关系，也是由各个环节的内在矛盾所决定的。

总之，尽管在某甲的追赶行为与某乙的死亡之间存在着三个必然因果环节，但我们却不能据此就认定二者之间是一种必然的因果关系。因为我们所研究的犯罪因果关系是仅就行为本身与结果之间的关联性而言的。而行为与结果间所包含的这三个必然因果环节则是由某甲的追赶行为在其发展过程中所遇到的偶然因素的巧合所构成的，并不是某甲的追赶行为本身所固有的。如果把这些偶然因素强加于某甲的追赶行为，从而认定某甲的追赶行为与某乙的死亡之间是一种必然的因果关系的话，那就自觉不自觉地在逻辑上违背了同一律。所以，当我们从哲学意义上来研究某甲追赶行为的发展过程时，说中间三个环节是必然的因果关系是完全正确的；说某乙死亡之前发生的一切因素的总和（包括某甲的追赶行为）与某乙死亡之间是一种必然的因果关系，也是完全正确的。但当我们从刑法意义上来研究某甲的追赶行为与某乙的死亡这两个现象之间的关系时，如果也说它是必然的因果关系或说是没有因果关系那就错了。

四、偶然的结果必须是实在的，而不是虚拟的

所谓实在的偶然结果，是指某种偶然性不仅在哲学意义上已经变为现实性，而且这种现实性已经实实在在的引起了客观外界的变化。比如前例中，某甲的追赶行为中所包含的致某乙死亡的偶然性变为现实性之后，在客观上已经引起了某乙的死亡。所谓虚拟的偶然结果，是指虽然从哲学意义上讲，某种偶然性已经变为现实性，但这种现实性并未引起客观外界的变化。例如，安徽淮北芦岭煤矿的一名工人在某日傍晚被一块石头击穿颅骨，脑浆外溢，当即昏迷。但经过芦岭矿医院脑外科专家张某、尹某等人 5 个多小时的手术抢救，竟然恢复了健康。毫无疑问，被石头击穿颅骨并脑浆外溢，内含着死亡的必然性，不死的可能性很小很小，仅仅是一种偶然性，但这种偶然性在大夫们的努力下竟然变成了现实。从哲学上讲，这名工人不死的偶然性转变成为现实性就是一种结果。但这种结果并未引起客观外界的变化（病人从不死到不死，没有实质性变化），所以这就是一个虚拟的结果。顺便说一句，我们从刑法意义上说，这是一个虚拟的结果。若从医学意义上说，把大夫们的努力作为原因，这名工人的不死则是一个实在的结果了。

偶然性转变为现实性之后，必须形成实在的结果，才能在过去的现实（产生偶然性的现实，即原因）与现在的现实（结果）之间形成偶然因果关系，否则，偶然因果关系便不能成立。这首先是因为“‘因果关系’实乃两个‘实体’之间的关系”，而且“正好明显的是两端之间的关系”①。而只有实在的结果，才称得上是实体，才能成为因果关系中的一端。其次是因为只有实在的结果才具有社会危害性，才能成为刑法因果关系中的一端。比如，前例中的某工人，经大夫们的努力免于一死，这是不死的偶然性变成了现实性，是哲学意义

① 张世英：《黑格尔〈小逻辑〉绎注》，吉林人民出版社 1982 年版，第 389 页。

上的结果，这种结果不具有社会危害性，故不能成为刑法上的因果关系的一端。

第三节 偶然因果关系的内部结构

偶然因果关系的内部结构是以原因内在矛盾的次要方面所包含的偶然性为根据，在其发展过程中，与外部条件（包括静态条件和动态条件）相配合，共同引出危害结果。其中，原因对结果的发生起引起作用，并对动态条件起支配或促使作用，而动态条件对结果的发生则起决定作用。用图形表示，原因与危害结果之间由一条较细的黑线相连，原因与动态条件、动态条件与动态条件和动态条件与危害结果之间都是由较粗的黑线相连。如图9－1（图中的"□"代表原因，"◇"代表动态条件，"○"代表危害结果，下同）。从图中可以看出，偶然因果关系的内部结构具有如下几个特点：

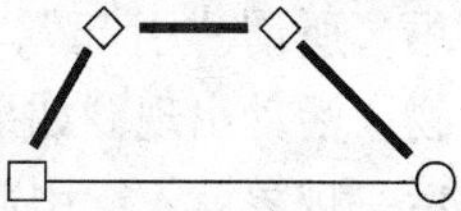

（图9－1）

第一，在原因与结果之间，内含着数个紧密连环的必然因果环节。这一点前文已经指出，此处不再赘述。这里需要说明的是，在原因（行为）之后，存有两种条件：一种是静态条件，如时间、地点、环境、光线、温度等，另一种是动态条件，动态条件又分为自然力和人的行为（如果是自然力时，本书就把它称作"自然力"，如果是人的行为时，本书把它称作"条件行为"）。从内部关系上看，是在原因和静态条件的共同作用下才产生出动态条件，动态条件再直接引起危害结果。组成因果环节的因素是原因、动态条件和危害结果。所以在偶然因果关系中，始端是原因行为，末端是危害结果，中间是动态条件（动态条件有时不止一个），整个因果链条表现为：原因行为——→动态条件——→动态条件——→危害结果。笼统地讲，静态条件和动态条件都是条件，但二者的作用不同。静态条件一方面被原因行为所利用，另一方面又促使动态条件的发生；动态条件一方面接受原因行为和静态条件的支配，另一方面则对危害结果的发生起决定作用。

比如前例中，某甲是在一条出口是大公路的死胡同里追打某乙，这个胡同就是一个静态条件。这个静态条件一方面被某甲的行为所利用，另一方面支配、促使着某乙向公路方向逃跑，同时也促使着某丙在某乙突然出现时刹不住车。某乙的逃跑和某丙的刹不住车都属于动态条件，这两个动态条件都受某甲的追打行为和静态条件的支配，又同时对危害结果的发生（某乙死亡）起决定作用。从哲学意义上讲，动态条件对结果的作用大于静态条件，也大于原因行为。但从刑法意义上讲，原因行为（某甲的追打行为）的作用大于动态条件（某丙的开车行为）。

第二，原因对危害结果的发生起引起作用。“引”有“惹”的意思，所谓“引起”，是指一种现象、事物、活动使另一种现象、事物、活动出现。如果后一现象的出现与前一现象无关，则前一现象对后一现象就不起引起作用。引起作用不同于决定作用。决定作用，是指客观规律促使事物一定向某方面发展变化，而引起作用，则是客观规律惹得事物有可能向某一方面发展变化。二者的相同点在于，没有引起作用或没有决定作用，事物都不能发生变化；二者的不同点在于，有了决定作用，事物肯定发生变化，但有了引起作用，事物却不一定发生变化，要发生变化，还需要他事物来决定。比如前例中，没有某甲的追赶行为，某乙不会被汽车撞死，但有了某甲的追赶行为，某乙也不一定就会被汽车撞死。某乙是否在这次被追打中被汽车撞死，还要由是否遇到某丙驾驶的汽车来决定。偶然原因对结果的发生所以只起引起作用，不起决定作用，是因为在原因中虽然存在着发生结果的根据，但由于这一根据只由事物内在矛盾的次要方面所决定，因而虽是根据，也只能对结果的发生起引起作用，而不能起决定作用。但这一引起作用又是十分重要的，如果没有这一引起作用，或者说没有偶然性，则危害结果根本不可能发生。因而应当说，这种偶然性也是结果发生的根据。

第三，动态条件[①]对危害结果的发生起决定作用。在偶然因果关系中，危害结果是由动态条件直接引起的，或者说动态条件对危害结果的发生起着决定的作用。这是因为原因（行为）中虽然存在着危害结果的根据，但这一根据太小，它并不能决定危害结果的发生；动态条件虽然不是根据，但它却包含着发生危害结果的必然性，因而能够决定危害结果的发生。当然，说它是条件，是从刑法意义上相对于原因而言的，如果从哲学意义上就动态条件自身与危害结果的关系而言，则动态条件就是原因。因为从哲学意义上看，动态条件中确实包含着危害结果发生的必然性，是它直接地决定了危害结果的发生。但在刑法意义上，我们只能把它看做危害结果发生的一个条件，而不把它看做原因。这是因为动态条件是在原因的支配或促使下才发生的，没有原因（行为），就不会有动态条件。比如前例中，是某丙刹不住车的行为（动态条件）直接撞死了某乙，但某丙刹不住车的行为又是由某甲的追赶行为（原因）支配和促使的，如果没有某甲的追赶行为，某丙就不需要紧急刹车，自然就不存在某丙刹不住车的行为。所以，某乙死亡的根据存在于某甲的追赶行为之中，而不是存在于某丙的开车行为之中。

第四，动态条件对危害结果的发生所起的决定作用，是由原因支配或促使的。在偶然因果关系中，危害结果的发生虽然是由动态条件决定并直接引起的，但动态条件的作用的发挥，却离不开原因的支配或促使。换言之，没有原因的作用，动态条件根本就不会发生，或者即使发生也无法决定和引起危害结果的发生。比如前例中，某乙虽然是由某丙的开车行为直接撞死的，但若没有某甲的追赶行为，某乙的开车行为根本不可能撞死某乙。正是某甲把某乙追赶到某丙行驶着的汽车跟前，而且出现得那么突然，才使得某丙急需刹车却又来不及刹车。可见，某丙刹不住车的行为，是由某甲的追赶行为促成的。

---

① 这里的条件，是指介入原因之后的人的行为或自然力，如介入某甲的追赶行为之后的某乙的逃跑行为、某丙的开车行为，等等。

第四节 偶然因果关系的分类

关于偶然因果关系的类型，目前主要有三种分法：第一种是把偶然因果关系分为简单的和复杂的两种类型。简单的偶然因果关系，是指一个危害行为造成一个危害结果，又与自然力或他人的正当行为（即事件）相竞合，产生了另一个危害结果，而且与危害行为相竞合的事件是后一结果出现的根本的、决定性的原因，它决定了这后一结果出现的必然性。这时，危害行为与后一结果之间是偶然的因果关系。这种简单类型的偶然因果关系，又进一步分为与自然力相竞合、与正当行为相竞合两种；复杂的偶然因果关系，是指两个必然过程分别由两个危害行为组成，它们的交叉或衔接所形成的因果关系。此种复杂的偶然因果关系，又进一步分为同时交叉型和先后衔接型两种[①]。第二种是把偶然因果关系分为一般的和特殊的两种类型。一般的偶然因果关系，是指由于两个以上的必然因果链条相互交叉而引起某种危害结果，其中必有某种原因同结果之间存在外在的偶然的联系；特殊的偶然因果关系，是指行为人所实施的危害行为通常不会引起某种危害结果，但由于某种自然因素的介入，以致引起这种结果[②]。第三种是采用列举几种情况的方式对偶然因果关系进行分类，一共列举了四种情况：（1）甲行为直接引起A结果，在其继续发展中，偶然地介入乙的行为作用于A结果，从而产生B结果，则甲行为与B结果有偶然因果关系；（2）甲行为直接造成A结果，偶然地介入自然力作用于A结果，从而产生B结果，则甲行为与B结果有偶然因果关系；（3）甲行为引起被害人的行为，又由于被害人在行为过程中的偶然疏忽，造成危害结果，则甲行为与危害结果间有偶然因果关系；（4）甲行为引起被害人的行为，又偶然介入第三者的行

① 李光灿、张文、龚明礼著：《刑法因果关系论》，北京大学出版社1986年版，第123~127页。

② 高铭暄主编：《新中国刑法学研究综述》，河南人民出版社1986年版，第175页。

为，造成危害结果，甲行为与危害结果间有偶然因果关系①。

以上几种对偶然因果关系的分类方法，各有特点及长处。但遗憾的是，他们对偶然因果关系的理解和界定不完全正确（这一点在本章第二节中已经指出），因而自然会把一些不具有偶然因果关系的案例也划分到偶然因果关系中来。当然，这一点不影响分类方法的科学性。上述前两种分法具有概括性和条理性，第三种分法具有直接性和直观性，但笔者更倾向于第一种分法。所以，本书对偶然因果关系也采用简单与特殊的分类方法。当然在对二者的界定上，与上述第一种分法并不完全相同。

一、简单类型的偶然因果关系

这种偶然因果关系是指一个危害行为（偶然原因）支配、促使一个或数个动态条件，从而造成一个危害结果所形成的因果关系。它的特征是，只有一个危害结果，偶然原因对危害结果起引起作用，对动态条件起支配作用，动态条件对危害结果起决定作用。此种因果关系，根据动态条件的数量和性质，又可派生出以下两种分法：

（一）根据动态条件的数量是一个还是数个，可把这种简单的偶然因果关系划分为单一条件式简单偶然因果关系和复合条件式简单偶然因果关系

(1) 单一条件式简单偶然因果关系，是指一个危害行为支配或促使一个动态条件发挥作用，造成一个危害结果所形成的因果关系。它的特征是，原因、动态条件和危害结果都是一个（如图9-2）。例如，青年某甲站在工厂大门内侧门卫值班室的门前抽烟，见司机某乙开着汽车从大门进来，出于开玩笑的意思，将正燃着的烟头朝汽车驾驶室扔去，不料烟头正好扔进某乙的脖领里，某乙冷不防脖子被烧，突然紧张，不但误踩了油门，而且打歪了方向盘，将

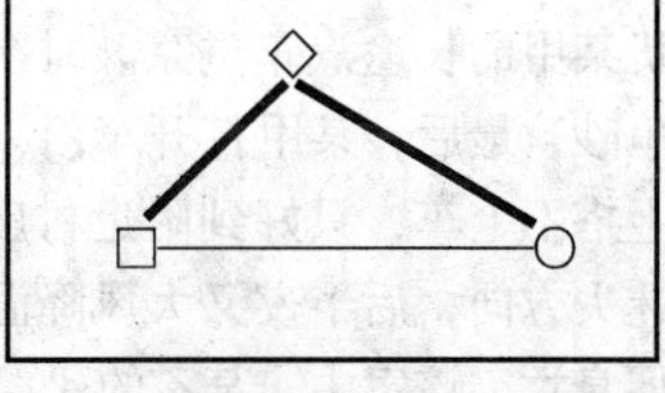

(图9-2)

① 王作富著：《中国刑法研究》，中国人民大学出版社1988年版，第135~137页。

站在工厂大门里边的某丙撞死。该案中，某甲朝驾驶室扔烟头的行为与某丙的死亡之间就是一种单一条件式简单偶然因果关系。其中，某甲的行为是原因，某乙的行为是动态条件，某丙的死亡是危害结果。在某甲的行为与某乙的行为、某乙的行为与某丙的死亡之间，存在着两个必然因果环节。

(2) 复合条件式简单偶然因果关系，是指一个危害行为支配或促使数个动态条件发挥作用，从而造成一个危害结果所形成的偶然因果关系。它的特征是，只有一个原因和一个危害结果，但有数个动态条件（如图9-1）。例如前文所举的某甲追打某乙，致某乙被汽车撞死的案例，就属于此种类型的偶然因果关系。在该案例中，某甲的追打行为是原因，某乙逃向大街的行为和某丙刹不住车的行为是动态条件，某乙的死亡是危害结果。在某甲追、某乙跑、某丙撞、某乙死之间存在着三个必然因果环节。

(二) 根据动态条件的性质，可把简单的偶然因果关系再划分为与自然力相竞合的简单偶然因果关系和与人的行为相竞合的简单偶然因果关系

(1) 与自然力相竞合的简单偶然因果关系，是指一个危害行为支配或促使某种自然力发挥作用，从而引起一个危害结果的偶然因果关系。它的特征是，动态条件即直接引起危害结果的原因是自然力，而不是人的行为。例如，冬季的一天下午，某乙和众人一起乘坐个体司机某甲的长途汽车进京。时至夜里，某甲、某乙二人因票价问题发生争吵，最后，某甲打开车门，令同伙硬把某乙推下车去。某乙在公路上搭不上车，只好到附近村庄避寒。因地形不熟，又漆黑一片，某乙迷失方向，后半夜又大风降温。第二天有人发现时，某乙在野外被冻僵身亡。该案中，某乙的死亡是由自然力（寒冷）直接引起的，但寒冷之所以能对某乙的身体发挥作用，又是由某甲的行为促成的，而且某甲的行为在当时的条件下含有致某乙死亡的偶然性。所以某甲的行为与某乙的死亡属于与自然力相竞合的简单偶然因果关系。其中，某甲的行为是偶然原因，自然力（寒冷）是动态条件，某乙的死亡是危害结果。在某甲推某乙下车、某乙被置于野外、某乙挨冻、某乙死亡

之间形成三个必然因果环节。

(2) 与人的行为相竞合的简单偶然因果关系，是指一个危害行为支配或促使另一个人的行为，由另一个人的行为直接引起危害结果所构成的偶然因果关系。此种因果关系根据相竞合的另一行为的性质，又可分为如下两种：

第一，与正常行为相竞合的简单偶然因果关系。例如，某甲骑自行车速度太快，且左突右拐，致将靠近汽车道骑车的某乙撞倒在汽车道内，恰遇某丙驾驶的汽车按正常速度驶来，因来不及刹车，致将某乙轧死。本案中，某甲的违章行为与某丙的正常驾车行为相竞合，造成了某乙的死亡。某甲的行为与某乙的死亡有偶然的因果关系。

第二，与违法行为相竞合的简单偶然因果关系。例如，某甲骑自行车带着朋友某乙进城，在一岔道口不注意观察即横穿公路，恰遇某丙驾驶汽车超速行驶，致将某甲骑的自行车撞倒，造成某乙死亡。本案中，某甲的行为是违章的，某丙驾车超速行驶也是违章的，正是某甲的行为与某丙的违法行为相竞合造成了某乙死亡的危害结果，所以某甲的行为与某乙死亡之间是偶然的因果关系。

这里需要注意的一个问题是，违法行为与故意犯罪行为相竞合不能形成偶然因果关系。因为此种情况下，前一行为中包含的引起某一危害结果的偶然性已经被犯罪行为所切断。比如，某甲骑车带某乙违章横穿公路某丙见某乙正是自己的仇人，故意开快车将某乙撞倒并轧死。这里，虽然某甲违章横穿公路的行为中含有发生车祸致某乙死亡的偶然性，但这一偶然性在发展过程中已被某丙的故意犯罪行为所切断或者说某乙的死亡不是某甲的行为中所包含的偶然性的合乎规律的发展结果，因而，某甲的行为与某乙的死亡没有偶然因果关系。

二、复杂类型的偶然因果关系

这种偶然因果关系，是指一个危害行为直接造成一个较轻的危害结果，在其发展过程中，又支配或促使另一个行为或自然力（动态条件）发挥作用，从而造成另一个更严重的危害结果，这时，前一危害行为与后一严重的危害结果之间具有偶然的因果关系。它的特征是，具有轻、重两个危害结果，前行为与前结果之间是直接的必然的因果联系，后行为或自然力（动态条件）与后结果之间也是直接的必然的因果联系，但前行为与后结果之间则是间接的偶然的因果联系。用图形表示，前行为与后结果之间用较细的黑线相连；前行为与前结果之间、前结果与动态条件（后行为或自然力，符号为“◇”）之间、动态条件与后结果之间均用较粗的黑线相连（如图9－3）。此种偶然因果关系根据动态条件性质，又可分为如下两种：

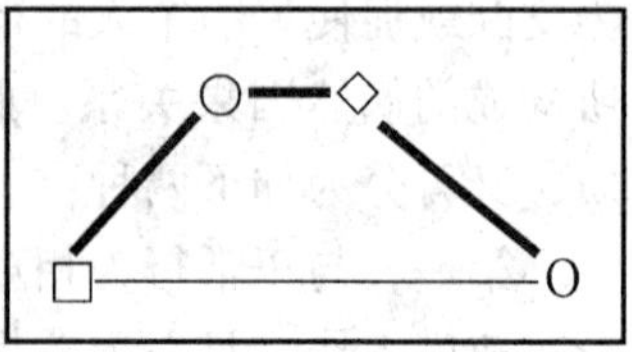

（图9－3）

（1）与自然力相竞合的复杂偶然因果关系。这是指一个危害行为造成一个危害结果，在其发展过程中，又支配或促使某种自然力（动态条件）发挥作用，从而造成更严重的危害结果所形成的偶然因果关系。例如，某年冬季的一个傍晚，甲乙两个农民在收工途中打闹着玩，甲向乙小腿处踢了一脚，乙倒在地上呻吟不止。甲以为乙装样子吓唬他，便不加理睬，径直回到家后就睡觉了。乙因小腿骨折，不能行走，当夜大风降温，天气骤然变冷，第二天人们发现乙时，乙已冻僵身亡。该案中，甲的行为首先造成乙伤的危害结果，由于这一结果的发展（不能行走），使得严寒（自然力、动态条件）对乙的身体发挥作用，进而造成乙死亡的更严重的危害结果。甲的踢腿行为与乙的小腿骨折之间是必然的因果关系，与乙的死亡之间是偶然的因果关系。

（2）与人的行为相竞合的复杂偶然因果关系。这是指一个危害行为造成一个危害结果，在其发展过程中，又支配或促使另一人的行为（动态条件）发挥作用，从而造成更严重的危害结果所形成的偶然因果关系。例如，张某正在街上卖西瓜时，其装钱的布袋被王某夺走，张某立即追赶。在将要追上王某时，后有赵某驾驶汽车快速开来，王某为了逃脱，随即穿越马路，想用汽车阻挡张某的追赶。张某抓贼心切，只顾盯着王某，未发现后面有汽车开来，他刚一拐弯，就被赵某的汽车撞轧而死。该案中，王某的抢夺行为首先造成了张某财产被侵犯的危害结果，该结果必然促使张某追赶王某，在其发展过程中，又介入了赵某违章超速的开车行为，从而造成了某乙的死亡。王某的抢夺行为与张某的追赶是必然联系，被追的王某突然横穿公路与追赶的张某突然横穿公路也是必然的联系，张某在行驶着的汽车前突然横穿公路与其被车所撞仍是必然联系，被车撞与死亡还是必然联系，各个必然环节紧密联结，所以王某的抢夺行为与张某的死亡之间是偶然的因果联系。

此种与人的行为相竞合的复杂偶然因果关系，根据介入的是他人的行为，还是被害人自己的行为，还可以进一步作出分类。因比较简单，故不再细述。

三、不存在偶然因果关系的几种情况

在下述几个案例中，不存在偶然因果关系：

（1）甲轻伤乙，乙去医院治疗的途中，在过马路时被汽车撞死。

（2）甲伤乙，乙去医院治疗，因大夫丙在治疗时使用未消毒的器械，致乙感染败血症而死亡。

（3）甲伤乙，乙住医院治疗，夜里医院失火，乙被烧死。

在以上三个案例中，许多人都认为在甲的伤害行为与乙的死亡之间存在刑法上的偶然因果关系。由此也招来了持“唯必然因果说”的人对“偶然因果说”的极力反驳。其实，这三个案例在甲的行为与乙的死亡之间根本不存在任何因果关系。这一点，我们用前文所讲的成立偶然因果关系的条件（主要是“数个必然因果环节的紧密联结”）稍加分析即可知晓。不难看出，在每个案例中，都呈现出如下四个因果环节：甲殴打——乙受伤——乙去医院治疗，被车撞（或大夫的失职或医院失火）——乙死亡。毫无疑问，这四个因果环节都是必然的因果环节，即甲打乙乙必然受伤，乙受伤必然去医院治疗，乙被车撞或者因大夫失职或者因被火烧必然死亡。但这四个因果环节并不是紧密联结的，即在乙去医院治疗与被汽车撞和大夫失职、医院失火之间，不存在必然的因果联系，换句话说，乙去医院治疗的行为不存在被汽车撞的必然性，也不存在导致大夫失职的必然性，更不存在引起火灾的必然性。而且在甲的殴打行为中，也不存在这样的偶然性。这样一来，上述四个因果环节便是脱节的。这说明，甲的行为没有对直接引起乙死亡的其他原因（车撞、大夫失职、医院失火）起到支配或促使的作用，也就是没有对乙的死亡起到原因的作用。乙被汽车撞死完全是由于乙自己不小心或者是由于司机的违章；乙被感染败血症致死，完全是由于大夫的玩忽职守行为造成的；乙被大火烧死，完全是由于他人不小心用火的缘故。与甲对乙的殴打毫无关系，因此，甲对乙殴打与乙的死亡之间不具有偶然的因果关系。

持“唯必然因果说”的人不承认上述三个案例有偶然因果关系，是正确的，但他们抓住上述三个案例，就彻底否定偶然因果关系，也是不正确的。上述三个案例不存在偶然因果关系，不等于就不存在偶然因果关系的案例了。

第十章 直接因果关系与间接因果关系

以上，我们详细论述了刑法中绝然的、必然的、或然的、偶然的因果关系。这四种刑法因果关系是从事物内在矛盾的量的大小来划分的。由于事物的内在矛盾体现着事物的内在本质，因此也可以说这四种因果关系是从性质上划分的。从性质上讲，任何因果关系都不外乎这四种表现。

除了从性质上对刑法因果关系划分为以上四种之外，还可以对刑法因果关系从形式上划分为直接因果关系和间接因果关系。这种分法是以原因与结果之间是否介入了其他原因为标准进行划分的，或者说是以原因与结果之间因果环节的多少为标准划分的。没有介入其他原因，只有一个因果环节的，就是直接因果关系；介入了其他原因，有两个以上因果环节的，就是间接因果关系。

需要特别强调的是，直接因果关系和间接因果关系仅仅是由于划分方法的不同而产生的。从性质上讲，它们仍然分属于前述四种因果关系，而不是在前述四种因果关系之外又出现了两种新的因果关系。换言之，它们是隶属于前四种因果关系的，而不是和前四种因果关系并列的。有的人在讲到直接因果关系和间接因果关系时，反复强调客观世界中事物联系的多样性，决定了因果联系的多样性，却没有强调直接、间接因果关系与必然、偶然因果关系之间的关系。给人的感觉好像直接因果关系和间接因果关系是独立于必然、偶然因果关系之外的一种新的因果关系，这就不正确了。其实，直接因果关系和间接因果关系只是从形式上讲的。如果从性质上讲，它们仍然分属于绝然的、必然的、或然的、偶然的因果关系。

也有的人不同意把因果关系划分为直接因果关系与间接因果关系，理由是直接原因不一定是决定性的或主要的原因，间接原因也不一定的是非决定的或次要的原因，因而直接原因与间接原因的区分并不能确定行为在结果产生过程中的地位和作用，故而这种划分也就没有多大实际意义。这种见解不是没有道理的。从实际效果上看，这种划分的作用是比不上从性质方面的划分，而且这种划分很容易给人一种误导，以为具有直接因果关系的就是起了主要作用，具有间接因果关系的就是起了次要作用。但笔者以为，这并不能成为否认直接因果和间接因果的理由。因为直接因果、间接因果是客观存在的，不管我们作不作这种划分，它都是客观存在的。不承认它是一种被动的做法。不如对它作一些研究，掌握它的特点、作用以及它与必然、偶然等因果关系的联系，这样对于多角度、多方面地理解因果关系是有好处的。

还有的人把直接因果关系、间接因果关系与必然因果关系、偶然因果关系混为一谈，认为直接因果关系就是必然的因果关系，间接因果关系就是偶然的因果关系，这也是不正确的。直接因果关系有必然的因果关系，也有绝然的因果关系；间接因果关系，既有偶然的因果关系，也有必然的因果关系。这一点在以后的内容中还要讲到，所以这里不多赘述。

第一节　直接因果与间接因果的哲学原理

我们知道，客观世界是无限复杂的相互联系、相互依赖的统一整体。在客观世界的普遍联系中，任何事物都是由先在的事物引起或转化而来的，是先在事物的结果。同时任何事物也都会引起或转化为其他的事物，成为后来事物的原因。这样，在客观世界中就形成了无数个无穷无尽、相互依存、环环相扣的因果链条。这些因果链条又相互交织在一起从而形成了一个无限的密密的网。在这个网上，每一个纽结（简称为“扣”），都是一个已经出现的事物。每一个纽结都连着网上的数个环节，每两个纽结之间便是一个确定的因果联系，同时也是整个链条中的一个环节。正如列宁所说的，“原因和结果只是各种事件的世界性的相互依存、（普遍）联系和相应联结的环节，只是物质发展这一链条上的一环”①。当我们把这个环节从整个因果链条中抽出来，孤立地加以考察时就会发现，其中的前一个事物对后一个事物具有引起的作用，后一个事物是前一个事物引起的。这时我们就会说，前一个事物是原因，后一个事物是结果，二者之间这种引起与被引起的关系就是因果关系。当我们再把这个因果环节重新放回到整个因果链条中去考察时，就会产生这样的疑问：引起这个特定环节中的“原因”的事物，即原因的原因，是不是这个特定环节中的“结果”的原因？被这个特定环节中的“结果”引出的事物，即结果的结果，是不是这个特定环节中的“原因”的结果？或者说它们之间是不是一种因果联系？

从哲学上讲，如果把某一个特定的因果环节的原因视为中介，把引起这个特定环节中的原因的先在事物视为原因，则这个先在事物与这个特定因果环节中的“结果”就构成了一个间接的因果环节，即原因（先在事物）⟶中介（原来的原因）⟶结果。如果把一个特定的因果环节的结果视为中介，把被这个特定环节中的结果引起的后一个事物视为结果，则这个特定环节中的原因与后一个事物就也形成了一个间接因果环节，即原因⟶中介（原来的结果）⟶结果（后一个事物）。这两种间接因果环节在客观世界中是普遍存在的。比如，如果把父子视为一个特定的因果环节，并把这个特定环节中的原因（父亲）视为中介，再把父亲的父亲（爷爷）视为原因，那么，在父亲的父亲（先在事物、原因）⟶父亲（中介、原来的原因）⟶儿子（结果）之间，就形成了一个间接的因果环节。同样，如果把父子视为一个特定的因果环节，并把这个特定环节中的结果（儿子）视为中介，再把这个特定环节中的结果的结果（儿子的儿子）视为结果，那么，在父亲（原因）⟶儿子（中介）⟶儿子的儿子（结果）之间，仍然是一个间接的因果环节。由此可见，在哲学理论上，间接因果是讲得通的。有的同志认为，哲学上的因果关

① 列宁：《黑格尔〈逻辑学〉一书摘要》，载《列宁全集》第38卷，人民出版社1960年版，第168页。

系只能就一个因果环节而言，因而因果关系只能是必然的联系。这是不正确的。其实，哲学上的因果关系既可以就一个环节而言，也可以就两个以上的环节而言。就一个环节而言时，它是直接的因果关系，就两个或两个以上的环节而言时，它就是间接的因果关系。又由于链是由环组成的，两个以上的环组合在一起就是一个链，因此可以说，直接因果关系与间接因果关系的关系就是环与链的关系。齐平、梁超曾经说过："在一个环节上直接相联、相通的因果即由直接原因产生直接结果的因果，就是直接性结果"。"在不同环节上间接相联、相通的因果就是间接性因果"①。这话是完全正确的。

需要注意的是，关于直接原因和间接原因的理论，在哲学上还有另外一种说法。例如，高清海先生指出："所谓事物的变化，说到底也就是根据的变化，根据构成变化的基本内容，它不仅是引起变化的根本原因，而且归根到底说来也就是变化本身。在这个意义上说，根据是引起变化的直接原因。而条件虽然也是变化过程中不可缺少的因素，但不构成变化的本质内容。条件只有作用于根据，被根据消化、吸收，才能进入事物变化的内容。因此，条件只有通过根据才能影响事物的变化，条件对变化的作用，是直接表现在对根据的作用之中的。在这个意义上说，条件就是引起变化的间接原因"②。高清海先生在这里所说的直接原因和间接原因也是完全正确的。他是从事物变化中内在根据与外在条件所起的不同作用上来讲的。比如当鸡蛋变成小鸡时，鸡蛋内部的胚胎是变成小鸡的直接原因，适当的温度是鸡蛋变成小鸡的间接原因。或者说，温度是通过作用于胚胎从而间接地对鸡蛋变为小鸡发挥作用，而胚胎则是在温度的配合下直接变为小鸡的。可见，高清海先生所讲的直接原因和间接原因与我们所讲的直接因果和间接因果并不是一回事。我们所讲的直接因果和间接因果是就是否属于同一个因果环节加以区分的，高先生所说的直接原因和间接原因是就是否属于事物变化的内在根据加以区分的。因此要特别注

① 齐平、梁超：《关于因果的分类》，载《争鸣》1984年第1期，第37页。
② 高清海主编：《马克思主义哲学基础》，人民出版社1985年版，第276～277页。

意，不要把这两种不同的说法混为一谈。

第二节 直接因果关系

一、直接因果关系的定义

刑法上的直接因果关系，是指在作为原因的行为之后，没有介入其他原因，由该行为自身的作用引起危害结果的一种因果关系。比如，某甲枪击某乙致死，在枪击与死亡之间没有介入其他任何原因，是枪击行为作用于某乙的身体引起了某乙的死亡，这就是一个直接的因果关系。又如，殴打致人受伤、刀砍致人死亡、侮辱诽谤致人名誉受损、非法拘禁致人身自由受到限制、盗窃致他人失去财产所有权、放火致公私财物被焚毁、爆炸致建筑物坍塌，等等，均属于直接的因果关系。

有的同志认为，刑法上的直接因果关系，是指“在没有中介条件或者中介条件不起作用的情况下，危害行为与危害结果之间是引起与被引起之间的关系”。[①] 此种观点把“介入者”称为条件，而不是称为原因。这是有问题的。从司法实践来看，在行为之后仅仅是介入了条件，并不会改变直接因果关系的表现形式。比如，司机甲驾驶汽车不慎将乙撞倒并将乙的大腿轧断，司机丙也是因驾驶汽车不慎将丁的大腿轧断。甲、丙二司机都急忙将被害人送往医院救治。甲因肇事地点距医院较近，将乙送医院后，经抢救转危为安。但丙因肇事地点距医院太远，虽然也急忙将丁送往医院，但等送到医院时，丁已因失血过多，抢救无效死亡。在这两起案件中，甲的行为与丙的行为完全相同，最初的结果也相同，二人所采取的救助行为仍然相同，仅仅因为肇事地点距离医院远近的不同产生了不同的结果。显然，丁的死亡与距离医院太远不无关系。但距离医院远，仅仅是一个条件，并不是另一个行为（原因）。因此，丙的肇事行为与丁的死亡之间仍然是直

---

① 马克昌、杨春洗、吕继贵主编：《刑法学全书》，上海科学技术文献出版社 1993 年版，第 74 页。

接的因果关系，不能认为是间接的因果关系。但若按照上述这种观点，丙的行为与丁的死亡之间就成了间接的因果关系了。可见，将行为与结果之间的“介入者”限定为条件，是不恰当的。这很容易混淆直接因果关系与间接因果关系的区别。

二、直接因果关系的特征

（1）直接因果关系只有一个因果环节。由于直接因果关系是由作为原因的行为直接引起危害结果，在原因与结果之间没有介入任何其他的原因，因而在这种直接因果关系中只有一个原因，一个结果，因而也就只能有一个因果环节。

（2）直接因果关系直观、简单，容易预见。由于直接因果关系只有一个因果环节，原因与结果之间的引起与被引起的关系便十分的简单、明了，具有直观性，因而比较容易被行为人所预见。

（3）从性质上看，直接因果关系主要表现为绝然的或必然的因果关系，也可以表现为或然的因果关系。比如，用斧子猛击人的脑袋，斧击与死亡之间是一种绝然的直接因果关系；在近距离内（30米左右）用手枪对着人开枪，枪击与死亡之间是一种必然的因果关系；在远距离内（70米左右）用手枪对着人开枪，枪击与死亡之间是一种或然的因果关系。

三、直接因果关系的具体表现

司法实践中，表现为直接因果关系的个案是形形色色、无奇不有的。但归纳起来，主要有以下三种具体表现：（1）一因一果式的直接因果关系，即一个行为直接造成了一个危害结果，如甲用刀将乙砍伤；（2）一因多果式的直接因果关系，即一个行为直接造成了数个危害结果，如一个爆炸行为，同时炸毁了房屋，又炸死了数人；（3）多因一果式的直接因果关系，即数个行为直接造成了一个危害结果，如甲乙二人同时殴打丙，致丙死亡。

以上是从原因与结果的数量上来划分的，如果从因果关系的性质上来划分，还可以把直接因果关系划分为绝然的、必然的和或然的三种。绝然的直接因果关系，是指在行为的内在矛盾中包含着引起危害结果的100%的发展趋势，且已变成了现实性。例如，用斧子猛击人的脑袋，就包含着100%的致人死亡的趋势，因而，斧击与死亡之间就是一种绝然的直接因果关系。必然的直接因果关系，是指在行为的内在矛盾中包含着引起危害结果的必然性（即接近于1但仍小于1的可能性），且必然性已变成了现实性。例如，在近距离内用手枪对着人开枪，开枪中就包含着致人死亡的必然性，因而，近距离对着人开枪与死亡之间是一种必然的直接因果关系。或然的直接因果关系，是指在行为的内在矛盾中包含着引起危害结果的或然性（即50%左右的可能性），且或然性已变成了现实性。例如，在远距离（70米左右）内对着人开枪，开枪中包含着60%的致人死亡的可能性，因而，开枪与死亡之间是一种或然的因果关系。

四、直接因果关系在刑法中的地位和作用

（1）在直接故意犯罪中，直接因果关系不是犯罪构成的客观要素，换言之，没有直接因果关系并不影响犯罪的成立。例如，杀人犯用枪杀人，但未击中被害人。不能因为没有因果关系而否认杀人罪的成立。

（2）在直接故意犯罪中，当出现了犯罪目的之外的危害结果时，行为与结果之间虽然具有直接的因果关系，但这种因果关系不能改变原有的犯罪性质。例如，杀人犯未将被害人杀死，但已将被害人杀伤。杀人行为与伤害之间虽然具有直接的因果关系，但对杀人犯仍应定杀人罪，不能根据这种伤害的因果关系对杀人犯改定伤害罪。

（3）在直接故意犯罪中，直接因果关系的有无，决定着犯罪的既遂与未遂。例如，杀人犯已将被害人杀死，杀人行为与死亡之间具有直接的因果关系，杀人犯构成杀人罪的既遂。如果已实施杀人行为，但未将人杀死，也未杀伤，则不具有因果关系，杀人犯构成杀人罪未遂。

（4）在间接故意和过失犯罪中，因果关系是犯罪构成的客观要素之一，因此，直接因果关系的成立决定着犯罪的成立。例如，甲上山打猎，眼见一只野兔旁边有人，明知此时开枪有可能伤人，但存侥幸心理，仍然开了枪，结果打伤了旁边的人。甲的开枪行为与伤害之间具有直接因果关系，甲构成了间接故意伤害罪。又如，丙玩弄枪支走火，如果打死了人或致人重伤，直接因果关系成立，丙构成过失致死罪或者过失重伤罪；如果未致人伤亡，因果关系则不成立，丙不构成犯罪。

第三节　间接因果关系

一、间接因果关系的定义

刑法上的间接因果关系，是指在作为原因的行为之后又介入了其他原因，由其他原因直接引起了危害结果的发生，或者是由行为直接造成的危害结果，又造成其他危害结果的情况下，前行为与后结果之间所形成的间接的引起与被引起的关系。比如，在某甲的教唆下，某乙杀死了某丙。某甲的教唆行为与某丙的死亡之间是一种间接的因果关系。又如，建筑队队长王某在指挥工人建筑施工时，指使工人偷工减料，致使大楼刚竣工不久突然坍塌，并砸死数人。王某指使工人偷工减料的行为与人员死亡之间也是一种间接的因果关系。

有的人认为，间接因果关系，是指“在危害行为与危害结果之间存在中介条件，通过中介条件作用危害行为间接地造成了危害结果。于是，危害行为与危害结果之间构成间接的因果关系”。[①] 此种见解是不正确的，它至少具有如下两点缺陷：

其一，将“介入者”称之为条件而不是原因，是不对的。我们知道，条件与原因具有质的区别，条件总是相对于原因而存在的，它只能依附于原因并对原因起配合作用，而不能在原因之外独立存在。没有条件，原因照样可以存在，但若没有原因，条件就无从产生和存在。所以，能与结果之间形成因果关系的，只能是原因而不可能是条件。若把原因与结果之间的“介入者”称之为条件，并把前行为（原因）与结果之间的关系称之为间接因果关系，那就等于是说在原因与条件和条件与结果之间都可以形成直接的因果关系，这是不符合

① 马克昌、杨春洗、吕继贵主编：《刑法学全书》，上海科学技术文献出版社 1993 年版，第 74 页。

因果关系的基本原理的。事实上，在条件与结果之间永远不可能形成因果关系，能形成因果关系的，只能是原因与结果。当然，在行为与结果之间介入条件的情况是经常出现的。若真的在行为之后介入了条件，并在条件的作用下产生了危害结果，那么，条件对原因所起的仍然是配合作用，与危害结果之间具有因果关系的仍然是原因而不是条件，这时候的因果关系仍然是直接因果关系，而不是间接因果关系。比如，司机某甲因超速开车误将某乙撞伤，某甲急忙将某乙送往医院抢救，但因距医院太远，等送到医院时，某乙因失血过多而抢救无效死亡。在这个案件里，距医院太远是一个重要的条件，若不是距医院太远，某乙不至于死亡。但“距医院太远”这个条件对某乙的死亡仅仅是起到了配合的作用，并未起到原因的作用，原因仍然在于某甲的超速开车行为。所以，不能说距离医院太远与某乙的死亡之间具有刑法上的因果关系，更不能说某甲的超速开车行为与距离医院太远具有直接的因果关系。而只能说某甲的超速开车行为与某乙的死亡之间具有因果关系，而且这是直接的因果关系，不是间接的因果关系。

其二，此种见解只讲到在行为与结果之间因介入另一个原因而形成的间接因果关系，而未讲在直接结果之后又出现间接结果所形成的间接因果关系。这就使间接因果关系的外延过于狭窄了。比如，前文曾说过的在建筑施工中偷工减料，导致刚刚竣工的大楼坍塌，并砸死数人的案例，偷工减料行为与人员死亡之间显然具有间接的因果关系。这种间接因果关系与甲教唆乙，乙杀死丙所形成的间接因果关系，不完全相同。区别在于，后者是在行为之后又介入行为，共有两个行为一个结果，其表现形式是：行为⟶行为⟶结果；而前者是在危害结果发生之后，又发生结果，共有一个行为两个结果，其表现形式是：行为⟶结果⟶结果。可见，这两种间接因果关系是不完全相同的，不应该只取其中的一种而丢掉另一种。

二、间接因果关系的特征

（1）间接因果关系是一个较短的因果链条。由于间接因果关系是由介入行为直接引起的危害结果，或者是在直接结果之后又出现了其他结果，因而在这种间接因果关系中可能有两个原因，一个结果；

也可能有两个原因，两个结果；还可能有一个原因，两个结果。因而，从最初的行为到最后的结果之间就会有两个、三个或者四个、五个因果环节。这实际上是一个较短的因果链条。

(2) 间接因果关系不具有直观、简单的特点，不容易为行为人所预见。由于在间接因果关系中介入了其他行为或者又发生了其他结果，因果联系不再是一个环节，而是一个链条，因而也就不像直接因果关系那样直观、简单、明了和容易预见了。个别间接因果关系对于行为人来说，甚至可以说是很难预见的。比如甲致乙轻伤，乙因感染败血症而死亡。这里的间接因果关系对于甲来说就很难预见。当然，也有个别间接因果关系与直接因果关系一样容易预见。比如教唆杀人这样的间接因果关系，就很容易预见。

(3) 从性质上看，间接因果关系既可以表现为或然的因果关系，也可以表现为偶然的因果关系。不能表现为绝然的和必然的因果关系。比如，丙对丁实行非法拘禁并殴打折磨，丁不堪忍受而自杀身亡。丙的非法拘禁和殴打行为与丁的死亡之间是一种或然的间接因果关系。理由是，在丙的非法拘禁和殴打行为中包含着引起丁自杀的可能性，但不包含必然性；又如，刘某在一条死胡同里追打儿童小丁，小丁在逃到大街岔路口的一瞬间，被赵某从侧面开来的汽车撞死。刘某的追打行为与小丁的死亡之间是一种偶然的间接因果关系。理由是，在刘某的追打行为中只是包含着引起小丁死亡的偶然性，并不包含必然性，更不包含绝然性。

有的人认为，“某一行为间接造成某种社会危害结果时，行为与结果之间的因果关系是偶然的因果关系”。① 这种把间接因果关系与偶然因果关系等同的观点显然是不正确的。前文我们已经指出，在间接因果关系中存在偶然因果关系，但同时也存在或然的因果关系。这是因为，在间接原因中并非只包含着间接结果的偶然性，也有包含或然性的情况。当间接原因中包含着间接结果的或然性，这种或然性变为现实性的时候，间接原因与间接结果之间就会形成或然的因果关系。

---

① 高铭暄主编：《新中国刑法学研究综述》，河南人民出版社 1986 年版，第 185 页。

三、间接因果关系的种类和具体表现

间接因果关系共有如下四种类型：

（一）由两个原因和一个结果所形成的间接因果关系

可用符号表示为“□⟶□⟶○”。其中左边的“□”代表原因，中间的“□”代表中介，“○”代表结果。左边的“□”与“○”之间是间接的因果关系，两个“□”之间和中间的“□”与“○”之间则是直接的因果关系。此种类型的间接因果关系有如下数种表现形式：

（1）在教唆犯的行为之后介入实行犯的行为，由实行犯的行为直接造成危害结果。在教唆行为与危害结果之间形成间接因果关系。

（2）在过失行为之后介入另一过失行为，由另一过失行为直接造成危害结果，前一过失行为与危害结果之间形成间接因果关系。例如，大夫甲在开处方时误将注射药量扩大10倍，护士乙在注射时虽发现药量太大，对此产生怀疑，但因过于相信大夫，未找大夫核对，直接将药注射给病人，致病人死亡。

（3）在故意行为之后介入另一故意行为，由另一故意行为直接造成危害结果，在前一故意行为与危害结果之间形成间接因果关系。例如，甲推乙入水，乙欲上岸，丙在岸上阻拦，乙因不会游泳，被水淹死。

（二）由三个原因一个结果所形成的间接因果关系

可用符号表示为“□⟶□⟶□⟶○”。其中左边的“□”代表原因，中间的两个“□”代表中介，“○”代表结果。左边的“□”与“○”之间形成间接的因果关系。此种类型的间接因果关系有如下两种表现形式：

（1）在危害行为之后，介入被害人自己的行为，又介入第三者的行为，造成一个危害结果，最初的行为与危害结果之间形成间接因果关系。例如，甲在后边追打乙，乙在慌乱中跑向大街，被不注意观察的丙驾驶的汽车撞死。

（2）在危害行为之后，介入被害人自己的行为，又介入自然力，造成一个危害结果，在危害行为与危害结果之间形成间接因果关系。

例如，甲在后边追打乙，乙在逃跑中不注意观察，被脚下的树根绊倒，脑袋正好磕在石头上，导致死亡。

（三）由一个原因两个结果所形成的间接因果关系

可用符号表示为“□——→○——→○”。其中的“□”代表原因，中间的“○”代表中介，右边的“○”代表结果。“□”与右边“○”之间是间接的因果关系，“□”与中间的“○”之间和中间的“○”与右边“○”之间则是直接的因果关系。此种类型的间接因果关系只有如下一种表现形式：危害行为造成一种危害结果，该危害结果又直接造成另一种危害结果，在危害行为与最后的结果之间形成间接因果关系。例如，建筑施工人员因偷工减料使刚刚建成的大桥突然坍塌，大桥坍塌又砸死了桥下的行人。

（四）由两个原因两个结果所形成的间接因果关系

可用符号表示为“□——→○——→□——→○”。其中左边的“□”代表原因，右边的“○”代表结果，中间的“○”和“□”代表中介。左边的“□”与右边“○”之间形成间接的因果关系。此种类型的间接因果关系有如下三种表现形式：

（1）行为人造成危害结果之后，介入被害人自己的行为，又引起另一个危害结果。例如，甲虐待乙，乙因不堪虐待而自杀。

（2）行为人造成危害结果后，介入自然力，由自然力又引起另一个危害结果。例如，甲殴伤乙，伤口又感染败血症，致乙死亡。

（3）行为人造成危害结果后，介入第三者的行为，又造成另一个危害结果。例如，甲骑自行车横冲直撞，将靠近汽车道骑车的乙撞倒在汽车道内，恰遇丙驾驶汽车因不注意观察而未发现倒地的乙，以致未及时采取刹车措施，致将某乙轧死。

四、间接因果关系在刑法中的地位和作用

间接因果关系在刑法中的地位和作用，体现在以下几个方面：

（1）在间接故意或过失犯罪中，作为犯罪构成的客观要素之一，决定行为是否构成犯罪。例如，甲骑自行车横冲直撞，将靠近汽车道骑车的乙撞倒在汽车道内，恰遇丙驾驶汽车因不注意观察而未发现倒地的乙，以致未及时采取刹车措施，将某乙轧死。甲的行为与乙的死之间若有间接因果关系，甲构成交通肇事罪，若没有因果关系，则无罪。

（2）在行为人具有犯罪故意的前提下，决定构成犯罪既遂还是未遂。例如，甲教唆乙杀丙，如果乙将丙杀死，间接因果关系成立，甲构成教唆杀人既遂；如果乙未将丙杀死，也未杀伤，间接因果关系不成立，甲构成教唆杀人未遂。

（3）在行为人构成故意犯罪的前提下，决定结果加重犯的成立。如甲虐待乙，乙因不堪虐待而自杀。甲构成虐待罪无疑。如果甲的虐待行为与乙的死亡之间具有间接因果关系，甲构成虐待罪的结果加重犯，适用刑法第 260 条第 2 款的法定刑；如果不具有间接因果关系，甲只构成虐待罪，适用刑法第 260 条第 1 款的法定刑。

（4）在行为人构成犯罪的前提下，间接因果关系可成为量刑时酌情考虑的一个从重情节。例如，偷工减料造成大桥坍塌，大桥坍塌又砸死了桥下行人，偷工减料的行为与砸死行人之间所形成的间接因果关系，成为对工程重大安全事故罪从重处罚的一个情节。

第十一章 自杀案件的因果关系

自杀，是指行为人有意识地自己剥夺自己的生命。毫无疑问，这是人间的一种悲剧。遗憾的是，从古到今，这种悲剧都在不断地上演着。

对于自杀的评价，从古到今，不完全相同。在古希腊，有人认为人是上帝的财产，不能由自己任意摆布。但也有人认为，当一个人身处逆境，无法忍受下去的时候，自杀是一种体面的退场，是无可指责的。甚至有人把自杀看做一种英雄的举动。在欧洲古代，有些国家竟然提倡自杀，凡 80 岁以上的老人，不愿生存者，可请求政府给予毒药以自杀。但从中世纪开始，又走向了另一个极端——认为自杀是一种严重的犯罪。对自杀身亡者，不得用礼仪安葬，或者用特殊的葬礼进行羞辱；对于自杀未遂者，则处以刑罚，或者剥夺其名誉权。这种将自杀以犯罪看待的立法，至今在美国、印度等一些国家的法律中仍有体现。不过，自近代以来，世界上绝大多数国家已不再把自杀行为本身规定为犯罪，而是仅仅把教唆或帮助他人自杀的行为规定为犯罪。这说明，对于自杀的评价，从古到今也有一个不断进步的过程。

第一节 自杀案件因果关系的研究对象

讨论自杀案件因果关系的研究对象，是要解决到底以什么为原因，以什么为结果，来研究自杀案件的因果关系。在这个问题上，刑法学界同样有着不同的见解。

一、关于自杀案件因果关系的原因

自杀，是自己剥夺自己的生命。从物理原因上讲，死亡的结果是由行为人自己的自杀行为直接造成的。显然，自杀是原因，死亡是结果。但这仅仅是从物理原因上讲的，如果从刑法理论上讲，人们则不把自杀行为看做自杀死亡的原因。这是因为：第一，研究自杀案件因果关系的目的，是为解决自杀案件中的刑事责任问题提供客观依据。但在自杀案件中，不能让自杀者自己承担刑事责任。这样，把自杀者的自杀行为作为原因加以研究就毫无意义了。第二，如果把自杀行为看做死亡的原因，那就意味着要追究自杀者的刑事责任。然而，自杀者已经死亡，无法承担刑事责任。自杀未遂者虽然可以承担刑事责任，但若对自杀未遂者施以刑罚，就等于逼迫自杀未遂者再去自杀。因为既然自杀，定有活不下去的原因。再施以刑罚，等于雪上加霜，显得很不人道。也正是因为如此，我国刑法未把自己杀害自己的行为规定为犯罪。第三，任何人的自杀都不是无缘无故的，其背后必然有着导致自杀者不得不自杀的原因。而刑法理论上正是要从这种“导致自杀者不得不自杀的原因”中寻找自杀案件的因果关系。只有这样，才能找到自杀案件的真正原因，也才能更加有效地阻止和减少自杀悲剧的发生。因此，我们从刑法角度来研究自杀案件的因果关系时，不能把自杀行为看做自杀死亡的原因，而只能从引起自杀行为的原因中去寻找自杀的原因。

然而，引起自杀行为的原因是相当复杂的。从自杀发生的根据上讲，有的是因为贫困潦倒而自杀；有的是因为身患绝症而自杀；有的是因为自己做错了事而自杀；有的是因为受到侮辱诽谤而自杀；也有的是由于受到迷信欺骗而自杀；还有的是由于被人逼迫而自杀，等等。但若仔细研究又可发现，仅有这些根据并不一定能引起自杀案件的发生，除了这些根据以外，还要有一些条件来配合，这就是自杀者自己的心理因素。同样是患了绝症，为什么有的人自杀，有的人就没有自杀？同样是穷人，同样是丢失了几十元、几百元钱，为什么有的人自杀，有的人就没有自杀？为什么有的人被他人辱骂几句就自杀，而有的人被人侮辱诽谤甚至被强奸也没有自杀？这里就有一个心理素质的问题。有的人意志坚强，百折不挠，不论遇到多大的困难也不会自杀；而有的人心理脆弱，经不起挫折，稍微遇到一点困难就悲观厌世，想要自杀。可见，在自杀案件中，自杀者脆弱悲观的心理因素也是导致自杀身死的一个相当重要的因素。因此，如果把自杀行为看做结果的话，那么，他人的行为或者一些现实存在的不利因素就是原因，而自杀者脆弱悲观的心理因素，则是引起自杀的条件。

有的人在研究自杀案件的因果关系时，是把自杀者的自杀行为作为原因，把引起自杀者自杀的他人行为作为条件。也有的人恰恰相反，是把引起自杀者自杀的他人行为作为原因，把自杀者的自杀行为作为条件。笔者以为，这两种研究方法都是值得商榷的。我们通常所说的原因，一般都是指内含结果之根据的事物。从这个意义上讲，引起自杀者自杀行为的他人行为，当然是自杀者自杀行为的原因，而自杀者的自杀行为也当然是自杀者死亡的原因。如果只把自杀者的死亡看做结果的话，那么，自杀者的自杀行为和他人的行为都是原因。因为他人的行为既然内含着自杀行为的根据，当然也就内含着自杀身亡根据，因此，他人行为和自杀行为都是自杀身亡的原因。因而，不论把他人行为看做条件，或是把自杀行为看做条件，都是不正确的。

当然，我们把自杀行为看做自杀身亡的原因，这只是从哲学意义上讲的，而不是从刑法意义上讲的。也就是说，我们虽把自杀行为看做自杀身亡的原因，但并不追究自杀行为的刑事责任。

当我们把自杀者的自杀行为看做结果，把他人的行为看做引起自杀行为的原因时，就不难发现，自杀者脆弱悲观的心理因素也是引起自杀行为的一个相当重要的因素。尽管如此，但我们只能把自杀者的心理因素看做引起自杀行为的一个条件，而不能把它看做原因，因为在自杀者的心理因素中并不包含引起自杀行为的内在根据。这样的内在根据只存在于他人的行为之中。

但是，其他人在研究自杀案件的因果关系时，均未考虑自杀者的心理因素在自杀案件中所起的作用，这是很遗憾的。可以说，不考虑自杀者的心理因素，就很难准确把握自杀案件的因果关系。因为在自杀案件中，从实际情况看，确实是他人的行为在自杀者的心理因素的配合下才引起了自杀行为。换言之，如果只有他人的行为没有自杀者脆弱悲观的心理因素，自杀行为并不会发生。这就说明在确定他人行为对自杀行为所起的原因力的大小时，或者在确定他人行为的刑事责任时，应当从总的原因力中减去自杀者心理因素上的原因力，尽管这个原因力很小。自杀者心理因素上的原因力虽然很小，但它却制约着他人行为的原因力的大小。一般来说，他人行为的原因力大，自杀者心理因素的原因力就小，他人行为的原因力小，自杀者心理因素的原因力就大，二者总是依反比例的关系相互依存着。当自杀者心理因素的原因力很小，他人行为的原因力很大时，我们就可以断定他人行为中包含着引起自杀的必然性；当他人行为的原因力很小，而自杀者心理因素的原因力很大时，我们就可以断定他人行为中包含着引起自杀的偶然性；当他人行为和自杀者心理因素的原因力相当时，我们就可以断定他人行为中包含着引起自杀的或然性，由此就可确定某一个具体的自杀案件的因果关系的性质了。可见，在研究自杀案件的因果关系时，把自杀者的心理因素也考虑进来是相当重要的。不过，这里需要强调一点，我们虽然要考虑自杀者的心理因素，但只能把它作为一个条件来考虑，不能把它作为一个原因来考虑。尽管笔者在这里对它也使用了“原因力”这个词，说它对自杀行为的发生也有原因力，但这个原因力仍然是从条件的作用上来谈的。哲学上把条件作为外因，外因也是一种原因。外因与内因的一个区别在于，内因中有根据，外因中没有根据。虽然没有根据，但它对结果的发生也具有一定的原因力。因而，不能因为这里使用了“原因力”一词，而把它看做一个原因。

这样说来，在自杀案件中，引起自杀行为的原因是他人的行为，引起自杀行为的条件是自杀者脆弱悲观的心理因素（当然还有其他方面的条件）。下面，我们分别对这个原因和条件加以研究。

（一）他人行为——自杀行为的原因

在自杀案件中，他人行为是引起自杀的根据，是真正的原因，但他人行为对自杀行为所起的作用也不是同等的。有的起着完全的决定性作用，比如逼人自杀的行为；有的则只是起着一定的决定性作用，比如严重的侮辱诽谤行为；也有的甚至不起决定作用。如果对引起自杀行为的他人行为进行概括归类的话，可以概括为如下几类：(1) 他人正当、合法的行为引起自杀。例如，一中学生经常旷课，不完成作业。班主任找到该学生的家长反映了其在校表现，家长打了该学生。该学生觉得在学校受老师批评，回家又挨家长打骂，十分委屈，于是喝了一些农药自杀身亡。老师的行为属于合法行为。(2) 他人违反道德或纪律的行为引起自杀。例如，张某兄妹四人在其父病危之际为争夺父亲遗产而吵架，其母因为儿女不孝十分生气而自杀。张某兄妹四人的行为属于不道德行为。(3) 他人违反一般法律、法规的行为引起自杀。例如，市场管理人员某甲对在自由市场卖菜的妇女某乙乱收费，某乙拒不交纳，二人由吵架变为骂架，某甲打了某乙一个耳光，某乙气愤不过而自杀。某甲的行为属于违反一般法规的行为。(4) 他人违反刑法的行为引起自杀。例如，王某极力反对女儿与青年李某谈恋爱，并将女儿毒打后锁在屋里，导致其女儿自杀身亡。王某的行为属于违反刑法的行为。(5) 直接地逼人自杀。例如，某甲和其母亲一起经常殴打虐待其妻子某乙，这天又将某乙打得很重，之后将某乙关进一个小屋，并扔进去一根绳子和一把剪刀，冷冷地说道："这两样东西你随便挑一样，自己解决了，免得我费事"。结果，某乙用绳子在屋里自缢死亡。

在上述五类他人行为中，显然一至三类都未起到引起自杀的决定性作用，不能成为自杀行为的原因。可以说，在这类行为中，之所以能引起自杀，完全是由于自杀者自己的心理因素起了决定性作用。因为他人的这类行为，根本不足以引起自杀，或者说不可能构成引起自杀的原因。第四类行为则可以起到部分的决定性作用，因而可以成为自杀行为的原因。因为违反刑法的行为是十分严重的侵权行为，不但侵犯人身权利，还往往侵害名誉权利，足可以使人产生生不如死的念头。但这类行为对于引起自杀来说，也未起到完全的决定性作用，应该说自杀者的心理因素也起着一定的决定作用。至于第五类行为，对于自杀行为来说，就具有完全的决定作用了，因而可以说，这类行为是自杀行为的必然原因。因为这类行为已经断了自杀者的生路，在当时的条件下，自杀者只有自杀，别无选择。

北京大学的张文教授和西南政法大学的赵长青教授都认为，在前四类行为中，"能够作为自杀案件因果关系中的原因进行研究的，只能是他人实施的在客观上违反刑法规定的危害社会行为”，而且认为“这种行为，主要是指我国刑法分则条文具体规定的、构成犯罪客观要件所必须具备的那些行为，如非法拘禁行为、侮辱诽谤行为、强奸行为、暴力干涉婚姻自由行为、虐待行为等”。① 刑法分则中没有明文规定的行为，即使引起了自杀，也不能作为自杀案件因果关系中的原因加以研究，否则就会扩大刑法因果关系的研究范围。

应当承认，上述两位教授的意见是完全正确的。他们两位是从不违背刑法这个角度，认为前三类行为不能成为刑法上因果关系的原因，笔者是从不能对结果起决定性作用这个角度，认为前三类行为不能成为刑法上因果关系的原因。出发点虽然不同，但结论是一致的。不论从哪个角度讲，总之，我们不能把正当的、合法的行为，也不能把违反道德、纪律或者违反一般法规的行为作为自杀案件的原因加以研究。换言之，当我们发现某一自杀案件是由于他人合法的、正当的行为，或者是由违反道德、纪律的行为，或者是由违反一般法规的行为引起时，就不必再去研究其中的因果关系。因为在这些情况下，导致自杀行为发生的原因，主要是自杀者的心理素质过于脆弱，或者说引起自杀的原因主要在于自杀者自己，而自杀者自己又是不能承担刑事责任的。因此，在这种情况下若研究自杀案件的因果关系就毫无意义了。只有当违反刑法规定的行为引起自杀或者逼人自杀时，才可作为自杀案件的因果关系加以研究。这不但是犯罪构成理论所决定的，也是罪刑法定原则所决定的。这里需要注意的是，违反刑法规定的行为，是指刑法分则条文具体规定的、构成犯罪客观方面所必备的那些行为。这类行为在刑法分则中有三种表述方法。第一种表述方法是，条文中明确指出某种犯罪行为致使被害人死亡。例如，《刑法》第236条规定的强奸罪、第257条规定的暴力干涉婚姻自由罪、第260条规定的虐待罪都有“致使被害人死亡的，处……”的规定，这里

---

① 李光灿、张文、龚明礼著：《刑法因果关系论》，北京大学出版社1986年版，第273页；赵长青：《自杀案件的因果关系与刑事责任》，载《法学季刊》1984年第1期，第39页。

的"致使被害人死亡"，包括引起被害人自杀的情况。第二种表述方法是，条文中明确指出某种犯罪行为情节严重，如《刑法》第246条规定的侮辱、诽谤罪，第264规定的盗窃罪，第265条规定的诈骗罪，条文中都有"情节严重"或"情节特别严重"的规定。这里的"情节严重"或"情节特别严重"包括引起被害人自杀的情况。第三种表述是，条文中只规定了犯罪行为，并无致使被害人死亡或情节严重的字样。比如《刑法》第259条规定的破坏军婚罪、第261条规定的遗弃罪、第262条规定的拐骗儿童罪都是这样规定的。虽然如此，但如果犯罪人因破坏军婚、遗弃亲属或者拐骗儿童而引起自杀的，也应把这些犯罪行为作为引起自杀的原因进行研究。如果确认有因果关系的话，应把这种因果关系作为从重处罚的客观依据。

上述两位教授未提到前述的第五类他人行为。笔者想他们两位可能是把笔者说的第一类行为归到第四类行为中去了。总之，第五类行为，即逼人自杀的行为，也可以作为自杀案件因果关系的原因加以研究。关于这一点，笔者想上述两位教授是不会不同意的。

（二）自杀者脆弱悲观的心理因素——引起自杀行为的条件

尽管我们不主张追究自杀者的刑事责任，但我们却不能不承认，自杀者脆弱悲观的心理因素是引起自杀行为的一个相当重要的因素。否则何以解释在同样的原因下，为什么有的人自杀，而有的人就没有自杀呢？可见，自杀者的心理因素，作为条件对引起自杀的原因起着相当重要的配合作用。研究这一条件在配合原因时所起的作用的大小，对于正确认定他人行为的原因力的大小以及正确解决引起自杀的他人的行为的刑事责任，具有重要的意义。

如果把自杀者的心理因素加以分类的话，可以分为如下几类：(1) 顾及名誉，羞于见人的心理因素。有的人把名誉看得十分重要，但又不知道用什么办法来维护自己的名誉，因而一旦感到别人玷污了自己的名誉，就会觉得无脸见人，生不如死，从而产生自杀念头。此类心理因素引起的自杀常常发生在侮辱罪、诽谤罪、强奸罪、奸淫幼女罪、侮辱妇女罪、非法搜查罪等刑事案件中。(2) 理想破灭，生不如死的心理因素。有的人长期向往某种美好的爱情或生活，一旦这种理想破灭，就会觉得生不如死，进而产生自杀的念头。这类心理因素引起的自杀常常发生在暴力干涉婚姻自由的案件中。(3) 衣食无着，悲观厌世的心理因素。有的人因丧失劳动能力或因陷于某种困境之中，又无力克服巨大的困难，进而悲观厌世，产生自杀的念头。此类心理因素引起的自杀，常常发生在虐待罪、遗弃罪等刑事案件中。(4) 丢失钱财，如雷轰顶的心理因素。有的人尤其是经济困难的人，如果丢失了数额较大的钱财，或者是富人丢失了数额特别巨大的钱财时，往往会感到如雷轰顶，天昏地暗，一时心急而产生自杀的念头。这类心理引起的自杀常常发生在盗窃罪、抢劫罪、诈骗罪、抢夺罪等刑事案件中。(5) 失去亲人，悲痛欲绝的心理因素。有的人在突然失去亲人，尤其是在突然失去相亲相爱或者相依为命的亲人时，同样会觉得如雷轰顶，天昏地暗，一时心急而产生自杀的念头。此类案件常常发生在杀人罪、拐卖妇女儿童罪、绑架罪等刑事案件中。

二、关于自杀案件因果关系的结果

从实际情况看，自杀案件的因果链条一般都呈现出如下态样：他人违反刑法的行为 + 自杀者脆弱悲观的心理素质——→自杀者的自杀行为——→自杀者的死亡（当然，也有不存在他人行为，或者与他人行为无关，完全是由自杀者个人的原因而引起的自杀，但这不是刑法因果关系所研究的范围）。在逼人自杀的案件中，因果链条呈如下态样：逼迫行为——→自杀者的自杀行为——→自杀者的死亡。在这两个因果链条中，自杀者的自杀行为，既是他人行为的结果，又是自杀者死亡的原因。那么，我们在研究自杀案件的因果关系时，对于自杀者的自杀行为，究竟是应当看做原因，还是应当看做结果呢？或者说，我们究竟应当把自杀者的自杀行为看做结果，还是应当把自杀者的死亡看做结果，或者是把二者都看做结果呢？关于这个问题，直到目前为止，刑法学界比较一致的意见是把死亡作为自杀案件因果关系的结果进行研究。这在赵长青教授发表在《法学季刊》1984 年第 1 期上的《自杀案件的因果关系与刑事责任》一文和李光灿、张文、龚明礼三人合著的《刑法因果关系论》中都有所反映。比如赵教授在该篇文章中指出："自杀案件的因果关系，是指他人所实施的危害社会行为同被害人自杀死亡的危害结果之间的因果关系”。《刑法因果关系论》第256页有这样一段话：“由他人行为而引起的自杀案件，同杀人案件相比，有一个明显的不同，即某人生命被剥夺，不是他人行为直接造成的，而是由某人自己直接所致。也就是说，造成某人自杀身亡这种危害社会结果的，既有他人的行为，也有自杀者本人的行为，并且后者是由前者引起的”。这说明，以上四位作者都是把自杀者的死亡作为自杀案件因果关系的结果进行研究的。

但本人以为，把自杀者的死亡作为自杀案件唯一的结果进行研究有一定的弊端。首先，如果把自杀身亡作为结果，那么自杀行为自然就成了原因，因为死亡是由自杀行为直接引起的。既然把死亡作为结果，就很难把自杀行为从原因中排除出去。这与前文所说的不能把自杀者的自杀行为作为自杀案件因果关系的原因加以研究的观点相矛盾。其次，如果把自杀身亡作为自杀案件的结果，那么，当自杀者自杀未遂，即只有自杀行为未发生死亡结果时，就无法追究他人违刑行为的责任了。因为在这种情况下，只有行为（他人的违刑行为），没有结果，因果关系不成立，自然也就不能追究他人的责任。笔者以为，在自杀案件的因果关系中，首先应当把自杀者的自杀行为作为结果，这样，在他人的违刑行为与自杀者的自杀行为之间就形成了一种特定的因果关系。当这种因果关系成立时，换言之，当他人的违刑行为已经引起自杀者的自杀行为时，不论自杀者是否死亡，均应追究他人违刑行为的刑事责任。如果自杀者已经自杀身亡，则应加重他人违刑行为的责任。这就是说，若把自杀身亡作为结果的话，它属于加重的结果，而不是基本的结果。由此可以得出如下结论：刑法中所研究的自杀案件的因果关系，是指他人的违刑行为与自杀者的自杀行为之间的因果关系，而不是他人的违刑行为与自杀者自杀身亡之间的因果关系。

第二节　自杀案件因果关系的性质及表现形式

自杀案件的因果关系，是一种直接的、必然的因果关系，还是一种间接的偶然的因果关系？这在刑法学界也有不同的见解。赵长青教授认为自杀案件因果关系的性质“仍然是客观的、内在的必然联系”。理由是，“在自杀案件中，自杀者的行为，并不是刑法上因果关系的原因，而是危害行为与自杀死亡结果发生联系的‘中介’，并没有切断危害行为与自杀结果之间内在的必然联系”。① 但张文教授认为自杀案件的因果关系主要是外在的偶然的联系。他认为自杀者的自杀行为与死亡之间才是内在的必然的联系，而引起自杀者自杀行为的他人的违刑行为只是造成自杀者死亡的一个条件，这个条件与自杀身亡之间只能是一种偶然的因果联系。②

首先必须指出，在对自杀案件因果关系的研究方法上，上述两位教授与本人有两个不同点：第一，他们两位都是把自杀者的死亡作为结果加以研究的，而本人则是把自杀者的自杀行为作为结果加以研究的。换言之，他们两位是在他人行为与自杀者的死亡之间研究自杀案件的因果关系，而本人则是在他人行为与自杀者的自杀行为之间研究自杀案件的因果关系。第二，他们两位教授在研究自杀案件的因果关系时，都未考虑自杀者的心理因素在自杀案件中所起的作用，而本人则是把自杀者的心理因素作为原因之一加以研究的。由于研究方法不同，所得的结论必然不同。因此，在本人看来，自杀案件的因果关系，既不单纯是必然的因果关系，也不单纯是偶然的因果关系，而是必然的、或然的、偶然的三种性质的因果关系都存在。

一、自杀案件中的必然因果关系

自杀案件中的必然因果关系，是指在他人的某种行为中包含着引起自杀者自杀行为的必然性（即在概率上大到接近于1但仍然小于1的可能性）而且这种必然性在一定条件下转变为现实性之后所形成的一种因果关系。这种自杀案件的因果关系，主要表现为逼人自杀的逼迫行为与自杀者的自杀行为之间的因果关系。这种因果关系的表现

---

① 赵长青：《论自杀案件的因果关系》，载《法学季刊》1984年第1期，第40页。

② 李光灿、张文、龚明礼著：《刑法因果关系论》，北京大学出版社1986年版，第276页。

形式是：逼迫行为（原因）＋自杀者的心理因素（条件）——→自杀者的自杀行为。在逼迫行为中包含着引起自杀者的自杀行为的必然性（不是绝对性，也不是偶然性。因为在逼迫自杀的情况下，被逼者也有采用反抗或者逃跑的方法不实行自杀的，但毕竟绝大多数都自杀了。因此，这里所包含的是必然性），因此，逼迫行为是自杀行为的根据，是引起自杀的原因。由于在逼迫行为中只是包含着引起自杀的必然性，并不是绝对性，因而自杀行为的发生还要靠一定的条件即偶然性来配合，这个条件就是自杀者自己不够坚强、不敢反抗的心理因素。这种不敢反抗的心理因素，加上逼迫者的逼迫行为，或者说，逼迫行为在自杀者不敢反抗的心理因素的配合下，就使得自杀行为不可避免地发生了。于是，他人的逼迫行为与自杀者的自杀行为之间就形成了必然的因果关系。

在逼人自杀的情况下，即使自杀者自杀未遂，逼迫行为与自杀行为之间仍然存在着必然的因果关系。因此，在此种情况下，仍应追究逼迫者的刑事责任。当然，由于自杀者自杀未遂，可适当减轻逼迫者的刑事责任。

二、自杀案件中的或然因果关系

自杀案件中的或然因果关系，是指在他人的某种行为中包含着引起自杀者自杀行为的或然性（即在概率上达到50%左右的可能性），而且这种或然性在一定条件下转变为现实性之后所形成的一种因果关系。这种自杀案件的因果关系，主要表现为以封建迷信欺骗他人自杀的蒙骗行为与自杀者的自杀行为之间的因果关系。这种因果关系的表现形式是：蒙骗行为（原因）＋自杀者的心理因素（条件）——→自杀者的自杀行为。在蒙骗行为中包含着引起自杀者的自杀行为的或然性。这种或然性表现为，可能引起自杀，也可能不引起自杀。这是因为蒙骗行为与自杀者的心理状态在引起自杀中的作用不相上下。换言之，自杀者之所以自杀，一半原因在蒙骗者，一半原因在自杀者自己。但蒙骗行为是自杀行为的根据，是引起自杀的真正原因。自杀者的心理状态虽然在自杀中也起了一半的作用，但心理状态不是自杀的根据，而只是一个条件。由于在蒙骗行为中只是包含着引起自杀的或然性，并不是绝对性，也不是必然性，因而自杀行为的发生，还要靠较强的条件即另一个或然性来配合，这个条件，就是自杀者自己迷信、愚昧，且甘愿自杀的心理状态。这种迷信、愚昧的心理因素，加上蒙骗者的蒙骗行为，或者说，蒙骗行为在自杀者愚昧、迷信的心理因素的配合下，就使得自杀行为不可避免地发生了。于是，他人的蒙骗行为与自杀者的自杀行为之间就形成了或然的因果关系。

三、自杀案件中的偶然因果关系

自杀案件中的偶然因果关系，是指在他人的某种行为中包含着引起自杀者自杀行为的偶然性（即在概率上小到接近于0但仍然大于0的可能性），而且这种偶然性在一定条件下转变为现实性之后所形成的一种因果关系。这种自杀案件的因果关系，主要表现为他人的违刑行为（如侮辱、诽谤行为；强奸行为；盗窃行为等）与自杀者的自杀行为之间的因果关系。这种因果关系的表现形式是：他人的违刑行为（原因）+自杀者的心理因素（条件）——→自杀者的自杀行为。在他人的违刑行为中包含着引起自杀者的自杀行为的偶然性。这种偶然性表现为，他人的违刑行为，有可能引起被害者自杀，但实际自杀的极少。这是因为他人的违刑行为在一般情况下不会引起被害者自杀，只有当被害者的心理素质极为脆弱的情况下，才会引起自杀。换言之，自杀者之所以自杀，主要原因在于自杀者自己的心理因素，但他人的违刑行为仍然是自杀行为的根据，是引起自杀的偶然原因。自杀者的心理状态虽然在自杀中起了主要的作用，但心理状态不是自杀的根据，而只是一个条件。由于在违刑行为中只是包含着引起自杀的偶然性，并不是必对性，也不是或然性，因而自杀行为的发生，还要靠很强的条件即必然性来配合，这个条件，就是自杀者自己脆弱悲观的心理。这种脆弱悲观的心理因素，加上他人的违刑行为，或者说，他人的违刑行为在自杀者脆弱悲观的心理因素的配合下，就使得自杀行为不可避免地发生了。于是，他人的违刑行为与自杀者的自杀行为之间就形成了偶然的因果关系。

第十二章 不作为犯罪的因果关系

刑法学上向来把犯罪行为分为作为与不作为两种，对不作为又分为纯正的不作为与不纯正的不作为。纯正的不作为，是指依照刑法规定只能以不作为形式构成的犯罪。不纯正的不作为，是指以不作为的形式实施通常以作为形式实施的犯罪。纯正的不作为犯罪，不以实际危害结果的发生为构成要素，因而在犯罪的构成上无须研究因果关系。但当纯正的不作为实际造成了危害结果，需要行为人因结果的出现而承担加重刑责的时候，研究不作为与危害结果之间的因果关系，就成为必不可少的了。不纯正的不作为犯罪，由于以发生一定的危害结果为构成犯罪的必要条件，因而其不作为与危害结果之间的因果关系，便理所当然地也是犯罪构成的必备要素。由上可知，不论是纯正的不作为还是不纯正的不作为，其不作为与危害结果之间的因果关系都是需要研究的。

第一节 不作为犯罪因果关系的特点及其理论基础

一、不作为犯罪因果关系的定义

所谓不作为犯罪的因果关系，是指存在于不作为与它所引起的危害结果之间的一种内在的、本质的、合乎规律的引起与被引起的联系。

有人认为不作为不具有因果关系，也有人认为不作为的因果关系是一种法律拟制的关系。照这些说法，不作为犯罪即使有因果关系，也不是合乎规律的联系了。但本书把不作为犯罪的因果关系仍然看做一种内在的、本质的、合乎规律的联系。所谓内在的联系，是指不作为的因果关系是由不作为自身的原因力引起的，而不是由其他事物引起的；所谓本质的联系，是指不作为的因果关系也是由事物的内在矛盾引起的，内在矛盾便决定了因果关系的本质；所谓合乎规律的联系，是指不作为的因果关系也是由事物的客观规律所支配的，即同样的不作为在同样的条件下可以重复地引起同样的结果。

二、不作为犯罪因果关系的特点

与作为犯罪的因果关系相比，此种不作为犯罪的因果关系具有如下几个特点：

（一）不作为犯罪因果关系中的原因具有特殊性

按照列宁所说的人为孤立原则，在不作为犯罪的因果关系中，能够作为原因加以研究的，只能是行为人不履行特定作为义务的不作为。从表面上看，不作为处于一种静止的状态，是“零”，是“无”。因而常有人认为不作为不具有原因力。但从实质上看，不作为并非真正的“无”，而是一种实实在在的行为。所以说不作为也是一种实在的行为，是因为不作为皆是以不履行特定的作为义务为前提的。也就是说，特定的作为义务是构成不作为的基本前提。如果不存在作为的特定义务，就不存在不作为，也就不存在不作为的因果关系。由此可见，特定的作为义务在不作为犯罪的因果关系中占有十分重要的地位。根据传统的刑法理论，行为人特定的作为义务主要来自以下几个方面：

（1）来自法律的明文规定。例如，根据税收法律的规定，公民个人和法人有依法纳税的义务。又如，根据婚姻法的规定，夫妻之间、直系亲属之间在特定条件下具有扶养、抚养、擅养的义务。但是，不履行法律规定的义务要构成犯罪，还必须以刑事法律的明文规定为依据。例如，我国刑法中规定的偷税罪、遗弃罪、拒不执行判决裁定罪、侵占罪（拒不退还代为保管的他人财物）等，都有刑法的明文规定。有些作为义务虽然在一般法规中作了规定，但在刑法中未作相应规定的，即使行为人不履行作为义务，也不能以犯罪论处。例如，违反民法规定不履行清偿债务的不作为行为，由于刑法中未作规定，就不能以犯罪论处。

（2）行为人职务或业务上的要求。具有某种职务或者从事某种特定业务的人，都具有特定的作为义务。例如，司法工作人员具有依法追究罪犯刑事责任的义务，正在值班的医生具有救死扶伤的义务。如果行为人不履行这些特定的义务，造成严重危害社会后果的，应当以犯罪论处。

（3）基于行为人的法律地位或法律行为所产生的特定义务。例如，对自己管理下的建筑物在有发生侵害社会利益的危险时，管理人具有防止其发生的义务。又如，基于合同关系受雇照看病人或者儿童，当病人或者儿童的生命、健康发生危险时，受雇者具有排除这种危险的义务。

（4）基于自己的先行行为所产生的特定作为义务。当行为人已经实施的行为给法律所保护的利益造成危险时，行为人具有排除这种危险的特定作为义务。例如，行为人使他人身体受伤（不论是否有意）均负有将伤者送医院抢救的义务；行为人因用火不慎具有引起火灾的危险，负有消除这种危险的义务；行为人使他人跌落水中，负有救护即防止落水者被溺死的义务，行为人运输剧毒药品落入河中，负有防止人畜用水中毒的义务，等等。

以上这些特定的作为义务，是构成不作为的必要条件，同时也使不作为犯罪的因果关系具有了特殊性。

（二）不作为犯罪因果关系中的原因力的特殊性

我们知道，在作为犯罪的因果关系中，引起危害结果发生的原因力都是直接出自原因（即作为行为）本身，例如，在甲开枪打死乙、丙挥刀砍死丁这类典型的作为犯罪中，造成乙、丁死亡的原因力，均直接出自甲的开枪行为和丙的挥刀行为。换言之，是甲的开枪行为和丙的挥刀行为直接造成了乙和丁的死亡。但在不作为犯罪的因果关系中，造成危害结果的原因力却不是直接出自原因中，即不是直接出自不作为中，而是直接出自另一个原因中。例如，某城市保育员王某带领十几名幼儿外出游玩，途中幼儿李某失足坠入路旁粪池。王某发现后，一边呼救，一边用竹竿测试粪水的深浅。尽管测得粪水只有约 80 厘米深，但王某仍不肯下池救人，待农民张某闻声赶来下池救起李某时，李某已被淹死。又如，调度员于某得知某铁路隧道有晃车现象，遂指派巡道工姚某带6根道钉打入该隧道铁轨接头处。可是，姚某未带道钉，行至该隧道口时，发现有4根轨距杆片铁折断，他既不作任何处理，也不向领导报告，而是回去谎报他已完成了任务，以致未能及时排除险情，造成列车颠覆事故。在诸如此类的案件中，造成严重后果的原因力，显然都不是直接出自行为人的不作为。例如，致幼儿李某死亡的原因力不是直接出自保育员王某的不救人，致列车颠覆的原因力也不是直接出自姚某的不作为，而是分别出自李某自己的失足行为和轨距杆片铁的折断。这正是不作为犯罪因果关系的一个显著的特点。

不过，有一点必须注意，不作为犯罪中，导致危害结果发生的原因力不是直接出自不作为本身这一点并不是绝对的。在有的不作为中，导致危害结果发生的原因力也可以直接出自不作为本身。例如，在母亲不哺乳婴儿致婴儿饿死、铁路扳道工不扳道致列车相撞之类的案件中，导致危害结果发生的原因力就直接出自不作为本身。关于这一点，在下文中还将从另一个角度谈到。

（三）不作为犯罪因果关系内部结构的特殊性

前文在讲到绝然的因果关系、必然的因果关系、或然的因果关系和偶然的因果关系时，均讲到了它们的内部结构问题。其所讲的因果关系的内部结构，皆是以作为犯罪的因果关系为标准的。从这些论述中可以发现，作为犯罪的因果关系的内部结构具有两个显著的特点：第一，原因与结果之间形成一个平行的因果链条；第二，原因与结果之间除了有条件介入之外，没有其他的原因介入。但在不作为犯罪的因果关系中，其内部结构就不同了。例如，在前文提到的第一个案例中，保育员王某的不作为行为与幼儿李某死亡的因果链条就是不平行的，而且在王某的不作为之外，还有其他的原因在起作用。仔细分析可以发现，在这个案件中，虽然幼儿李某的失足行为对他自己的死亡有着直接的原因力，但这种原因力本应由王某的作为予以拦截，然而王某却没有作为，致使这种原因力的作用没被拦截，从而合乎规律地引起了危害结果的发生。于是，这个不作为案件的因果关系便呈现出如下的特点：第一，在幼儿李某的失足行为与李某的死亡之间形成一

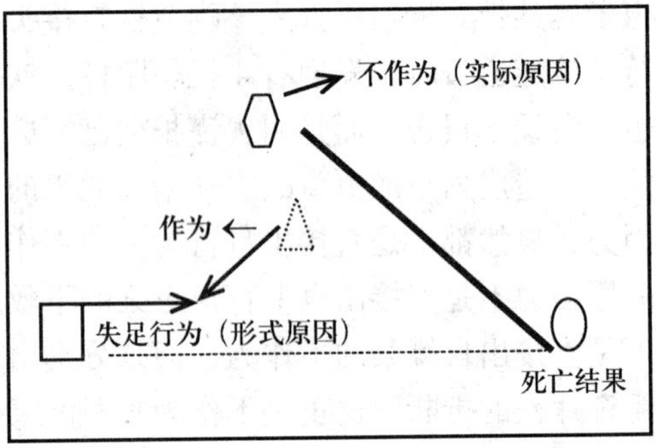

个平行的因果链条；第二，在王某的不作为与李某的死亡之间也形成一个因果链条；第三，这两个因果链条一头相连自然形成一个“>”字图形，即两个原因共同引起一个危害结果，如上图（图中的“□”代表幼儿李某的失足行为，“⬡”代表保育员王某的不作为行为，“○”代表幼儿李某的死亡结果。“△”代表保育员王某救助幼儿李某的行为。由于王实际上未实施救助行为，所以该行为是一个假设行为，故用虚线表示）。从图中可以看出，假如王某实施了积极的救助行为（作为），那么，这种救助行为就可以拦截住李某失足行为的原因力，使其不能发挥作用，这样，失足行为就不会引起死亡结果的发生。但遗憾的是，王某没有实施救助行为，因而李某失足行为的原因力也就没被拦截，于是，李某的失足行为和王某的不作为都成了致李某死亡的原因。但真正的原因是王某的不作为，李某的失足行为只是形式上的原因，因而失足行为与死亡结果之间的因果联系用虚线连接。

三、不作为犯罪因果关系的理论基础

关于不作为案件的因果关系问题，在各国刑法学界历来存有两种截然相反的观点：一种观点认为不作为是“零”，是“无”，因而不承认不作为案件有因果关系；另一种观点认为不作为也是一种社会现象，也是人的一种行为，因而承认不作为案件有因果关系。撇开不承认不作为有因果关系的观点不说，单就承认不作为有因果关系的观点

来讲，古今中外的刑法学家们几乎一致地认为不作为不具有起果性，只具有防果破坏性。大家认为，不作为是由于不防止结果的发生，因而才成为结果的原因。这种观点以西方的“排除防果条件说”[①] 为代表得到了世界多数学者的支持。这种主张不作为有防果破坏性的观点，具体又分为两种不同的见解：一种见解认为，有义务防止结果的发生而不防止者，其不作为与结果之间有因果关系。例如，日本刑法学家泉二新熊指出：“不作为，非单纯静止之谓，是其有特定作为义务而不履行也。有此义务者之不作为，从社会的角度观察，是即防果条件之排除，于是在法律上以之为原因”。又说：“吾人在法律上，有防止某种结果发生之义务时，须以积极行为妨害法律上起果条件之成立，如不为此防果条件之积极行为（即不为防止结果发生之积极行为时），此不作为，即是压抑防果条件”。[②] 我国学者张文教授也持此种见解，他说：“对于任何一种结果的出现，都同时存在着两种作用力：一种是推动结果出现的力量，可称之为‘起果原因’；另一种是阻止结果发生的力量，可称之为‘防果原因’……如果负有特定作为义务的人，不履行其应尽的义务，即不作为，就会使得阻止危害结果发生的防果原因遭到破坏，致使原来应该受到阻止的那种对社会有害的因果过程得以实现，产生对社会有害的结果。从这个意义上说，行为人不履行其特定作为义务的不作为是使‘防果原因’遭到破坏的原因”。[③] 另一种见解认为，有防止结果发生的可能性而不防止者，其不作为与结果之间有因果关系。例如，四川大学的伍柳村教授说：“不作为对于结果之所以能成为原因，其理由不在于负有作为的义务，而在于行为人如起而作为，就有防止结果发生的可能性，他却不起而防止，结果就必然发生；则这个不作为就是结果发生的原

① 参见本章第四节三（二）“排除防果条件说”。

② ［日］泉二新熊：《日本刑法论》有斐阁 1927 年版，第 322 ~ 329 页。

③ 李光灿、张文、龚明礼：《刑法因果关系论》，北京大学出版社 1986 年版，第 212 ~ 213 页。

因。"[①] 意大利刑法学家杜里奥·帕多瓦尼（TULLIO PADOVANI）则认为，不作为要能成为结果的原因，不作为者不但要有作为的义务，而且要有作为的可能。他说："就不作为行为来说，用包容法则来确定因果关系的存在，就必须以如果行为人已按规定履行义务，危害结果就不会发生作为前提"，而且要"判断应为的行为是否可能改变自然的因果进程，阻止危害结果的发生"。[②]

总之，上边这些观点都是只承认不作为有防果破坏性，不承认不作为有起果性。笔者认为这是值得商榷的。在笔者看来，不作为可以分为两部分：一部分不作为具有起果性，另一部分不作为则具有防果破坏性。

（一）不作为的起果性原理

承认部分不作为有起果性，也就是承认这部分不作为对危害结果的发生具有根本的决定性作用，是完全正确的。比如母亲不给婴儿哺乳，致使婴儿饿死这样的案件，母亲的不作为就具有起果性。因为在婴儿无能力自主取食的情况下，完全靠母亲的哺乳才能成活。如果母亲中断了哺乳行为，也就中断了婴儿身体营养的供应，其结果必然导致婴儿饥饿而死。显然，母亲不哺乳婴儿的不作为行为对婴儿的死亡起了决定性作用，也就是具有起果性。如果从事物的内在矛盾上来探讨这类因果关系的特点，可以发现，有营养供应，婴儿即可成活，无营养供应，婴儿就会死亡，这正是一对不可调和的矛盾。这一矛盾说明，一旦中断了营养供应，婴儿就必然死亡，也就是说，中断营养供应这种不作为中包含着致婴儿死亡的质，而不给婴儿哺乳就是中断营养供应，因而不给婴儿哺乳对婴儿的死亡也就起到了决定性的作用。西方学者中曾有一种观点说，母亲不给婴儿哺乳的同时所为之其他行为比如缝纫、洗衣、做饭等才是致婴儿死亡的原因，[③] 这种见解完全

---

① 伍柳村：《刑法中的因果关系》，西南政法学院 1980 年编《学术报告论文集》，第 47～48 页。

② ［意］杜里奥·帕多瓦尼：《意大利刑法学原理》，陈忠林译，法律出版社 1998 年版，第 133 页。

③ 参见本章第四节三（一）"他行行为说"。

是一种无稽之谈，无须进行反驳。

在铁路扳道工不扳道岔导致火车相撞这样的案件中，许多学者认为，不扳道的不作为行为是与另一个因果过程（两辆火车相对行驶）相交会才引起危害结果的，因而认为，对于火车相撞来说，起果性不是来自不扳道的不作为，而是来自两辆火车的相对行驶。笔者以为，这种见解也是值得商榷的。在笔者看来，扳道工的不扳道行为，对火车相撞同样具有起果性，或者说不扳道行为对于火车相撞起到了根本的决定性的作用。这是因为在当时的铁道技术条件下，火车本身没有调整运行轨道的装置，火车进入哪条轨道不取决于火车司机的操纵，而是听凭扳道工的指挥。如果扳道工不按调度员的指令及时扳动道岔，他实际上就是在指挥火车进入一条不能进入的轨道，或者说就是在指挥两辆火车相撞。由此可见，火车相撞正是起因于扳道工的不扳道，或者说扳道工的不扳道行为对火车的相撞起到了根本的决定性的作用。有的学者认为，扳道工的不扳道行为，对于火车相撞来说只是破坏了防果破坏性，并不具有起果性。他们还是认为火车相撞的根本原因在于两辆火车的内在动力和相向行驶。这种见解显然是把火车相向行驶看成了一种意志行为。这是不正确的。其实，火车相向行驶仅对调度和扳道工来说是一种意志行为，而对火车自身来说则完全是一种自然行为，因为火车对于自己的行驶轨道毫无选择权利，它只能听凭扳道工的指挥。扳道工的扳道对火车来说是一种指挥，扳道工的不扳道对火车来说同样是一种指挥。再说，火车的相向行驶，在计划之内根本就不存在，因为调度员有计划的扳道指令，会使两辆火车的行驶有序错开，正是扳道工的不作为，才造成了两辆火车相向行驶的结果。可见，不扳道对于火车相撞具有起果性，并且起到了根本的决定性的作用。因为，不扳道必然会引起两辆火车相向行驶，火车相向行驶则必然会引起两车相撞。如果用哲学原理来说明，那就是在不扳道这种不作为中，直接包含着导致火车相撞的内在矛盾。这正是不作为起果性的哲学原理。

（二）不作为的防果破坏性原理

不作为的防果破坏性得到了多数学者的支持，也正是基于不作为的防果破坏性，多数学者承认不作为案件存在因果关系。但是，关于不作为防果破坏性的原理，多数学者均未深加研讨，只有北京大学的张文教授对这个问题作了研究。他指出："原因总是对结果的发生起了作用的，不起作用的'原因'，不能称为原因。但是，在事物的矛盾运动过程中，在事物的相互作用过程中，作用力与反作用力总是同时存在的，不可能只存在其一，不存在其二。原因与结果的矛盾运动过程，同样也是如此。对于任何一种结果的出现，都同时存在着两种作用力：一种是推动结果出现的力量，可称之为'起果原因'；另一种是阻止结果发生的力量，可称之为'防果原因'。当结果未出现之前，这两种作用力互相排斥，但基本上处于均势，此时，事物基本上处于量变的过程中。但是，当起果原因战胜了防果原因后，事物就起了变化，结果就发生了。……在不作为犯罪中，当行为人实施不作为之前或者同时，已经存在着或者潜伏着某种对社会有害的因果发展过程。行为人的特定作为义务，就是阻止这种因果过程得以实现。因此，可以说行为人履行自己的特定作为义务，是阻止危害社会结果发生的原因，即防果原因。……如果负有特定作为义务的人，不履行其应尽的义务，即不作为，就会使得阻止结果发生的防果原因遭到破坏，致使原来应该受到阻止的那种对社会有害的因果过程得以实现，产生对社会有害的结果。从这个意义上说，行为人不履行其特定的作为义务的不作为，是使'防果原因'遭到破坏的原因。正是由于'防果原因'遭到破坏，才使得有害于社会的'起果原因'得以顺利地引起危害社会的结果"。[①] 不难看出，张教授是以相互排斥的两种外力来说明不作为的因果原理的。这两种外力，一种是推动结果出现的力量，一种是阻止结果出现的力量。当两种力量势均力敌时，结果便不会发生，但当阻力下降推力上涨时，结果就会不可避免地发生。在某种推动危害结果发生的因果过程已经存在的情况下，行为人本该积极作为以阻止结果的发生，但他却不作为，致使阻力全无，推力大

---

① 李光灿、张文、龚明礼：《刑法因果关系论》，北京大学出版社 1986 年版，第 212 ~ 213 页。

涨，结果自然就无法避免了。不容置疑，张教授对这一问题的分析是完全正确的。

除了像张教授这样从两种外力的相互关系上来分析不作为的防果破坏性原理外，我们还可以从事物的内在矛盾上来分析不作为的防果破坏性原理。我们知道，任何事物的内部都存在着正反两方面的矛盾，这矛盾着的双方随时都在进行着斗争。当一方战胜另一方时，事物的性质就会向着胜利的一方转化，同时便会产生出一种相应的结果。比如，当一个人服下一定剂量的毒药后，便存在着死亡的可能性，同时也存在着不死的可能性。这两种可能性都是由毒药的内在矛盾（毒性和可解性）所决定的。当人体内毒药的毒性战胜可解性时，人就会死亡；当人体内毒药的可解性战胜毒性时，人就不会死亡。而这种内在的毒性和可解性均可得到外力的帮助。比如，当他人及时将服毒者送往医院，又得到大夫认真及时的治疗时，这实际上是在帮助增强毒药的可解性，同时也是在破坏毒药的毒性（也可以说是在破坏致死的根据），由于毒药的可解性得以增强，毒性遭到破坏，人就不会死亡。反之，如果大夫玩忽职守，不给病人以及时的解毒治疗，那实际上是扼杀（破坏）了毒药的可解性，同时也是增强了毒药的毒性。由于可解性遭到破坏，毒性自然会毫无阻力地加快发展，人也就不可避免地死亡了。由此可见，在大夫不给服毒病人治疗这样的不作为案件中，大夫的不作为实际上是对引起危害结果的毒药的毒性的帮助，实际上也是对投毒行为的帮助，因而不作为中便包含了危害结果的质，从而成为危害结果的原因。这便是从事物内在矛盾的原理来解释不作为的原因力。从这个意义上讲，不作为不仅仅是破坏了防果性，而且还帮助了起果性，因此，说不作为对危害结果的发生也是一种积极的原因，并不为过。

第二节　不作为犯罪因果关系的表现形式

为了更好地认识不作为犯罪的因果关系，这里以不作为对危害结果的发生所起的作用的不同，将不作为犯罪的因果关系分为如下两种：

一、起果性因果关系

在这样的因果关系中，不作为中包含着危害结果发生的主要根据，不作为对危害结果的发生起着根本的决定性的作用，即具有起果的绝然性或者必然性，因而这样的不作为与危害结果之间是一种绝然的或者必然的因果关系。此种类型的因果关系可以再细分为以下两种：

（一）不作为直接引起某种自然或生理现象，某种自然或生理现象再直接引起危害结果的发生

例如，母亲不给婴儿哺乳导致婴儿饿死，就属于此种因果关系。婴儿之所以死亡，是由饥饿直接引起的，但饥饿是由母亲的不作为（不哺乳）直接引起的。母亲的不哺乳与婴儿的饥饿之间存在着不可避免的、一定如此的绝然关系，因而，实际上是母亲的不作为直接决定了婴儿的死亡，或者说母亲的不作为中包含着婴儿被饿死的内在根据。这是因为婴儿只有不断得到营养的补充，才能存活，中断营养超过一定时间，就必然会死亡。而母亲的哺乳恰是婴儿营养供应的唯一来源，母亲一旦不为其哺乳，婴儿的营养供应便立即中断，这不但破坏了婴儿存活的根据，而且同时制造了婴儿死亡的根据，婴儿也就不可避免地会被饿死。所以，母亲的不作为（不哺乳）与婴儿的死亡之间是一种绝然或必然的因果关系。一句话，不哺乳对婴儿的死亡具有起果性，是婴儿死亡的直接原因。有个别学者认为，婴儿是饿死的，因而饥饿才是婴儿死亡的直接原因，母亲的不作为（不哺乳）不是直接原因。这种观点的错误之处是错把医学上的因果关系当成刑法上的因果关系了。按照这种逻辑进行推论，那么，杀人犯一枪击中被害人的心脏，就该说心脏受损是死亡的原因，而不能说杀人行为是死亡的原因了。这当然是荒唐的。也有人说，母亲的不哺乳不是婴儿死亡的原因，只有母亲在不哺乳时所为的其他行为如缝纫、洗衣、读书、做饭等才是婴儿死亡的原因。照此说法，假如母亲在不哺乳的同时，什么事也不干，婴儿的死亡就没有原因了。显然这种见解更为荒唐。

(二) 由不作为直接引起另一种行为，再由另一种行为直接引起危害结果的发生

例如，铁路扳道工不扳道，导致火车相撞就属于此种因果关系。火车之所以相撞，是由于两列火车在同一条铁轨上相向行驶引起的，而两列火车之所以在同一条铁轨上相向行驶又是由扳道工不扳道直接引起的。而且不扳道与两列火车在同一条铁轨上相向行驶存在着不可避免的、一定如此的绝然关系，因而，实际上是不扳道行为直接引起了火车相撞，或者说不扳道行为中包含着火车相撞的内在根据。因为按照调度计划，其中的一列火车要靠扳道工的扳道行为将其从一条铁轨调往另一条铁轨，如果及时扳道，两列火车就不会在同一条铁轨上行驶，而不及时扳道则不可避免地会如此行驶，一旦两列火车在同一条铁轨上行驶，由于其速度之快和巨大的冲击力，也就不可避免地导致两列火车相撞。由此可见，是不作为（不扳道）中包含着火车相撞的内在根据，或者说火车相撞是由不扳道行为直接引起的，而不是由其他原因直接引起的。总之，不扳道具有引起火车相撞的起果性，是火车相撞的直接原因。

二、防果破坏性因果关系

在这样的因果关系中，发生危害结果的主要根据不是存在于不作为中，而是存在于其他事物之中，但作为可以破坏这种根据，不作为则可以巩固和增强这种根据。在这种情况下，不作为成为危害结果的原因之一，它只是促成而不是决定危害结果的发生。因而，这种不作为与危害结果之间大多是或然的因果关系。此种因果关系也可以再分为以下两种：

(一) 不作为使可以避免的危害结果未能避免

例如，医生不给病人医治，导致病人病死，就属于这种因果关系。病人之所以死亡，主要根据存在于疾病之中，但及时医治，可以医好疾病，避免死亡，然而医生又不为其医治，致使疾病的发展得不到遏止，终致病人死亡。总之，医治可以避免死亡，不医治则不可避免死亡。这样，本来存在于疾病之中的导致病人死亡的内在根据便转移到医生的不作为之中了。因而，表面上看死亡是疾病引起的，但实

际上是由疾病和医生的不作为共同引起的。所以，疾病和医生的不作为都是病人死亡的原因。

（二）不作为使已经出现的危害结果进一步加重

汽车司机因超速行车将一行人撞成重伤，却弃之不顾开车逃逸，受害人因重伤后得不到及时治疗而死亡。在这类案件中，由于司机肇事后不履行救护被害人的特定义务，致使危害结果进一步加重，不作为与加重的危害结果之间便具有因果关系。

第三节　不作为犯罪因果关系与刑事责任

虽然不作为犯罪的因果关系有一定的特殊性，但它仍然同作为犯罪的因果关系一样，只是行为人负担刑事责任的客观依据。实践中不能仅凭不作为与危害结果之间有因果关系，就让行为人承担刑事责任。要使行为人对自己的不作为承担刑事责任，除了确定不作为与危害结果之间具有刑法上的因果关系之外，还必须确定行为人主观上具有罪过。假如行为人主观上没有罪过，那么，即使不作为与危害结果之间有因果关系，也不能令其承担刑事责任。例如，值班大夫因被人绑架而未对病人实施救治，致病人死亡，因大夫主观上没有罪过，就不能令大夫承担刑事责任。

另外，由于不作为犯罪因果关系的复杂性，在解决不作为犯罪的刑事责任时，应当根据因果关系的表现形式的不同，而在刑事责任上有所区别。关于这方面的问题，需要注意以下三点：

（1）对于具有起果性因果关系的不作为犯罪，应根据具体案情令行为人承担相应的刑事责任，不能因为因果关系具有特殊性而对其从轻或减轻处罚。换言之，在这类不作为犯罪中，因果关系不是从轻或减轻处罚的情节。比如，对于母亲不给婴儿哺乳致使婴儿饿死、铁路扳道工不扳道致使火车相撞之类的案件，不论行为人构成过失犯罪还是构成故意犯罪，均不应把因果关系作为从轻或减轻的情节加以考虑。这是因为，在这类不作为犯罪中，危害结果的质就包含在不作为之中，或者说不作为对危害结果的发生起了根本的决定性的作用。

(2) 对于具有防果破坏性因果关系的不作为犯罪，应根据因果关系的特殊性而对行为人从轻处罚，换言之，在这类不作为犯罪中，特殊的因果关系成为从轻处罚的一个情节。例如，对于值班大夫不给病人治疗致使病人死亡、值班民警眼见歹徒对一妇女施暴而不予以阻止，致使该妇女被歹徒强奸之类的案件，不论行为人构成什么性质的犯罪，均应将因果关系的特殊性作为对行为人从轻处罚的一个情节加以考虑。这是因为，在这类不作为犯罪中，危害结果的质不是存在于不作为中，而存在于另一个事物（比如疾病、歹徒暴行）之中，换言之，不作为对危害结果的发生不是起着根本的决定性的作用，而仅仅是起了一种促成的作用。

(3) 对于利用职权，采取不作为方式与他人合谋进行共同犯罪的案件，应将不作为犯罪的因果关系作为对行为人从重处罚的一个情节加以考虑。例如，对于海关缉私人员与走私犯勾结，以不作为的方式助其走私（不缉私）、仓库保管员与外盗勾结，以不作为的方式助其盗窃之类的案件，均应将不作为犯罪的因果关系作为对行为人从重处罚的一个情节加以考虑。这是因为，在这类案件中，不但危害结果发生的质存在于不作为中，即不作为对于犯罪的实施起着根本的决定性的作用，而且行为人利用了职务上的便利，亵渎了自己的职责。

第四节　有关不作为犯罪因果关系的其他学说

不作为到底有没有原因力，或者说，在不作为案件中到底存不存在因果关系，以及在何种情形下才有因果关系，不论在西方还是我国刑法学界，都是一个存在争议的问题。

一、西方学者关于不作为有无原因力的争论

在西方刑法学界，关于这方面的学说，主要有以下几种：

（一）否定说

“否定说”不承认不作为具有原因力，因而否定不作为案件中存在因果关系。此说仅从物理上来理解因果关系，认为不作为在物理上属于“无”，“无中不能生有”，故认为不作为对于结果不具有原因

力。他们还认为，从人的身体举止上讲，不作为处于人体消极的静止状态，不具有任何物理力，对于现状或外界事物不起任何变更或影响的作用，因而认为不作为不具有引起结果发生的原因力，不作为案件中也就不存在因果关系。

此说受到了一些学者的批评。如台湾学者洪福增指出："此说将不作为与'无'混为一谈，以否定不作为之有原因力，已属错误"。洪先生认为，不作为仅仅是指"不为一定之作为，或不为所期待之作为"，并不是否定不作为的存在，换言之，不作为并不是"无"。比如说"白马非黑马"，是说马的颜色不同，并不是说白马不是马。因此，将不作为理解为"无"，属于思想上的错误。①

二、准因果关系说

此说认为，不作为就其性质来讲，本属于"无"，不存在因果关系，但从法律上讲，可将其视为有因果关系。这是因为，不作为本身虽无原因力，但从法律上讲，行为人具有防止结果发生的义务。由于他违反了此种义务，不实施预防性行为，放任结果发生，客观上存在着"如无其不作为，换言之，如其履行作为义务，则不发生其结果"的联系，因而在法律上将不作为视为引起结果的原因，其价值与作为相等。此种学说，因其认为不作为本无原因力，只因其价值在法律上与作为相等，故又称为"不作为法的因果关系说"和"作为不作为同价值说"。

此种学说除了在法律上将不作为视为有因果关系之外，实际上与"否定说"并无质的区别，因为它们都认为不作为本身没有原因力。因而，此种学说也受到了一些学者的批评，其受批评之理由有如下几点：①既认为不作为与结果间没有因果关系，而又视为与作为的因果关系相同，在理论上自相矛盾。②不作为中的违反作为义务问题，属于违法性问题或者犯罪构成要素的问题。将违反作为义务作为"视为有因果关系"的原因，显有将违法性或构成要件适当性与因果关系混为一谈之嫌。③对不作为之原因力不求证于不作为本身，而求助

① 洪福增：《刑法理论之基础》，1977年版，第132页。

于法律的拟制，也显得不妥。[1]

三、肯定说

肯定说承认不作为有原因力，因而肯定不作为案件中也存在因果关系。但在具体论证不作为案件的因果关系时，又有两种不同的主张：一种称之为“作为原因说”，即企图从作为中寻找不作为的原因力；另一种称之为“不作为原因说”，即从不作为本身中寻找其原因力。

（一）作为原因说

此说认为，不作为本身虽无原因力，但与作为相结合，便产生了原因力。此说具体又分为两派：

1. “他行行为说”

此说认为，不作为是消极的“无”，“无不能生有”，因而不作为本身不能成为结果发生的原因。但在不作为的反面，常常同时存在着积极的作为，此种作为与不作为相结合，就产生了原因力。换言之，此种观点认为，行为人在不作为的同时所为之其他行为与结果之间的关系，就是不作为与结果之间的因果关系。例如，母亲不为婴儿哺乳的同时，必为其他工作，如缝纫、洗衣、读书、做饭，等等。其不为哺乳之不作为，对于婴儿之死亡虽无原因力，但因与其他作为相结合便产生了对婴儿死亡结果的原因力，故而认为其不作为与结果之间存有因果关系。

此说从不作为以外之其他作为中论定不作为的原因力，故称他行行为说。又因其以不作为与他行行为同时作为原因，或共同发生原因力，故又称为同时共同原因说。此说同样受到了学者们的批评。有学者指出，此说既认为不作为没有原因力，却又引出与其无关的作为，作为说明不作为对结果有原因力的依据，在理论上显然自相矛盾。况且，不作为时并非一定有另外的作为同时并存，如不给婴儿哺乳之时，并未从事缝纫、洗衣等作为，而是处于熟睡状态，此种他行行为本身亦属静止状态，同样不具有引起结果之原因力。此说对于此种情

[1] 洪福增：《刑法理论之基础》，1977年版，第133～134页。

形，不能作出适当的解释，故其立论显属不当。

2. “先行行为说”

此说也认为，不作为本身无原因力，但又认为行为人于不作为之前必有某种积极的作为，此种积极的作为与之后的不作为相结合，就成为引起结果的原因。例如，外科医生为病人开刀治疗，于施行手术后，忽生杀念，不再继续施行手术，致使该病人死亡，其不继续施行手术之不作为，对于死亡结果虽无原因力，但与其先行行为（开刀）相结合，便成为死亡结果的原因力。

此种学说同样受到了学者们的批评。有学者指出，先行行为不一定是违法行为，此说将非违法行为视为违法行为，并视为犯罪结果的原因，在法理上存在矛盾。况且依刑法之原则，行为是否违法、有无责任，应就行为当时的情形进行判断。先行行为当时既为合法行为，就不能因后之非法不作为所生之责任，而追溯到先行合法行为，令合法行为负责。故此说不为多数学者所采纳。

（二）不作为原因说

此说认为，不作为本身对结果的发生具有原因力，因而肯定不作为案件的因果关系。但在阐述不作为原因力的理由上，又有几种不同的主张。择其要者，有如下四种：

1. “作为义务违反说”

此说认为，按照法律的规定，有义务防止一定结果发生的人，违反法律规定，不履行此种作为义务致使一定结果发生时，从法律上观察，其价值与直接引起结果的作为相同。换言之，如果行为人不违反法律规定的义务，一定的结果就不会发生。故而认为，行为人不履行法律规定的作为义务是引起一定结果的原因。例如，正是由于铁路扳道工违反了按时扳道的义务，才引起了火车相撞，所以扳道工违反法律规定的扳道义务，是火车相撞的原因。

有学者认为，此说从法律观念上论证不作为之原因力，较之单纯从物理观念上论证已有进步。但因果关系是外界事物相互作用的问题，与法律规定之义务并无直接关系。此说主张只有违反法律规定之义务才对结果有原因力，显有将不作为之原因力与违法性观念相混淆之嫌。故亦有可商榷之处。[①]

2. “他因利用说”

此说认为，不作为犯罪是行为人有意利用自己以外的原因力，促使危害结果发生。也就是说，当另外某一因果过程正在进行之际，行为人本来有能力阻止这一因果过程，但其不但不加以阻止，反而加以利用，使得某一因果过程得以顺利进行，以致引起某种危害结果，这样，行为人的不作为与危害结果之间就有因果关系。例如，一天，某甲看见自家养的一只恶犬正在咬一个人，正想上前制止，忽见被咬之人正是自己的仇人某乙，于是故意躲开，不加制止，致使该人被恶犬咬伤后感染狂犬病而死亡。该案中，某甲本来有能力制止恶犬咬人，但他不但不予以制止，反而利用恶犬咬人以达报仇之目的。某甲的不作为就是利用自己以外的原因力，引起了危害结果的发生，所以某甲的不作为与某乙的死亡之间存在因果关系。

有学者对此说评价说，此说以不作为之要害在于有能力阻止因果过程而不阻止其进行，具有正确的一面。但不阻止并不等于就是加以利用，况且是否有意加以利用属于行为人的主观心理状态，与责任要素有关，此说以“有意利用”作为因果关系存在之理由，显然是将归责问题与原因力混为一谈了。

3. “排除防果条件说”

此说认为，在不作为犯罪中，引起结果发生的行为，属于积极条件（或称为起果条件），防止结果发生的行为，属于消极条件（或称为防果条件）。若积极条件与消极条件保持均势，结果就不能发生。通常，要使一定的结果得以发生，除必须有积极的起果条件存在外，消极的防果条件还必须不存在。负有防止结果发生义务的人，如果履行其作为的义务（即实施防果条件）从而与起果条件保持均势，就可以防止结果的发生。若因其不作为（即排除防果条件）而破坏了均势，以致结果发生时，其不作为对于结果的发生就具有原因力。例

① 洪福增：《刑法理论之基础》，1977 年版，第 139 页；韩忠谟：《刑法原理》，1981 年版，第 128 页。

如，汽车司机某甲因超速开车致将行人某乙撞伤，这属于引起死亡结果的积极条件（起果条件）。若某甲将某乙送往医院医治，以防死亡结果的发生，这属于防止结果发生的消极条件（防果条件）。若某甲于肇事后不将某乙送往医院，而是将某乙弃于公路上自行逃逸，终致某乙因未得到及时抢救而死亡，那么，某甲不将某乙送往医院的不作为，就是引起某乙死亡的原因。

此说是以不作为者有意排除防果条件的主观决意作为认定不作为具有原因力的依据。有学者指出，这种“主观决意”在无认识的过失不作为（如忘却犯）中并不存在，换言之，过失的不作为并无决意可言，因而，此说对过失的不作为不能加以说明。况且，以此种主观决意作为认定因果关系的依据，也与刑法是规范行为的一般原则相矛盾。故此说也有可商榷之处。

4. “防止可能说”

此说认为，在研究不作为因果关系时，应将“作为之义务”与“作为之可能性”区别开来，并认为，只有“作为之可能性”才与因果关系有关，至于“作为之义务”，乃属违法性之问题，是构成不作为犯的要件，而不是因果关系的要件。因而主张，有能力防止其他因果过程进行者，如不进行防止，其不作为才具有原因力。若无能力防止其他因果过程之进行，而不进行防止，其不作为则不具有原因力。也就是说，当行为人可能防止危害结果发生而不防止时，他的不作为与危害结果之间就具有因果关系；反之，当行为人不可能防止危害结果发生而不防止时，即使他有防止结果发生的义务，他的不作为与危害结果之间也不具有因果关系。例如，父亲与儿子乘船在浅水中游玩，儿子失足掉于水中，父亲眼见儿子被淹死而不予以救助，其父的不救助行为与儿子的死亡之间就具有因果关系，因为是在浅水中，其父有救助的可能而不予以救助。假如，父亲与儿子乘船在长江上游玩，儿子失足落入惊涛骇浪之中，其父虽然眼见儿子被淹死而不救助，但其父的不救助行为与儿子的死亡之间却不具有因果关系。因为在惊涛骇浪之中，其父不可能救助落水的儿子。

此说以“防止（作为）可能性”作为认定不作为原因力的依据，

具有一定的合理性，得到了多数学者的赞同。

二、苏联刑法学家关于不作为有无原因力的争论

关于不作为有无原因力的问题，在苏联的刑法学界曾经进行过激烈的争论。在苏联的刑法文献中曾有这样一种观点，认为在不作为的情况下，根本谈不上不作为与有罪结果之间的因果关系，原因似乎是因为不作为本身不可能导致这种结果。有一位对这个不作为的原因力持否定态度的学者指出："断言不作为能够造成损害结果乃是法学领域中唯心主义者的特殊地方"。他说："房子不能因不作为而被烧光，死亡不能因不作为而到来。这就是说，物质后果、外界的实际变化，所有这些结果都应有自己的实际行为或者内部发展的规律性来作为原因。人的不作为（这种不作为应该阻挡危害社会结果的发生）所引起的责任不是由于不作为造成了后果，而是由于主体在他应该阻挡结果发生时，没有阻挡结果的发生。企图论证在不作为的场合也能发生作为担负法律责任必要因素的损害结果，这是没有根据的。这种作法与因果性的统一的哲学概念原理相抵触"。①

但是，坚持上述观点的只是少数，多数学者仍然主张不作为也有原因力。比如，有学者指出："如果只是把不作为本身（没有完成的一定的身体动作）理解为不作为（犯罪构成客观方面的一部分），那就应当承认，结果是由其他原因产生的，罪犯只是没有及时阻止其有害的作用。这种对不作为的理解是不能接受的。不能把不作为和某人实施不作为的具体条件割裂开来。只有对某人的不作为本身与不作为与不时发生的其他情况、自然界力量以及机械的作用等进行综合性的研究以后，才能确定正确的因果关系。苏联刑法关于不作为的解释不仅仅是指某人一般地没有完成一定的身体动作，而且还指该人故意或过失地让一些情况发生，这些情况正是引起或可能引起有罪结果自发的或合乎规律的发生，在这种情况下，主体对有罪结果的发生是有责

---

① ［苏］М. И. 沙尔果罗德斯基：《法的理论中因果关系的一些问题》，载《政法译丛》1957 年第 2 期。

任预防的”。[①] 孟沙金教授主编的《苏联刑法总论》也明确地坚持了这一观点，书中写道：“关于以不作为的方法实行实质罪的因果关系问题，其解决的方式，和我们解决关于以积极行为实行实质罪的因果关系问题的方式一样。人的不作为应该与所生的结果具有必然的因果关系。在某种具体条件下由不作为而产生了犯罪结果之实际可能时，此种情况即存在”。又说：“在实行广泛劳动分工的社会之内，不仅每个人的积极行为可以引起外界的变化，人的不作为也可以引起外界的变化。……在一定条件之下，一个人的不作为乃是一定的行为”。[②] 苏联著名的刑法学家 A. H. 特拉伊宁教授也坚持不作为有原因力的观点。他在《犯罪构成的一般学说》一书中指出，在不作为的场合，无疑是造成了损害。“譬如，不按动员令报到所造成的损害，是所动员的人员编制不够；不支付抚养费所造成的损害，是受抚养人的生活没有相当的保障等”。他还举例说，在母亲不给哺乳期的婴儿喂奶，婴儿因而饿死的场合，营养不足不是母亲不作为的结果，婴儿的死亡才是它的结果。[③]

苏联的刑法学者们在研究不作为的因果关系时，同样注意到了行为人有无能力作为的问题。他们认为，行为人虽然有义务作为，但在无能力作为的情况下不作为时，不能认为是犯罪。例如，H. A. 别利亚耶夫和 M. И. 科瓦廖夫主编的《苏维埃刑法总论》中指出：“法院在审理有罪的不作为案件时，除了仔细研究案情外，还应当确定罪犯的不作为究竟表现在哪里，罪犯有无可能采取积极行动预防有罪结果的产生。对第二个问题的肯定回答说明，某人的不作为与所产生的结果之间存在因果关系”。

三、我国学者关于不作为原因力的见解

在我国刑法学界，对于不作为有无原因力的问题，同样存在两种

① ［苏］H. A. 别利亚耶夫、M. И. 科瓦廖夫主编：《苏维埃刑法总论》，马改秀、张广贤译，群众出版社 1987 年版，第 138 页。

② ［苏］孟沙金主编：《苏联刑法总论》（下册），彭仲文译，大东书局 1950 年印行，第 338 页。

③ ［苏］A. H. 特拉伊宁：《犯罪构成的一般学说》，薛秉忠等译，中国人民大学出版社 1958 年版，第 145 页。

不同的见解。绝大多数学者都主张在不作为案件中也有因果关系，只有极少数学者持相反观点。

（一）反对不作为有原因力

有学者认为，“不作为不是客观存在的行为，在自然界的状态中是‘无’，是‘零’”，只是“因其违反作为义务，违反了法律规范，对社会有重大危害性，（才）由刑法认定其为犯罪行为，并不是实有的行为”。因而，“不作为与结果无因果关系，‘无’中不能生有，无作为自无结果，不作为不是结果的原因，只是促成结果产生的条件”。这位学者还举例说：“例如国家工作人员玩忽职守致使国家或社会遭受重大损失罪，其原因可能是天灾、事变或人患，不作为的玩忽职守则只是促成重大损失发生的条件，而不是其原因。又如母亲不哺育婴儿致婴儿饿死，好像是母亲不哺育婴儿是婴儿致死的原因，其实深入分析，婴儿致死，由于饥饿，饥饿才是婴儿死亡的原因，母亲不哺育则只是促成这种结果产生的条件”。

这位学者为了进一步说明不作为犯罪没有因果关系的理由，接着指出：“因果关系不是一切犯罪都具有的：绝大多数犯罪即所谓实质犯都以具有犯罪的行为、结果以及两者具有因果关系为其成立的要件，但也并非一切犯罪都是如此的。……有的犯罪，只有结果，并无行为，不作为犯罪就是这样的”。他进一步解释说，“法学是社会科学、规范科学，不是自然科学。法律规范是根据阶级的要求和社会生活的需要制定的，不是规律、反映自然现象的。为了实事求是，是作牵强解释，不必硬要认为一切犯罪都有犯罪的行为、结果以及两者的因果关系并以之作为负担刑事责任的论据”。

这位学者在不承认不作为有原因力的同时，又承认在作为过程中停止其作为的不作为具有原因力。他说：“不作为之能成了结果的原因，只有在作为过程中停止其作为时才有可能。例如，由多人组成的连续传递行为，其中一人突然停止传递，可能破坏这种传递的成功；又如依《中华人民共和国惩治军人违反职责罪暂行条例》第16条之规定，军人在防守阵地时，因畏惧战斗激烈，临阵脱逃，致使阵地陷落，这种临阵脱逃的不作为，其必然结果是阵地陷落”。[①]

不难看出，这位学者在论述这个问题时，理由讲得并不充分，而且陷入了自相矛盾之中。他一方面说不作为不具有原因力，并且举例说母亲不给婴儿哺乳致婴儿饿死，母亲不哺乳不是婴儿致死的原因，饥饿才是原因。另一方面又说在作为过程中停止作为的不作为有原因力，还举例说，军人在防守阵地时临阵脱逃的不作为是阵地失守的必然原因。我们实在看不出军人防守阵地时临阵脱逃的这种不作为与母亲不哺乳婴儿的这种不作为有什么本质的区别。按照这位学者所讲的不作为没有原因力的理由，为什么不可以说阵地失守不是军人临阵脱逃的结果，而是敌人攻击的结果呢？既然承认阵地失守可能是军人临阵脱逃的结果，为什么就不可以承认婴儿死亡可能是母亲不哺乳的结果呢？可见，这位学者在这个问题上的见解是自相矛盾的。另外，他的“有的犯罪，只有结果，并无行为”的观点，也是很成问题的。这种观点显然遭到了多数学者的反对。

（二）赞成不作为有原因力

在我国刑法学界，绝大多数学者都主张不作为具有原因力。马起、光建两位先生早在 1958 年就在东北人民大学《人文科学学报》上发表文章阐述了这一观点。他们指出：“在法的因果关系中，不作为是能造成损害结果的……当人们在具体情况之下有责任控制自然变化的发生或终止自然变化的发展，由于他未尽到责任而引起自然变化的发生或发展所造成的损害，则这种损害虽是某种事物变化而引起的，但责任人的不作为是引起损害结果的必然原因，也就是不作为与结果之间存在着必然的因果关系”。[②]

随着 20 世纪 80 年代法学研究热潮的兴起，对刑法因果关系的研究曾一度成为刑法学研究的一个热点。在众多的教科书和研究因果关系的文章中，绝大多数都支持不作为有原因力的观点。例如，著名刑

---

① 刘焕文：《罪与非罪的界限》，载《江西大学学报》（社科版）1983 年第 1 期。

② 马起、光建：《马列主义因果性的理论在法学中的应用》，载《东北人民大学人文科学学报》1958 年第 2 期。

法学家高铭暄教授在他主编的高等学校法学教材《刑法学》一书中写道："关于以不作为方式所实施的犯罪的因果关系问题，也和以作为形式所实施的犯罪的因果问题一样来解决。刑法上的不作为是以行为人具有某种特定义务为前提的。……在行为人能防止危害结果发生的条件下，他没有履行自己的特定义务，致使危害结果从他的不作为中产生出来了，他的不作为同危害结果之间当然就具有因果关系"①。著名刑法学家伍柳村教授也曾指出："在刑法上，不作为既是行为的一种表现形式，以不作为的形式进行犯罪，造成了危害结果，期间当然也存在因果关系"。在阐述不作为具有原因力的理由时，他说："不作为对于结果之所以能成为原因，其理由不在于负有应作为的义务，而在于行为人如起而作为，就有防止结果发生的可能。如果行为人能够防止其他原因的进行就不致发生危害结果，他却不起而防止，结果就必然发生；则这个不作为就是结果发生的原因"。② 此外，李光灿、张文、龚明礼三位先生在他们合著的《刑法因果关系论》一书中更是详细论证了不作为犯罪的因果关系，他们在对不作为的原因力作了详尽的分析之后明确地指出："不作为本身是有原因力的，它对危害结果的发生起了积极的作用"。③

---

① 高铭暄主编：《刑法学》，法律出版社 1982 年版，第 131 页。

② 伍柳村：《刑法中的因果关系》，载西南政法学院 1980 年编《学术报告论文集》，第 47 ~ 48 页。

③ 李光灿、张文、龚明礼：《刑法因果关系论》，北京大学出版社 1986 年版，第 214 页。

第十三章 刑法因果关系中的条件

在前几章中，我们通过对必然因果关系、或然因果关系、偶然因果关系的分析，已经发现在因与果的联系中，任何原因都是在一定条件的紧密配合下，才合乎规律地引起了某种结果的发生。正如前文所言，必然性的实现必须靠偶然性开辟道路，或然性的实现必须靠另一个或然性开辟道路，偶然性的实现则必须靠必然性开辟道路。这实际上是说，任何原因要引起某种结果，必须要有条件来配合。换言之，任何原因如果离开一定的条件，单靠自身的力量就无法引起结果的发生。这就充分展示了条件在因果联系中所发挥的重要作用，而且这种作用有时候与原因发挥的作用很难区别。也正是因为如此，原因与条件的区别成为因果关系研究中的一大难题。以至于常常有人把条件当做原因，也有人把原因当做条件。在刑法因果理论中，同样遇到了这样的麻烦。一个刑事案件，往往会牵涉许多人。在这许多人里，并非每个人的行为都是危害结果产生的原因，有的行为仅仅是危害结果借以产生的条件。刑法只是把作为危害结果的原因的行为视为刑事责任的客观依据，排除与危害结果虽有联系但并非原因的人的行为。这就给司法实践带来了一定的困难。因为从表面上看，原因和条件总是交织在一起，共同对结果发挥作用，让你很难分清哪个人的行为是原因，哪个人的行为是条件。以致影响到司法人员对行为人是否有罪以及应否负刑事责任的正确认定。因此，认真研究刑法因果关系中的条件及其作用，尤其是认真研究原因与条件的区别成为研究刑法因果关系理论的一个重要课题。

第一节　条件的定义与特征

从哲学上讲，所谓条件，就是指影响事物产生、存在或发展的因素。这种因素分为两种：一种为有利的因素，另一种为不利的因素。有利于事物的产生、存在和发展（结果）的因素，叫做有利条件，不利于事物的产生、存在和发展（结果）的因素，叫做不利条件。实践中，人们为了推动事物向好的方向发展，总是充分利用有利条件，尽量避免不利条件。因而，人们在研究条件的时候，是既要研究有利条件，也要研究不利条件。刑法因果关系上所说的条件，可以说是指影响危害结果的产生和发展的种种因素。有利于危害结果产生的因素，通常被称为不利条件，不利于危害结果产生的因素，通常被称为有利条件。由于刑法是一门特殊的学科，研究刑法因果关系的目的是为行为人负担刑事责任提供客观依据，因而刑法因果关系中的条件就只能是有利于危害结果的产生（即不利于社会）的条件。不利于危害结果产生的条件（即有利于社会的因素）与追究行为人的刑事责任毫不相干，因而不是刑法所研究的对象，自然也就不是刑法因果中的条件了。因此我们还可以说，刑法因果关系中的条件，就是促使原因行为发挥作用，从而有利于危害结果的产生和发展的种种不利因素。这种条件具有如下几个特征：

（1）条件是危害结果的产生所必不可少的。在客观世界中，任何事物的产生、存在和发展，都有其特定的原因，但也都离不开一定条件的配合。没有条件的配合，不论多么强大的原因都不能单独引起事物的产生、存在和发展。在刑事案件中也是如此，不论多么严重的危害行为，要引起一定的危害结果，也离不开一定条件的配合。比如，某甲在某乙的食物中投入剧毒，企图毒死某乙。但由于离医院很近，医院又正好有分解此种剧毒的解药，某乙在食用毒物后立即被送入医院，经抢救脱险。某甲的投毒行为由于没有一定的条件（距医院较远、没有解药、抢救不及时等）相配合，就没有发生某甲追求的危害结果。

（2）条件中不含有危害结果的根据。尽管条件对危害结果的产生起着必不可少的重要作用，没有条件，危害结果就不可能产生，但条件中并不包含危害结果的根据。比如，甲殴打乙致轻伤，乙在去医院途中因不注意观察突然横穿公路，以致被汽车撞死。甲的殴打行为对乙的死亡来说仅仅是一个条件，其中并不包含致乙死亡的根据。致乙死亡的根据存在于乙突然横穿公路的行为之中。

（3）条件对危害结果的产生所起的仅仅是配合作用。尽管没有条件，原因就不能引起危害结果，但条件对危害结果的产生所起的作用仍然是有限的。这有限的作用表现为，引起真正的原因，由真正的原因直接引起危害结果。比如上例中，甲轻伤乙的行为，引起乙去医院看病，这才引起乙在横过公路时不注意观察突然横穿的行为。致乙死亡的真正原因在于乙自己不注意观察而突然横穿公路，甲轻伤乙的行为对乙的死亡来说仅仅是一种诱因，只是起到了诱导的作用。

（4）条件实际上是原因中所包含的发展趋势变为现实的开道者。因果关系的成立，是原因中所包含的某种发展趋势变为现实的结果。这种发展趋势要变为现实性，必须要有另一种相反的趋势为之配合，或者说是为之开辟道路。前文我们曾经指出过，必然性的实现要靠偶然性开辟道路，偶然性的实现要靠必然性开辟道路，或然性的实现还要靠或然性开辟道路。这些为某种发展趋势开辟道路的开道者，实际上就是配合某种发展趋势变为现实性的条件，也就是配合原因引起危害结果的条件。恩格斯在谈到必然性与偶然性的关系时曾经指出，“偶然性是必然性的补充和表现形式，必然性靠偶然性开辟道路”。①恩格斯在这里所说的“补充”和“开辟道路”也正是这个意思。

（5）条件中所含的概率正好是原因中所含概率不足百分之百的补充。原因中所包含的引起某种危害结果的发展趋势，实际上都是包含一定概率的可能性。这种可能性的概率一般来说都不足于百分之百，有的甚至相差很远（如果满足了百分之百，就成为绝然性）。由于不足百分之百，因而单靠原因便无法引起危害结果的发生。这不足

---

① 《马克思恩格斯选集》（第4卷），人民出版社1972年版，第506页。

百分之百的部分，正是需要条件来补充的部分。如果原因中所包含的引起危害结果的发展趋势的概率为接近于1但仍然小于1（必然性），那么条件中所包含的概率就肯定是接近于0但仍然大于0（偶然性）；反之，如果原因中所包含的引起危害结果的发展趋势的概率为接近于0但仍然大于0（偶然性），那么条件中所包含的概率就肯定是接近于1但仍然小于1（必然性）。总之，原因中所含的概率加上条件中所含的概率，就正好等于1，即百分之百。换言之，如果原因中包含的是必然性，就需要条件中的偶然性来补充，如果原因中包含的是偶然性，就需要条件中的必然性来补充。

(6) 条件的表现形式多种多样。作为配合原因引起危害结果的条件，在表现形式上是多种多样的。它既可表现为动态的，也可表现为静态的；既可以是人为的，也可以是自然形成的；既可以出现在原因之前，也可以出现在原因之后，还可以和原因同时出现。

第二节 条件的作用

黑格尔在谈到条件的作用时曾经指出："一个事物的条件，含有两种意义，第一是指一种定在，简言之，指一种直接的东西；第二是指此种直接性的东西本身将被扬弃，并促成另一事物得以实现的命运"①。苏联哲学家罗森塔尔也说：条件不能直接引起某一结果，但却在时间和空间上伴随原因，影响原因，保证原因有产生结果所必需的那种一定的发展②。这就是说，虽然条件不能单独产生结果，但离开条件的作用，原因也不能单独产生结果。原因和条件对结果来说都是必不可少的。单就条件来说，它的作用主要有以下几点：

(1) 配合行为中产生危害结果的根据。有些行为，只有在一定条件的配合下才能包含产生某种危害结果的内在根据。条件在这里的作用是配合某种根据即发展趋势的产生。例如，某甲在一条出口是大

① ［德］黑格尔：《小逻辑》，贺麟译，商务印书馆1980年版，第304页。
② ［苏］罗森塔尔：《唯物辩证法的范畴》，厦门大学出版社1994年版，第89页。

公路的死胡同里手持棍棒追打刚满8岁的儿童某乙，致某乙在跑向公路的瞬间被某丙驾驶的汽车撞死。在这个案件里，“死胡同的出口是大公路”这个条件决定了在某甲追打某乙的行为中包含着致某乙死亡的内在根据。如果没有这个条件，某甲的追打行为中就不会包含这种根据。

（2）促使危害结果的发生。绝大多数行为只有在一定条件的配合下才能合乎规律地产生一定的危害结果。条件在这里的作用是促使危害结果的发生。例如，某甲带冷饭上山开荒，每日中午在山上生火热饭，为了防火，还专门挖了一个防火道。某日正在热饭，忽然刮来一阵旋风，将火卷起，引起山林火灾。就本案来看，在挖了防火道的情况下，生火热饭本不会引起山林火灾，但在“刮来旋风”这个特殊条件下，就合乎规律地引起了火灾，条件在这里起到了重要促使的作用。

（3）使相同的危害行为产生不同的危害结果。有些相同的危害行为在不同的条件的配合下，会发生不同的危害结果。条件在这里的作用是决定发生什么样的结果。例如，某甲一贯流氓成性，动辄照人胸口就是一拳，曾多次在公共场所寻衅滋事，殴伤多人。一日，又因小事照某乙胸部猛击一拳。某乙的朋友某丙（患有心脏病）愤怒指责某甲，某甲又照某丙胸部猛击一拳，某丙当即倒地身亡。同是一个行为人，同是打在胸部一拳，由于被害者自身的条件不同，而出现了不同的结果。

（4）决定危害行为造成的某种危险状态能否转化为危害结果。危害行为中所包含的危险状态，在不同条件的配合下，有的能转化为危害结果，有的不能转化。条件在这里的作用是决定危险状态是否转化为危害结果。例如，汽车司机某甲一次在市区行车，不慎将一人撞成重伤，造成了发生死亡结果的危险状态。但因距离医院较近，某甲及时将伤者送往医院，经抢救脱险。同是某甲，另一次在远郊行车，又将一人撞成重伤，造成了发生死亡结果的危险状态，虽然也立即将伤者送往医院，但因距离太远，送到医院时已因失血过多而死亡。同样的危害行为造成了同样的危险状态，“距离医院远近”这个条件决定着死亡结果的发生与否。

(5) 阻碍危害结果的发生。这种阻碍危害结果发生的条件一旦被危害行为加以排除，结果的发生就不可避免。例如，有妇之夫某甲多次与某乙通奸，某甲的妻子某丙好言相劝，某甲仍然不改。某丙在气急之下当着某甲的面服毒自杀。某甲不但自己不将某丙送往医院抢救，而且阻止邻居将某丙送往医院。后虽经邻居奋力冲破某甲的阻拦，强行将某丙送往医院，但终因某甲阻拦耽误了时间而抢救无效，致某丙死亡。在该案中，及时将某丙送往医院抢救是避免某丙死亡重要条件。由于某甲破坏了这个条件，某丙的死亡就不可避免了。

第三节　条件的分类

按照不同的划分标准，可对刑法因果中的条件作出不同的分类。

一、按照条件的属性划分，可把条件划分为自然条件和人为条件

所谓自然条件，是指自然界中客观存在的事物或发生的变化。如实施危害行为时的客观环境、时间、地点、音响、光线、风雨、雷电、洪水、疾病以及机械、化学、生理等方面的变化。这种条件可以存在于行为之前，也可以出现于行为之后。由于这种条件的影响，使危害行为造成危害结果的，不能否认行为与结果之间的因果关系。例如，某甲路过一个打麦场时，顺手将一个未熄灭的烟头丢在麦场边上，燃着了场边的麦草。由于当时正刮着东南风，火借风势，很快将堆在场西北边未脱粒的麦草垛燃着，结果烧毁麦子5万多斤。在这个案件中，东南风正是一个很重要的自然条件，若没有东南风，不至于引起麦垛起火，但不能因为东南风而否定某甲乱丢烟头的行为与麦垛起火之间的因果关系。

所谓人为条件，是指通过人的有意识的行为，对结果的发生所起的影响和作用。比如，某甲致某乙重伤，某乙住院治疗时，遇医院失火而被烧死。在这类案件中，某甲的行为就是导致某乙死亡的一个人为条件。某乙死亡的真正原因在于火灾，而不是某甲的殴打行为。在研究这种人为条件时，应特别注意两点：(1) 不能把人为的条件当做危害结果的原因，（2）不能因人为条件的存在而否认另一个危害行为或自然力与危害结果之间的因果关系。

二、按照条件出现的先后划分，可以把条件划分为事前条件和事后条件

这样划分的意义在于，有助于判断行为人罪过和主观恶性的大小。所谓事前条件，亦可称之为现存条件，是指在行为实施之前就已经存在的条件，既可以是自然条件，也可以是人为条件。这种条件，如果行为人事前知道便可以加以利用。假如行为人故意利用这种条件以达到造成危害结果之目的，说明他是追求危害结果的发生，属于故意犯罪。比如，某甲明知某乙患有严重的心脏病而故意照某乙的胸部猛击一拳，结果致某乙死亡。在这类案件中，尽管心脏病对某乙的死亡起了重要作用，但心脏病只是一个事先存在的引起某乙死亡的条件，而不是原因。真正的原因在于某甲的拳击行为。某甲正是利用了某乙患有心脏病这个条件来达到杀人目的的，所以某甲应构成故意杀人罪。如果某甲在拳击某乙时不知道某乙患有心脏病，则应根据某甲是不是主动实施的不法侵害行为而决定其构不构成过失犯罪。

所谓事后条件，亦可称之为补充条件，是指在行为实施后出现的条件，既可以是自然条件，也可以是人为条件。这种条件，行为人无法预见和利用。比如，某甲对某乙造成重伤，在送往医院途中因汽车出故障耽误了时间，以致抢救不及时而死亡。显然，汽车于途中出故障对某乙的死亡起了重要作用。这一点某甲是不能预见也无法利用的，但不能因此而否认某甲的行为与某乙死亡之间的因果关系。

三、按照条件的形态划分，可把条件划分为静态条件和动态条件

静态条件，是指静止不动的条件，如地点、环境等。动态条件，是指处于不断变化中的条件，如人的行为、动物的活动等。不论是静态条件还是动态条件，都可以被行为人有意地加以利用。

除了以上三种划分方法之外，也有人把条件分为正常条件和特殊条件；还有人分为被害者本身的条件和由危害行为提供的条件，等等。

第四节　条件和原因的联系

唯物辩证法告诉我们，世界上的一切事物都是相互联系、相互制约、相互影响的。作为共同引起结果发生的原因和条件更是这样。它们对于结果来说，都是不可缺少的因素。而在它们自身之间，也同样存在着对立统一的关系。二者的对立主要表现在以下两点：

（1）在一个孤立的因果环节中，对于结果来说，原因就是原因，条件就是条件，二者不可以混淆，不可以颠倒。这是因为，在原因中存在着引发结果的内在根据，而在条件中并不存在这样的根据。西方刑法因果理论中的“条件说”认为，凡论理上可为结果发生之条件者，皆为结果之原因，也就是把结果之前发生的一切对结果的发生有影响力的行为统称为原因，这实际上是混淆了原因与条件的界限，抹杀了原因与条件的对立关系。

（2）对于结果的作用来说，一个为主，一个为从，一个属内，一个属外。这种主从、内外的关系，永远不变。原因对于危害结果的发生来说，永远是起着引起的、决定的作用。这是由于在原因的内在矛盾中包含着危害结果的质，即内在根据。也正是因为如此，我们说原因是由其内在的本质对危害结果的发生起着决定的作用。而条件对于危害结果的发生来说，则只能起一种辅助的、配合的作用。这是由于在条件的内部并不包含危害结果发生的质，因而它只能从事物的外部对结果的发生施加一些影响，只能“在时间和空间上伴随原因，影响原因，保证原因有产生结果所必需的那种一定的发展”①。

原因和条件统一主要表现在以下三点：

（1）二者在同一个因果环节中相互依存。所谓相互依存，是说二者谁也离不开谁，任何一方离开了另一方自己就无法存在。在同一个因果环节中，原因和条件正是处于这样一种相互依存的关系。因为如果没有了原因，结果就不会发生。没有了结果，自然也就不存在结

---

①［苏］罗森塔尔：《唯物辩证法的范畴》，厦门大学出版社 1994 年版，第 89 页。

果发生的条件。同样，如果没有了条件，结果也不会发生，结果不发生，自然也就没有引起结果的原因。可见，原因和条件是谁也离不开谁的。

(2) 二者的作用方向一致。在同一个因果环节中，原因和条件的作用是向着同一个方向用力，即都是对着结果的发生施加影响。只不过原因起的是一种引起作用，条件起的是一种推动作用。就像两个火车头一样，一个在前边拉，一个在后边推，齐心协力将结果的发生由可能变为现实。

(3) 在总的因果链条中，二者可以相互转化。在一个孤立的因果环节中，条件就是条件，原因就是原因，二者的位置是确定不变的。但是，在事物发展的总的因果链条中，条件和原因则又是相对的。在此一环节中是条件，在彼一环节中则是原因，反之亦然。例如，某甲殴打某乙致轻伤，某乙去医院途中被某丙驾驶的汽车撞死。在某甲的打人行为与某乙的轻伤这个因果环节中，某甲的打人行为是原因。但在某丙的汽车撞人与某乙的死亡这个因果环节中，某甲的打人行为就只是一个条件了。同样一个行为或事物，在不同的因果环节中，会由原因变为条件，或者由条件变为原因，这体现了原因和条件二者的相对性。

第五节　条件和原因的区别

研究条件和原因的区别，对于正确解决行为人的刑事责任，以及完善刑法因果关系理论，都有重要的意义。

需要与原因加以区别的条件，主要是人为的条件。因为自然条件不至于与作为原因的人的行为相混淆，固无需讨论自然条件与原因的区别。

一、区别的标准

研究原因与条件的区别标准，就是要找出二者之间最本质的不同点。有了标准，就可以很容易地将二者区别开来，然而，寻找这个标准却很不容易。围绕这个标准，在包括西方在内的刑法学界，已经争论了许多年。

（一）以往的观点

关于原因与条件的区别标准，在以往的讨论中，曾有许多不同的见解。择其要者，介绍如下：

第一种观点认为，二者区别的标准在于各自与结果之间的联系是直接的联系，还是间接的联系。与结果是直接联系的，是原因；与结果是间接联系的，是条件。如吕心廉先生在《谈谈犯罪的因果关系》一文中指出："刑法上对因果关系的研究，就是从现象的普遍的相互联系各个环节中，抽出危害行为和危害结果之间的具有内在的直接的联系。如果抽出的环节不是事件发生的直接的联系，而是间接联系，就是事件发生的条件"①。笔者以为，这样的标准不能把原因和条件完全区别开来。因为有些与结果是间接联系的行为并不能排斥在原因之外。比如教唆行为与危害结果之间的关系就是一种间接的联系，显然不能说教唆行为与危害结果之间没有因果关系。另外，偶然原因与结果之间的联系都是间接的联系。偶然原因也是原因，不是条件。

第二种观点认为，二者区别的标准在于各自与结果之间是必然的联系还是偶然的联系。"必然引起结果发生的为原因，其他则为条件"②。此种见解否认偶然原因的存在，与当今偶然因果关系的理论相悖，因而笔者认为也是不正确的。

第三种观点认为，二者区别的标准在于是否为最后引起结果者。有学者指出：在多数条件中，有的是属于促使结果发生的条件，有的是属于防止结果发生的条件，二者保持均衡状态，使结果不能发生，但最后加入之行为，由于打破均衡，使结果得以发生，该最后加入之行为即为原因，其他均为条件③。例如，甲在乙的食物里投毒（促使结果发生的条件），乙被送入医院抢救脱险（防止结果发生的条件），在尚未完全恢复的情况下，丙又向乙的食物里投毒，终致抢救无效而

① 吕心廉：《谈谈犯罪的因果关系》，载《辽宁日报》1980年3月28日。另见西南政法学院图书馆1981年编《法学论文选》第58页。

② 韩忠谟：《刑法原理》，1981年版，第121页。

③ 韩忠谟：《刑法原理》，1981年版，第121页。

死亡。在这样的案件里，丙的行为毫无疑问是乙死亡的原因，甲的行为毫无疑问不再成为原因，但甲的行为也谈不上是乙死亡的条件，因为丙的行为完全可以不以甲的行为为条件而单独引起乙的死亡。所以笔者认为这样的划分标准也是不科学的。此种观点似乎还可以列举如下的例子：甲在乙的食物里投毒，但因数量小不足以致乙死亡，丙在不知甲已于乙的食物里投毒的情况下也向乙的食物里投下不足以致乙死亡的毒药，但甲与乙各自所投的毒药合在一起，达到了致人死亡的量，终致乙死亡。由于丙的投毒行为是最后加入者，故丙的行为是原因，甲的行为是条件。笔者以为，在这样的案件中，不能说甲的行为就不是乙死亡的原因，因为甲的行为同样包含有致乙死亡的内在根据。可见，此种划分标准不能正确解决原因与条件的区别问题。

第四种观点认为，原因与条件的区别标准在于是否对结果的发生为最有力者。"对于结果发生最有力者为原因，其他均为条件"①。例如，某甲违犯交通规则，从非人行道处突然横穿公路，致使驾驶汽车正常行驶的某乙来不及刹车而将某甲撞死。按照此种观点，在该案件中，某丙刹不住车的行为是原因，某甲自己的违章行为是条件。但笔者以为，在该案中，某甲自己的违章行为是原因，某丙刹不住车的行为是条件。因为某丙是在正常的公路上正常行驶，这就像正常运转的机器一样，是一种动态性条件。假如有人撞向正在运转的机器而死亡，显然不能说机器的运转是原因，撞击行为是条件。同样，当某甲突然横穿公路撞向正常行驶的汽车而死亡时，某甲自己的行为才是真正的原因。由此可见，用"最有力"为标准，也不能科学解决原因与条件的区别问题。

第五种观点认为，原因与条件区别的标准在于与结果之间是否具有相当的关系。所谓相当的关系，是指"依吾人知识经验为客观的观察，认为在一般情形下，有同一之条件，均可发生同一之结果者，则该条件即为发生结果之相当条件，亦即为发生结果之原因。反之，若在一般情形下，有此条件存在，而依客观的观察，认为不必皆发生

① 韩忠谟：《刑法原理》，1981年版，第121页。

此结果者，则该条件与结果并不相当，亦即无相当因果关系，不过为偶然事件而已”。并强调说，决定某一行为是否为发生结果之原因，“须依客观上一般人之观察为标准”。[①] 此种见解把原因与条件的区别建立在“一般人的观察”上，而不是建立在事物所包含的内在矛盾量上，显然是不科学的。况且，何为“一般人的观察”？很难拿出一个具体的标准来，最终只能是以法官自己的观察为标准而已。这样一来，实际上也就没有标准了。

（二）本书的观点

笔者认为，原因与条件的区别，只能以行为中是否包含结果的内在根据为标准，换言之，行为中包含着结果的内在根据的，就是原因；行为中未包含结果的内在根据的，就是条件。黑格尔曾经指出：“结果并不包含原因中没有包含的东西。”[②] 这句话反过来说就是：结果只能包含原因中包含的东西，或者说，原因和结果中包含着相同的东西。这种在原因和结果中都包含的“东西”，正是本文所说的内在根据。这种内在根据存在于作为原因的事物的内在矛盾之中。辩证唯物主义认为，任何事物内部都存在着正反两方面的矛盾，矛盾的双方各决定着事物的一种发展趋势。当前事物中所包含的这种发展趋势变为现实性的时候，结果（后事物）也就发生了，这时候前事物与后事物之间就形成了因果关系。由此可见，由前事物的内在矛盾所决定的引起后一事物的这种发展趋势，正是原因中所包含的内在根据，这种内在根据首先包含在原因中，然后又转化到结果中，从而使原因与结果具有同一的内容和相同的质。但条件中从不包含这种内在根据，比方，适当的温度虽然是鸡蛋孵出小鸡必不可少的条件，但只有鸡蛋中才含有孵出小鸡的胚胎，温度中决不包含这种胚胎。所以我们说，鸡蛋（原因）中含有孵出小鸡的内在根据，但温度（条件）中没有这种根据。原因、条件与结果的关系，也是这个道理。因此可以肯定地说，事物中是否包含结果的内在根据，才是区分原因与条件的唯一标准。

---

① 韩忠谟：《刑法原理》，1981年版，第121～122页。

② ［德］黑格尔：《逻辑学》（下卷），商务印书馆1976年版，第217页。

二、各种原因与条件的具体区别

按照本书的见解，因果关系分为绝然的因果关系、必然的因果关系、或然的因果关系和偶然的因果关系四种，因而，原因也就有了绝然、必然、或然和偶然四种。这里所要谈的就是这四种不同的原因各自与条件的区别。

（一）绝然原因与条件的区别

本书在绝然因果关系一章中曾经讲过，在绝然原因中包含着危害结果发生的绝然性，它不需要任何条件的配合，就能绝对地不可避免地决定和引起危害结果的发生。这是因为，绝然性占据着事物发展概率的百分之百，或者说它包含着另一事物的全部的质和量，因而它便能绝对地、一定如此地决定另一事物的发生。这就明显地展示出了绝然原因与条件的区别：绝然原因中包含着危害结果的全部内在根据，或者说包含着危害结果的百分之百的质和量，但条件中没有危害结果的任何根据。而且在绝然的因果关系中，根本就没有条件存在的必要。

（二）必然原因与条件的区别

必然原因是包含着危害结果发生的必然性的原因，这种原因在条件的轻微配合下就可引起危害结果的发生。这是因为，必然性在概率上是一种大到接近于1但仍然小于1的可能性，换言之，必然性在概率上已经接近了百分之百，只需条件给予小小的配合，就可使所含概率满足百分之百，从而引出危害结果的发生。这里，条件所起的作用，就是弥补原因中不足百分之百的部分。但必须强调的是，条件虽然能弥补原因中不足百分之百的部分，但条件自身中所包含的并不是根据，它只是从事物的外部破坏了阻碍危害结果发生的因素，从而为结果的发生打开通道——按照恩格斯的话说就是开辟道路，这才使得必然性中不足百分之百的部分得以弥补。所以，条件与必然原因的质的区别仍然在于，必然原因中包含着概率接近于1的内在根据，条件中包含的只是破坏与必然性对立的偶然性的一种外在力量。例如，某甲吞服了一定量的毒药之后，便同时具有了死亡的必然性和不死的偶然性。死亡的必然性产生于毒药的毒性，不死的偶然性产生于毒药的可解性。如果某甲未被及时地送往医院，或者被送往医院后遇到了懈怠的医生，或者医院里没有有效的解药——这些都属于配合死亡的必然性转变为现实性的条件——那么，由于毒药的可解性未被利用，这种可解性就会被毒性吞没，从而使不死的偶然性消失，进而使死亡的必然性发展为绝然性，最终使死亡结果得以发生。这里，不死的偶然性之所以会消失，是由于这种偶然性赖以产生的根据——毒药的可解性——已经被破坏，而破坏毒药的可解性的，正是配合死亡的必然性转变为现实性的那些条件，诸如没有解药、医生懈怠等。这进一步说明，在必然因果关系中，条件作为一种外部力量是通过破坏与必然性对立的偶然性的内在根据的方法来配合必然性转变为现实性的。因此我们说，与必然原因相比，条件中包含的只是破坏偶然性的一种外在力量。

（三）或然原因与条件的区别

或然原因是包含着危害结果发生的或然性的原因。或然性是一种所含概率在50%左右，表示某一事物可能发生也可能不发生的不稳定的趋势。或然性的根据在于事物内在矛盾各方力量的均衡。因而，单靠或然原因本身，只具有引起危害结果的可能性，而且这种可能性的概率仅有50%左右，因此，或然原因必须依靠与其力量相当的条件的配合，才能合乎规律地引起危害结果的发生。换言之，在或然因果关系中，原因与条件对结果的发生所起的作用不分上下。这样说来，似乎是增加了或然原因与条件区别的难度。但从本质上看，将二者区别开来并不困难。尽管或然原因中所包含的概率只有50%左右，但这50%左右的概率仍然是由作为原因的事物的内在矛盾决定的，仍然是发生危害结果的内在根据。条件对危害结果的发生虽然也起着50%左右的重要作用，但这种作用并不是结果发生的内在根据，而只是破坏或然性对立面的内在根据的一种外在力量。

（四）偶然原因与条件的区别

偶然原因是包含着危害结果发生的偶然性的原因，这种原因必须在强有力的条件的配合下，才能合乎规律地引起危害结果的发生。这是因为，偶然性在概率上是一种小到接近于0的可能性，若没有强有力的条件给予配合，就无法使其所含的概率满足百分之百，从而也就无法引出危害结果的发生。这里，条件所起的作用是相当大的。但必须强调的是，条件所起的作用虽然相当大，但条件中仍然不包含危害结果发生的内在根据，它只是作为一种外部力量对偶然性向现实性的转变起配合作用而已。这种配合的机制是，从事物的外部破坏偶然性的对立面即必然性的内在根据，从而使必然性逐渐消失，使偶然性逐渐发展为绝然性，最终导致危害结果的发生。例如，某甲将靠近机动车道骑自行车的某乙撞倒在机动车道内，某乙未来得及爬起，即被某丙驾驶的汽车轧死。在类似的案件里，某甲撞倒某乙的行为与某乙的死亡之间就是一种偶然的因果关系。首先，在某甲的行为中包含着致某乙死亡的偶然性，同时也包含着不致某乙死亡的必然性（这两种发展趋势都是由某甲的行为和当时当地的环境条件决定的。这样的环境决定了某甲撞倒某乙的行为可能会发生如下两种情况：一种情况是正巧遇到一辆已经行驶到跟前而刹不住车的汽车，发生此种情况的概率很小，因而某乙的死亡只是一种偶然性；另一种情况是未遇到已经行驶到跟前而刹不住车的汽车，发生此种情况的概率很大，因而某乙不死是一种必然性）。如果发生了第一种情况，某乙正巧倒在一辆正常行驶着的汽车跟前，必将使司机来不及刹车而从某乙身上轧过。这样一种情况的出现，就会使某甲行为中所包含的不致某乙死亡的必然性的根据遭到破坏，从而使这种不死的必然性自行消失，进而使致某乙死亡的偶然性发展转化为绝然性，最终使死亡的结果得以发生。这里，不死的必然性之所以会消失，是由于这种必然性赖以产生的根据——遇不到急驰而来刹不住车的汽车——已经被破坏。而破坏这一根据的，正是配合死亡的偶然性转变为现实性的那个强有力的条件，即某丙驾驶汽车按照正常的速度正巧于此时经过此地。这充分说明，在偶然因果关系中，条件作为一种外部力量是通过破坏与偶然性对立的必然性的内在根据的方法，来配合偶然性转变为现实性的。这同时也说明了偶然原因与条件的区别在于：偶然原因中包含的引起危害结果的概率虽然很小，但它在本质上仍然属于事物的内在根据；条件中所含的力量虽然很大，但它在本质上仍然是一种外在的力量，而不是事物的内在根据。

比　较　篇

第十四章 德国、日本刑法中的因果关系

德国、日本属于大陆法系的代表，它们在法律体系、法律制度上有许多共同之处，在刑法因果关系理论上，同样有许多共同之处。比如，在因果关系上的条件说、原因说、相当因果关系说，就是它们共同的理论基础。

第一节 关于必要条件说

一、必要条件说的意义

必要条件说，简称条件说，亦称等价说、同等说，是德、日等大陆法系国家在刑法因果关系理论上主要的观点之一。该理论认为，只要在行为和结果之间存在“没有前者就没有后者”这种必要的条件关系，就可以认为有刑法上的因果关系。换言之，凡是先于结果存在，并为结果的发生所必不可少的条件，就都是原因。而且没有轻重、大小、主次之分。为了证明某个先于结果存在的事实是否是结果发生的必要条件，该理论求助于一种“排除思维法”，即设想在该条件不存在时，结果是否同样会发生。如果答案是否定的，说明该事实就是结果的必要条件；如果答案是肯定的，就可将该事实排除于原因之外。当然，这种方法考察的对象只能是人的行为，凡是可被称之为“必要条件”的行为就是原因。按照这种理论，如果甲轻伤了乙，乙因大夫丙使用未消毒的绷带包扎受感染而被迫住院，结果乙又因丁于夜间在医院放火而被烧死。那么，甲、丙、丁的行为就都是乙死亡的原因。

条件说是德国、日本在以往的判例中所经常采取的立场，比如，

1971年（昭和46年）日本最高法院对一个案件的判决就采用了这一立场。1969年（昭和44年）在日本曾发生过这样一个案件：被告人以抢劫的目的对被害人施加暴行，用手捂住被害人的嘴，用布蒙住被害人的脸，致患有心脏病的被害人因急性心脏病发作而死亡。第一审法院认为被告人的暴行是被害人发生急性心脏病死亡的原因，成立强盗致死罪，认定被告人的暴行与被害人的死亡之间存在因果关系。第二审法院撤销了第一审法院的判决，认为被告人只成立强盗罪，其暴行与被害人死亡之间不存在因果关系。最高法院又撤销了第二审法院的判决，维持了第一审法院的判决。最高法院在判决中指出："作为致死原因的暴行，并不要求它是死亡的唯一原因或直接原因，即使偶然因为被害人的身体有高度病变、加上暴行而产生了死亡的结果，也不妨碍因上述暴行而成立致死罪……即使认为本案被告人的暴行如果没有被害人的严重心脏疾患就不会产生致死的结果，即使被告人在行为当时不知道存在的特殊情况、没能预见致死的结果，既然认为其暴行与该特殊情况相结合产生了致死的结果，那么，就在其暴行与致死的结果之间存在肯定其因果关系的余地"（《大审院、最高法院刑事判例集》25卷4号567页）。[①] 率直地看这一判决的态度，从其"即使偶然因为被害人的身体有高度病变、加上暴行而产生了死亡的结果"的表述来看，应当说它采用的仍然是条件说。

二、必要条件说的起源与缺陷

条件说起源于19世纪刑法学界对因果关系的思考，据说是由德意志帝国法院刑事部推士弗·布里所首创，后被德国刑法学者李斯特、斯托斯以及日本刑法学者冈田朝太郎等所倡导。19世纪是自然科学万能的时代，新的发现、发明不断产生，于是产生了想把自然科学的新方法纳入刑法学中的强烈愿望，关于因果关系论也同样想根据自然科学的、特别是物理学的因果观来论及刑法学上的因果关系。但是，如果认为只要存在物理学上的必要条件关系，就有刑法上的因果

① 转引自［日］大冢仁：《犯罪论的基本问题》，冯军译，中国政法大学出版社1993年版，第100页。

关系，那么，刑法因果关系的范围就不可避免的被无限扩大了。这一点德、日两国以及其他一些国家的刑法学家们都认识到了。甚至有学者还指出，条件说不仅扩大了原因范围，而且它更严重的缺陷还深藏在其运作的机制中："运用'思维排除法'的前提，是人们必须事先就已经知道究竟条件具备何等的原因力，即知道这些条件如何作为原因（之一）而发挥作用，否则，条件理论就根本无法运作"。[①] 例如，甲服了乙给他的一种尚处于试验阶段的新药，然后因心脏病发作而死亡。如果不查明试验药的药性，仅仅根据"没有乙的行为，甲就不会死亡"而将甲的死亡归咎于乙的行为，势必要造成冤假错案。

三、对必要条件说的限制

为了克服条件说的缺陷，资产阶级的学者们提出了对条件说加以限制的种种理论。其中有因果关系中断论、溯及禁止论、因果突变论，等等。

（一）因果关系中断论

这种理论认为，在因果进行的过程中，如果介入了第三者的故意行为时，就由此中断了正在进行的因果关系。如李斯特就曾说过："基于负责能力人之自由且故意之行为，在法律上常发生新的独立因果关系，第一意思活动与惹起结果间之因果关系，因此而中断"。[②] 例如，甲投毒杀乙，在毒性发作之前，丙故意开枪打死了乙。由于在甲的投毒行为之后介入了丙的故意杀人行为，因而丙的行为中断了甲的行为与乙死亡之间的因果关系，只在丙的行为与乙的死亡之间存在因果关系。这里主要是讲介入故意行为能够中断前行为与结果之间的因果关系，至于介入自然力、被害人自己的行为或第三者的过失行为，能否中断因果关系，则意见不一。有人认为能中断，有人认为不能中断。因果关系中断论是德国的瓦芬费尔德于1914年首先提倡的。有人指出，"这种观点仍然是从自然科学和物理学的角度看待因果关

① ［意］杜里奥·帕多瓦尼：《意大利刑法学原理》，陈中林译，法律出版社1998年版，第125页。

② 转引自王觐：《中华刑法论》（总则）中册，中国方正出版社2005年版。

系的，随着把刑法因果关系作为社会性现象来理解的观点的普及，这种观点就当然被放弃了”。[①]

（二）溯及禁止论

这是德国学者弗兰克于1931年提出的理论。他认为，“先行于自由而且有意识地，即具有故意、有责地指向结果发生的条件不是原因”。[②] 意思是说，在故意造成危害结果的行为之前的行为，只是结果发生的条件，而不是原因。比如，乙女被甲男强奸后，基于羞愤心理而自杀。因乙女的自杀是故意行为，因而发生在自杀之前的强奸行为只是乙女死亡的一个条件，而不是原因。又如，甲把子弹装进枪膛后，放置一旁，乙拿起该枪故意将丙击毙。因乙击毙丙的行为是故意行为，因而在丙行为之前发生的甲装子弹进膛的行为不是丙死亡的原因，而只是一个条件。这种理论与中断说具有类同之处，且在对具体案件的解释上不合逻辑，缺乏根据，因而基本上不被学者所接受。

（三）因果突变论（亦称责任更新论）

这种理论认为，有两个前后相继的独立行为，前行为虽然已经结束，但在其行为力尚未充分发挥时，后行为介入进来接续前行为发挥作用，引起了严重后果。这时候，前行为只与后行为实施前形成的结果有因果关系，后行为则与最后的结果有因果关系。例如，甲出于杀人的故意将乙打成重伤，该重伤能否致乙死亡尚未分晓，丙过来又给乙以致命的打击，引起乙的死亡。在这种情况下，甲的行为只与乙的重伤之间存在因果关系，丙的行为则与乙的死亡之间存在因果关系。而且丙的行为将甲行为本来要造成的结果由死亡变成了重伤，也就是改变了甲行为因果关系的性质。使得甲本来要对死亡负责而改为只对重伤负责（杀人未遂），丙则要对死亡负责（杀人既遂）。故而称之为“因果突变”或“责任更新”（都是针对甲的行为而言）。这一理论的条件是前行为已经结束且行为力尚未充分发挥，后行为给予的又

---

① ［意］杜里奥·帕多瓦尼：《意大利刑法学原理》，陈中林译，法律出版社1998年版，第101页。

② 转引自［意］杜里奥·帕多瓦尼：《意大利刑法学原理》，陈中林译，法律出版社1998年版，第101页。

是致命的打击。若不符合这两个条件，则可能不属于因果突变。比如，在甲伤乙的行为未停止的情况下，丙加入进来与甲一起对乙打击；或者甲对乙打击很重，乙即将死亡，丙虽在甲的行为结束之后又对乙施以打击，但仅仅是往乙的腿上踢了两脚，都不能称为因果突变。

第二节　关于原因说

原因说是为了纠正条件说将原因的范围扩得太宽而提出的一种理论，它的首创者是德国刑事古典学派的宾丁、库雷尔等人，时间亦是在19世纪70年代。这种理论实际上是以条件说为基础，主张从引起某个犯罪性结果的众多条件中，选出一个特别有意义的条件作为原因，只承认在这种原因与结果之间有刑法上的因果关系。其余的条件则是单纯的条件，与结果之间没有因果关系。这种理论由于把条件和原因加以区别，故又被称为“条件、原因区别说”。这一理论的关键之处在于用什么标准来区别原因和条件，若标准不科学，整个理论便失去科学性。然而正是在这个关键的标准问题上，意见不一，观点纷呈。有的说必要条件是原因，有的说最近条件是原因，也有的说最有利条件是原因，还有的说最后条件是原因。这种理论由于最终找不出一个确定的、科学的、统一的区分原因与条件的标准，令人无所适从，因而仅在19世纪刚刚产生时盛行一时，随后便销声匿迹了。

第三节　关于相当因果关系说

相当因果关系说是当今德、日刑法学界之通说，也是德、日法院刑事判例中经常采用的观点。这种学说认为，在行为与结果之间，按照人们日常生活上的经验，存在着基于这个行为一般就会发生该结果的这种相当的关系时，就认为有刑法上的因果关系。换言之，在引起结果发生的数个条件行为中，只有那些根据人类社会日常生活上的经验，认为在一般情形下，有这样的条件，就会发生这样的结果时，则该条件就是发生结果的相当条件，也就是发生结果的原因。反之，若在一般情形下，依一般的生活经验进行观察，有这样的条件存在，却不一定会发生这样的结果时，则该条件与该结果并不相当，其间就不存在因果关系。例如，甲伤乙，乙去医院途中遇车祸而死；又如，丙杀丁，丁妻因夫死而自杀。依一般的日常生活上的经验观察当时的事实，甲伤乙一般情况下不会引起乙被汽车撞死的结果；丙杀丁，一般情况下也不会引起丁妻自杀的结果。故而甲行为对于乙之死亡、丙行为对于丁妻之死亡，均无相当之关系，即不存在刑法上的因果关系。

需要注意的是，相当因果关系说并不是否定了条件说，而是以条件说论证的条件关系为前提，进而以相当性加以限制，从众多的条件中提升出原因。因而可以说，它是对条件说的一种限制。从这个意义上讲，它与“原因说”有共同之处，只不过在认定原因的标准上它与“原因说”有所不同而已。至于如何判断相当性，也就是判断相当因果关系的标准是什么，通常有主观说、客观说、折中说三种观点。

主观说，亦称主观的相当因果关系说，此说认为，应当以行为人在行为时所认识或可能认识的事实为基础，判断行为与结果间是否存在刑法上的因果关系。换言之，只要行为人在行为时能认识到有关的事实，不论社会普通人能否认识到，都认为存在刑法上的因果关系。例如，甲向乙的胸部轻击一拳，乙因患有心脏病经不住这一拳之击，因而在被击后当即死亡。依主观说推论，如果甲在拳击乙时，知道乙患有心脏病，而且认识到乙因患有心脏病经不住一拳之击，那么，甲的轻击一拳与乙的死亡之间就存在因果关系；反之，如果甲在拳击乙时不知道乙患有心脏病，或者虽然知道乙患有心脏病，但不知道乙连这轻轻的一拳也经不住，那么，甲的拳击与乙的死亡之间就不存在因果关系。可见，主观的相当因果关系说，完全是以行为人自己的主观认识为标准，来确定刑法因果关系的有无。

客观说，亦称客观的相当因果关系说，此说认为，“要站在法官的立场上，不限于行为时行为人认识或能够认识的东西，应该以客观存在的所有情况哪怕是事后产生的情况，只要它曾是可能预见的东西，就应当以它们为基础进行判断，即所谓客观的事后预测”①。通俗地讲，就是说，要以行为当时客观上所存在的一切事实——包括被害人的身体素质、周围的环境、时间、地点、地下有无石头、现场到医院的距离等——以及行为后所发生的事情（如被害人家贫，受伤后无力求医治疗等）为基础，由法官就此一切事实作客观的判断，如认为在此环境此客观事实情况下，有此行为，就会有此结果发生的话，即该行为对于该结果之发生具有“相当性”（客观可能性）的话，则两者之间就具有刑法上的因果关系。至于这些客观事实行为人当时是否认识或是否能够认识，在所不问。

客观说综合考虑行为当时所存在的一切事实，而不问这些事实是否在行为时为行为人所认识，甚至包含一般人也不能认识的事实，仅以行为当时所存在的事实为理由，皆列为判断行为相当性的基础。笔者以为，这一点恰是体现了因果关系的客观性的特点。本来因果关系就是客观存在的，不依人的主观意识为转移的。不管行为人是否认识到，他的行为与结果之间存在的引起与被引起的关系都是客观存在的。客观说无意中符合了因果关系的客观性这一特征，应当说是正确的。但这一观点以客观存在的一切事实为基础来判断行为与结果之间有无因果关系，又是不正确的。因为这样一来便出现两个问题：一是它把其他事物的原因力都强加在行为身上，也就不可避免地加大了行为自身的责任；二是依据行为当时所存在的一切事实，而且是在事后来看待行为与结果之间的关系，那就等于是在行为加一切事实的总和上寻求与结果之间的关系，这样一来，就没有一个不具有因果关系了，从而也就失去了研究因果关系的意义。这两点正是客观说致命的缺陷所在。但是，资产阶级的刑法学家们没有发现这两个缺陷，而是仍然从主观认识的角度出发，埋怨客观说也把原因的范围扩大了。比如日本的刑法学者大冢仁指出：“客观说把行为人不能认识的情况和

---

① ［日］大冢仁：《犯罪论的基本问题》，冯军译，中国政法大学出版社 1993 年版，第 102 页。

一般人不能预见的情况都作为判断的基础，有过于扩大因果关系之嫌”。不否认，客观说确实扩大了因果关系的范围，但其错误之处不在于把行为人不认识的情况作为判断的基础，而是在于把所有的事实都纳入了原因的范围。

折中说，亦称折中的相当因果关系说，此说想在主观说与客观说的调和中找到一个妥当的标准，它认为，应以“一般人认识或能够预见的情况以及行为人特别认识、预见的情况为基础论及因果关系”①。换言之，折中说认为，应当以行为时一般人所预见或可能预见的事实以及虽然一般人不能预见但行为人所预见或能预见的特别事实为基础，来判断行为与结果之间有无相当的因果关系。这就是说，行为当时所存在的客观事实，凡是一般人以日常生活上的经验所能认识到的，不论行为人自己能否认识，都认为其行为与结果间存在因果关系；凡是一般人不能认识，但行为人能认识的，也认为存在因果关系。例如，甲轻伤乙，乙因患有血友病，流血不止而死亡。如果一般人都知道乙患有血友病，但甲自己不知道，也认为甲的行为与乙的死亡之间存在因果关系；如果一般人都不知道乙患有血友病，只有甲一人知道，同样认为甲的行为与乙的死亡之间存在因果关系。

折中的相当因果关系说，是当今德、日刑法学界之通说，且得到高等法院判例的支持，因而为资产阶级的刑法学家们极力所推崇，比如日本的刑法学家大冢仁教授就对折中说赞扬道：“这是在实际适用上最具合理性的立场”②。但也有学者对折中说提出了批判，认为它在因果关系的内容中纳入了主观的东西，这就把责任与因果关系混同起来了。更有人认为，折中说强调了行为人的主观认识，在知道某种事态的人和不知道它的人之间，就会对因果关系的存在与否得出不同的结论，特别会在共犯的场合产生不妥当。应该说，这些批判都是完全正确的。

---

① ［日］大冢仁：《犯罪论的基本问题》，冯军译，中国政法大学出版社 1993 年版，第 103 页。

② ［日］大冢仁：《犯罪论的基本问题》，冯军译，中国政法大学出版社 1993 年版，第 103 页。

相当因果关系说出现于19世纪末，由德国的克利斯所首创，后得到德国、日本许多刑法学者的推崇和发挥，如今，它已成为德、日等国刑法因果关系中的通说。但资产阶级的刑法学者中，也有对这一学说提出批判的。例如，意大利的杜里奥·帕多瓦尼教授就对它提出了如下的批判："这种理论的缺陷在于，既太不严谨，又特受局限。说它太不严谨，是因为实践中往往无法确定什么是'一般的'经验(例如，伤害能否引起死亡取决于各种根本就不可能是'一般的情况'；同样的伤害，一个可能发生在根本就无法采取任何抗感染措施的地方，另一个则可能发生在设备完善的医院；受伤的对象可能是一个易受感染的体质虚弱者，也可能是一个抵抗力特强的健壮成人，等等)。说这种理论特受局限，则是因为它不可能适用于那些了解特定情况而实施故意犯罪的情况。例如，行为人在明知被害人患有血友病，只要受轻微伤害就可能死亡的情况下，故意对被害人造成轻伤，并使被害人因此而死亡。按照相当因果关系理论，就只能排除行为人故意杀的责任。因为在一般情况下，他对被害人造成的轻伤，根本就不可能引起正常人死亡"。①

第四节　新近的进展

近些年来，德、日等大陆法系国家关于刑法因果关系的研究有一些新的进展，取得了一些新的成果，甚至在某些问题上改变了陈旧的观点，而代之以新的见解。这是值得我们关注和借鉴的。这方面的进展，大致有以下几点：

一、关于不作为犯罪因果关系研究的进展

早期的德、日刑法学家们，曾认为不作为是无，不可能从无中生有，因而不承认不作为犯罪中存在因果关系。后来虽有学者承认了这种因果关系，但所持的观点又十分荒谬。比如有一种他行行为说，认

① ［意］杜里奥·帕多瓦尼：《意大利刑法学原理》，陈中林译，法律出版社1998年版，第125～126页。

为不作为本身没有原因力，但与不作为同时实施的其他作为与危害结果之间存在因果关系。他们说，母亲不给婴儿喂奶不是婴儿死亡的原因，而母亲在不喂奶时所从事的其他作为如读书、洗衣、缝纫等才是婴儿死亡的原因。这当然是十分荒谬的。可喜的是，近年来德、日刑法学界已经认识到这种观点的荒谬性，并对其进行了严厉的批判。比如在日本爱知大学执教的大冢仁教授于20年前明确地批评道："把他行的作为和先行的作为解释为对结果的原因，完全是歪曲实态的认识"。他认为，"不作为本身包含着一种社会的存在性，是经过刑法学的评价而被认识的观念，因果关系也是刑法学上在实行行为与犯罪性结果之间所预定的一种规范性关系，所以，应该对不作为犯肯定与作为犯同样意义的因果关系"。他说："在不作为与犯罪性结果之间也存在社会观念上可以说是没有前者就没有后者的关系，应该说同样存在条件关系。例如，在母亲如果给婴儿喂奶，婴儿就不会饿死的情况下，在母亲没有喂奶的不作为与婴儿的死亡结果之间就存在着认定刑法中因果关系所必要的条件。以该条件关系为前提，如果根据折中说进一步可以认为该不作为与犯罪性结果之间存在相当因果关系时，就可以说有因果关系。这样，不作为犯中的因果关系也与作为犯的因果关系没有特别的不同"。[①] 应该说，这一观点比起原来的观点，是一个很大的进步。

二、关于过失犯中因果关系的研究进展

关于过失犯罪因果关系的研究，涉及以下两个问题：

（一）应如何把握过失犯的实行行为

在过失犯罪中，有时候一个行为人会因数个并存的不注意行为而引起一个危害结果。例如，汽车司机某甲在驾驶中目光斜视，直至将车开到正过马路的行人乙的跟前时才发觉，于是想急刹车，但踩刹车时却错踩了油门。虽然错踩了油门，但若把方向盘急向右打，也能避免与乙相撞，然而又错把方向盘打向了左，结果与乙撞个正着，致其

---

① ［日］大冢仁：《犯罪论的基本问题》，冯军译，中国政法大学出版社1993年版，第107～108页。

死亡。在该案中，甲首先有忽视前方的不注意行为，继而有踩错油门的不注意行为，再就是错把方向盘打向左的不注意行为，这几个不注意行为接连施行的结果才撞死了乙。那么，在认定犯罪时，究竟哪一个行为应被认定为构成犯罪的过失行为呢？

关于这个问题，日本高等法院在20世纪70年代的两个判例明显地表现出两种倾向：一种是过失阶段论；另一种是过失并存论。过失阶段论认为，只应把最接近危害结果的最后的不注意行为作为过失行为来对待，其以前的不注意行为，作为过失犯的情节即可。过失并存论则认为，过失犯指向危害结果的数个不注意行为，都应该理解为过失行为。

理论界对这种过失犯的情形进行了系统的研究之后，站在了“过失并存论”的一边。认为在这类过失犯罪中，行为人最后的不注意行为对过失犯来说，往往不具有本质的意义。就上例来讲，导致行为人构成过失致死罪的重要的不注意行为是驾驶中不注意前方，最后的方向盘操作错误不具有太大的意义。因此，应把忽视前方的不注意行为看成构成过失致死罪的实行行为的中心。但是，其后的错踩油门、错打方向盘，都是过失行为，甲如果注意避免这些错误，就可以避免撞人事件。所以，没有理由把它们从过失犯的实行行为中排除出去，而应整体的把握这一系列不注意行为，把它们都解释为实行行为。有学者指出：“阶段性过失论的观点具有类似于因果关系论中原因说的最终条件说的一面，可以对它进行与最终条件说同样的批判”。[1] 应当承认，理论上的研究对解决这个问题起到了很好的推动作用。

（二）应如何理解数名行为人的过失行为的竞合

在过失犯罪中，经常发生在过失行为与危害结果之间又介入另一个具有独立意义的过失行为的情形。例如，甲酒后驾车，途中酒性发作。他本应停止驾驶，等酒醒后再说，但他却求坐在车上没有驾驶执

---

① ［日］大冢仁：《犯罪论的基本问题》，冯军译，中国政法大学出版社1993年版，第109页。

照的乙代为驾驶，自己坐在助手位上休息。结果驾技不熟练的乙因驾驶错误撞倒行人丙，致其死亡。在这样的案件中，应如何理解甲、乙的过失行为与危害结果之间的因果关系？日本有学者认为，应把甲、乙二人的过失行为结合在一起，解释为对丙的过失致死罪的实行行为，并认为，这种竞合的过失实行行为与丙被撞死的结果之间存在因果关系。这实际上就是说，甲、乙二人的过失行为与危害结果之间都有因果关系，乙行为的介入不能阻却甲行为的因果关系。日本的有关判例所采取的也是这一见解。

在交通案件中，常常发生如下的情形：甲错误驾车将乙撞倒在地后，乙又被后续车辆或对向车辆的驾驶者丙不注意而从身上轧过，致乙死亡的情形。这也是两个过失行为相竞合造成了一个危害结果。对这样的案件，日本学者认为，丙的过失行为与乙的死亡之间存在因果关系自不待言，甲的过失行为与乙的死亡之间是否存在因果关系，应视乙倒在地上的具体状况而定。如果是在交通繁忙的地方，甲将乙撞倒后弃之不管，致乙又被丙的车辆轧死，则甲的行为与乙的死亡之间就有因果关系；如果是在车辆很少通过的偏僻之处，甲的行为与乙的死亡之间就不存在因果关系。

如果是数个行为人的过失行为在同一时间、地点交叉竞合，造成一个危害结果，日本的学者和判例都认为，数人的过失行为与危害结果之间都有因果关系。例如，在日本曾发生过这样一个案件：甲、乙酒后共乘一辆三轮车出发，甲负责驾驶，乙坐在旁边。在不宽又曲折不平的路上，甲快速驾驶，坐在旁边的乙突然站起，身体碰到了控制方向的左把手上。当时，甲不注意，左手没握车把，只用右手进行危险的驾驶。乙的身体碰上左把手后，把手就被打向右，三轮车突然转向右前方，结果撞上行人，致其死亡。日本的法院和学者都认为在这个案件中，甲、乙各自的过失行为与结果之间都存在着相当的因果关系。

三、关于结果加重犯因果关系研究的进展

关于结果加重犯，早先德、日刑事判例采取的一贯立场是，只要在基本犯罪与重的结果之间存在条件性因果关系，就可以认定结果加

重犯的成立，而不论行为人对重的结果在主观上是否存在过失。这说明因果关系在早先的德、日刑法中是被看做构成结果加重犯的唯一条件。到1953年8月，德国在刑法中增列第58条明确作出行为人“对加重结果的发生须有过失，才能按结果加重犯处罚”的规定之后，这种立场才有所改变。之后，日本仿效德国也采取了此种立场。关于因果关系的性质，日本刑法学界对判例中坚持的条件性因果关系进行了批判，认为在基本犯罪与重的结果之间只有存在相当因果关系，才能成立结果加重犯。此外，日本学者还对以下两个问题进行了研究：

（1）关于基本犯罪与重的结果之间的关系。结果加重犯的本来含义，是指在基本犯罪完成之后，基于基本犯罪又发生了更严重的危害结果。例如，在伤害致死罪中，必须是在作为基本犯罪的伤害罪成立之后，基于它又产生了被害人死亡这种更严重的结果。不过，日本的通说和判例都认为，在强盗致死罪、强盗强奸致死罪等犯罪中，基本犯罪即使是未遂，但只要产生了致死的结果，就应当适用关于结果加重犯的规定。“这是考虑到，这些犯罪是作为适应强盗中致死的事态、强盗强奸致死的特殊事态而设立的特别的犯罪”，[①] 既然在进行基本犯罪时产生了更重的结果，就应当认定结果加重犯的成立。事实上，日本刑法也明确规定了这一原则。例如，第181条（强奸致死伤）规定：“犯第176条至第179条之罪，因而致人死伤者，处无期徒刑或三年以上之惩役”。第176条至第178条分别规定的是强制猥亵罪、强奸罪、准强制猥亵罪和准强奸罪；第179条规定的则是前三条犯罪的未遂。这说明，即使强奸未遂，但只要从作为强奸手段的暴力中产生了致被害人死伤的结果，就成立强奸致死伤罪。

（2）关于结果加重犯的因果关系是否必须存在于基本犯罪的实行行为与重的结果之间。日本有一种见解认为，在强盗致死伤罪中，死伤的结果需要是从作为强盗犯罪的手段即暴力、胁迫中产生的。有学者批评说，这种观点没有正确把握强盗致死伤罪的性质。通说和判

---

① ［日］大冢仁：《犯罪论的基本问题》，冯军译，中国政法大学出版社1993年版，第112页。

例都认为，死伤的结果只要是从强盗时所进行的行为中产生的就已足够。例如，日本昭和6年的一个判例指出：“强盗伤人之罪，是实施强盗者在实施强盗时，由于给他人造成了伤害而成立的，只要伤害是在强盗时形成的，即使不是上述作为强取财物的手段的行为的结果，也构成强盗伤人之罪”。不仅如此，对不是因被告人作为强取财物的手段的暴行，而是因家人惊呼，在恐慌逃走时被害人受伤的案件，强盗罪的受害人在逃出时掉进小河受伤的案件，都认定成立强盗致伤罪。

第十五章 英、美刑法中的因果关系

英美法系国家的司法制度和法学理论基本上都源于英国，而英国的司法制度和法学理论则“是由根据英国古代的普通法建立的各项规则构成的集合体”。[①] 因而，英美法系国家的法学理论不像大陆法系国家那样有一套系统的理论，而是散乱地体现在每一个具体的案件里。关于刑法因果关系的理论也是一样，在英美法系各国尤其是在英国，很难找到系统的理论，有关因果关系方面的一些规则，都散见在一些特殊的判例中，而每一个案件在解决具体的因果关系问题时，又是根据习惯法决定的。这样一来，在英美法系的刑法因果理论中，就很难形成一套完整的、严密的理论体系。当然，根据一些判例中所体现出来的规则，也可以总结出一些规律性的东西。

英美法系国家的司法制度和法学理论虽然基本上源于英国，有许多共通之处，但每个国家由于本国政治、历史、文化等方面的原因，各自又有一些细微的差别。比如，美国与英国相比，在因果关系的适用规则上就有一些不同之处。

第一节 英国刑法中的因果关系

在英因的刑法学论著中，对于什么是因果关系、因果关系的表现形式是什么、如何确定因果关系等理论问题都很少研究，以至于有许多理论问题悬而未决。这一点就连学者们自己也有所感叹：“直到现在，用于判断按照法律足以确认刑事责任的因果关系锁链的原则仍很

---

① ［英］J. W. 塞西尔·特纳：《肯尼刑法原理》，王国庆、李启家等译，华夏出版社1989年版，第6页。

不明确”。[①] 一些论著中所关注的并不是一般的因果关系理论，而主要是那些比较特殊的或疑难的案件中的因果关系问题。就目前的司法实践和理论研究来看，主要涉及以下几个内容：

一、什么是刑法中的原因

前边刚刚指出，在英国的刑法论著中，对什么是刑法中的因果关系没有专门的论述。但下面的一段话似乎可以看做对刑法中的原因的一个说明：“已经遭受的危害是一个事件，而任何事件如果不是许多因素的共同产物，那就难以想象。例如，一个事件可能有几个原因，然而，人们有理由认为，事件是由这些因素中的一个引起的，如果没有这个因素，该事件就不会发生。由此可以得出结论：在所发生的事件中，如果没有某人的参与，便不会出现某种结果，[②] 那么就可以说，该人引起了犯罪结果”。[③] 这段论述所得出的结论，似西方大陆法系国家主张的“条件即原因”的理论，但实际上它又不同于“条件说”。条件说讲的是在一个结果之前有许多条件，每个条件都是结果的发生所必不可少的，那么每个条件都是结果的原因。这里所讲的却是这样一种情形：一个结果的发生可能有几个因素，但人们认为结果是由这些因素中的一个引起的，如果没有这个因素，结果就不会发生。可见，这里所强调的只是数个因素中真正能够成为原因的那个因素，换言之，这里所强调的是一个真正的原因，而不像条件说那样把所有的条件都说成是原因。从英国的司法实践看，在认定因果关系上所贯彻的也不是条件说的那套理论。这一点在后文还会谈到。

二、因果关系在刑法中的地位

因果关系在英国刑法中的地位高于主观罪过，这表现在以下两个方面：（1）如能证明危害结果是行为人的行为造成的，则无论行为

---

① ［英］J. W. 塞西尔·特纳：《肯尼刑法原理》，王国庆、李启家等译，华夏出版社1989年版，第25页。

② 这里的“某种结果”四个字，在翻译的书里是“某项行为”。联系上下文的含义，笔者以为将行为译成结果似乎更准确些。基于同样的道理，后边的“犯罪行为”，笔者也改成了“犯罪结果”。

③ ［英］J. W. 塞西尔·特纳：《肯尼刑法原理》，王国庆、李启家等译，华夏出版社1989年版，第22页。

人是否有犯罪的意图和是否预见到这种结果，都要对这种结果负责。例如，A 殴打 B，B 实在无法忍受，为了逃脱殴打，从楼上的窗户跳下坠死。尽管 A 没有打死 B 的意图，也没有预料到会发生这样的结果，但他仍要对 B 的死亡负责。（2）在某些情况下，是根据因果关系（结果）的性质决定犯罪的性质。例如，C 想杀死 D，但没有杀死，只给 D 造成重伤，C 就不构成谋杀罪；反之，C 只想使 D 受重伤，并不想杀死他，但如果产生了因伤致死的结果，C 仍可构成谋杀罪。

三、教唆、引诱、劝说他人犯罪者，虽然没有亲身参与犯罪，但其教唆、引诱、劝说行为与他人犯罪造成的结果之间同样存在因果关系

英国的法律“从很早的时候起就认为，引起或劝告他人实施犯罪的人，至少与该行为的实施者负有同样的责任”。因此，一个人，尽管没有亲身实施犯罪，他仍完全可能被认为负有责任。而教唆犯则完全可能负有主要的责任，而被教唆者可能无罪。例如，当一个人通过无知的代理人如小孩子或精神病患者实现自己的犯罪目的时就是如此。这就是说，英国刑法早就确认在犯罪的教唆、引诱、劝说与危害结果之间存在刑法上的因果关系。至于这种因果关系是何种性质的以及为什么存在因果关系，则没有理论上的说明。

四、间接的参与与危害结果之间也存在因果关系

如果一个人诱使或者准许另一个完全是无辜的人实施错误行为以致造成了危害结果，那么，罪责将完全归咎于诱使者或准许者。比如，甲暗中将毒药投入饮料中，他知道乙将把饮料拿给丙饮用，那么，甲虽然没有直接将有毒的饮料拿给丙，但他的行为与丙的死亡之间仍存在刑法上的因果关系。在这种情况下，乙的行为不能阻断甲行为的因果锁链。又如，机器操作员某甲当时意识到可能会有人不适当地操作该机器，并因此会引起人身伤害，而他却满不在乎地离开该机器，以至于有人不适当地操作该机器而使身体受到伤害时，则某甲擅离岗位的行为与他人身体受伤的结果之间便具有刑法上的因果关系。

在英国古代，如果一个人怀着置人于死地的故意，提供伪证指控无辜的人实施了可判处死刑的犯罪，如果被害人被宣告有罪并被处死刑，那么，作伪证者就犯有谋杀罪。不过，这种观点在今天已被改变。

五、在被告人的行为之后，由介入的第三者的行为直接引起了危害结果，此种情况下，被告的行为与危害结果之间的因果关系能否被第三者的介入所阻却，需视情况而定

从《肯尼刑法原理》中介绍的案例看，第三者的介入能否阻却前者的因果联系，视具体案情可分为三种不同的情况：

(1) 如果在被告人的行为结束之后才介入第三者的行为，则第三者的行为能阻却被告行为的因果联系；反之，如果被告人的行为尚未结束就介入了第三者的行为，则第三者的行为不能阻却被告行为的因果联系。例如，某甲怀着谋杀的意图给某乙喝了致命的毒药，但在某乙死亡之前，某丙在某甲不知情的情况下突然开枪打死了某乙。在此类案件里，某甲的行为已经结束，但结果尚未发生，最终是某丙的行为直接造成了某乙的死亡。所以，某丙的行为与某乙的死亡之间存在因果关系，某甲的行为与某乙的死亡之间便不再有因果关系。与些相反的一个案例是，一个人怀着杀人的目的故意殴打另一个人，他已经把受害人打得即将死亡，这时有一个第三者，虽然没有被要求，却冲上去又打了受害人几下，以致加速了受害人的死亡。在这种情况下，由于第三者的行为介入时，第一人的行为没有结束，因而，第三者的行为不能阻却第一人的行为与危害结果之间的因果联系，所以他们二人的行为都与受害者的死亡有因果关系，都应当构成谋杀罪。

(2) 如果介入的第三者的行为不为被告人所明知或认识，则第三者的行为能阻却被告行为与危害结果之间的因果关系；反之，如果第三者的介入已为被告人所明知或者已经被其所认识，则第三者的介入不能阻却被告行为与危害结果之间的因果关系。例如，被告人是一个蒸汽机操纵员，他把机器停下，走开了。当他不在该机器旁的时候，一个未被授权的人擅自开动机器，造成了被害人的死亡。该蒸汽机操纵员被以非预谋杀人罪遭到起诉，但法官中止了这个案件。法官认为“死亡不是被告人的行为之结果，而是在被告人离开之后，开动机器的人的行为之结果”。这就是说，擅自开动机器的人的行为阻却了被告的不作为与危害结果之间的因果关系。与这个案件相反的例子是，一个司机在煤矿上擅离工作岗位，留下他的机车让一个无知的自称不会开机车的男孩照管，结果由于男孩不能适时地停车以致轧死了一个煤矿工人。该司机被判定犯有非预谋杀人罪。原因在于，那个男孩的介入是他授权的，他也明知那个男孩不会开动机车，因而他清楚地知道他的玩忽职守会造成这种危险。在这种情况下，男孩的行为不能阻却司机的行为与受害者死亡之间的因果联系，不能免除司机的刑事责任。①

（3）在介入医疗行为后才出现死亡结果的案件中，如果介入的医疗行为属于非正常的医疗手段，即属于错误的医疗行为，则这种医疗行为能够阻却被告行为与死亡结果之间的因果关系；反之，如果介入的行为是正常的医疗手段，则这种医疗行为不能阻却被告行为与死亡结果之间的因果关系。例如，被告人乔丹刺穿了被害人的腹部，被害人在入院治疗期间死在医院里。开始，乔丹被宣告犯有谋杀罪。乔丹上诉后，上诉法院查明，受害人的死亡不是由刺伤引起的（伤口当时已基本治愈），而是由于医院错误地使用抗生素和液体的静脉注射造成的。于是，上诉法院撤销了原来的判决。所以撤销原判，就是因为医院错误的医疗手段已经阻却了乔丹的伤害行为的原因。反之，如果被打得生命垂危的人，根据最好的医疗诊视被施以外科手术，而该手术直接引起了受害人的死亡，那么，打人者就要对之承担刑事责任。法院指出：“我们倾向于接受这样的观点：按照法律，应当把由处理重伤所使用的正常治疗所引起的死亡看做是由重伤引起的”。原因就在于，正常的医疗措施不能阻却被告的重伤行为与被害人死亡之

① 假如这个司机擅离岗位时授权开车的也是一个技术熟练的司机，由于被授权的这个司机在开车时违反交通规则，以致造成了被害人的死亡。这种情况能否阻断被告人的擅离岗位与危害结果之间的因果联系呢？这个问题在《肯尼刑法原理》中没有谈到。但笔者以为，这种情况也不能阻断擅离岗位者的行为与被害人死亡之间的因果联系。因为假如他不擅离岗位，他可能不违反交通规则，危害结果便不会发生。不过这种情况可以通过罪过的不存在来免除擅离岗位者的刑事责任。

间的因果关系。

六、在被告人的行为之后，如果介入了自然力量，由自然力量直接引起了被告人追求的结果，这种自然力量便阻却了被告行为的因果锁链

例如，在怀特一案中，被告人在他母亲的饮料中投放了氰化钾，打算毒死她。不久，人们发现他母亲死了，在她身旁有一个盛着半杯水的杯子。法医检验证明她死于心脏病，而不是死于中毒，所投的氰化钾的分量不足以引起她的死亡。法官认为，尽管发生了被告期望的结果——死亡，但这个结果不是由他的行为所引起的，因而他的行为与死亡之间不存在因果关系，被告不构成谋杀罪，只构成谋杀未遂罪。

七、如果在被告人的行为之后，被害人什么也不做，能采取救护措施也不采取，以致发生了危害结果，被告的行为与危害结果之间仍有因果关系

在《肯尼刑法原理》（第26页）中有这么一段话："应当看到，只要有理由确信起诉书指控被告人造成的危害结果，即使受害人在受害后什么都没有做时也会出现；或者虽然如果受害者进行了某种医疗救护，就可能防止该危害结果的发生，但如果该结果在事实上出现了，被告人就应该被宣告有罪"。这段话的意思是，如果在被告的行为之后，被害人什么也没有做（能采取医疗救护措施也不采取），那么，被告行为的因果锁链就不被阻断，被告必须对所造成的危害承担责任。例如，在"国王诉霍兰"一案中，被告使用暴力致被害人受伤，该被害人因担心切除手指而拒绝就诊，而证据证明，切除手指就可挽救他的生命。由于被害人拒绝就诊，而终于死亡。被告被判定犯有谋杀罪。所以被宣判有罪，是因为被害人拒绝就诊不能阻断被告行为的因果锁链。

不过，这只是问题的一个方面，即被害人在"什么都不做"的情况下，不能阻断被告行为的因果锁链。那么，如果被害人作了一定的事情，即实施了一定的行为时，能否阻却被告行为的因果联系呢？这个问题"权威当局没有规定明确的检验标准"。[①] 根据《肯尼刑法

---

① ［英］J. W. 塞西尔·特纳：《肯尼刑法原理》，王国庆、李启家等译，华夏出版社1989年版，第6页。

原理》一书的介绍，似有以下两种不同情况：

（1）如果被害人介入的行为是为了故意追求某种危害结果（自杀），则这种介入能够阻却被告行为的因果锁链，应当宣告被告人无罪。例如，在“国王诉霍西”一案中，被告人的行为是点燃了一堆稻草。当这堆稻草燃烧时，人们在火焰中看到死者，之后，人们在堆草的地方发现了死者的尸体。既没有证明死者身份的证据，也没有证明死者是怎么到现场的证据，更没有证明被告人当时意识到现场会有人的证据，相反，有证据证明被告人还确实试图搭救死者。按照原来的规则，如果一个人在实施一个重罪（在本案中是纵火罪）时引起了另一个人的死亡，即使是非故意的，也应认为是谋杀。但布拉姆韦尔法官告诉陪审团：“如果他们不相信在被告人放火烧稻草时，死者处于该草堆之中，而是在被告人放火之后进去的，那么，由于死者自己的行为插入死亡与被告人的行为之间，他的死亡就不应当是被告人的行为的自然结果，并且根据这种看法，被告应当被宣告无罪”。可见，按照原有的规则，被告霍西应构成谋杀罪，但按照布拉姆韦尔法官新确立的规则，霍西则不构成犯罪。原因在于，他们相信是在被告人点着稻草后，被害人自己走进火焰中的，这种自杀性的介入便阻却了被告人点火行为与死亡之间的因果关系。

（2）如果被害人介入的行为，是必然导致的行为，或者说是不得不采取的行为，那么，尽管这个行为引起了危害结果，也不能阻却被告行为与危害结果之间的因果联系。例如，一位中士遭受非法打击和残酷的鞭打，该中士被鞭打后安置在军事医院里，并按照军队的医疗实践，给他喝了一定量的白兰地，但是因为他喝的这些白兰地，使他失去了一个应有的恢复机会，于是他在被鞭打之后的第 5 天死去。在这个案件中，致中士死亡的最近原因是他喝了一些白兰地，但喝白兰地是军队医疗的习惯作法，或者说是必然导致的行为，因而这种行为不有阻断被告行为的因果锁链。首席法官巴伦·麦克唐纳在给陪审团的提示中指出：“如果一个人通过暴力，置他人于某种境地，如可能导致屈辱，并且必然导致受害者自己的不当治疗，那么，该行为人就不应当被宽恕；并且他可能犯有谋杀罪”。但是，在另外一个案情类似的案件中，法官却认为被告无罪，从而使人感到无所适从。在这个案件中，被告人马丁拿出一杯酒给一个4岁的小男孩，这个小孩抓起杯子，喝干了几乎整杯的酒，这些酒很快导致了该小孩的死亡。沃恩法官告诉陪审团："由于喝了这么多酒显然是小孩的行为，所以应当宣告被告无罪"。笔者以为，该案中法官的意见是不正确的，但愿陪团成员们不听信法官的话。不否认，酒是小孩自己喝下去的，并不是被强行灌入的。然而，一个4岁的小孩他怎么能够懂得应该喝多少酒？作为成年人的被告人为什么要给一个4岁的小孩一整杯酒呢？显然，没有被告人的行为，小孩就不会死亡。被告人的行为是小孩死亡的主要原因。由于4岁的小孩没有辨别能力，因而小孩自己喝酒的行为不能阻断被告人行为与小孩死亡之间的因果联系。从主观上讲，被告人也应当预见到给一个4岁的小孩喝一整杯酒所带来的危险。因此，被告人应构成谋杀罪。但很遗憾，法官竟然得出了相反的结论。按照沃恩法官的这种意见，可以看出，在英国的审判实践中，并不贯彻"条件即原因"的理论。因为按照"条件说"，被告人的行为显然是小孩死亡的一个必要条件，不能不说被告人的行为是小孩死亡的原因。

八、如果受害者由于自己的过失对危害结果的发生起了作用，这种过失不能阻断违法行为的因果锁链，但可以阻断合法行为的因果锁链

在"国王诉斯温德尔和奥斯本"一案中，两个被告人各赶一辆马车在公路上行走，他们相互怂恿着把马车赶得飞快。在这个过程中，他们赶的马车碾过并轧死了一个行人。法官提示陪审团说："死者是否耳聋、醉酒或有过失对他自己的死亡起了部分作用，与本案的定罪没有关系"。这就是说，即使死者由于耳聋、醉酒或者突然横穿公路之类的过失对自己被马车轧死起了作用，也不能因此阻却两被告人快速赶车与被害者死亡之间的因果关系。因为两被告人在公路上相互怂恿着把马车赶得飞快，是一种危害公共安全的违法行为。但若赶车者没有超速（合法行为），而是由于被害者自己的过失，致被车辆轧死，在这种情况下，被害者的过失就可阻却赶车行为与死亡结果之间的因果关系，赶车者就不构成犯罪。

九、多余的参与虽然对危害结果的发生没有起到原因作用，也要对结果承担责任

在英国的刑事司法中，早就形成如下一种共识：故意参与犯罪，并不因被告人的合作对危害事实的发生没有起到作用而被宽恕。在这种情况下，行为人就因有“犯罪行为”而被卷入应负责任之列，虽然他的参与与危害结果的发生没有因果关系。例如，甲和乙正将丙打得奄奄一息，一个陌生人丁既未受到甲和乙的邀请，甲和乙也不希望他参与，而他却自己冲上来，给受害人一些次要的打击，那么，丁就会像甲和乙一样可能被认定犯有谋杀罪。这种情况说明，在此种特殊的情况下，因果关系不再是犯罪构成的必备要件。

第二节 美国刑法中的因果关系

美国刑法学界对刑法因果关系的研究要比英国系统、深入得多，它已经形成了一套比较系统且具有独自特点的理论体系。这大概是因为美国从英国独立出来之后，在各方面都有一些创新的意识，而不再完全固执于普通法的缘故。

在美国，各个州都有各自的刑法典和刑法理论，因而各个州关于刑法因果关系的理论也不完全相同。但在美国法学界，关于刑法因果关系的学说，也有一个通说，这就是“双层次原因说”。所谓双层次原因，就是把原因分为两个层次：第一个层次是“事实原因”，第二个层次是“法定原因”。

“事实原因”类似于德国、日本刑法中的“条件即原因”，只要在行为和结果之间存在着“没有前者就没有后者”这种必要的条件关系，就可以认为前者是后者的事实原因。事实原因最大的缺陷是过于扩大了原因的范围。当然，这个问题不必担心，因为这只是“双层原因说”的第一个层次，还有第二个层次对它加以限定。

“法定原因”是指法律认为行为人应当对之负责的那些原因，简单说就是法律所关注的原因，或者说是具有法律意义的原因。法定原因是从事实原因中筛选出法律所关注的那部分，用以作为刑事责任的客观基础。这样一来，法定原因正好弥补了事实原因的缺陷。但问题是，事实原因中究竟哪一个原因应被筛选为法定原因呢？筛选的标准是什么呢？这正是问题的难点所在，美国刑法学界对因果关系的研究也正是针对着这一难点而展开的。围绕着这个难点，在美国刑法学界形成了近因说、预见说和功能说三种不同的观点。

一、近因说

近因，一般是指没有被介入因素打破因果锁链、当然地或者盖然地引起危害结果的事实原因。细分起来，近因有三种：第一种是未被介入因素打破因果锁链的原因，比如，A 开枪打死了 B，由于在 A 的开枪行为之后未介入其他因素，A 行为与 B 死亡之间的因果锁链未被打破，所以 A 行为是 B 死亡的近因。第二种是当然地引起危害结果的事实原因。这里所说的“当然”，在美国学者看来是“必然”的意思，也就是一定要引起危害结果的意思。在这种当然的原因之后，也可能会介入其他因素，从而增大当然原因与危害结果之间在时间和空间上的距离，但这并不会改变当然原因的近因性质。因为近因与远因的区分，不是以时间或空间上的距离为标准的，在时空上近的，不一定都是近因，在时空上远的，不一定都是远因。比如，J 欲杀 K，将 K 砍成重伤，K 被送医院救治 5 天后，因伤口感染而死亡。在 J 的行为之后虽然介入了自然因素（伤口感染），虽然 K 的死亡在 J 行为之后第 5 天，但由于 J 的行为中当然地包含着致 K 死亡的结果，即由于 J 的行为是 K 死亡的当然原因，所以 J 的行为仍然是 K 死亡的近因。第三种是盖然地引起危害结果的事实原因。这里的“盖然”也可称之为“或然”，是可能的意思，也就是说在行为中包含着引起危害结果的可能性。比如，C 基于杀人的故意，用手枪射击在其 60 米之外的 D。由于手枪在 60 米之外只有打中的可能性，因而，如果 C 打死了 D，C 的行为就属于致 D 死亡的盖然原因。

相对于近因的是“远因”，应该说，除了近因，剩余的事实原因都是远因。远因不是法律意义的原因，不能成为负担刑事责任的根据。

前文已经指出，区分近因与远因的标准不在于时间和空间上的距离。但不能忽视的是，时间、空间距离的增大，必然会增加近因与远因区分的困难。而能在原因和结果之间增大时间、空间距离的唯一表现，就是介入了其他因素。介入因素“不仅直接产生了结果，而且使得某些本来不会产生这种结果的先在行为同这个结果发生了某种联系”。[①] 因而，介入因素便不可避免地增加了近因与远因区分的难度。于是，解决介入情况下近因与远因的区分，成为近因说理论的一个难点。为了克服这个难点，美国的学者们提出了如下两个解决问题的办法：

（1）考察介入因素是从属于先在行为，还是独立于先在行为？如果介入因素从属于先在行为，即介入因素本身是由先在行为引起的必然结果，那么，先在行为就是结果的近因。比如，被告人A向人群中扔过去一个点燃的爆竹（先在行为），落在B身旁，B为了保护自己把爆竹拾起来又扔了出去（介入行为），落到C头部附近时爆炸，炸瞎了C的一只眼睛。法官认为A的行为是C眼被炸瞎的近因。因为，介入因素B的行为从属于A的行为。

如果介入因素独立于先在行为，即介入因素本身不是先在行为引起的必然结果，那么，先在行为就是结果的远因。比如，A打伤B（先在行为），B住医院治疗时，因C于夜间在医院放火（介入因素）而被烧死。C的放火独立于A的殴打，所以A行为是B死亡结果的远因。

（2）考察介入因素属于异常的，还是非异常的？异常与非异常的区别在于因素在一般情况下出现概率的高低，出现概率低的，属于异常；出现概率高的，属于非异常。如果是异常的，先在行为就不是结果发生的近因。例如，A用刀将B刺成轻伤，B去医院治疗时，因大夫使用未经消毒的器械致使B的伤口感染破伤风菌而死亡。感染破伤风菌不属于异常现象，但大夫在操作时使用未经消毒的器械，对于大夫的职业行为来说是背道而驰的、极少发生的，应属于异常现

① 储槐植：《美国刑法》，北京大学出版社1987年版，第63页。

象。因而，A 行为不是 B 死亡的近因。

如果是非异常的，先在行为就是结果发生的近因。例如，D 强奸少女 E，E 被奸后出于羞愤而自杀，这不是异常现象，所以 D 的行为是 E 死亡的近因。

二、预见说

美国刑法因果关系的预见说，就是以行为人的主观认识为标准来筛选事实原因作为法定原因。按预见说，行为所造成的危害结果，必须是行为人的主观认识所可以预见的。换言之，只有结果是行为人可以预见的，才能认为行为与这个结果之间具有法律上的因果关系，或者说这个行为才能由事实原因上升为法定原因。具体说来，这种结果的可预见性，根据行为人主观罪过的不同，又分为如下三种情况：

（1）如果是故意犯罪，则要求实际发生的危害结果必须是在行为人的希望或意料之中。“希望”中的危害结果，也就是行为人追求的危害结果。比如 A 基于杀人的故意，往 B 正在睡觉的床上投放一条毒蛇，结果 B 被毒蛇咬死。B 的死亡是 A 所希望发生的，因而 A 投放毒蛇的行为是 B 死亡的法定原因。“意料”之中的危害结果，是指发生的危害结果在行为人的预见范围之内。比如，在一个严寒的冬夜，C 于旷野之处向 D 的头部猛击一棒，见 D 倒地后，扬长而去。C 意料到，D 即使不被打死，也得被冻死。结果 D 被打昏后于后半夜被冻死。D 被冻死这个结果也在 C 的意料之内，而且 D 被冻死实际上也是由挨打引起的，因而 C 的行为是 D 死亡的法定原因。

（2）如果是过失犯罪，则要求实际发生的危害结果必须是在行为人认识到或应当认识到的冒险之中。“认识到的冒险之中”的危害结果，是指行为人已经预见到自己的冒险有可能发生但又轻率地认为能够避免的危害结果。比如，E 喝酒后有些迷迷糊糊的，他认识到此时开车有可能发生事故，但同时又认为自己强打精神，集中精力，能够避免事故，结果还是出了事故，撞死了行人 F。由于这个结果是 E 在冒险（酒后开车）前已经认识到的，因而 E 酒后驾车的行为是 F 死亡的法定原因。“应当认识到的冒险之中”的危害结果，是指行为人在冒险之前有能力有条件认识到可能发生、但由于不注意而没有预见的危害结果。比如，A知道B已经醉酒，仍然把自己的汽车借给B。A应当认识到B在醉酒状态中驾车有可能发生交通事故，但他因不注意而没有预见。结果B在行车中撞死了C。由于B在醉酒状态中驾车可能出事是A应当预见的，因而A的借车行为也是C死亡的法定原因。

（3）如果是严格责任罪，只要求实际发生的危害结果是行为人的行为很可能的后果。换言之，严格责任罪，不要求行为人对这种结果有主观认识，只要有客观上的实际可能性即可。所谓“严格责任罪”，就是不必要求罪过的犯罪，亦称“无罪过罪”。所以这种罪不必要求行为人对结果的主观认识，只需从客观上看是否“很可能”。

三、功能说

美国刑法因果关系的“功能说”，是20世纪80年代才提出的一种较新的理论，这种理论认为，“刑法因果关系的意义（价值）在于从许许多多因果关系中确定何种因果关系同刑事责任有联系，所以考虑问题的出发点应当是体现刑罚目的的刑罚功能”。[①] 它的意思是，应当从体现刑罚目的的刑罚功能出发，以“满足惩罚犯罪人这个目的”为标准来筛选事实原因作为法定原因。“以杀人案件为例，出于刑罚报应目的（报应功能），因果关系问题就是问‘为满足因B死亡这一事实所产生的报应要求而惩罚A是不是必要’。例如，警察为制止银行抢劫犯而发生了枪战，在此过程中警察打死了一名银行职员。根据近因说，警察开枪是银行职员死亡的近因；根据预见说，警察对银行职员的死亡也是能够预见的。但是，从刑罚报应的目的出发，考虑警察行为同职员死亡之间的因果关系是没有意义的。根据近因说和预见说，抢劫行为也许并非职员死亡的典型的法定原因；然而，要是没有人对银行职员的死亡负责，这同刑罚报应思想是相悖的，也是社会所不能接受的。根据人们朴素的生活经验，抢劫犯应当负责。抢劫犯的行为是职员死亡的事实原因，根据刑罚报应功能观念，这个具体

---

① 储槐植：《美国刑法》，北京大学出版社1987年版，第70页。

案件的事实原因也就是职员死亡的法定原因”。[①]

不难看出，“功能说”由于提出的时间较晚，其理论体系还不够完备，思想还不够成熟，论述也不够充分。学术界对她的评论也很少。这种新的理论虽然对开拓研究思路可能有所启发，但笔者我觉得其对于解决刑法因果关系问题的价值并不是很大。

① 储槐植：《美国刑法》，北京大学出版社 1987 年版，第 71 页。

第十六章 苏联刑法中的因果关系

苏联作为一个独立、统一的国家在历史上存在了近一个世纪之久，她的存在，对遏止霸权，维护世界和平，起到了重要作用。尤其是她在航空、航天等科技领域里所取得的重大成就，对世界产生了巨大影响，为人类作出了巨大贡献。但遗憾的是，她始终走不出计划经济的怪圈，以致严重影响了经济上的发展，最终导致走向解体。这不能不说是一个极大的遗憾。苏联虽然解体了，但在她那个时代里所创造的科技文化方面的成就却永远不会灭失，更是不可低估的。同其他领域一样，苏联在法学领域里尤其是在刑法学方面也取得了举世瞩目的成就。在刑法因果关系的研究上，同样取得了重大进展，创立了不同于西方资本主义国家的理论体系。今天，重温一下苏联时期有关刑法因果关系的学说，对于我们进一步深入研究刑法中的因果关系，仍有重要的实际意义。

第一节 苏联刑法因果关系学说的发展

苏联的刑法学家们对刑法因果关系的研究给予了高度的重视，曾取得了丰硕的成果。这些成果促进了苏联刑法理论研究中哲学水平的普遍提高，不论是在理论上还是在实践上，对我们都具有重要的参考价值。

一、苏联有关刑法因果关系学说的发展阶段

依据《苏联刑法法科学史》一书的介绍，这里笔者试着将苏联刑法学界关于刑法因果关系的研究划分为五个阶段：第一个阶段为静止期；第二个阶段为萌动期；第三个阶段为发展期；第四个阶段为蓬勃期；第五个阶段为深入期。

（一）静止期

静止期在年代上属于苏联成立的初期。在这个阶段，关于刑法因果关系的研究尚未起步，一些在革命前就已经著名的刑法学家，在革命后仍然坚持着资产阶级“条件即原因”的观点。例如，革命前著名刑法学家C. B. 波兹内谢夫教授在1923年编著的刑法教科书中写道：“如果某人的行为能直接或间接地激起、加剧或导致结果的发生，即便是引起结果的一个因素，就足以作为刑事责任客观前提的根据”。不单是革命前的刑法学家，就连后来十分著名的A. H. 特拉伊宁教授在苏联成立初期也不自觉地坚持着这种“条件说”的观点。比如，他在1929年主编的刑法教科书中指出：“人的任何足以造成社会损害结果的行为（作为或不作为），只要该人是以故意或过失的心理状态对待这种结果，那就应当认为这种行为是刑法意义上的原因，而根本用不着去考虑原因究竟是什么以及这种原因的一般哲学意义和内容怎样”。

（二）萌动期

萌动期在年代上属于20世纪30年代。这期间的研究成果是，冲破了条件即原因的束缚，提出了必然因果和偶然因果的理论，但同时又认为只有必然因果才能成为负担刑事责任的根据。

在整个30年代，苏联刑法学界“对于诸如罪过、责任、因果关系等这样一些至关重要的制度，几乎没有进行理论性探讨”。① 但是在全苏法学研究所集体编纂的刑法学教科书初版中，A. A. 皮昂特科夫斯基教授在撰写因果关系这一节时批判了条件即原因的理论，提出了一种新的见解：“只有当人的犯罪行为必然造成犯罪结果时，才能使之担负刑事责任”。他写道：“在确定必然结果与偶然结果之间的因果关系时，忽视它们之间客观上的差别是错误的”。后来，A. A. 皮昂特科夫斯基教授在他的专著《犯罪论》中更加详细地论证了自己的观点。他从可能性与现实性这类哲学范畴的角度研究了法律中的

① ［苏］A. A. 皮昂特科夫斯基等著：《苏联刑法科学史》，曹子丹等译，法律出版社1984年版，第52页。

因果关系问题。指出："要认定必然因果关系与偶然因果关系的不同，必须查明成为现实的结果是不是犯罪人实施的行为所造成的实际可能的结果。该行为和结果之间之所以会形成必然的因果关系，是由于这种实际可能性已经转变为现实性。造成一定结果的实际可能性，就是指按照外部世界的规律在所实施的行为影响之下事件有进一步发展的可能性；必然结果是该行为在其实施的具体条件下内部所固有的。至于那些在这种具体环境中并不是由事件合乎规律的发展所引起，也不是实施的行为内部所固有的，而是由于因果性链条中这一环节与另一环节交叉所造成的，则是这种行为的偶然结果"。A. A. 皮昂特科夫斯基关于把人的行为造成的结果分为必然与偶然两种，以及关于只有人的行为造成了必然性结果时方可追究刑事责任的观点，后被称为"必然因果性理论"，得到了许多苏维埃刑法学家的支持。这一观点是对条件说提出的最先挑战，也由此打破了苏联成立初期关于刑法因果关系研究的沉闷气氛。因此我把它称为因果关系研究的萌动。

（三）发展期

发展期在年代上属于 20 世纪 40 年代，具体讲应在第二次世界大战之后。这期间的研究成果是提出了原因与条件的区别。

苏联的刑法学家们在战后的年代里，对有关因果关系问题的研究给予了高度的重视。因而，笔者把这个时期称为苏联刑法因果关系研究的发展期。这期间，对因果关系的研究取得重大成就的是两篇有影响的学术论文。一篇是 H. Д. 杜尔曼诺夫教授于 1945 年发表的《因果关系学说的一般原理》一文，在这篇文章里，作者除同意必然因果关系的理论外，又提出应将所有引起该犯罪结果的行为区分为原因行为和条件行为，从而对必然因果理论作了若干修正。作者认为，实施了原因行为的人与所造成的犯罪结果有因果关系，如果他们有罪过，就应担负刑事责任。实施了条件行为的人不应被认为与犯罪结果有因果关系，因此他们也不存在有无罪过的问题。这篇文章首次提出了原因与条件的区分，将因果关系的研究向前推进了一大步。另一篇是 T. B. 采列捷利于 1949 年完成的博士学位论文《刑法中的因果关系》。作者在这篇论文中持有与Н. Д. 杜尔曼诺夫类似的观点。他肯定地说："……有些行为不仅是其结果发生的必要条件，同时对于这种结果具有积极的、能动的性质，只有这样的行为才应被认为是造成社会危害结果的原因"。他还认为，"如果一个人在行动时具有干预事件客观进程的现实可能性，并由于这种干预而对事件的进程发生影响，那么，没有这种行为，犯罪结果便不会发生。关于人的行为中究竟有没有影响事件实际进程的现实可能性，'得由苏维埃审判员根据对具体环境的各种条件以及支配该规律性发展的各种法则的了解，加以解决'"。这两篇学术论文的发表，标志着苏联对刑法因果关系的研究进入了一个新的发展阶段。

（四）蓬勃期

蓬勃期在年代上应属于20世纪50年代。这期间突出的研究成果有两个：一是提出了偶然结果也可以成为负担刑事责任的客观依据的观点；二是提出了因果性程度论的观点。

在20世纪50年代，苏联的刑法学家们对刑法因果关系的研究给予了更大的关注和更多的热情，因此这个时期的研究成果最为丰富，一本本专论刑法因果关系的理论专著也开始问世，所以笔者把这个阶段称之为蓬勃期。这期间，首先是В. Н. 库德里亚夫采夫于1950年在《刑法中的因果关系》一文中提出了一种新的观点。他首先对必然因果性理论作了尖锐批评，然后指出，"不论人的行为与社会危害结果之间的因果关系是必然的还是偶然的，任何犯罪的行为都将导致担负责任"。这一观点比萌动期А. А. 皮昂特科夫斯基教授将因果关系分为必然和偶然两种，但偶然因果关系不能成为负担刑事责任的依据的观点又前进了一大步。除了В. Н. 库德里亚夫采夫提出了新观点之外，在20世纪50年代初期，А. Н. 特拉伊宁教授也提出了因果关系的新理论，即"因果性程度论"。他提出应按因果性程度对所有造成该犯罪结果的行为加以区分。按照这个观点，一些行为被认为是主要的、有决定意义的原因，另一些行为则应被认为是无关紧要的、微不足道的原因。对于微不足道的原因可以不去考虑。另外，1957年Т. В. 采列捷利教授出版了他的巨著《刑法中的因果关系》。在这部巨著中，作者得出结论说："造成结果的行为只有是危害社会的和有罪的，才能肯定要担负责任"。他还认为，只有产生必然的结果方可追究人的刑事责任；但另一方面他又认为，也可因偶然结果而使之担负责任。这里虽然有点矛盾，但他的巨著仍被称为"苏维埃刑法科学中论述因果性问题的一部最缜密的著作"。1958 年，又出版了 M. И. 科瓦廖夫和 B. T. 瓦西科夫合著的《刑法中的因果关系》一书。这部专著是从审判实践的观点来研究因果关系的。作者确认，"只有'由于其内部必然性能决定、引起该结果发生'的那种必然条件，才能被认为是犯罪结果的原因"。

（五）深入期

深入期在年代上应在 20 世纪 60 年代之后。从 1960 年之后，苏联关于刑法因果关系的研究开始向纵深发展。这表现在两个方面，一是一些刑法学家继 20 世纪四五十年代的研究之后，到 20 世纪 60 年代又进行了更深入的研究，并提出了新的更成熟的观点，甚至改变了原来的观点。例如，B. H. 库德里亚夫采夫在 20 世纪 50 年代曾发表《刑法中的因果关系》一文，认为偶然因果关系也可导致担负责任。到 1960 年他在理论专著《犯罪的客观方面》一书中对因果关系关系的论述又有了新的见解。他认为，"必然因果关系比较容易预见到，因此通常可以说明主体是直接故意犯罪，这就加重了责任。相反，偶然因果关系则很难预先确定，其罪过形式大都是间接故意和过于自信，这就是说要相应地减轻责任"。此外，他还对坚持必然因果说的观点提出了批评。二是从 20 世纪 60 年代开始关于刑法因果关系的研究有了更多的争论和不同观点的交锋，比如，Я. M. 勃拉伊宁在他于 1963 年出版的理论专著《苏维埃刑法中的责任及其根据》一书中坚持了必然因果性的理论，但 B. C. 普罗霍洛夫在 1968 年出版的《苏维埃刑法教程》中却批判了必然因果性理论，他认为，"人的活动和它所造成的结果彼此间是处于必然联系还是偶然联系，对于刑法并无意义"。这种理论上的切磋和交锋，不断地推动着因果关系的研究向纵深方向发展，所以笔者把这以后的时期称之为因果关系研究的深入期。

二、苏联刑法科学中关于不作为因果关系研究的发展

在苏联，绝大多数刑法学家都坚持认为不作为也能造成危害社会的结果，只有个别学者持相反的观点。在这个别的学者中，M. Д. 沙尔戈罗茨基是其中之一。他在1945年发表的一篇文章中认为，“在不作为的情况下，完全不存在因果关系。这里需要解决的问题不在于不作为在什么情况下是所造成的结果的原因，而在于主体在什么情况下要对其不作为承担责任。问题的答案是，如果犯罪人虽不希望犯罪结果发生，但没有实施其能够而且应当实施的行为，那就应当把他的行为看做独立的犯罪行为，而且只是在法律有特别规定的情况下才应受惩罚。当犯罪人希望犯罪结果发生，并自觉地以不作为促成结果发生，那么，虽然不存在因果关系，犯罪人仍需对其造成的结果承担责任，因为他有作为的义务”。但是大多数刑法学家都不赞成这种观点。例如，M. H. 梅尔库舍夫批评说：“否认不作为的因果关系在方法论上和在实质上都是站不住脚的”。B. H. 库德里亚夫采夫也批评了这种观点，他写道：“从现今的因果性观念来看，这个论断至少有两个不恰当的地方。首先，它毫无根据地完全否定了不作为的主动因素。其次，认为因果性仅仅与周围环境的主动改变有关。之所以出现这种不当之处，是由于没有把因果关系的哲学上的概念与物理学上的概念区分开来”。

Я. M. 勃拉伊宁对不作为的因果关系另有独特的见解，他认为对不作为情况下因果关系的两种看法都不是没有错误的。他说：“一般说来，不作为的因果关系问题具有原则的意义，因为它与责任根据问题和这个责任的大小有关。一个人由于不作为造成危害而担负责任和仅仅由于不履行法定的义务而担负责任，两者之间有重大的区别”。Я. M. 勃拉伊宁的根据是，不能将不作为看成统一的概念。有的不作为以能够造成某种有害结果的行为的形式出现，有的不作为则表现为不阻止其他原因所引起的有害结果发生，即不干预的形式。这两种不作为之间有一定的差别。例如，一个医生有责任救助受重伤的病人，而他却没有救助，于是病人死亡。Я. M. 勃拉伊宁认为，病人死亡的原因不是医生的不作为，而是使病人受伤的那个人的作为。相反，某

人没有履行他所承担的法定义务，因此而产生了危害结果，那么，在这种情况下，这个人的不作为就是造成结果的原因。例如，扳道员没有扳道叉，结果发生了事故。①

第二节　苏联刑法教科书中对因果关系的阐述

由列宁格勒大学法律系刑法教研室和斯维尔德洛夫斯克法学院刑法教研室根据《苏维埃刑法（总则）》课程的教学大纲并参照苏维埃刑法学的科学成就编写而成的《苏维埃刑法总论》，是经苏联高等教育和中等专业教育部批准的高等学校“法学”专业的教科书，该教科书由著名法学家 H. A. 别利亚耶夫教授和 M. Л. 科瓦廖夫教授主编，在苏联具有较大的影响。因此，该书中的观点，可称之为苏联刑法理论中的通说。该书关于刑法中的因果关系，阐述了如下一些观点：

一、关于因果关系的性质和在刑法中的地位

该书认为，“因果关系是指在一定的条件下，一个现象合乎规律的、必然地要产生和引起另外一个现象。其中，第一个现象是原因，第二个现象是结果”。并认为，“在刑事法律理论中，因果关系问题占有相当的位置。因为，确定被告人的行为与犯罪的结果之间的因果关系是个事实问题”。该书明确指出，“社会危害行为与这些行为的结果之间的因果关系乃是对所产生的社会危害结果承担刑事责任的一个必需的和必然的条件”②。从这些论点中可以看出，苏联在刑法因果关系上的通说仍然不承认偶然因果关系的理论，同时坚持认为，因果关系是行为承担刑事责任的必备条件，这等于是说因果关系是犯罪构成的要件之一。

---

① 以上资料和引文均来自［苏］N. C. 戈列利克等：《苏联刑法科学史》（法律出版社 1984 年版）第一章第五节。

② ［苏］H. A. 别利亚耶夫、M. 科瓦廖夫主编：《苏维埃刑法总论》，马改秀、张广贤译，群众出版社 1987 年版，第 133～134 页。

二、关于刑法因果关系的基本原则

关于刑法因果关系的基本原则，教科书只谈到了孤立和时间两个原则，至于因果关系的客观性、相对性等原因则没有谈到。关于孤立原则，书中首先引用了恩格斯的话："为了了解单个现象，我们就必须把它们从普遍的联系中抽出来，孤立地考察它们，而且在这里不断更替的运动就显现出来，一个为原因，一个为结果"。接着指出："孤立原则，作为确定因果关系的一个必需条件，也完全适用于刑法。在把因果关系作为犯罪客观方面的因素加以确定时，我们把罪犯危害社会的作为（不作为）和犯罪的结果同迫使该罪犯实施犯罪行为的原因，以及同该行为同时发生的其他不是犯罪构成因素的行为分隔开来"。关于时间原则，书中指出："说明犯罪行为与犯罪结果因果关系的第一个条件就是时间。原因总是发生在结果之前。只有当某个行为实施在结果之前时，它才有可能是某个危害社会结果的原因。否则，无论在何种情况下，这个行为都不可能成为危害社会结果的原因"。

三、关于确定因果关系的步骤

教科书指出："研究因果关系的最后一步是确定：1. 被当做原因的行为是产生结果的必需条件；2. 具有内在必然性的这个条件会产生后果"。并认为，"研究因果关系不仅要确定危害社会行为的犯罪事实，还必须确定正是该行为导致了法律所指出的实际结果"。书中指出，在研究危害行为同有罪结果的因果关系时，首先"应当确定有罪人实施的行为是否真正产生了有罪的结果，是否真正对犯罪性质、程度等产生了决定性的影响。与此同时，还必须研究与事情本身无多大关系，然而却干预了因果关系发展的其他方面"。这里所说的"其他方面"，实际上是指促使危害结果产生的条件，而不是原因。书中举例说，载重汽车司机某 E 违反运输上的行车安全规则，让别人坐在自卸卡车的车厢里。当汽车向后倒退时，受害者某 Π 突然从车厢往外跳，结果掉在汽车后轮下被轧伤致死。书中认为，"某 E 让乘客坐在自卸卡车车厢里这个情况是产生有罪结果的必需条件，因为某 Π 之所以能从车厢里往外跳是因为别人让他坐在那里。然而，跳车时他掉在车轮下面，这并不是由于汽车司机的某个行为，而是由于他自己的过失。因而，有罪的结果不是由于司机的某个破坏行为而产生的必然的、合乎规律的后果。对于司机来说，这个结果在客观上是偶然的”。因而苏俄最高法院主席团也认为，自卸卡车司机某E的这个行为与产生的严重后果之间不存在因果关系。这个案例在于说明，自卸卡车司机让某Π坐在车厢里的行为正是一个干预了因果关系发展的其他事物，这样的事物在研究因果关系时也要加以研究，但必须明确，这样的事物虽然对因果关系的发展具有干预作用，但它与危害结果之间并不存在因果关系。

四、关于偶然结果

教科书认为，偶然性是客观存在的，它所反映的是本质方面的关系。偶然性的产生也有内在的原因。应严格区分必然性和偶然性。书中认为，如果某个结果对犯罪人的行为来说是偶然的，那么它实际上就是由别的什么原因引起的。在这个行为的发展过程中，遇到了一些其他情况，如第三者、自然界的力量、受害人、动物以及机械方面的作用，从而使因果关系不能按常规发展，以致产生了偶然的结果。在这种情况下，行为虽然是产生有罪结果的一个必须条件，但它并不是在任何时候都是产生有罪结果的原因，因而，这样的行为与结果之间不存在因果关系。例如，某E看见少年某Γ在驱赶他的马，某E逮住某Γ后，对他进行了殴打。某Γ从某E手中挣脱之后急忙逃走，在翻围墙时摔坏了腿，之后，由于血液中毒而死于医院。书中认为，“某E的行为是产生有罪结果的一个必需条件。如果某E没有打他，也没有吓唬他，某Γ就不会匆忙逃走，也不会摔坏腿，更谈不上产生危害社会的结果。但是，受害人之死是由于摔坏了腿以后伤口发生了感染。对某E的行为来说，这个结果在客观上是偶然的。因此，他不能对某Γ之死承担责任”。这个分析说明，必需的条件并不一定就能成为危害结果的原因。这恰是对西方国家“条件即原因”说的否定。

五、关于现实可能性

教科书认为，任何结果在表现出来之前就已经作为一个现实可能性存在于原因之中了。至于什么是现实可能性，书中解释说“是指那种实际上已经具备了一切客观根据，在一定条件下必然要有实际表现的可能性”。因此，“法律不仅规定对实际上已经产生了的危害社会的结果进行惩罚，而且规定，对造成产生这种结果的危险（见《刑法典》第 85 条第 2 款——违反运输上的行车安全和营运规则）要承担刑事责任”。教科书还认为，“产生结果的‘危险’这个术语应当称之为‘现实可能性’。就《刑法典》第 85 条第 2 款来说，被告的行为构成了产生危害社会结果的现实可能性，而不是抽象的可能性”。

六、关于不作为的因果关系

教科书认为，不作为产生或造成了危害社会结果的危险性，就可能构成犯罪。书中批评了不作为不具有因果关系的错误观点，指出：“不能把不作为和某人实施不作为的具体条件割裂开来。只有对某人的不作为本身与不作为同时发生的其他情况、自然界力量以及机械的作用等进行综合性的研究以后，才能确定正确的因果关系”。书中认为，苏维埃刑法关于不作为的解释不仅仅是指某人一般地没有完成一定的身体动作，而且还指该故意或过失地让一些情况发生，这些情况正是引起或可能引起有罪结果自发的或合乎规律的发生，在这种情况下，主体对有罪结果的发生是有责任预防的。

关于不作为的因果关系，教科书同样强调了作为的义务和作为的能力。书中指出，“在不作为的情况下，有义务以一定方式实施行为并采取措施及时制止产生危害社会结果的人应负刑事责任”。书中还强调，“法院在审理有罪的不作为案件时，除了仔细研究案情外，还应当确定罪犯的不作为究竟表现在哪里，罪犯有无可能采取积极行动预防有罪结果的产生。对第二个问题的肯定回答说明，某人的不作为与所产生的结果之间存在因果关系”。①

① 本节的资料和引文均来自［苏］H. A. 别利亚耶夫、M. 科瓦廖夫主编，马改秀、张广贤译：《苏维埃刑法总论》，群众出版社 1987 年版第九章第四节。

第三节　A. H. 特拉伊宁教授的刑法因果观

A. H. 特拉伊宁教授是苏联著名的刑法学家，他在学术上具有较深的造诣，在苏联和我国的刑法学界都具有较大的影响，因此，有必要对 A. H. 特拉伊宁教授的刑法因果观作专门的介绍。

A. H. 特拉伊宁教授于 1957 年出版了他的理论专著《犯罪构成的一般学说》，他在这本书里对刑法因果关系问题提出了如下一些观点：

一、刑法中的因果关系必然以马列主义关于因果性的学说为指导

A. H. 特拉伊宁教授认为，只有马克思列宁主义的经典作家们对因果关系所作的统一解释，“才应该是各专业课程——刑法课程也在内——的因果关系结构的基础”。[①] 他说，马克思列宁主义的奠基者揭示了因果性的客观的唯物主义的实质。为了了解各种专业知识领域内的因果关系，马克思主义还用它的整个思想体系和原则来武装研究人员。因此，“社会主义刑法理论家的直接而明显的任务，就是根据马克思、恩格斯和列宁所建立的关于因果关系的一般学说，来研究刑法中的因果的学说”。他还批评了在刑法理论中“人们企图把马克思主义关于因果性学说的某些术语机械地搬到刑法方面，而不是真正地解决问题”的错误做法。

二、因果性是客观的范畴，必须把偶然性与偶然事件区别开来

特拉伊宁教授认为，“刑法方面的因果性，也和马克思主义的一般哲学意义上的因果性一样，都是一种客观的范畴”。他批评了 1950 年由大东书局出版的教科书《苏联刑法总论》中将偶然性与偶然事件相混淆的错误见解。他说：“唯物辩证法把因果关系看做一种在外界实际存在的客观的范畴。对因果关系的这种理解，无论对必然的原

---

① 在谈到马列主义理论的作用时，A. H. 特拉伊宁教授的评价往往有些过分，他甚至还把马克思主义的辩证法称做“无法估价的武器”。这种过头的评价，可能与特拉伊宁所处的时代有关。

因，或者对偶然的原因，都是同样适用的。而刑法方面的偶然事件（意外事件），则完全是具有另一性质和另一意义的概念。刑法方面的偶然事件，意味着而且也只能意味着主体的一定的心理状态，也就是说，它意味着造成危害社会的结果的人没有故意或过失形式的罪过。因而，唯物辩证法所理解的偶然说明的是原因的客观的过程，它在客观上的偶然的性质；而刑法中的'偶然事件'则说明行为人的主观状态，说明该在心理上没有故意或过失，亦即该人行为的无罪的性质。因此，十分明显，哲学意义上的'必然的'原因可能成为刑法中所理解的'偶然事件'（意外事件），或者相反，哲学意义上的偶然不能理解为刑法上所设定的偶然事件”。他举例说，譬如对某人的脊背加以打击，由于这个人患有重病因而成为致命的打击；如果进行打击的人不知道，而且也不可能知道被害人患有重病的话，那么这种打击就成为刑法意义上的死亡的偶然事件了。

三、客观的偶然性也可以被主观所利用

A. H. 特拉伊宁教授通过对一个案例的分析，说明了偶然性也可以被行为人所预见，并可以被行为人所利用。如果行为人故意利用偶然性实现自己的犯罪意图，也可以构成故意犯罪。他举例说：“在一个偏僻的、通常没有车辆来往的地方，伊万诺夫对彼德罗娃造成了轻微身体伤害，彼德罗娃跌倒在地上。这时突然开来一辆汽车，从彼德罗娃身上轧过，把她轧死了。在这个例子里，偶然原因和'偶然事件'是相一致的。死亡是偶然造成的，所以不发生杀人罪的刑事责任。但是，只要改变一下主体对已发生的结果——彼德罗娃的死亡——的心理状态，偶然的原因和'偶然事件'之间的关系就会起根本的变化。的确，如果伊万诺夫知道，在这一条通常没有车辆往来的街道上，在那一天晚上应该有一辆汽车驶过，因而故意把彼德罗娃摔倒在街上的话，那么在事件的同一的客观发展的情况下，就不是'偶然事件'，而是故意杀害彼德罗娃的行为了”。这里的意思是说，伊万诺夫把彼德罗娃摔倒在地下，凑巧就被突然开来的一辆汽车轧死，这在辩证法上是偶然的。换言之，彼德罗娃的死对伊万诺夫的行为来说是一种偶然的结果。这里存在着一种客观的偶然的因果关系。

假如伊万诺夫不知道这天晚上会有一汽车驶来，即想不到这条通常没有车辆来往的街道今晚会有汽车驶来，那么，彼德罗娃的死对于伊万诺夫来说是意外事件（无法预见），即伊万诺夫主观上没有致彼德罗娃死亡的故意或过失；假如伊万诺夫眼见一辆汽车驶来，而故意把彼德罗娃摔倒在地的话，说明他是故意利用汽车可能轧死彼德罗娃的这种偶然性，意图达到自己的杀人目的，这样的话，伊万诺夫将构成故意杀人罪。通过对这个案例的分析可以发现，A. H. 特拉伊宁教授不仅承认偶然因果关系，而且认为偶然因果关系也可以被人的主观所认识，甚至可以被人所利用，因而，偶然因果关系也可以作为行为人负担刑事责任的客观依据。

四、资产阶级“必要条件论”的实质在于各条件具有同等价值和各原因具有同等意义

苏联在成立初期，为了建立社会主义的刑法因果观，首先对资产阶级的刑法因果关系进行了有力的批判。其中，对资产阶级著作中最为流行的必要条件论，批判得更为集中和猛烈。但 A. H. 特拉伊宁教授认为，对这种理论的批判，过去和现在都犯过错误，这种错误在于，把批判的论点选错了。教授认为，必要条件论坚持的论点是：原因是在结果之前的一个条件，没有这个条件结果就不会发生。但这个论点并不是必要条件论的本质，批判应当抓住本质，但其他一些批判却没有抓住本质，而是都把火力集中在了这个论点上。A. H. 特拉伊宁教授与众不同的是，他抓住了必要条件论的本质，从而对之进行了有力的批判。他认为：必要条件的真正特点，即表现出它的反动的、形而上学本质的特点，在于另外两个方面：一是对条件的完全‘一视同仁’，二是对原因的不分主次。他批判说，“根据‘必要条件’的理论，任何事实、任何现象、任何行为，都可以看做与结果同等重要的和必要的原因，只要这些行为、现象或事实是结果发生以前的条件就行。其实，绝不是任何先于结果的必要的条件都可以当做该结果的原因”。他通过对一个案例的分析进行了更有力的批判：医生劝一个女孩子的母亲在天气晴朗的日子里把患病的女孩送到户外去散步。在一个晴朗的日子里，母亲送女儿到花园散步，在去花园的途中，这个女孩不幸被汽车轧死了。按照必要条件论的解释，无论是医生的劝告、晴朗的天气或母亲的行为都是女孩死亡的原因，因为如果没有医生的劝告、晴朗的天气、母亲送女儿出去散步，女儿的死亡就不会发生。A. H. 特拉伊宁教授批判说："这种与平均主义地理解原因有关的对条件的完全'一视同仁'，乃是必要条件论的指导原则。这种理论的错误正是在于这种同等条件的形而上学的说法，这种说法实际上导致下面的结论：都有罪过，或者都没有罪过"。

五、作为原因的人的行为绝不是一样的、始终相同的

在苏联刑法因果的理论研究中，A. H. 特拉伊宁教授首先提出了"因果性程度论"的观点。他认为，"作为危害社会结果的原因的人的行为绝不是一样的、始终相同的。恰恰相反，它可能表现为各种不同程度的原因。它可能是主要的、主导的、有决定意义的原因，也可能是意义较小的、次要的原因"。他还认为，不仅在确定共犯的责任时，应当考虑到各个共犯参加实施犯罪的程度，即考虑每个共犯在实施犯罪中所起的作用，而且在有些不是共同犯罪的场合，也要考虑不同的行为人的行为对危害结果所起作用的不同。他甚至还认为，即使在一个人犯了罪时，也要区别造成损害的程度。他指出：问题在于，法律所规定的犯罪构成的每个因素，在实际生活中都可能表现出不同的程度。譬如，罪过可能表现为直接故意、间接故意或过失的形式。但是，直接故意本身也可能有不同的程度（深思熟虑的故意、突然产生的故意），过失也是这样（如严重过失）。表现犯罪构成客观方面的因素，在某些具体场合，也可能表现出不同的程度：譬如，犯罪行为所造成的损失可能不大，也可能很大；虐待可能表现为长期的、严重的折磨，也可能表现为短期的不太严重的折磨，等等。他通过分析得出如下两个结论：（1）根据唯物主义的人为地孤立原则，在研究具体因果关系时，必须承认，在刑法领域内，应当从发生结果的全部事实中把人的作为或不作为划出来作为原因，把危害社会的结果划出来作为结果。（2）根据划分主要原因和次要原因的原则，必须承认，因果性也有它的顺序。由此可见，在刑法领域内，作为犯罪构成因素的因果性，同犯罪构成的其他因素一样，可能有不同的程度，可

能是主要的或次要的，较大的或者较小的。最后，他肯定地说："在其他条件相同的情况下，形成危害社会结果的主要原因的人的行为，比在造成这种结果中起次要作用的人的行为，应当引起更重的刑事责任"。

六、不论形式犯罪还是实质犯罪，都存在因果关系

A. H. 特拉伊宁教授实际上不同意作形式犯罪与实质犯罪的划分，但若有人硬要作这样的划分的话，那么他认为，在所谓的形式犯罪中同样存在刑法上的因果关系。他说："在社会主义的刑法中，必须在构成的客观方面的因素中有因果关系，在构成的主观方面的因素中有罪过时，才能负刑事责任。因此，硬说在整个一类所谓的形式犯罪中没有因果关系，就会破坏下面这个具有巨大意义的社会主义审判的一般原则：只有在行为人的行为中具备犯罪构成的全部要件的场合，行为人才负责任。但是，按照形式犯罪的错误说法，这个原则根本不是一般的，因为它并不适用于所有的犯罪，而只适用于所谓的实质犯罪这一类"。他认为，在苏联最高法院同因果关系问题有关的一切裁定和决议中，都根本没有提到所谓实质犯罪与所谓形式犯罪的区别，也根本没有讲到，因果关系只是第一类犯罪即所谓实质犯罪的构成因素。因此，他肯定地说："因果性也同罪过一样，毫无例外地是一切犯罪构成的必要因素"。如此看来，A. H. 特拉伊宁教授认为，在形式犯罪中同样具有危害结果。比如侮辱罪的结果是使他人的名誉受到损害。这说明，教授也承认无形结果的存在。

七、不作为犯罪同样存在因果关系

在苏联的刑法学家中，绝大多数学者都对不作为的因果关系持肯定态度，只有少数人持否定态度。A. H. 特拉伊宁教授是站在肯定说的一边的。他在批评了不作为不存在因果关系的观点后，明确指出："马克思主义的方法论在这里也提出了简单明确地解决问题的钥匙：结果可能由人的行为以作为或不作为之两种方式造成"。他举例说："譬如，不按照动员令报到所造成的损害，是所动员的人员编制不够；不支付抚养费所造成的损害，是受抚养人的生活没有相当的保障等"。他还通过一个例子说明了不作为因果关系的组成链条：依万诺娃不给哺乳期的婴儿喂奶，婴儿因而死亡。其因果链条是：母亲的不作为——不给婴儿喂奶——致使婴儿营养不足；由于营养不足而造成婴儿死亡。他指出，根据苏俄刑法典的规定，在杀人罪的构成中，这个链条的第一个环节——营养不足，并不是它的结果，而最后的环节——婴儿的死亡，才是它的结果。[①]

① 本节的资料和引文均来自［俄］A. H. 特拉伊宁著：《犯罪构成的一般学说》，人民大学出版社 1958 年版。

第十七章 我国刑法学界关于刑法因果关系的论争

我国刑法学界对刑法因果关系的研究，早在新中国成立初期，即20世纪50年代就已经开始。不过，那时候只是进行了一些初步的研究，后来，随着“文化大革命”的开始，这种研究又中断了十几年。直到1980年，随着李光灿同志《犯罪中的因果关系》一文在《辽宁大学学报》1980年第3期上的发表，才重新引起了人们对刑法因果关系问题的极大兴趣，不久便成为刑法理论研究中的一个热点。据不完全统计，20年来我国刑法学界就因果关系问题发表的学术论文已有200多篇，还出版了一本专论刑法因果关系的理论专著。这些围绕因果关系问题所作的理论研究，除了在一些基本问题上形成一致意见之外，分歧主要集中在对因果关系性质的理解上。围绕这个问题，在刑法学界形成了三种不同的学说：一是“必然因果说”，二是“偶然因果说”，三是“非必然、偶然因果说”。

第一节 关于必然因果说

所谓“必然因果说”，就是认为刑法中的因果关系只有必然因果关系一种形式，没有其他的形式。这种观点认为，因果关系表现为一种现象必然产生另一种现象，表现为一种现象和被其所产生的另一种现象之间的必然联系。

一、“必然因果说”的理论根据

坚持“必然因果说”的学者们为自己的观点提出了如下一些理论根据：

(1) 经典作家们说过，因果关系是内在的必然的联系，所以因果关系只能是必然的。有学者搬出列宁说过的话："因果关系的运动，实际上等于在不同的广度和深度上被抓住、被把握住内部联系的物质运动以及历史运动"。[①]"……结果并不包含……原因中没有包含的东西，反过来也是一样"。[②] 由此得出结论说，因果关系是"客观事物、现象之间的一种内部联系"，它表现为"一定的原因必然引起一定的结果，一定的结果必然由一定的原因所产生……因此，因果关系是客观存在的，包括时间先后顺序在内的，由一种现象必然引起另一种现象的本质的联系"。[③]

（2）因果关系必须是内在的本质的联系，而只有必然的联系才是内在的本质的联系，所以因果关系只能是必然的。有学者指出："在万事万物错综复杂的现象中，作为因与果这两个现象，必然存在着内在的、本质的联系"，刑法上的因果关系也不例外，但刑法上的因果关系，"只有在一定的危害行为对一定的危害后果起着直接引起和根本决定的作用，即这一危害行为必然导致那一危害结果，那一危害结果必然在这一危害行为中产生的情况下，这一危害行为才被称为原因，那一危害结果也才被称作结果。它们之间本质的、必然的联系也才能称为刑法学上的因果关系……如果缺乏这种质的联系，前一种现象对后一种现象不具有质的规定性，后一种现象不是前一种现象合乎规律的发展，那么，两者之间即不可能存在因果关系"。这位学者还举例说，一天，张某卖菜，得款 10 元被王某偷去，张某发觉后，王某撒腿就跑，张某快追上时，一辆汽车从后面驶来，王某为逃脱急转弯穿过了马路，张某刚一转弯恰被汽车轧死。该学者分析说，本案中，王某的盗窃行为和张某的死亡之间根本就找不出必然的、质的联系。如果认为王某的逃跑行为与张某的死亡之间也存在因果关系，并

---

① 《列宁全集》（第 38 卷），人民出版社 1986 年版，第 170 页。

② 《列宁全集》（第 38 卷），人民出版社 1986 年版，第 168 页。

③ 周柏森：《研究刑法中的因果关系要以马克思主义哲学作指导》，载《法学研究》1982 年第 2 期，第 6 页。

使他对张某的死亡负刑事责任，显然是错误的。[①] 也有学者指出，“所谓内在的联系，就是‘你中有我，我中有你’，前者必定包含发生后者的东西，反过来说，后者必定包含有前者的东西。这种‘东西’通常我们称之为客观根据，或实在的可能性”。“如果危害行为中不包含产生特定危害结果的客观根据，或者说没有包含产生特定危害结果的实在可能性，那么，这种危害行为与危害结果之间就没有刑法因果关系”。[②]

（3）因果关系必须是合乎规律的联系，而只有必然的联系才是合乎规律的，因而因果关系只能是必然的。有学者认为，“因果关系是各种现象（包括自然现象与社会现象）之间的一种客观存在的合乎规律的联系。在一定条件下，一种现象的存在，总是合乎规律地导致另一种现象的产生，前一种现象对后一种现象来说，就是它的原因；后一种现象对前一种现象来说，就是它的结果。原因与结果之间存在的这种客观的、合乎规律的内在联系，就叫因果关系”。[③] 这就是说，如果前一现象与后一现象之间不是一种合乎规律的联系，那么，这两种现象之间就不存在因果关系。

（4）因果关系必须是决定与被决定的关系。由于只有必然联系才是决定与被决定的联系，因而刑法上的因果关系只能是必然的。有学者认为，“刑法学中因果关系的必然联系，是指一定条件下的危害社会的行为与危害社会的结果之间的决定与被决定的关系”。所谓决定与被决定的关系，就是“具有不可避免性，而不是其他联系”。

（5）从相互转变的观点看，在已经发生危害结果的情况下，刑法所研究的因果关系只能是必然的。有学者认为，研究犯罪因果关系的一个重要特点，是在已经发生危害结果的情况下，去查明这一结果

---

① 张晓明：《刑法中的偶然因果关系论不科学》，载《法学季刊》1983 年第 2 期，第 29～30 页。

② 陈建国：《关于刑法中因果关系的三个问题》，北京市法学会 1983 年编《刑法学论集》，第 92 页。

③ 张尚族：《论刑法理论中的因果关系问题》，北京市法学会 1983 年编《刑法学论集》，第 31 页。

是由谁所实施的行为造成的，无论这种因果关系原来是必然的或者是偶然的，结果都是实实在在地发生了。如果说偶然因果对结果的发生有一个从零到百分之百的或然性，而我们所面临的正是百分之百。从相互转变的观点看，偶然性在这里已经转变为必然性了。因此，从这个意义上说，刑法所研究的因果关系，实际上只有必然因果，而没有偶然因果。这种由偶然因果转变而来的必然因果，其行为与结果之间，本来并不存在内在的必然联系，只是由于这一行为和某种或某些偶然的外部条件结合在一起，才使结果得以发生，于是行为与结果之间的联系，才由偶然转变成必然。①

二、“必然因果说”对因果关系的界定

必然因果说认为，“当危害行为中包含着危害结果产生的根据，并合乎规律地产生危害结果时，危害行为与危害结果之间就是必然的因果关系；只有这种必然因果关系，才是刑法上的因果关系”。② 也有人认为，刑法上的因果关系，是内在的、必然的联系，或者说是本质的、规律性的联系。具体来说，就是“在一定的条件下，危害社会的行为不可避免地要造成危害社会的结果，这种结果正是危害社会的行为规律性发展的表现”。③ 并认为，这种规律性主要表现在以下三个方面：

（1）作为某种原因的行为必须具有危害社会结果发生的实在可能性。这是行为与结果之间存在因果关系的必要前提；反之就谈不到有因果关系。所谓某种行为具有危害社会结果发生的实在可能性，就是在该行为中包含有使危害结果发生的客观依据，而且认为这种实在可能性是该行为与危害结果之间具有因果关系的必要前提。如果行为中不具有危害结果发生的客观依据，那就不是结果发生的原因，而是

---

① 曾宪信：《对犯罪因果关系的几点看法》，载《法学研究》1982 年第 4 期，第 32 页。

② 苏惠渔主编：《刑法学》，中国政法大学出版社 1994 年版，第 124 页。

③ 田彦群：《论我国刑法理论中的因果关系问题》，载《全国刑法硕士论文荟萃》，中国人民公安大学出版社 1989 年版，第 179 页。

结果发生的条件。①

(2) 具有危害结果发生的实在可能性的某一行为必须合乎规律地引起了某一危害结果的发生。该观点认为，某种行为具有危害结果发生的实在可能性，按照事物发展的客观规律一般会引起结果的发生。但在结果发生之前，并不等于它们之间实际存在着因果关系，因为可能性还不是现实，只有当这种可能性符合规律地转化为现实，才能确定它们之间存在因果关系。如果结果不是行为合乎规律地产生的，彼此之间没有统一性，那么，即使该行为中存在着结果发生的实在可能性，该行为也不是结果发生的原因。②

(3) 因果关系只能是一定条件下的因果关系。此种观点认为，按照辩证唯物主义观点，所谓必然性，并不是无条件的不可避免性。事实上，任何必然性都是在一定条件下的必然性，离开一定的条件，任何必然性都不可能实现。因此，我们在确定某种行为与某种结果之间有无因果关系时，决不能脱离该行为实施的具体条件孤立地加以考察。更不能因为条件的存在而否认因果关系的必然性质。例如，甲向乙胸部打了一拳，乙当即休克，在送往医院途中死亡。经医生检查证明，乙之所以一拳毙命，是因为他患有“胸部淋巴体质病”。显然，乙若无病，甲的一拳不会造成死亡。正因为乙是一个特异体质的人，甲的一拳才合乎规律地引起了乙的死亡。但不能因为乙是一个特异体质的人，就否定甲的一拳与乙的死亡之间存在的必然因果关系。③

---

① 周柏森:《研究刑法中的因果关系要以马克思主义哲学作指导》，载《法学研究》1982 年第 2 期，第 8 ~ 9 页；田彦群:《论我国刑法理论中的因果关系问题》，载《全国刑法硕士论文荟萃》，中国人民公安大学出版社 1989 年版，第 178 页；江英杰:《因果关系是必然联系》，载北京市法学会 1983 年编《刑法学论集》，第 82 页。

② 周柏森:《研究刑法中的因果关系要以马克思主义哲学作指导》，载《法学研究》1982 年第 2 期，第 9 页；田彦群《论我国刑法理论中的因果关系问题》，载《全国刑法硕士论文荟萃》，中国人民公安大学出版社 1989 年版，第 178 页；江英杰:《因果关系是必然联系》，载北京市法学会 1983 年编《刑法学论集》，第 83 页。

③ 《研究刑法中的因果关系要以马克思主义哲学作指导》，载《法学研究》1982 年第 2 期，第 9 页；江英杰:《因果关系是必然联系》，载北京市法学会 1983 年编《刑法学论集》，第 83 页。

三、对“必然因果说”的批评

反对“必然因果说”的同志对此种观点提出了如下一些批评：

（1）认为刑法中的因果关系只有必然因果关系一种形式，等于把必然联系同因果联系混为一谈，把偶然联系同无因果联系混为一谈，是一种机械唯物主义的表现。例如，有同志指出：认为犯罪因果关系只有必然因果关系一种形式，是把因果性等同于必然性，不能正确理解因与果、必然性和偶然性这些哲学范畴间的相互关系的结果。因此，是不科学的。他接着说：“原因和结果、必然性和偶然性与别的哲学范畴一样，互相间有着密切的联系，它们相互关联、相互渗透，反映出客观世界互相联系、相互影响、相互制约的错综复杂的图景：必然性包括因果性，因果性包括必然性和偶然性，偶然性也有因果性（即必然性）；任何现象都是必然性和偶然性的统一，偶然性是必然性的表现形式和补充，离开了偶然性的必然性是不存在的。由此可见，把犯罪的因果关系只理解为必然因果关系一种形式，就会把必然性、偶然性绝对割裂开来，是一种机械的、形而上学的因果观”。[①]张文教授也指出：“原因和结果与必然性和偶然性是两对不同的范畴，但这两对范畴是密切联系、彼此相互渗透的。黑格尔在《逻辑学》一书中，一面指出因果性首先是实在的必然，是必然过程的一个侧面；一面又指出，在事物的相互作用中，因果性‘包含作为关联和关系的那样的直接同一与相区别的东西的绝对实体性两者，从而包含相区别的东西的绝对偶然’[②]。黑格尔没有把因果性同必然性等同起来，把偶然性排斥在因果性之外。……由此可见，无论必然性还是偶然性，都与因果性有关，都包含有因果性。如果把因果联系说成是原因与结果内在的、本质的、必然的联系，实际上是把因果性同必然性混为一谈了。这是不符合马克思主义关于因果性与必然性、偶然性相互关系的学说的”。[③]

① 龚明礼：《论犯罪的因果关系》，载《法学研究》1981 年第 5 期，第 14 ~ 15 页。
② ［德］黑格尔：《逻辑学》（下卷），商务印书馆 1976 年版，第 231 页。
③ 张文：《关于刑法因果关系几个问题的探讨》，载《北京大学学报》（哲学社会科学版）1982 年第 3 期，第 52 ~ 53 页。

（2）把刑法中的因果关系限定为必然因果关系一种形式，是只看见客观世界中的必然联系，看不见偶然联系的结果，是一种片面的思维在作怪。我国著名刑法学家王作富教授正确地指出：“因果关系，是客观存在普遍联系的一部分。它表现在一种或一些现象引起另一种或另一些现象的发生。无数事实证明，任何一种现象的产生都有其一定的原因，反过来说，任何一种原因都能够引起一定的结果。没有无因之果，也没有无果之因，这是必然的，毫无疑义的……但是，这一切并不意味着可以把因果关系只归结为现象之间的必然联系，而把偶然联系一概排除在因果关系之外……从哲学的观点来看，规律性的联系，可以表现为内在的因果必然联系，然而，因果关系却并非都具有内在的必然联系和规律的性质”。①

（3）认为刑法中的因果关系只有必然因果关系一种形式，是有意无意地抹杀了因果关系的复杂性。王作富教授在这里同样正确地指出：“事实上，由于客观事物因果联系的特殊性，以及各种现象的相互作用的复杂交叉，因果关系的表现是复杂、多样的。因此，我们要认识事物的因果关系，考察产生某种现象的原因，就必须注意到，在引起某种结果的原因中，要区分主要原因和次要原因、本质原因和非本质原因、决定性原因和非决定性原因、直接原因和间接原因、内在原因和外在原因，等等。本质原因、内在原因等决定事物发展的必然性，而非本质原因、外在原因等决定事物发展的偶然性。有的现象由于其内在的矛盾性决定了它必然地、直接地产生某种结果，有的现象则是偶然地同另一现象相交错，导致某种偶然的结果的发生。这就是说，原因有性质和程度的不同，同结果的联系也并不完全一样，怎么可以说因果关系只是必然联系呢？”②

---

① 王作富：《谈谈刑法中的必然因果关系和偶然因果关系》，载北京市法学会1983年编《刑法学论集》，第58～59页。

② 王作富：《谈谈刑法中的必然因果关系和偶然因果关系》，载北京市法学会1983年编《刑法学论集》，第60页。

第二节　关于偶然因果说

所谓“偶然因果说”，就是认为刑法中的因果关系，既可以表现为必然的因果关系，也可以表现为偶然的因果关系。持此种观点的学者，在20世纪90年代明显地比80年代增加了许多。

一、“偶然因果说”的理论根据

坚持“偶然因果说”的学者们为自己的观点提出了如下一些理论根据：

（1）马克思主义经典作家关于偶然性概念的理论，说明客观世界中存在偶然因果关系。李光灿先生在《犯罪的因果关系》一文中指出：关于偶然性问题，普列汉诺夫曾经根据马克思、恩格斯的理论正确地阐述道：“我们在科学中所考察的只是‘终结现象’，因此可以说科学所研究的一切过程都包含有偶然性的成分。……偶然性是一种相对性的东西，它只会是在诸多必然交叉点上出现”（普列汉诺夫著：《论个人在历史上的作用》，外国文书籍出版局）。把这一原理运用在研究犯罪的因果关系问题中，就可以看到，在偶然因果关系中；第一，危害结果并不是行为人的行为内在所固有；第二，危害结果为另外一个因果关系环节中的原因所固有；第三，作为在一个因果关系环节中的原因的行为人的行为由于同另一个因果关系环节中的因的偶然交叉才产生了一定的危害结果。这就说明，在类似的案例中，危害结果的出现是偶然的，是通过两个必然因果环节的巧遇而发生的，但在这种特殊情况下又是合乎规律地发生的。①

（2）在一些特殊案件中，行为对危害结果发生作用的客观事实，说明在刑法中存在偶然因果关系。李光灿先生在《犯罪的因果关系》一文中举了一个例子：某甲在一条黑胡同里追赶某乙，某乙在逃向大街时，凑巧碰上由侧面过来的某丙驾驶的汽车，因一时刹不住车，将

① 李光灿：《犯罪中的因果关系》，载西南政法学院图书馆1981年编《法学论文选》，第50～51页。

某乙撞死。李先生分析说，在这个案例中，某甲的追赶行为已经作为原因延伸到促使社会危害结果实现的境界中去了。就是说，某甲的追赶行为不仅造成了第一个因果关系环节中的果（某乙被追逃到大街）而且又促使这个果去直接交叉那第二个因果关系环节中的因（某丙刹不住车），从而产生第二个环节中的果（某乙被撞身死），我们从客观上来判断这二事件时，对于两个必然因果关系环节的直接巧遇来说，某甲的追赶行为与某乙的死亡毕竟是起间接原因的作用，因此，我们就不能否认这个事实而硬说是没有因果关系或者硬说这仍是必然因果关系。①

（3）哲学因果关系同刑法因果关系的一个显著区别，说明在刑法中存在偶然因果关系。李光灿先生还指出，哲学上所指的因果关系，是只就因与果的一个环节来说的。就因与果的一个环节来说，一定的因必然的合乎规律的直接造成一定的果，因此，从形式上看，只能存在一种因果关系——必然因果关系。而刑法学上所指的因果关系，就不限于只就因与果的一个环节来说的，它可以就一个因果环节来说也可以就两个因果环节来说，……因此，这就发生了作为行为的因可以出自第一人称也可以出自第二人称，如果第一人称的行为（即第一个因果环节中的因）同第二个因果环节中的结果之间发生了间接关系的话（事实上在犯罪中确有这种因果关系存在），我们就需要承认这种客观事实，这种关系就是犯罪中的偶然因果关系。②

（4）唯物辩证法关于因果性、必然性、偶然性的基本原理，说明在刑法中存在偶然因果关系。有的学者指出："任何一个客观事物，包括危害行为所造成的危害结果，都是必然性和偶然性的统一。必然性和偶然性都有它们的原因和根据。必然性是由事实内部的、根本原因决定的；偶然性是由事物外部的、非根本性的原因决定的。把必然性和偶然性的根据与它们辩证的统一所形成的结果分别联系

---

① 李光灿：《犯罪中的因果关系》，载西南政法学院图书馆1981年编《法学论文选》，第51页。

② 李光灿：《犯罪中的因果关系》，载西南政法学院图书馆1981年编《法学论文选》，第42页。

（事物自身中的本来的联系）起来，就自然得出必然因果关系和偶然因果关系。这两种因果关系是客观存在的。必然因果关系是事物内部的、本质的原因与结果间的因果关系；偶然因果关系是事物外部的、非本质的原因与结果间的因果关系。可见，区分两种不同性质的因果关系是对因果认识的深化，是坚持辩证唯物论的决定论，正确理解因果性、必然性和偶然性及其相互关系的必然结论”。①

二、“偶然因果说”对因果关系的界定

“偶然因果关系说”认为，刑法中既有必然的因果关系，也有偶然的因果关系。此种观点对必然因果关系所作的界定与“必然因果说”大致相同，尽管在具体表述上有些差异，但基本内容是一致的，因此，这里无须再作介绍。“偶然因果说”对偶然因果关系所作的界定有种种不同的表述方法，择其要者，介绍如下：

（1）“巧遇、交叉”说。此种观点认为，刑法中的偶然因果关系，“是两个必然因果环节的巧遇和交叉，在这种场合下，第一人称的行为对第二个因果关系环节中的结果，直接起着间接原因的作用。这种原因，就是某人的行为造成了某种结果，但在事件的连续发展中，偶然有其他原因加入其中，以致发生了社会危害结果者。在这里，前行为与后结果之间，就具有了偶然因果关系”。②

（2）“交错”说。此种观点认为，“所谓偶然因果关系，是指某种行为本身不包含着产生某种结果的必然性（内在根据），但在其发展过程中，偶然地同另一个因果过程相交错，由另一原因合规律地引起了这种结果。此时，最初一人的行为同最后的结果，表现为偶然因果关系”。③

（3）“竞合”说。认为“刑法中的偶然因果关系是：某（某些）

① 李光灿、张文、龚明礼著：《刑法因果关系论》，北京大学出版社1986年版，第113～114页。

② 李光灿：《犯罪中的因果关系》，载西南政法学院图书馆1981年编《法学论文选》，第54～55页。

③ 王作富：《谈谈刑法中的必然因果关系和偶然因果关系》，载北京市法学会1983年编《刑法学论集》，第66页。

危害行为造成某危害结果，这一结果在发展中又与另外的危害行为或事件相竞合，合乎规律地产生另一危害结果，先前的危害行为不是这最后结果的决定性原因，不能决定该结果出现的必然性，最后的结果对于先前的危害行为来说，可能出现，也可能不出现，可能这样出现，也可能那样出现，它们之间是偶然因果关系”。①

（4）“引起”说。此种观点认为，刑法中的偶然因果关系，是起引起作用的危害行为与危害结果之间的因果关系。作者指出：“在一定条件下，某人所实施的危害行为对所发生的危害结果起着引起或决定作用的就是原因，起决定作用的危害行为和结果之间是内在的必然的因果关系，起引起作用的危害行为与结果之间是外在的偶然的因果关系。在必然因果关系形式下，行为中具有实在的可能性，在一定条件下，就合乎规律地、必然地产生该结果，是结果发生的内在根据，是主要原因。在偶然因果关系形式下，又有两种情况：第一种是两个必然因果关系交叉产生了一个结果；第二种是两个必然因果关系先后衔接，前者为后者的导因，在前行为与后结果间被行为切断并介入。……偶然因果关系下的这两种情况对于结果都是必要的，对结果能否发生、怎样发生具有可能性，对结果的出现起引起、促进、补充的次要作用”。②

（5）“条件原因”说。此种观点认为，刑法中的偶然因果关系，是指“原因总体中作为‘条件’的原因与结果之间的联系”。并认为，判断某个行为与危害结果之间是否属于偶然因果关系，“只能以该行为是结果产生的根据还是产生的条件为标准”。需要特别指出的是，此种观点所说的“条件”并不是一般意义上所讲的条件，而是指行为人所实施的危害社会的行为，也就是通常人们所说的犯罪行为。此种观点把刑法中的原因分为根据与条件两种，根据是指事物（比如人体）内部的特性，条件是指引起事物变化的外部行为。他举

① 李光灿、张文、龚明礼著：《刑法因果关系论》，北京大学出版社1986年版，第114页。

② 龚明礼：《论犯罪的因果关系》，载《法学研究》1981年第5期，第15～16页。

例说：有人患肠梗阻，值班医生某甲不认真检查，即错误诊断为“粘连性不全肠梗阻”，交医生某乙治疗。某乙也未做认真复查，即按错误诊断治疗。住院后次日，患者腹痛加剧，病情恶化。当时找值班医生某丙，但他先是不予治疗，后又违反原则给患者注射止痛剂，掩盖了患者病情，造成肠穿孔。次日凌晨，患者腹痛加剧，某丙又给其注射止痛剂，直到上午8点才向科里作重点交班，又拖到晚上8点才动手术。手术后值班医生放下病人去睡觉，值班护士也没有严格执行医嘱，使患者失去了最后抢救机会，终于死亡。他分析说：“在这个案件中，肠梗阻是患者死亡的内在根据，它决定患者健康情况变化的性质和方向，这种病在得不到及时正确的治疗下就会导致患者的死亡，这是一种确定不移的趋势。但是，这种病在发展过程中遇到什么条件又是不确定的，是一种机遇。它也可能遇到好医生，哪怕只有一个好医生，病情就不会继续恶化。但他却刚好遇到了几个不负责任的医生和护士，他们的玩忽职守行为为病情恶化提供了凭借。这几个医生和护士的玩忽职守行为与患者的死亡之间的联系就是偶然的因果关系”。他同时还对“交错说”对偶然因果关系的界定提出了批评，认为“交错说”的定义缩小了偶然因果关系的范围。他说：“两个因果环节交叉所产生的偶然因果关系，只不过是偶然因果关系的一种复杂情况，是不能代表或包括全部偶然因果关系的。而且在这种情况下，判断某个行为与危害结果之间是否属于偶然因果关系，也不能以是否属于两个因果环节的交叉为标准，而只能以该行为是结果产生的根据还是产生的条件为标准”。①

三、偶然因果关系的表现形式

持偶然因果说的学者们，对偶然因果关系的具体形式，作了如下几种划分：

① 何秉松：《论刑法因果关系》，载《法学研究》1994年第2期，第61页。

（一）根据对最后结果起决定作用的是其他事件（自然力或正当行为）还是危害行为，把偶然因果关系划分为简单的和复杂的两种类型

（1）简单类型的偶然因果关系，是指一个危害行为造成一个危害结果，又与自然力或正当行为（即事件）相竞合，产生了另一个危害结果，而且与危害行为相竞合的事件是后一结果出现的根本的、决定性的原因，它决定了这后一结果出现的必然性，它与后一结果之间是必然的因果关系。虽然危害行为与前结果之间是必然的因果关系，但后一结果对于它来说，可能出现，也可能不出现，可能这样出现，也可能那样出现，它决定了后一结果的偶然性，与后一结果之间是偶然的因果关系。这种简单类型的偶然因果关系，又可分为危害行为与自然力相竞合形成的偶然因果关系和危害行为与正当行为相竞合形成的偶然因果关系两种。

（2）复杂类型的偶然因果关系，是指两个必然因果过程分别由两个危害行为组成，由它们的交叉或衔接所形成的偶然因果关系。此种复杂类型的偶然因果关系，又可划分为如下两种：第一，同时交叉型偶然因果关系。这是指一个危害行为产生了一个危害结果，在该行为尚未结束时，与另一危害行为巧遇，两者交互作用，又产生另一个危害结果。前一危害行为只是促使和加速了后一结果的产生，不是后一结果的决定因素，它与后一结果之间是偶然的因果关系。第二，先后衔接型偶然因果关系。这是指一个危害行为造成一种危险状态，与另一危害行为相竞合，产生了另一个危害结果，所形成的偶然因果关系。①

（二）根据介入危害行为之后的是否属于自然因素，把偶然因果关系分为特殊的和一般的两种

（1）特殊的偶然因果关系，是指行为人所实施的危害社会行为通常不会引起某种危害结果，但由于某种自然因素的介入，以致引起

① 李光灿、张文、龚明礼著：《刑法因果关系论》，北京大学出版社 1986 年版，第 123～126 页。

这种危害结果所形成的偶然因果关系。例如，甲致乙轻伤，乙因伤口感染破伤风菌而死亡。甲的轻伤行为与乙的死亡之间就是一种特殊类型的偶然因果关系。

（2）一般的偶然因果关系，是指由于两个以上的必然因果链条相互交叉而引起某种危害结果，其中必有某种原因同结果之间存在外在的、偶然的联系。例如，汽车司机某甲因违反交通规则将某乙撞倒在地，恰有某丙驾驶小汽车从后而来，因来不及刹车而将某乙轧死。甲的行为与乙的死亡之间就是一种一般类型的偶然因果关系。[①]

（三）用逐一列举的方法，将偶然因果关系的表现形式归纳为以下四种

（1）甲的行为直接引起了A结果，在其继续发展中，偶然地介入乙的行为作用于A结果，从而产生了B结果，则甲的行为与B结果间有偶然因果关系。例如，甲玩弄手枪走火，子弹射入乙的腹腔，在医院手术时，大夫丙将一块纱布遗忘在乙的腹腔内，导致乙腹膜发炎，三天后死亡。甲的行为与乙的死亡之间有偶然因果关系。

（2）某人的行为直接造成A结果，偶然地介入自然力作用于A结果，从而产生B结果。此人的行为与B结果间有偶然因果关系。例如，甲轻伤乙，乙因伤口感染破伤风，经抢救无效而死亡。甲轻伤乙的行为与乙的死亡之间有偶然因果关系。

（3）某人的行为引起被害人的行为，又由于被害人在行为过程中偶然疏忽，造成危害结果。例如，甲拦路欲强奸乙，乙挣脱逃跑，在跳沟时将腿摔断。甲的行为与乙的受伤之间有偶然因果关系。

（4）某人的行为引起被害人的行为，又偶然介入第三人的行为，导致发生危害结果。例如，甲向正骑自行车的乙面部撒石灰粉，乙眼被迷后一面骑车一面揉眼，不觉方向走偏，恰好有一青年在其身后骑车，因未注意乙的行动，将乙撞成重伤。甲的行为与乙的重伤之间存

---

① 张文：《关于刑法因果关系几个问题的探讨》，载《北京大学学报》（哲学社会科学版）1982年第3期，第52~53页。

在偶然因果关系。①

四、偶然因果关系与刑事责任

关于偶然因果关系能否作为负担刑事责任的客观依据的问题，在坚持“偶然因果说”的学者中，有以下三种不同的意见：

第一种意见认为，虽然客观上存在偶然因果关系，但它不能作为负担刑事责任的客观依据，否则，就会扩大刑事责任的范围。他们认为，能够作为负担刑事责任的客观依据的，只能是必然因果关系。

第二种意见认为，除了必然因果关系之外，偶然因果关系也可以作为负担刑事责任的客观依据，并认为这样做并不会扩大刑事责任的范围。因为，按照主、客观相统一原则，只有因果关系，没有主观罪过的，不会令其承担刑事责任。另外，不是危害社会的行为，即使与某种危害结果之间有偶然因果关系，也不会让其承担刑事责任。

第三种意见认为，偶然因果关系能否作为负担刑事责任的客观依据，应视具体情况而定，不能一概而论。具体应分两种情况：一种情况是，由行为人的积极促使行为而形成的偶然因果关系，可作为负担刑事责任的客观依据。所谓积极促使的行为，就是行为人主观上具有故意或者过失，其行为正在实行中或者正处于连续、继续状态，直接促使其结果同外界事物巧遇，并使这种巧遇无法避免，以致造成另一种危害结果发生的行为。另一种情况是，由行为的消极联结而形成的偶然因果关系，不能作为负担刑事责任的客观依据。所谓消极联结行为，就是行为人的行为已经结束，行为引起的结果已基本固定，而后由于某种原因引起其结果与他事物巧遇，以致产生另一种危害结果的行为。②

北京大学的储槐植教授把偶然因果关系分为高概率偶然因果关系和低概率偶然因果关系两种，他认为，只有高概率的偶然因果关系才可以作为负担刑事责任的客观依据。关于低概率与高概率的区分问

---

① 王作富：《谈谈刑法中的必然因果关系和偶然因果关系》，载北京市法学会 1983 年编《刑法学论集》，第 66 ~ 67 页。

② 高铭暄主编：《新中国刑法学研究综述》，河南人民出版社 1986 年版，第 178 ~ 179 页。

题，储教授指出："在介入因素独立于先在行为的情况下，先在行为同危害结果之间的关系必定是低概率偶然因果关系；在介入因素从属于先在行为的情况下，先在行为同危害结果之间的关系则是高概率偶然因果关系"。假如介入因素对先在行为的关系性质是属于独立的还是从属的不易区分时，应当考虑介入因素本身的特点，是异常的，还是非异常的。如果介入因素本身是异常的，那么先在行为与危害结果之间就是低概率的偶然因果关系；如果介入因素本身是非异常的，那么先在行为与危害结果之间就是高概率的偶然因果关系。所谓异常和非异常，"其实就是事件发生的概率大小的问题"。[①]

五、对"偶然因果说"的批评

刑法中是否存在偶然因果关系，在刑法学界一直存有争议。不赞成刑法中有偶然因果关系的学者，对"偶然因果说"提出了不少批评，归纳起来，主要有以下几点：

（1）认为"偶然因果说"违背了因果关系的一般原理。有人断言说，偶然因果关系概念的内涵在逻辑上是混乱的。他先引用黑格尔"原因只有在它发生了一个结果时，才是原因"（《大逻辑》下卷，第543页）这句话，然后说："既然偶然因果关系中的原因行为不包含产生结果的根据，结果是由另一原因产生的，那么又怎能作为原因和结果构成因果关系呢？另外，说偶然因果关系中的原因只是引起了结果的产生，但又不起决定作用，这岂不是更加自相矛盾？再者，把主要的本质原因与结果之间的关系说成是必然因果关系，把次要的非本质的原因与结果之间的关系说成是偶然因果关系，这岂不是说任何一个多因一果环节都包含两种不同性质的因果关系吗？那么，这个因果环节到底是什么性质的因果关系呢？最后，说偶然因果关系中的结果对于原因来说，可能出现，也可能不出现，没有出现结果，怎能叫做因果关系呢"？[②]

---

① 储槐植：《一个半因果关系》，载《法学研究》1987年第3期，第29页。

② 高铭暄主编：《新中国刑法学研究综述》，河南人民出版社1986年版，第179～180页。

（2）认为“偶然因果说”违背了刑法因果关系的“简化”和“孤立”原则。有学者指出：原因和结果这两个概念说明：作为原因的现象必然会引出作为结果的现象。所以它们只是在应用于个别场合时才有意义，否则，同一个事实（现象）在A关系中可以作为结果，在B现象中又可以成为原因。脱离了一定的因果环节，某现象到底是原因还是结果就讲不清。所以我们应当把个别的现象从普遍的相互关系中抽出来孤立地进行考察，这就是所谓“简化”“孤立”原则。而“偶然因果说”把两个必然因果环节的“巧遇”或“衔接”说成是偶然因果关系，这就使原因和结果都失去了其本意。既然我们可以把两个必然因果环节的“巧遇”或“衔接”称为偶然因果关系，为什么就不能把三个、四个，甚至更多的必然因果环节的“巧遇”或“衔接”称为偶然因果关系呢？总之，脱离“简化”“孤立”原则来谈因果关系，实际上就潜伏着扩大犯罪因果关系的危险。①

（3）认为“偶然因果说”扩大了因果关系的范围。有学者指出，刑法因果关系的含义是特定的、有条件的、有范围的。把因果关系区分为必然因果关系和偶然因果关系就扩大了因果关系的范畴。因为把因果关系区分为必然的与偶然的，就等于说因果关系既是一种本质的、内部的联系，同时又是一种非本质的、外部的联系。本质的加上非本质的，内部的加上外部的，就等于世界上的一切联系。这样，因果关系岂不包罗万象，等于世界上的一切联系？

（4）认为“偶然因果说”是把哲学上的“原因”与“结果”，“必然性”与“偶然性”两对范畴混淆在一起而造成的糊涂认识。有人指出，“‘原因’与‘结果’考察的是两组现象之间的引起与被引起的关系；而‘必然性’与‘偶然性’揭示的是事物发展的总趋势与具体进程中出现的偏离和摇摆。二者是性质不同的两对哲学范畴，不能混为一谈。它们之间虽然也有联系和交叉，但这种联系和交叉的表现是：必然性和偶然性的范畴要比因果性的范畴大得多，前者都有

---

① 顾肖荣：《也谈刑法中的因果关系》，载《法学研究》1983年第4期，第32～33页。

各自产生的原因，也就是说，必然性与偶然性中都包含有因果性，但又不等于是因果性”。①

（5）认为“偶然因果说”是脱离客观存在的主观思维的产物。有学者指出：所谓的偶然因果关系，“我们认为实质上都是两条或两条以上因果锁链‘碰撞’的形式。这种形式是客观事物纵横交错、相互联系的常见形式。在这种形式下，事物沿着其中一条因果锁链向前发展，并按事物本质的联系产生必然的结果。显然，在这条锁链上只有引起结果发生的行为才与结果具有因果关系；而另一条因果锁链在‘碰撞’中被‘吞并’，结束其延伸。因此，碰撞前事物最后阶段的状态，才是这条锁链的结果。所谓‘偶然因果关系’，是对相‘碰撞’的两条因果锁链中那些不具有因果关系的现象，首先规定了它们之间具有因果关系，再以它们之间外在的偶然的联系机械地堆砌出来的一个概念。它不是客观世界物质联系的因果性的反映，而是脱离客观存在的主观思维的产物”。②

（6）认为偶然性是事物之间非本质的联系，因而偶然性不能形成偶然因果关系。有人认为，“在万事万物错综复杂的现象中，作为因与果这两个现象，必然存在着内在的、本质的联系”。“必然性是产生于事物内部的、由事物的本质规定的联系。偶然性则相反，它是事物发展过程中由于外在的、非本质的联系引起的现象，是必然性的表现形式和补充。……偶然性既然指的是事物之间的非本质联系的东西，而因果关系的存在所要求的是作为原因的现象和作为结果的现象之间必须具有本质的、必然的联系，把非本质联系的偶然性的东西塞进本质联系的因果关系中，这种牵强附会的做法得出的所谓‘偶然因果关系’是不符合逻辑的”。③

---

① 熊建平：《刑法学中的偶然因果关系说不科学》，载《法律科学》1993 年第 2 期，第 60 页。

② 陆烽：《偶然因果关系能成为刑事责任的基础吗》，载《法学季刊》1983 年第 1 期，第 33 页。

③ 张晓明：《刑法中的偶然因果关系论不科学》，载《法学季刊》1983 年第 2 期，第 29 ~ 30 页。

(7) 认为“偶然因果说”不符合黑格尔关于因果关系的论述。有人搬出哲学大师黑格尔的一句话：“因果关系无疑是属于必然性的，但这种关系只是必然过程的一个侧面”[①] 来反对“偶然因果说”。进而指出：“黑格尔的这段话是对因果关系中存在偶然性的否定，进而也否认了所谓偶然因果关系的形式”。[②]

(8) 认为“偶然因果说”违背了原因与条件的关系的一般原理。有人认为，“所谓偶然因果关系实际上并不是因果关系，而是条件与结果的关系。条件与结果之间所具有的是偶然的、非本质的、非决定性的关系，而只有原因与结果才是必然的、本质的、决定性的关系。如果把条件与结果的关系作为刑法上的因果关系追究刑事责任，势必扩大刑事责任的范围”。[③]

第三节　关于刑法因果关系的其他学说

关于刑法因果关系的研究，除了“唯必然因果说”、“偶然因果说”两种最有影响的学说之外，学术界还提出了其他一些新的学说。不过这些新学说还都是个别人的见解，尚未引起学术界的较大反响。这里将这些新学说重提，是为了尽力反映学术界关于因果关系研究的全貌。择其要者，这类新学说主要有以下几种：

一、根据、条件统一说

此种观点把原因的总体区分为根据和条件，认为根据是事物[④]内部所固有的，它直接决定事物发展变化的方向和性质，因而它与作为结果的事物之间的联系是一种内在的、确定不移的、必然的联系。而条件[⑤]一般说来是外在的，它不能直接决定事物变化的方向和性质，

① [德] 黑格尔：《小逻辑》，贺麟译，商务印书馆 1980 年版，第 318 页。

② 张晓明：《刑法中的偶然因果关系论不科学》，载《法学季刊》1983 年第 2 期，第 30 页。

③ 高铭暄主编：《新中国刑法学研究综述》，河南人民出版社 1986 年版，第 181 页。

④ 这里所说的“事物”，实际上指的是犯罪对象。

⑤ 这里所说的“条件”，实际上指的是危害行为。

而只是事物变化所凭借的因素。……因此，条件与作为结果的事物之间的联系是不确定的，是一种偶然的因果联系。

这一观点对根据和条件的关系作了较为详细的论述。他说："世界上任何一个事物都是由相互联系、相互作用的诸多因素组成的复杂的矛盾统一体，而且它又与外部事物相互联系、相互作用。每一事物的发展就是由内部和外部的各种因素相互作用的结果。深入研究这些各种不同的原因，我们可以依据它们对事物发展所起作用的不同，把它们分为根据和条件两类。凡是直接决定事物发展变化方向和发展过程性质的因素，就是根据。根据与作为结果的事物之间的联系是内在的本质的联系，是产生作为结果的事物的根本原因。凡是参与事物的变化过程，使变化得以实现，但不是直接决定发展变化方向和发展性质的其他因素，都是条件。条件与作为结果的事物之间的联系是外部的、非本质的联系"。

但是，这种观点究竟在性质上如何界定因果关系，没有讲明。从上边的论述看，作者似乎是既承认必然因果关系，也承认偶然因果关系。认为根据与结果之间是必然的因果关系，条件与结果之间是偶然的因果关系。但在下文中，作者一会儿说因果关系是必然因果联系和偶然因果联系的统一，一会儿又说因果关系是必然性和偶然性的统一。他说："任何事物的发展都既有内部的本质的原因（根据），又有外部的非本质的原因（条件），事物的发展正是这两种原因即根据与条件相互作用的结果。任何一种原因（无论是根据或条件）都不能单独地、孤立地引起事物的变化。因此，任何结果的发生都是根据与条件相互作用、共同造成的，都是根据与条件的统一。这就决定了任何一个现实的因果联系都是必然因果联系与偶然因果联系的统一"。但他又说："任何一个现实的、具体的结果都是作为原因的事物的两种固有的发展趋势即必然性与偶然性的实现，因而也就是它们的统一。因此，任何一个现实的因果关系过程既是必然因果联系与偶然因果关系联系的统一，又是必然性与偶然性的统一"。① 前边讲的

① 何秉松：《论刑法因果关系》，载《法学研究》1994 年第 2 期，第 57 ~ 58 页。

是两个因果过程，这后边讲的又是一个因果过程。不知何教授主张的到底是哪一种。

二、合乎规律说

这种学说认为，刑法中的因果关系，就是存在于原因与结果之间的客观的合乎规律的内在联系。他说："马克思主义认为，因果关系，是各种现象（包括自然现象与社会现象）之间的一种客观存在的合乎规律的内在联系。在一定条件下，一种现象的存在，总是合乎规律的导致另一种现象的产生，前一种现象对后一种现象来说，就是它的原因；后一种现象对前一种现象来说，就是它的结果。原因与结果间存在的这种客观的、合乎规律的内在联系，就叫因果关系"。[①] 这位学者对"必然因果说"和"偶然因果说"都提出了批评。他批评道："有什么必要推论或演绎下去，提出研究犯罪因果关系的'形式'，并把犯罪因果关系从形式上又区分为偶然因果关系、必然因果关系、间接因果关系、直接因果关系等呢？又有什么必要再推论或演绎下去，谈论什么犯罪因果关系中的犯罪原因的第一个环节、第二个环节，甚至第三、第四个环节及其相互关系（如巧遇、衔接、交叉等）呢？这样不是把问题反而搞得更复杂了吗？有多大实际意义呢？"从这些批评的话语中可以看出，作者不同意将刑法中的因果关系分为必然因果关系和偶然因果关系，更不同意再分为直接因果关系、间接因果关系等。但他在下文中却又作出了自相矛盾地阐述："我们只要在辩证唯物主义基本原理的指导下，认真分清了'条件'与'原因'，注意了在'原因'中还存在着偶然原因、间接原因、次要原因，不否认也不忽略这些方面的原因，并认真研究了它们同必然原因、直接原因、主要原因的区别及其相互关系，以及所有这些'原因'之间的相互关系，也就能把我们当前审判实践中提出的犯罪因果问题阐明了"。[②] 注意偶然原因、间接原因，要认真研究它们同

① 张尚族：《论刑法理论中的因果关系问题》，载北京市法学会 1983 年编《刑法学论集》，第 31 页。

② 张尚族：《论刑法理论中的因果关系问题》，载北京市法学会 1983 年编《刑法学论集》，第 43 页。

必然原因、直接原因的相互关系，这难道不是在研究必然因果关系、偶然因果关系、直接因果关系、间接因果关系吗?

三、必然性和偶然性统一说

这一观点认为，刑法学中因果关系的必然性，是指危害行为在一定条件下合乎规律地引起一定危害结果的确定性，偶然性是指行为及行为实施条件的特殊性所加诸于危害结果的某些不确定性。并认为，“必然性和偶然性是对立的统一，二者既相互区别、相互对立，又相互联系、相互依存。没有离开偶然性的纯粹必然性，也没有离开必然性的纯粹偶然性。一切事物的发展过程，都同时存在着必然性和偶然性两个方面。以杀人案为例，甲开枪打死乙，面对这一现实，我们说甲的枪击行为与乙的死亡结果之间具有内在必然联系。但是，这种必然不但不能脱离加害者、被害人、作案手段、时间、地点、作案过程和情节等诸多条件所带来的偶然性，恰好要以这些偶然性作为自己的表现方式和自己的存在条件。如果除去了这些具体的偶然性，所谓必然性就会化为子虚乌有。反之，偶然性如果没有这种必然性贯穿其中，也就不称其为偶然性”。① 因此，“和任何一个事物都是必然性和偶然性的统一一样，因果关系也是必然性和偶然性的统一。将因果关系分为必然的因果关系和偶然的因果关系，就违背了必然性和偶然性相统一的基本原理”。②

四、实质性因果关系说

持此种观点的同志主张在刑法因果关系中，“摒弃必然联系和偶然联系的提法，代之以实质性联系”。认为“实质性联系与必然性联系的不同，首先在于它摒弃了必然性是个发展趋势这个特定的概念，而使它更符合于现实因果关系的含义；同时又在于揭示因果关系的本质，体现了我国刑法中犯罪的实质概念这个基本观点，也避免了在刑法的因果关系中采用不同的联系标准所产生的在理论和实践中难于解

① 高铭暄主编：《新中国刑法学研究综述》，河南人民出版社 1986 年版，第 182 页。

② 李光灿、张文、龚明礼著：《刑法因果关系论》，北京大学出版社 1986 年版，第 188 页。

决的各种矛盾”。①

五、高概率因果关系说

此种观点认为，“必然与偶然，是说明原因与结果之间联系的不同情况。偶然性的实质就是可能性（概然率）问题。可能性有大有小，概然率有高有低。概然率达到百分之百，就成为必然。根据概然率频度，刑法因果关系可分为两类：一是高概率因果关系（即此现象很可能引起彼现象），二是低概率因果关系（即此现象极难引起彼现象）”。并认为，“只有高概率联系才是刑法学中的因果联系”。持此观点的同志指出：“社会实践证明，高概率联系一般说来有可能（仅仅是有可能）被人们预见和估计到，而低概率联系是难以预见和估计的。因此，把低概率联系也作为刑法上的因果关系，对解决刑事责任没有意义。高概率因果关系的外延大于必然因果关系，但小于全部偶然因果关系。高概率因果关系说既不像必然因果说那样可能缩小刑事责任的客观基础，也不像偶然因果关系那样可能扩大刑事责任的客观基础”。②

六、直接和间接因果关系说

此种观点认为，无论是哲学中或是刑法中均不存偶然因果关系，而是存在着偶然联系和间接因果关系。他们说，在刑法中，一方面存在着具有一个因果环节的案件，就是直接因果关系；另一方面，存在着具有两个以上因果环节的案件，即间接因果关系。不能把间接因果关系等同于偶然因果关系，因为偶然因果关系不是因果关系，而只是行为与结果间的偶然联系。他们所说的间接因果关系，“是指危害行为通过中介（即别的行为）同危害结果间接地，然而却是必然地联系着，是使前一个因果环节中结果转化为后一个因果环节的原因，因而在形式上也是两个以上的因果环节联结在一起，但却是事实上存在着的一种犯罪因果关系”。例如，甲捆乙，将其放在铁轨上，结果乙

---

① 高铭暄主编：《新中国刑法学研究综述》，河南人民出版社1986年版，第183页。

② 高铭暄主编：《新中国刑法学研究综述》，河南人民出版社1986年版，第183～184页。

被火车轧死。甲的行为与乙的死亡之间就是间接的因果关系。

此种观点认为，间接因果关系同所谓偶然因果关系之间的根本区别在于：间接因果关系虽然间接，但它却有着某种必然联系。偶然因果关系虽然在形式上仿佛也像间接因果关系，但实际上它只是一种偶然联系，而不是因果关系。①

① 文邦正、王剑南：《只存在间接因果关系，不存在偶然因果关系》，载《法学季刊》1983 年第 3 期，第 26～28 页。

质 疑 篇

第十八章 对国外刑法因果观的质疑

第一节 对西方大陆法系刑法因果观的质疑

西文大陆法系的刑法因果观，是指德国、日本、意大利等国关于刑法因果关系的基本观点。主要有必要条件说、原因说、相当因果关系说三种观点。

一、对必要条件说的质疑

本书在第十六章中已经介绍过，这种必要条件说认为，只要在行为和结果之间存在“没有前者就没有后者”这种必要的条件关系，就可以认为行为与结果之间存在刑法上的因果关系。换言之，凡是先于结果存在，并为结果的发生所必不可少的条件，就都是原因，而且没有轻重、大小、主次、远近之分。这一观点，明显地存在着以下四方面的缺陷：

（1）无限地扩大了原因的范围。按照马克思主义人为孤立的原因，能够成为刑法上的原因的，只能是人的危害社会的行为。但是按照必要条件说的观点，不是危害社会的行为，甚至是对社会有益的行为，都可以成为刑法上的原因。比如，某甲开汽车撞死了某乙，按照必要条件说，不仅某甲开车的行为是某乙死亡的原因，而且凡是发生在某乙死亡之前的对结果能形成必要条件关系的行为，都是某乙死亡的原因。按照这一理论，那么，发明汽车的行为、制造汽车的行为就都成了某乙死亡的原因。因为没有发明者发明汽车的行为、没有制造者生产汽车的行为，某乙就不会死于车祸。由此可见，这一观点是比较荒谬的，它不但无限地扩大了刑法上原因的范围，而且把正常的有益于社会的行为也扩大成了刑法上的原因。

（2）平均主义的对一切条件都“一视同仁”，抹杀了原因的主次之分。不论在客观世界还是在刑事司法中，多因一果的现象是经常发生的。刑法上，当出现多因一果时，根据原因对结果的发生所起的作用的大小，应当把原因区分为主要原因与次要原因，由此又可以进一步把犯罪人区分为主犯与从犯。而且主要原因与次要原因的区分是客观存在的，不是人们主观臆造的。事实上，在多因一果的情况下，数个原因对结果所起的作用不可能都是不分主次的、绝对等值的。但必要条件说却把发生于结果之前的一切条件行为，一律看做平等的、等值的，既无价值大小，也无主次之别，更无远近之分和程度的不同，皆有同等的原因力。这显然是歪曲了事物的本来面目，违背了事物的辩证法。

（3）让所有的行为人对结果都负完全责任，而没有程度上的差别。各个国家的法院在确定刑罚时，都要考虑犯罪行为的危害程度、造成损害的程度以及行为人的罪过程度。尤其是在确定共犯的责任时，必须要考虑各个共犯参与实施犯罪的程度，也就是说，要考虑每个共犯在实施犯罪中所起的作用。因此，按照法律的规定，造成损害的程度乃是确定共犯的个人责任的标准之一。比如，甲、乙、丙三人共同实施了杀人罪，甲指点了被害人所在的地点，乙提供了一把手枪，丙亲手将被害人杀死。这三人显然都构成了杀人罪，但他们在犯罪中所起的作用是不同的：丙起主要作用，乙起的作用较小，甲起的作用更小。

不仅在共同犯罪中，犯罪人的行为具有程度上的不同，而且在非共同犯罪中，也是这样。比如，大夫甲在开处方时点错了小数点，药量加大了10倍；司药者乙未加注意按处方给病人发了药，结果病人服药后，因剂量过大而死亡。显然大夫甲的行为比司药乙的行为对病人死亡所起的作用要大。

另外，即使在单个人犯罪中，同样要区别造成损害的程度，只有这样，才能正确地解决刑事责任。以伤害罪为例，有致人重伤的，也有致人轻伤的。致人重伤与致人轻伤，在刑罚的轻重上显然大不相同。

以上充分说明，在解决刑罚问题时，必须要根据行为的危害程度的大小和造成的实际损害的大小，正确地决定刑罚的重轻。应当指出，在其他条件相同的情况下，对危害结果的发生起主要作用的人的行为比在造成这种结果中起次要作用的人的行为，应当引起更重的刑事责任。但是，按照必要条件说，结果发生以前的一切条件都是同等的，都应负同等的完全的责任。这不但违背了罪刑相适应的基本原则，而且还可能造成对不构成犯罪的行为（条件）也追究刑事责任的严重后果。

（4）很容易造成冤假错案。这一点在本书第十六章第一节的第二个问题“必要条件说的起源与缺陷”一段的末尾处，讲得很清楚，这里不再赘述。

必要条件说为了克服自身存在的缺陷，虽然提出了一些被救的措施，比如因果关系中断说、禁止溯及说等，但都不能从根本上解决问题。因而，从本质上讲，可以肯定，这一理论是不科学的。

二、对原因说的质疑

资产阶级刑法因果观中的“原因说”，是为了纠正条件说把原因的范围扩得太宽而提出的一种理论，它实际上只是必要条件说的一个变种。这种理论以条件说为基础，主张从引起某个犯罪性结果的众多条件中，选出一个特别有意义的条件作为原因，把其他条件从原因中排除出去，以达到缩小原因范围的目的。但是，由于在区别原因与条件的标准上，学说林立，意见纷呈，以至于拿不出一个确定的、科学的标准，从而使它失去了科学性，也失去了应用的价值。故此，这里无需花费更多笔墨对它进行质疑。

三、对相当因果关系说的质疑

相当因果关系说实际上也是必要条件说的一个变种，甚至可以说它与原因说是一对双胞胎。因为它与原因说一样，也是在条件说的基础上，在众多的条件中选择一个最有意义的条件作原因，把其他条件排除在原因之外。它与原因说的不同之处仅仅在于，原因说区别原因与条件的标准太不统一，而相当因果关系说在对原因与条件的区别上则有一个相对统一的标准，这就是：人类社会日常生活上的经验。这种学说认为，在引起结果发生的数个条件行为中，只有那些根据人类社会日常生活上的经验，认为在一般情形下，有这样的条件，就会发生这样的结果时，即存在这种相当的关系时，则该条件就是结果发生的原因。尽管如此，但相当因果关系说实际上只不过是原因说的一种而已，因而，可以把它看做原因说的双胞胎。

相当因果关系说，虽然在原因与条件的区别上有一个相对统一的标准，但这个标准并不是十分科学的，凭借这个标准并不能准确地将原因与条件区别开来。尤其是在判断这个标准是否存在的方法上，又有主观说、客观说、折中说三种不同的主张，更使这一学说失去了应有的严谨性和科学性。仔细分析起来，这三种不同的主张，没有一个是十分科学的。下面我们逐一分析之。

（1）主观说，亦称主观的相当因果关系说。此说认为，在判断行为与结果间是否存在刑法上的因果关系时，应当以行为人在行为时所认识或可能认识的事实为基础。也就是说，如果行为人认识到了某种事实，他的行为与结果之间就有因果关系，如果行为人没有认识到某种事实，他的行为与结果之间就不存在因果关系。例如，甲向乙的胸部轻击一拳，乙因患有心脏病经不住这一拳之击，因而在被击后当即死亡。依主观说推论，如果甲在拳击乙时，知道乙患有心脏病，而且认识到乙因患有心脏病经不住一拳之击，那么，甲的轻击一拳与乙的死亡之间就存在因果关系；反之，如果甲在拳击乙时，不知道乙患有心脏病，或者虽然知道乙患有心脏病，但不知道乙连这轻轻的一拳也经受不住，那么，甲的拳击与乙的死亡之间就不存在因果关系。由此可见，这种主观的相当因果关系说，完全是以行为人自己的主观认识为标准来确定刑法因果关系的有无。这就完全违背了因果关系的客观性原则，从而陷入了主观唯心主义的泥潭。其实，原因与结果之间的联系完全是客观存在的，不论行为人认识与否，它都客观地、不以人的意志为转移地客观存在着。比如前例中，不论甲是否知道乙患有心脏病，他对乙胸口轻击的一拳与乙的死亡之间都存在因果关系。因为在乙患有心脏病的情况下，轻轻的一拳就足以构成致乙死亡的原因。至于甲是否知道乙患有心脏病，那是确定甲的罪过性质时需要查清的问题。如果他明知乙患有心脏病，明知轻轻一拳就可置乙于死地，而还故意地击此一拳，那就说明他有杀人的故意；如果他不知道乙患有心脏病，是在一气之下不假思索地击出一拳，或者是基于开玩笑而击乙一拳，以致引起了乙的死亡，则说明他主观上具有过失，应构成过失致死罪；如果他是在被乙欺负的情况下，出于义愤还击一拳，意想不到引起了乙的死亡，则他在主观上就不具有任何罪过，不构成犯罪。可见，认没认识到一定的客观事实，只涉及主观罪过问题，并不影响因果关系的有无。主观的相当因果关系说，把认识问题扯到因果关系上，显然是一种错误的见解。这种错误不可避免地会在对因果关系的认定上再次造成错误。

（2）客观说，亦称客观的相当因果关系说。此说主张客观的事后预测，认为应当以行为当时客观上所存在的一切事实以及行为后所发生的事情为基础，由法官就此一切事实作客观的判断，如认为在此客观事实情况下，有此行为，就会有此结果发生的话，即该行为对于该结果之发生具有“相当性”（客观可能性）的话，则两者之间就具有刑法上的因果关系。至于这些客观事实行为人当时是否认识或是否能够认识，在所不问。

客观说综合考虑行为当时所存在的一切事实，从这些客观事实中分析判断行为与结果间是否存在因果关系，的确符合了因果关系客观性的原则。但这一学说又出现了另一个致命的缺陷：不是从行为自身的内在根据上去寻找引起结果的原因，而是从所有的客观事实中去寻找引起结果的原因。这样一来，就很可能将全部客观事实的原因力强加在行为身上，使本来不具有原因力的行为也背上了具有原因力的恶名。因为当结果已经出现的时候，肯定是有原因的。原因即使不存在于行为中，也必然存在于所有的客观事实中。这时，把所有的客观事实作为一个整体看待其与结果之间的关系，那就没有不存在因果关系的了。比如，甲将乙打伤，乙去医院住院，夜间适遇医院失火，致乙被烧死。在这类案件中，甲的伤人行为与乙的死亡之间本无因果关系，但若把所有的客观事实都加在一起，作为一个整体来论其与结果之间的关系，自然这个整体与结果之间是有因果关系的。问题是，这个整体与结果间有因果关系，并不等于行为与结果间就有因果关系。

然而，这种客观的相当因果关系说，就是根据整体与结果之间有因果关系，就硬说行为与结果之间也有因果关系。这就不可避免地扩大了刑法因果关系的范围，把本来不具有因果关系的，也认定为有因果关系。这正是客观的相当因果说的伪科学之处。

（3）折中说，亦称折中的相当因果关系说。此说认为，应当以行为时一般人所预见或可能预见的事实以及虽然一般人不能预见但行为人所预见或能预见的特别事实为基础，来判断行为与结果之间有无相当的因果关系。也就是说，行为当时所存在的客观事实，凡是一般人以日常生活上的经验所能认识到的，不论行为人自己能否认识，都认为其行为与结果间存在因果关系；凡是一般人不能认识，但行为人能认识的，也认为存在因果关系。

这一观点，企图在主观说与客观说的调和中找到一个妥当的标准，来解决刑法上的因果关系。然而这个标准并不十分妥当。它实际上仍然深陷在主观唯心主义的泥潭中而不可自拔。因为它始终没有摆脱人的认识对客观事实的预见。不论一般人的认识，还是行为人个人的认识，终归都是认识问题。这些认识或不认识，都丝毫不能影响和改变因果关系的客观存在。或者说，因果关系的存在并不依这些认识或不认识为转移。然而，这种折中的相当因果关系说却把人的认识与因果关系混淆在一起了。显然，它与前文所说的主观说的错误是一致的。

第二节　对英国刑法因果观的质疑

虽然英国在刑法因果关系问题上缺乏严格、系统的理论体系，但也形成了一些具体的规则。这些具体的规则虽然显得有些零乱，但在司法实践中也能解决一些特殊的实际问题。而且，这些规则多数与西方大陆法系刑法因果关系中的某些理论相吻合。这也说明，大陆法系和英美法系在刑法理论上也有相互借鉴的一面。

一、关于刑法因果关系中的原因

从《肯尼刑法原理》中对因果关系的一段论述中[1]可以看出，英国的刑法学者们认为，刑法上的危害结果是由许多因素共同引起的，但不能说这许多因素都是结果的原因。能够成为原因的，只能是其中的一个因素。这个因素对结果所起的作用是：如果没有这个因素，该结果就不会发生。

这里呈现出两个论点：第一个论点是任何结果都是原因和条件共同引起的。其中那个“没有它，结果就不会发生的”因素，是原因，其他的因素则是条件。这一论点体现出了唯物辩证法的观点，符合事物发展的基本规律。因为按照唯物辩证法，任何事物都存在着引起另一事物的内在根据，但是仅凭这个根据，仍然不能引起另一事物，要引起另一事物，必须要有其他事物的配合。这正是毛泽东所说的内因与外因的理论。内因是根据，外因是条件。没有根据，不可能引起另一事物（结果）；但有了根据，如果没有外部条件的配合，仍然不能引起另一事物。如果把这个作为原因的因素看做事物的内在根据的话，其他那些不能作为原因的因素，正是外部的条件。这实际上也符合恩格斯所说的“必然性靠偶然性开辟道路”的情形。因为如果把事物内在的根据看做引起另一事物的一种必然的发展趋势的话，那么，这种必然的趋势要变为现实性，就必须要有偶然性来配合。在众多的因素中，作为原因的那个因素中包含着引起另一事物的必然性，不是原因的那些因素则是作为偶然性为必然性的实现起配合作用，或者说是为必然性的实现开辟道路。因此，笔者以为，这一论点是正确的。当然，这只是用我们的理论对英国刑法论著中的一个观点的推理，也许这样的推理并不十分妥当。

第二个论点涉及原因与条件的区别标准问题。按照《肯尼刑法原理》中的说法，“如果没有某人的参与，便不会出现某种结果，那么就可以说，该人引起了犯罪结果”。这说明，这里是用必要条件的方法，或者说是用一种表面的、直观的方法，而不是用事物内在矛盾

---

① 参见本书第十七章第一节第一个问题。

或内在根据的方法来区别原因与条件的。这种方法在操作起来虽然要方便一些，但它却不符合唯物辩证法的原理，也容易混淆原因与条件的界限，把某些本来不是原因的事物当成原因。因为，在某些情况下，虽然没有某人的参与，便不会出现某种结果，但某人的参与并不一定就是结果的原因。例如，甲邀乙一同上山打猎，乙在打猎时因自己不小心坠入悬崖而死。完全可以说，甲若不邀请乙去打猎，乙就不会坠崖而死。但若由此推论，说甲的邀请行为是乙死亡的原因，显然是不正确的。由此可见，《肯尼刑法原理》关于确定原因的标准，或者说是区别原因与条件的标准，是不正确的。

二、关于因果关系在刑法中的地位

在英国的刑事判例中，往往是根据结果的性质决定犯罪的性质。比如，出于杀人的目的实施杀人行为，致人伤害而未杀死者，定伤害罪；出于伤害的目的，但致人死亡了，就要定谋杀罪。这说明，因果关系在英国刑法的犯罪构成中，占有十分重要的地位。只要有因果关系，不问罪过如何，即可根据结果的性质定罪。这明显地体现了客观归罪的指导原则。这个原则当然是错误的、不科学的。

三、关于介入行为对因果关系的阻却

在英国的刑事判例中，常常可以见到因介入行为而阻却因果关系的情形。比如，在被告人的行为之后，介入第三者的行为、介入被害人的行为、介入医疗行为、介入自然力量等。这些介入，哪些能阻却因果关系，哪些不能阻却因果关系，在英国的刑事判例中，都能找到确切的答案和解决办法。其中有不少解决办法与西方大陆法系的因果中断说有不谋而合之处，也可能正是对大陆法系因果中断说的借鉴。这些解决办法，多数应当说是正确的，但也有个别地方有值得商榷之处。例如，按照判例所确立的原则，如果被告人的行为尚未结束就介入了第三者的行为，则第三者的行为不能阻却被告行为的因果联系。相关的判例是：一个人怀着杀人的故意殴打另一人，当他把被害人打得奄奄一息时，突然闯来一个第三者，他不经邀请便加入殴打的行列，以致加速了被害人的死亡。此种情况，英国的判例认为，第三者的介入不能阻却前行为人与死亡结果之间的因果关系。原因是，第三者的行为介入时，前行为人的行为还没有结束。就这一个具体的案例来讲，这种解决办法似乎没有什么不妥。但若要把这种作法确立为一个原则，认为凡是前行为在未结束时介入了第三者的行为都不能阻却因果关系的话，那就不一定妥当了。比如，甲基于杀人的目的殴打乙，在甲正殴打乙的过程中，丙冲上来，用枪打死了乙。这种情况下，虽然丙的行为是在甲的行为尚未结束时介入的，但却不能认为丙的行为不能阻却甲行为的因果关系。因为丙的行为与甲的行为不属于同一个性质，而且丙的行为比甲的行为在暴力程度上更甚。可见，不能认为在行为未结束时介入的第三者行为，都不能阻却因果关系。

第三节　对美国刑法因果观的质疑

在美国的刑法理论中，把因果关系分为两个层次：一个层次是事实原因，另一个层次是法定原因。其事实原因，实际上也就是大陆法系中所说的“条件即原因”，只要在行为和结果之间存在着“没有前者就没有后者”这种必要的条件关系，就可以认为前者是后者的事实原因。不用说，事实原因与“条件说”一样，过于扩大了原因的范围。所谓法定原因，虽然被解释为“是法律所关注的原因，或者说是具有法律意义的原因”。但实际上，它也相当于大陆法系中的相当因果关系说，目的是对事实原因加以限制，从中选出一个具有决定意义的原因，也就是法律认为行为人应当对之负责的原因。但问题是，究竟应当从事实原因中筛选哪个原因作为法定原因呢？这里，同大陆法系中的相当因果关系说一样，也存在着一个筛选的标准问题。相当因果关系说在筛选的标准上有主观说、客观说、折中说三种观点，美国的双层次说则有近因说、预见说、功能说三种观点。近因说，一般是指没有被介入因素打破因果锁链、当然地或者盖然地引起危害结果的事实原因。这种学说实际上是运用哲学上的必然性、可能性理论来解决因果关系的，应当肯定有一定的科学性。但预见说则与大陆法系中的主观说一样，陷入了唯心主义的泥潭。这种学说，是以行为人的主观认识为标准来筛选事实原因作为法定原因的。如果行为所造成的危害结果，是行为人的主观认识所可以预见的，行为与结果之间就具有法定的因果关系；如果结果是行为人不能预见的，则行为与结果之间就具有法定的因果关系。不难看出，这种观点也是把主观上的罪过与客观上的因果关系混为一谈了。其谬误之处，甚为明显，无需多言。

功能说是一种较新的学说，它把因果关系与刑事责任联系在一起，认为，研究刑法因果关系，应当以体现刑罚目的的刑罚功能为出发点，换言之，它认为应当从体现刑罚目的的刑罚功能出发，以“满足惩罚犯罪人这个目的”为标准来筛选事实原因作为法定原因。这一观点在解决刑法因果关系上虽然提出了一种新的思路，但笔者以为这并不是一个很好的思路。把因果关系与刑事责任、刑罚目的联系在一起，并无大错，因为因果关系本来就是行为人承担刑事责任的客观依据。但是若把追究刑事责任作为确定刑法因果关系的标准，则是大错特错的。因为这种作法脱离哲学因果关系理论的指导，不是从事物与事物的内在联系上去寻找因果关系，而是从事物之外的刑罚目的上去寻找因果关系，首先在方法论上就完全错了。这样的因果关系不但毫无科学性可言，而且很可能为罪刑擅自大开方便之门——想惩罚某个人，就说某个人的行为与结果之间有因果关系。因此，这种理论虽然较新，但却不值得推崇。

第四节　对苏联刑法因果观的质疑

苏联的刑法学家们对刑法因果关系的研究作出了巨大贡献，是他们首先对德、日等国家关于因果关系中的必要条件说提出了批判，并建立起了崭新的、马克思主义的刑法因果理论。今天，与西方刑法因果理论中的条件说、原因说、相当因果关系说相抗衡的必然因果说、偶然因果说，都是苏联的刑法学家们首先提出来的。可以说，是苏联的刑法学家们首先将马克思主义哲学的因果理论应用到刑法中来，开创了刑法因果关系研究的新篇章。

在几十年的时间内，苏联的刑法学家们对刑法因果关系中的许多重大课题，如刑法因果关系的研究对象、刑法因果关系的基本原则、因果关系在犯罪构成中的地位、因果关系与刑事责任、因果关系的表现形式、偶然因果关系能否作为负担刑事责任的客观依据、刑法上原因与条件的区别、不作为犯罪的因果关系等，都作了深入的研究。尽管直到苏联解体的时候，在刑法因果关系的一些基本问题上仍未作出定论，或者说仍在进行着争论，但这丝毫不影响苏联在刑法因果关系研究上取得的重大成就。

但这并不是说，苏联在刑法因果关系上的种种观点就完全正确，没有可商榷之处。值得商榷、需要质疑的地方肯定也是有的。比如，下面一些观点就值得商榷：

一、“偶然性是一种相对的东西。它只会是在诸必然过程交叉点上出现”①

这是苏联著名的哲学家普列汉诺夫提出的一个观点。苏联和我国的一些坚持偶然因果关系的学者，常常引用普氏的这一观点，为偶然因果关系理论寻求经典作家的支持。然而，普氏的这一观点却不是正确的。首先，他把偶然性看做一种结果（东西），而不是看做事物的一种发展趋势，这就违背了哲学上的基本理论，从根本上失去了科学性。从哲学上讲，可能性、必然性、偶然性都是一切事物中所包含的引起另一事物的发展趋势，它还不是现实，因而不能把它看做结果或东西；其次，他认为偶然性只会在诸必然过程的交叉点上出现，更是错误的。照此说来，没有必然过程的交叉，就没有偶然性了。其实并非如此。实际上，偶然性的根据不是存在于诸必然过程的交叉中，而是和必然性一样存在于事物的内在矛盾中。必然性的根据是存在于事物内在矛盾的主要方面，偶然的根据是存在于事物内在矛盾的次要方面。因此应当说，必然性和偶然性是共存于事物的内在矛盾中，而且是同时产生的。它们各自代表着两种性质完全相反的发展趋势。这就是说，偶然性是在事物产生的同时就跟着产生了（比如，婴儿刚生下来就存在着夭折的偶然性，同时也存在着健康成长的必然性），而

① ［苏］《普列汉诺夫哲学著作选集》（第2卷），三联书店1961年版，第361页。

不是在诸必然过程的交叉点上才出现的。另外，照普氏的说法，必然性是先于偶然性产生的。这也是不对的。我们知道，必然性和偶然性是一对既对立又统一的范畴，是同一个事物的两种相反的发展趋势，二者只能共存于一个事物的内部，也只能同时产生、同时消亡，而不可能一个先产生，一个后产生。否则，必然性就可以离开偶然性而单独存在（在两个必然过程交叉之前，必然性早已产生，但偶然性还没有产生。如果两个必然过程不交叉，偶然性就不会产生。在这两种情况下，必然性都是离开偶然性而单独存在的），必然性与偶然性对立统一的原则就不成立了。

二、偶然结果“是由于因果性链条中这一环节与另一环节交叉所造成的”①

这是对偶然因果关系的一种界定。这一观点正是在普氏的偶然性观点上产生的一种新观点。我国也有学者在重复着这一观点。由于普氏的观点存在错误，那么，在普氏错误观点的基础上产生的这一观点自然也是错误的。这一错误造成了对偶然因果关系的扩大解释。至于错误的具体表现，这里不打算详谈。因为我国刑法学界也有人持这种观点。下一章将在适当的地方，专门就这一观点提出质疑。

三、“必然因果关系比较容易预见到，因此通常可以说明主体是直接故意犯罪；偶然因果关系则很难预先确定，其罪过的形式大都是间接故意和过于自信”②

必然因果关系比较容易预见到，偶然因果关系很难预先确定，这是完全正确的。认为在必然因果关系情况下，主体的主观罪过是直接故意，也是正确的。但是，认为在偶然因果关系情况下，主体的主观罪过是间接故意和过于自信，则是不正确的。事实上，行为人利用某种偶然性，有计划有预谋地实施某种行为，以达到某种犯罪目的的情形，并非少见。比如，古时候曾有过这样的一个案例：某座山上常有

---

① ［苏］A.A. 皮昂特科夫斯基等著：《苏联刑法科学史》，曹子丹等译，法律出版社1984年版，第53页。

② ［苏］A.A. 皮昂特科夫斯基等著：《苏联刑法科学史》，曹子丹等译，法律出版社1984年版，第55页。

老虎出没，山下住着一家人家。这家婆婆嫌弃儿媳，总想借老虎之口置儿媳于死地。于是，她经常逼迫儿媳一人上山打柴，希望儿媳偶然遇上老虎，被老虎咬死。结果其儿媳真的在一次上山打柴时被老虎咬死了。这其实就是一个故意利用偶然性达到犯罪目的直接故意犯罪。在汽车运输十分发达的今天，有人利用交通事故的偶然性，故意地经常驱赶儿童横穿马路，希望儿童在横穿马路时被汽车撞死的直接故意犯罪，并不是没有的。因此，在偶然因果关系情况下，没有直接故意犯罪的说法，是不正确的。当然了，我们也注意到，作者在行文中使用了“大都是”一词。这意思可能是说，在偶然因果关系情况下，大多是间接故意和过于自信，特殊情况下也可以是直接故意。如果是这样解释的话，那当然就没有问题了。

在苏联的刑法因果理论中，还有一些观点是值得商榷的。比如，关于条件即原因的观点、关于唯必然因果说的观点、关于偶然因果关系不能作为负担刑事责任的客观依据的观点、关于不作为犯罪不存在因果关系的观点等，都是值得商榷的。不过，这些观点有的在苏联时已经被克服了，有的在苏联时已经受到了批评，有的仍被我国的刑法学者继承着，因而，在这里就不需要提出质疑了。至于被我国刑法学者所继承的错误观点，将在下一章中提出质疑，这里也不必多说了。

第十九章 对我国一些刑法因果学说的质疑和辩解

从1980年以来，我国刑法学界对因果关系问题进行了大量的研究，不过这种研究仍然是在苏联研究的基础上进行的。同继承了苏联的刑法理论一样，我国学者同时也继承了苏联在刑法因果关系理论上的论争。同苏联一样，在我国的刑法因果关系研究中，形成了唯必然因果说，偶然因果说，非必然、偶然因果说三种不同的观点。在笔者看来，唯必然因果说和非必然、偶然因果说都是值得商榷的。

第一节 对唯必然因果说的质疑

唯必然因果说认为，刑法中的因果关系只有必然因果关系一种形式，没有其他的形式。为了证明这一观点，他们讲了不少理由。但笔者以为，这些理由没有一个是能站得住脚的。下边，我们来分析一下他们提出的理由：

一、经典作家是这样说的，所以就是这样

有学者搬出列宁说过的话："因果关系的运动，实际上等于在不同的广度和深度上被抓住、被把握住内部联系的物质运动以及历史运动"。[①]"……结果并不包含……原因中没有包含的东西，反过来也是一样"。[②] 由此得出结论说，因果关系只能是必然的内部的联系。仔细分析列宁的这两段话，可以发现，列宁确实强调了因果关系是物质以及历史运动的内部联系，但并未强调因果关系只能是必然的联系。

① 《列宁全集》第38卷，人民出版社1986年版，第170页。
② 《列宁全集》第38卷，人民出版社1986年版，第168页。

有的同志把列宁所说的“内部联系”与必然联系绝对等同，认为内部联系就只能是必然联系，显然是对列宁这段话的误解。如果只能把因果关系理解为必然的联系，请问该如何理解列宁所说的“不同的深度和广度”呢？既然因果关系这种内部联系有不同的深度和广度，那显然就不只是单一的必然联系。因为在不同的深度和广度上所表现出来的，不可能只是必然的联系；必然的联系也不可能同时表现在不同的深度和广度上。另外，从“结果并不包含……原因中没有包含的东西，反过来也是一样”这句话中，也得不出因果关系只能是必然联系的结论。在偶然因果关系中，同样可以得出这样的结论。比如，某甲经常驱赶儿童某乙横穿马路，希望利用发生交通事故的偶然性置某乙死亡。结果某乙真的在一次横穿马路时被汽车撞死了。这里，某甲的追赶行为与某乙的死亡之间就是一种偶然的因果关系。而且某乙被汽车撞死这一结果早就存在于某乙的驱赶行为中了。可见，用列宁的话作理由的人，显然是没有全面理解列宁这段话的真实含义。

二、因果关系必须是内在的本质的联系，而只有必然的联系才是内在的本质的联系，所以因果关系只能是必然的

说“因果关系必须是内在的本质的联系”，是正确的，但是说“只有必然的联系才是内在的本质的联系”却是错误的。为什么只有必然的联系才是内在的本质的联系？何以见得偶然的联系就不是内在的本质的联系？这些学者并没有解释清楚。其实，所谓内在的本质的联系，就是由事物的内在矛盾引起的联系。必然的联系是由事物的内在矛盾引起的，偶然的联系也是由事物的内在矛盾引起的。只不过必然的联系是由事物内在矛盾的主要方面引起的，偶然联系是由事物内在矛盾的次要方面引起的罢了。不管是主要方面，还是次要方面，它们毕竟都是包含在事物的内在矛盾之中的，因而，不能说必然联系是内在的本质的联系，偶然联系就不是内在的本质的联系。

当然了，有的同志把偶然联系看做事物外部的联系，也是情有可原的。这主要是因为，这种观点仍然是在传统哲学观点上来理解必然性和偶然性的。按照传统的哲学观点，必然性是客观事物的联系和发展中的不可避免、一定如此的趋向，它产生于事物的内在根据、本质的原因。而偶然性却是事物在发展过程中可以出现，也可以不出现；可以这样出现，也可以那样出现的现象，它产生于事物发展过程中外在的、非本质的原因。① 按照这种传统的哲学观点，偶然性不但是一种现象，而且产生于事物外在的、非本质的原因。这样一来，自然要把偶然联系理解为非内在的联系了。但需要强调的是，研究刑法中的因果关系，如果仍然囿于哲学上关于必然性、偶然性的传统观点，而不敢于进行大胆的创新，必将会陷入重重矛盾之中，而不可自拔。这样，不但不能正确解决刑法中的因果关系，反而会把这个问题搞得混乱不堪。这是因为哲学上关于必然性和偶然性的传统观点本来就是错误的，必须对它重新加以正确地理解和解释，才能应用到刑法因果关系中来。

那么，传统哲学上关于必然性、偶然性的观点错在什么地方呢？这在本书的哲理篇中已经讲到了。这里可以再作些简单的回顾。首先，哲学上把必然性看做一种不可避免的、一定如此的发展趋势，是完全错误的。因为，必然性作为一种发展趋势不可能是不可避免的。如果它是不可避免的，那就没有偶然性存在的余地了，或者说偶然性与它就不是对立统一的关系了。这就从根本上违背了唯物辩证法的基本原理。因为唯物辩证法认为，必然性和偶然性二者既对立又统一，谁也离不开谁。如果把必然性理解为不可避免的，那它就可以离开偶然性而独立存在了。事实上，必然性也不是不可避免的，只有绝然性才是不可避免的。其次，哲学上把偶然性看做一种现象，也是错误的。本来，必然性和偶然性是一对对立统一的范畴，二者具有共同的属性，怎么能会一个是趋势、一个是现象呢？这样一来，二者成了风马牛不相及的事，还怎么对立统一呢？再次，说偶然性产生于事物外部的非本质的原因，也是错误的。其实，偶然性和必然性一样，都产生于事物的内在矛盾，而且是同时产生于同一个事物的内在矛盾之

① 艾思奇主编：《辩证唯物主义历史唯物主义》，人民出版社 1978 年第 3 版，第 143 页。

五、从相互转变的观点看，在已经发生危害结果的情况下，刑法所研究的因果关系只能是必然的

有学者认为，“研究犯罪因果关系的一个重要特点，是在已经发生危害结果的情况下，去查明这一结果是由谁所实施的行为造成的，无论这种因果关系原来是必然的或者是偶然的，结果都是实实在在地发生了。如果说偶然因果对结果的发生有一个从零到百分之百的或然性，而我们所面临的正是百分之百。从相互转变的观点看，偶然性在这里已经转变为必然性了。因此，从这个意义上说，刑法所研究的因果关系，实际上只有必然因果，而没有偶然因果……这种由偶然因果转变而来的必然因果，其行为与结果之间，本来并不存在内在的必然联系，只是由于这一行为和某种或某些偶然的外部条件结合在一起，才使结果得以发生，于是行为与结果之间的联系，才由偶然转变成必然”。①

研究刑法上的因果关系，的确是在已经发生危害结果的情况下才开始的，而且面对已经发生的危害结果来讲，危害结果的确是百分之百地产生了。但这决不意味着，当危害结果发生时，原来只包含着引起危害结果的偶然性的行为就转变为必然性了。必然明确地指出，当危害结果已经发生的时候，这个结果实际上是由引起它的原因和对原因起配合作用的条件共同造成的。当我们把原因和条件作为一个整体来看待的时候，你就会发现，这个整体与结果之间的联系，就不只是必然的联系，而是一种绝然的联系了。换言之，当原因和条件都具备的情况下，结果的发生就不是必然的，而是绝对的、不可避免的了。尤其是当结果已经发生的情况下，这个整体与结果之间就是一种绝然因果关系了。这就是说，不论原来的原因是偶然的、或然的，还是必然的，随着条件的不断增加，都会不断地向着绝然性挺进。当已经变为绝然性的时候，结果就不可避免地发生了。但这并不是说原来的偶然性就转变成了绝然性或必然性，而是原来的偶然性加上与之相配合

---

① 曾宪信：《对犯罪因果关系的几点看法》，载《法学研究》1982年第4期，第32页。

的条件，才转变成了引起结果的绝然性。单就原来的原因本身来讲，它仍然是原来的性质，即仍然是偶然性或或然性、必然性。有的同志认为，当危害结果已经发生的时候，原因的偶然就转变成了必然。这实际上是把条件的作用也强加在原因之上了。如果单就原因自身来看，它与结果之间仍然是偶然的联系。

第二节 对偶然因果说的辩解

持偶然因果说的学者认为，刑法中既有必然的因果关系，也有偶然的因果关系（按照本书的理论，除此之外，还有绝然的因果关系和或然的因果关系）。应当说，偶然因果说的观点是正确的。但这一观点却遭到了持唯必然因果说的学者们的批评。前一节，本书对唯必然因果说提出了质疑。这一节，要针对唯必然因果说对偶然因果说提出的批评，为偶然因果说进行辩解。唯必然因果说对偶然因果说提出了如下一些批评：

一、偶然因果关系概念的内涵在逻辑上是混乱的

这一批评只断言偶然因果关系的内涵在逻辑上是混乱的，但混乱在什么地方却没有说明。只是接着对偶然因果说连续提出了几个质问。本书将对这几个质问一一解答。其中第一个质问是："既然偶然因果关系中的原因行为不包含产生结果的根据，结果是由另一原因产生的，那么又怎能作为原因和结果构成因果关系呢"？这一质问是以"偶然原因不包含产生结果的根据"为前提的。也可能有的偶然因果论者是这样认为的。假如真的这样，那这里的批评是正确的。但本书认为，偶然因果关系中的原因同样包含着产生结果的根据，只是这个根据很小而已。虽然很小，但它毕竟也是根据；虽然很小，但它在一定条件的配合下，也可以转变为现实性。正是因为它很小，才把它称之为偶然性；也正是因为它很小，才在它的反面存在着必然性，它才能与必然性形成对立的统一。由于偶然原因中也包含着产生结果的根据，当然就可以形成偶然的因果关系。因而，前述的质问是不能成立的。所谓"结果是由另一原因产生的"这个结论，也是不正确的。

在本书看来，所谓的“另一原因”只不过是配合偶然性变为现实性的一个条件而已。

第二个质问是：“说偶然因果关系中的原因只是引起了结果的产生，但又不起决定作用，这岂不是更加自相矛盾”？在持偶然因果说的学者中，的确有人认为原因对结果起决定作用的，是必然的因果关系；原因对结果起引起作用的，是偶然的因果关系。把偶然因果关系简单地说成是引起与被引起的关系，容易扩大偶然因果关系的范围，因而显得不是那么准确（这一点在下文将要专门讲到）。虽然如此，但也并不存在批评者在这里所说的自相矛盾问题。在批评者看来，原因对结果只有起决定作用的，二者才能形成因果关系，只起引起作用的，就不能形成因果关系。而这恰恰是一种错误的见解。前文已经指出，哲学上讲的因果关系，就是引起与被引起的关系，凭什么要改变因果关系的内涵，把它说成是决定与被决定的关系呢？看来，不是偶然因果说自相矛盾，而是这里的批评者自己对因果关系的内涵有错误的理解。

第三个质问是：“把主要的本质原因与结果之间的关系说成是必然因果关系，把次要的非本质的原因与结果之间的关系说成是偶然因果关系，这岂不是说任何一个多因一果环节都包含两种不同性质的因果关系吗？那么，这个因果环节到底是什么性质的因果关系呢”？应当说，这一质问是问得有道理的。有的偶然因果论者把偶然因果关系界定为次要的、非本质的原因与结果之间的关系，自然是有问题的。既然是非本质的原因，那肯定是本质原因之外的原因，实际上也就是条件。把条件与结果之间的关系说成是偶然因果关系，当然是错误的。不过，这种对偶然因果关系的错误界定，并不意味着偶然因果关系本身的不科学。不能因为有的学者把偶然因果关系界定错了，就把偶然因果关系彻底否定了。

第四个质问是：“说偶然因果关系中的结果对于原因来说，可能出现，也可能不出现。没有出现结果，怎能叫做因果关系呢”？这一质问也有一定的道理。原因在于偶然因果论者对结果的论述存在逻辑上的矛盾。问题在于，不论“可能出现”还是“也可能不出现”，总之，结果是都没有出现。可前边却已经把它说成是“偶然因果关系的结果”了。正确的表达应当这样说：“偶然性一般情况下都很难变为现实性，只有在强有力的条件的配合下，才会变为现实性”。这个道理本书在哲理篇第五章的第七节已经讲过，这里不再赘述。总之，由于偶然因果论者的表述有问题，所以这一质问也是有道理的。但是，同样不能因为偶然论者的这一表述不科学，就把偶然因果关系本身说成是不科学的。

二、“偶然因果说”违背了刑法因果关系的“简化”和“孤立”原则

有学者认为，研究刑法中的因果关系，应当把个别的现象从普遍的相互关系中抽出来孤立地进行考察，这就是所谓的简化、孤立原则。而“偶然因果说”把两个必然因果环节的“巧遇”或“衔接”说成是偶然因果关系，不但使原因和结果都失去了本意，而且违背了简化和孤立原则，潜伏着扩大犯罪因果关系的危险。的确，我们在研究刑法因果关系时，都要贯彻列宁所倡导的简化、孤立原则，也就是要把原因和结果从普遍的联系中抽出来，孤立地加以考察。但需要指出的是，列宁在强调简化、孤立原则时，并没有强调只能从普遍联系中抽出一个环节加以考察。因此，可以说，从中抽出一个或者两个、三个、四个，甚至五个、六个环节进行考察，并不能说就是违背了简化、孤立原则。因为，即使是抽出六个环节，相对于普遍联系来说，仍然是极大的简化。所以，认为偶然因果说是在两个必然因果环节中谈论偶然因果关系，就是违背了简化、孤立原则，从道理上是讲不通的。

三、“偶然因果说”扩大了因果关系的范围

有学者指出，把因果关系区分为必然的与偶然的，就等于说因果关系既是一种本质的、内部的联系，同时又是一种非本质的、外部的联系。本质的加上非本质的，内部的加上外部的，就等于世界上的一切联系。这样，因果关系岂不包罗万象，等于世界上的一切联系？笔者认为，这位学者在这里所提出的问题，起码是犯了两个错误。首先，把偶然因果关系理解为非本质的、外部的联系，是不正确的。前符合客观现实的，根本不存在什么“糊涂认识”的问题。

五、“偶然因果说”是脱离客观存在的主观思维的产物

有学者指出，所谓的偶然因果关系，“实质上都是两条或两条以上因果锁链‘碰撞’的形式……在这种形式下，事物沿着其中一条因果锁链向前发展，并按事物本质的联系产生必然的结果。显然，在这条锁链上只有引起结果发生的行为才与结果具有因果关系；而另一条因果锁链在‘碰撞’中被‘吞并’，结束其延伸。因此，碰撞前事物最后阶段的状态，才是这条锁链的结果”。又说：“所谓‘偶然因果关系’，是对相‘碰撞’的两条因果锁链中那些不具有因果关系的现象，首先规定了它们之间具有因果关系，再以它们之间外在的偶然的联系机械地堆砌出来的一个概念。它不是客观世界物质联系的因果性的反映，而是脱离客观存在的主观思维的产物”。

上边这一段话可分为两部分：前一部分是讲两个因果锁链的碰撞，只能产生必然的结果；后一部分讲偶然因果关系是主观思维的产物。仔细分析一下即可发现，这两部分都是只讲结论，不讲理由。前一部分说：“偶然因果关系都是两条或两条以上因果锁链碰撞的形式”。为什么是一种形式，而不是一种结果？没讲理由。接着说：“在这种形式下，事物沿着其中一条因果锁链向前发展，并按事物本质的联系产生必然的结果”。为什么只按事物本质的联系产生必然的结果，而不会产生偶然的结果？也没讲理由。最后讲：“因此，碰撞前事物最后阶段的状态，才是这条锁链的结果”。这句话显然存在逻辑问题。碰撞前有两条或两条以上的因果锁链，到底哪条锁链上的最后状态才是必然的结果呢？从前后文义上看，这里的“碰撞前”应当是“碰撞后”。若按“碰撞后”来理解，前一部分的意思应当是：两条因果锁链碰撞后，最后的状态才是结果，直接导致这一结果的行为才是原因。二者之间是必然的因果关系。比如，甲在一条死胡同里追打儿童乙，乙在跑向大街时被丙开的汽车撞死。按照“碰撞”说法，这里有三个因果锁链相碰撞：甲在一条死胡同里追打乙，必然引起乙向着大街逃跑；乙因跑得急没注意观察，正巧跑到了丙正常行驶的汽车跟前，必然被汽车所撞；被汽车撞击，必然引起死亡。按照这文我们已经指出过，偶然因果关系也是一种本质的、内在的联系，这里不再重复。其次，认为必然因果关系加上偶然因果关系，就等于世界上的一切联系，也是不正确的。因为，这里讲的只是因果联系，除此之外，客观世界中还有函数关系、逻辑关系、相邻关系等。不要说必然因果关系加偶然因果关系，即使所有的因果关系都加在一起，也仍然只是因果关系而已，它不可能等于世界上的一切联系。

四、"偶然因果说"是把哲学上的"原因"与"结果"，"必然性"与"偶然性"两对范畴混淆在一起而造成的糊涂认识

有人指出，"'原因'与'结果'考察的是两组现象之间的引起与被引起的关系；而'必然性'与'偶然性'揭示的是事物发展的总趋势与具体进程中出现的偏离和摇摆。二者是性质不同的两对哲学范畴，不能混为一谈。它们之间虽然也有联系和交叉，但这种联系和交叉的表现是：必然性和偶然性的范畴要比因果性的范畴大得多，前者都有各自产生的原因，也就是说，必然性与偶然性中都包含有因果性，但又不等于是因果性"。应当说加了引号的这段话是没有问题的（如果说有问题的话，那就是仍然把偶然性看做必然性发展趋势上出现的偏离和摇摆，而不是把偶然性也看做一种发展趋势）。换言之，这里的论述对论点没有证明作用，是一段文不对题的论述。不错，原因与结果和必然性与偶然性是两对不同的哲学范畴，不能混为一谈而且，我们也认为必然性与偶然性中都包含有因果性，但又不等于因果性。可我们就不明白，从这一理论中如何能得出"'偶然因说'是把哲学上的'原因'与'结果'，'必然性'与'偶然性'对范畴混淆在一起而造成的糊涂认识"的结论的。既然必然性然性都不能和因果性混为一谈，偶然性和因果性混为一谈得出的因果关系是这样的一种糊涂认识，那为什么必然性就可以和因为一谈，从中得出的必然因果关系就不是一种糊涂认识呢？显位论者在这里对偶然因果说提出的批评是不能自圆其说的。不论必然性还是偶然性，当他们在一定的条件下变为现实性都可以形成因果关系。必然性变为现实性时形成必然因果关性变为现实性时形成偶然因果关系，这是完全符合哲学原种碰撞说的意思，这三条因果锁链碰撞的最后状态——乙的死亡——是结果，直接造成乙死亡的汽车撞击是原因。二者之间是必然的因果关系。但是，为什么只有这两者之间有因果联系，别的行为如甲的追赶行为、乙的逃跑行为与乙的死亡结果之间就没有因果关系？也没讲任何道理。按照“在这条锁链上只有引起结果发生的行为才与结果具有因果关系”这句话来理解，似乎并不能只把汽车的撞击看做原因。因为对某乙的死亡起引起作用的，并不只是汽车的撞击。从实际情况看，不能不说甲的追赶行为对乙的死亡也起到了引起的作用。但为什么甲的行为不是乙死亡的原因呢？批评者同样没讲任何理由。一方面该讲理由的地方不讲理由，另一方面行文中又有许多矛盾之处，这就很难令人愉快地接受这种批评，同时也不能不令人对这种观点的科学性产生怀疑。

前文的后一部分直接指责偶然因果关系是在不具有因果关系的现象之间“机械地堆砌出来的一个概念”，“是脱离客观存在的主观思维的产物”。笔者以为这样的指责是值得商榷的。客观世界中，万事万物的相互联系有多种不同的表现形式，其中的偶然联系是常见的表现形式之一，而且这种偶然的联系是由偶然性发展起来的，换言之，它也是有一定的根据的，怎么能说它是“脱离客观存在的主观思维的产物”呢？就拿前边所举的例子来讲，某甲在一个死胡同里追打一个未成年的儿童，逼迫该儿童只能向着大街奔逃，在这样的条件和环境下的这样的行为，本身就包含着引起该儿童被汽车撞击的偶然性，这样的偶然性和由这样的偶然性发展起来的偶然因果关系是由现实的客观环境、客观条件、客观行为共同决定的，怎么能说它没有客观根据呢？怎么能说这样的因果关系是机械地堆砌出来的概念呢？如果对客观存在的事实视而不见，抹杀客观存在的偶然性和偶然因果联系，那才真是脱离客观存在的主观思维呢！

六、偶然性是事物之间非本质的联系，因而偶然性不能形成偶然因果关系

有人认为，“在万事万物错综复杂的现象中，作为因与果这两个现象，必然存在着内在的、本质的联系”。“必然性是产生于事物内部的、由事物的本质规定的联系。偶然性则相反，它是事物发展过程中由于外在的、非本质的联系引起的现象，是必然性的表现形式和补充。……偶然性既然指的是事物之间的非本质联系的东西，而因果关系的存在所要求的是作为原因的现象和作为结果的现象之间必须具有本质的、必然的联系，把非本质联系的偶然性的东西塞进本质联系的因果关系中，这种牵强附会的做法得出的所谓‘偶然因果关系’是不符合逻辑的”。

这段批评首先把偶然性界定为一种“非本质的联系的东西”（现象），把因果关系界定为本质的、必然的联系，然后批评道：“把非本质联系的偶然性的东西塞进本质联系的因果关系中，这种牵强附会的做法得出的所谓‘偶然因果关系’是不符合逻辑的”。这段批评可以归纳成如下一个三段论：因果关系必须是本质的、必然的联系，偶然性不是本质的、必然的联系（是非本质联系的东西），所以，偶然的联系不是因果关系。按照这个三段论推论，偶然因果关系似乎真的是不合乎逻辑。但若仔细推敲一下便可发现，这个三段论中的大前提和小前提的真实性都值得怀疑。其大前提是：因果关系必须是本质的、必然的联系。什么道理？没有讲明。前文我们曾经指出，因果关系是一种引起与被引起的关系，这种引起与被引起的关系除了必然的联系之外，也可以有其他的联系。因此，把因果关系仅仅限定为必然的联系，是不正确的。再看它的小前提：偶然性不是本质的、必然的联系。是什么？是一个非本质联系的现象（东西）。把偶然性界定为现象或东西，不能不说是一个严重的错误（错在什么地方，下文将会讲到）。由于大前提和小前提都存在错误，这个三段论的结论也就不可能正确了。于是，这里所提出的批评，实际上是没有道理的。

近些年在刑法因果关系的讨论中，有的人连涉及因果关系的一些基本概念都未弄清楚，就贸然地对偶然因果说提出批评，以至于未把别人批倒，反使自己闹出笑话来。像上边这段批评就存在这方面的问题。比如，说“必然性是产生于事物内部的、由事物的本质规定的联系”，“偶然性是事物发展过程中由于外在的、非本质的联系引起的现象”就很有问题。我们知道，从哲学上讲，必然性和偶然性都是由事物的内在矛盾所包含的引起另一事物的发展趋势。这种发展趋势与现象、联系都不是一回事。趋势指的是一种事物处于可能出现但尚未出现的不确定状态，它实际上是一种可能性；现象指的是一种结果、一种现实；联系则是指两个事物之间的关联性。必然性和偶然性这两种发展趋势在一定的条件下都可以转变为现实，从而造成一种现象（结果）。当它已经转变为现实的时候，原来包含着这种发展趋势的那个事物与这个新的现实（事物）之间，就形成一定的联系，这种联系就称做因果关系。可见，必然性和偶然性与因果关系具有密切的联系，可以说它们是构成因果关系的本质与核心，没有它们就不能形成因果关系。必然性和偶然性与现实和联系也有一定的关系。必然性和偶然性都是现实的前提，也都是事物联系的表现形式之一。但它们本身并不是联系，也不是现象。有的同志把必然性和偶然性这两种事物的发展趋势说成是联系和现象，说明这些同志还没有完全弄明白必然性、偶然性的真实含义以及二者与现象、联系、因果关系之间的关系。在这种情况下，就贸然地对偶然因果说妄加评论，甚至提出批评，是不可能不闹出笑话来的。

七、偶然因果说不符合黑格尔关于因果关系的论述

有人搬出哲学大师黑格尔的一句话："因果关系无疑的是属于必然性的，但这种关系只是必然过程的一个侧面"① 来反对偶然因果说。进而指出："黑格尔的这段话是对因果关系中存在偶然性的否定，进而也否认了所谓偶然因果关系的形式"。

的确，黑格尔是说过"因果关系无疑的是属于必然性的"这句话，但黑格尔同时也说过另外一句话：在事物的相互作用中，因果性"包含作为关联和关系的那样的直接同一与相区别的东西的绝对实体性两者，从而包含相区别的东西的绝对偶然"②。这说明，黑格尔并没有把因果性同必然性绝对地等同起来，也没有明确地把偶然性排斥在因果性之外。因此，不能只抓住黑格尔的个别论述作定论。总之，

① ［德］黑格尔：《小逻辑》，贺麟译，商务印书馆 1980 年版，第 318 页。
② ［德］黑格尔：《逻辑学》（下卷），商务印书馆 1976 年版，第 231 页。

无论必然性还是偶然性，都与因果性有关，都包含有因果性。如果把因果联系硬性界定为内在的、本质的、必然的联系，实际上是把因果性同必然性混为一谈了。这不但不符合黑格尔的哲学思想，同时也违背了马克思主义关于因果性与必然性、偶然性相互关系的学说。

八、“偶然因果说”违背了原因与条件的关系的一般原理

有人认为，“所谓偶然因果关系实际上并不是因果关系，而是条件与结果的关系。条件与结果之间所具有的是偶然的、非本质的、非决定性的关系，而只有原因与结果才是必然的、本质的、决定性的关系。如果把条件与结果的关系作为刑法上的因果关系追究刑事责任，势必扩大刑事责任的范围”。

的确有人把条件与结果之间的关系称之为偶然的因果关系，这位批评者也把条件与结果的关系称之为“偶然的、非本质的、非决定的关系”。其实，这两种说法都是错误的。在本书看来，条件与结果之间既没有偶然的因果关系，也没有这里所说的“偶然的、非本质的、非决定的”关系，而仅仅是一种对原因的配合关系。也就是说，条件通过对原因的配合，才引起了结果的发生。如果一定要界定条件与结果之间的关系的话，也只能说它是一种配合的关系。我们所说的偶然因果关系，与条件和结果之间的关系完全是两码事，根本不存在扩大因果关系范围的问题。

第三节　对其他刑法因果学说的质疑

除了唯必然因果说和偶然因果说之外，还有其他一些关于刑法因果关系的学说。这些学说企图绕过唯必然因果说和偶然因果说，寻求一种折中的解决办法。实践证明，这些学说并不科学。

一、对“根据、条件统一说”的质疑

根据、条件统一说认为，任何结果的发生都是根据与条件相互作用、共同造成的，都是根据与条件的统一。并认为，根据与结果之间是内在的、必然的因果关系；条件与结果之间是外在的、偶然的因果关系。

表面上看，似乎这一观点同意偶然因果说，既承认必然因果关系，又承认偶然因果关系。其实不然。仔细看来，这一观点既不同意唯必然因果说，也不同意偶然因果说，而是一种全新的观点。因为他所说的必然因果关系和偶然因果关系并不是两个独立的因果过程，而是一个因果过程中的两种因果关系的统一。而且他所说的根据（内因），是指犯罪对象内部的根据，他所说的条件（外因），是通常我们所说的犯罪行为。他说："任何事物的发展都既有内部的本质的原因（根据），又有外部的非本质的原因（条件），事物的发展正是这两种原因即根据与条件相互作用的结果。……这就决定了任何一个现实的因果联系都是必然因果联系与偶然因果联系的统一"。比如，在被枪击致死、被刀砍成重伤之类的刑事案件中，枪击、刀砍对于被害人的死亡、重伤来说，都属于外因①，内因则存在于被害人的身体内部。又如，在火车相撞造成旅客死亡的案件中，"旅客死亡的内因在旅客身体的内部，外因则是旅客身体外部的原因如重物的撞击或挤压等"。② 作者认为，旅客身体内部的根据与旅客的死亡之间是必然的因果关系，火车相撞与旅客的死亡之间是偶然的因果关系。总之，旅客死亡正是这两种因果关系的统一，也是根据与条件的统一。

由以上的分析可知，这种根据与条件统一说所说的必然因果关系和偶然因果关系，与我们通常所说的因果关系并不是一回事。由此也暴露出了这一学说的荒谬性。他把枪击杀人的行为看做被害人死亡的条件，并把这种行为与被害人死亡之间的关系说成是偶然的因果关系；同时把被害人身体内部的素质看做被害人死亡的根据，并把这种所谓的根据与被害人死亡之间的关系说成是必然的因果关系。照此说来，在枪击杀人的案件中，应当被追究刑事责任的不是杀人者，而应该是被害人的身体了。或者说，在枪击杀人之类的刑事案件中，应当

---

① 何秉松：《毛泽东的内外因理论是刑法因果关系的理论基础》，载《法律科学》1994年第2期，第21页。

② 何秉松：《毛泽东的内外因理论是刑法因果关系的理论基础》，载《法律科学》1994年第2期，第19页。

追究的是条件，而不再是原因了。为什么会得出如此荒谬的结论？原因可能是作者机械地理解了毛泽东关于内外因的理论。毛泽东确实说过："事物发展的根本原因，不是在事物的外部而是在事物的内部，在于事物内部的矛盾性。任何事物内部都有这种矛盾性，因而引起了事物的运动和发展。事物内部的这种矛盾性是事物发展的根本原因，一事物和他事物的互相联系和互相影响则是事物发展的第二位原因"。又说："唯物辩证法认为外因是变化的条件，内因是变化的根据，外因通过内因而起作用"。毛泽东在这里所说的"内因是变化的根据，外因是变化的条件"，是专就事物向正常方向（简称正向）的发展变化而言的。比如鸡蛋变为小鸡，就是向正常方向的发展变化，因而这种发展变化的根据是鸡蛋内部的基因，鸡蛋外部的温度只能是变化的条件。但是，对于向非正常方向（简称反向）发展变化的事物来说，变化的根据就不是事物自身的内部，而是另一事物了。比如鸡蛋被打碎，就是鸡蛋向非正常方向的发展变化。这种变化的根据就不是存在于鸡蛋的内部，而是来自外部的力量了。同样，一个人被殴打致伤或者被枪杀致死，都属于向非正常方向的发展变化。这种变化的根据只能来自外部的力量，即他人的犯罪行为，而不可能来自被害人自己的身体。此种情况下，枪击行为的内在破坏力，正是致被害人死亡的根据，这也是一种内因。由此可见，事物正向发展的根据存在于事物自身的内部，事物反向发展的根据则是存在于外部事物的内部。这位同志不注意事物正向发展与反向发展的区别，一律从事物自身的内部去寻找事物发展变化的内因和根据，是不可能不出现错误的。

这位同志也可能会辩解说，一个年轻人因得了重病而死亡，这也是一种反向的发展变化，但这种反向变化的内因（疾病）就来自身体的内部。可见，不论正向发展还是反向发展，其内因都是来自身体内部。笔者以为，这个辩解是不能成立的。疾病虽然是在身体内部生成的，但病因可能来自外部。比如因注射或者输血而感染了艾滋病导致死亡、因长期大量的抽烟而引起肺癌导致死亡、因病菌的侵入而得了急性感冒导致死亡等，其根本原因即死亡的根据还是来自身体的外部，仍然是身体外部的事物（病菌等）的内部对死亡起了决定作用。如果某个儿童因先天发育不足，一生下来其身体的内部器官就带有严重缺陷而导致死亡，这类死亡的根据是不是来自身体内部呢？回答当然是肯定的。但这类情况并不属于事物的反向发展变化，而是一种正向的发展变化。因为，既然自身发育不全，他的正常发展就不可能是健康的成长，而只能是很快就走向衰亡。

二、对“合乎规律说”的质疑

这种学说认为，刑法中的因果关系，就是存在于原因与结果之间的客观的合乎规律的内在联系。他不同意必然因果关系的提法，也不同意偶然因果关系的提法，只同意合乎规律的因果关系的提法。他批评道：有什么必要推论或演绎下去，把犯罪因果关系从形式上区分为偶然因果关系、必然因果关系、间接因果关系、直接因果关系等呢？这样区分有什么实际意义呢？从这些批评的语言中可以看出，作者不同意将刑法中的因果关系分为必然因果关系和偶然因果关系，但他在下文中却又作出了自相矛盾的阐述：“我们只要在辩证唯物主义基本原理的指导下，认真分清了‘条件’与‘原因’，注意了在‘原因’中还存在着偶然原因、间接原因、次要原因，不否认也不忽略这些方面的原因，并认真研究了它们同必然原因、直接原因、主要原因的区别及其相互关系，以及所有这些‘原因’之间的相互关系，也就能把我们当前审判实践中提出的犯罪因果问题阐明了”。从这一论述中可以看出，作者也承认刑法中还有偶然原因、必然原因、直接原因、间接原因等。难道偶然原因与结果之间不是偶然的因果关系、必然原因与结果之间不是必然的因果关系吗？可见，这位作者前后的论述是自相矛盾的。他一方面想用合乎规律的因果关系替代必然因果关系和偶然因果关系，另一方面又摆脱不了必然因果关系和偶然因果关系的提法。再说，什么叫合乎规律？如何判断是否合乎规律，也没有拿出一个切实可行的标准。由此就可看出，这种合乎规律的因果关系的观点，是很难成立的。

三、对“必然性和偶然性统一说”的质疑

这种观点既反对必然因果关系，也反对偶然因果关系，认为刑法中的因果关系只能是必然性和偶然性的统一。理由是：世界上一切事物的发展过程，都同时存在着必然性和偶然性两个方面。而必然性和偶然性是对立的统一，没有离开偶然性的纯粹必然性，也没有离开必然性的纯粹偶然性。

必然性和偶然性既对立又统一，谁也离不开谁，这是没有问题的。因果关系都是必然性和偶然性的统一，或者说都是必然性和偶然性相互作用的结果，这也是没有问题的。但由此就得出结论，说刑法中的因果关系就是必然性和偶然性对立统一的因果关系，则是值得商榷的。因为，对因果关系作这样的界定，无法说明到底是一种什么性质的因果关系，也无法说明原因对结果所起作用的大小。必须指出，因果关系虽然是必然性和偶然性的统一，但任何一个因果关系都有一个是以必然性为主还是以偶然性为主的问题。以必然性为主的，由偶然性为其开辟道路，形成的因果关系是必然的因果关系；以偶然性为主的，由必然性为偶然性开辟道路，形成的因果关系是偶然的因果关系。由此可见，不论是必然的因果关系还是偶然的因果关系，都是必然性和偶然性的统一。因此，以必然性和偶然性的对立统一为由，不作必然因果关系和偶然因果关系的区分，是不正确的。

我们注意到，持这种观点的同志虽然也坚持必然性和偶然性的统一，但他们对必然性和偶然性的理解仍然是有问题的。他们理解的必然性，是指在一定条件下合乎规律地引起一定结果的确定性；他们所理解的偶然性，则指原因和条件加诸结果的某些不确定性。总之，他们所理解的必然性和偶然性，都不是一事物引起另一事物的发展趋势。这样来理解必然性和偶然性，由于不符合哲学上的一般原理，是不可能不出问题的。他们举例说："甲开枪打死乙，面对这一现实，我们说甲的枪击行为与乙的死亡结果之间具有内在必然联系。但是，这种必然不但不能脱离加害者、被害人、作案手段、时间、地点、作案过程和情节等诸多条件所带来的偶然性，恰好要以这些偶然性作为自己的表现方式和自己的存在条件。如果除去这些具体的偶然性，所谓必然性就会化为子虚乌有。反之，偶然性如果没有这种必然性贯穿其中，也就不成其为偶然性”。[①] 于是就说，甲开枪打死乙这样的因果关系，就是必然性和偶然性统一的因果关系。虽然这样的分析有一定的道理，但所下的结论却是错误的。在笔者看来，甲开枪打死乙，虽然是必然性和偶然性的统一，但这仍然是一个必然性质的因果关系。因为在甲向乙开枪的一刹那（乙死亡之前），就已经包含着致乙死亡的必然性了。但这一必然性的实现还要靠偶然性来配合。比如，开枪的时间、地点、过程、被害人因未发觉而未躲避、击中的部位等，都带有一定的偶然性，正是靠这些偶然性的配合，致乙死亡的必然性才得以转变为现实性。虽然说在乙死亡的过程中，一系列偶然性起了重要的配合作用，但起根本作用的，仍然是甲的开枪行为，其内在的、本质的根据仍然是甲开枪行为中所包含的致乙死亡的必然性。因此，从性质上讲，这仍然是一个必然的因果关系。不能说，因为必然性的实现需要靠偶然性来配合，就说因果关系是必然性和偶然性统一的因果关系。必然性和偶然性的统一，只不过是因果关系形成的必经程序而已，而不是因果关系的性质。

四、实质性因果关系说

此种观点认为，实质性因果关系说的优点，首先在于它摈弃了必然性是个发展趋势这个特定的概念，而使它更符合于现实因果关系的含义；同时又在于揭示因果关系的本质，体现了我国刑法中犯罪的实质概念这个基本观点。但究竟什么是实质的因果关系，这种因果关系的内涵和特点是什么，却没有讲清楚。

此种观点试图“摈弃必然性是个发展趋势这个特定的概念”来研究因果关系，在研究的方法上显然是舍本求末，很难说抓住了要领。必然性是客观世界相互联系中普遍的表现形式之一，它是一事物中所包含的引起另一事物的发展趋势，是形成因果关系的基本前提，也是构成因果关系的本质和根据。可此种观点竟然要摈弃了必然性来研究因果关系，还要用实质的因果关系替代必然的和偶然的因果关系。真不知道，摈弃了必然性和偶然性，该如何抓住因果关系的实

① 高铭暄主编：《新中国刑法学研究综述》，河南人民出版社1986年版，第182页。

质，又何以把因果关系叫做实质的因果关系呢？

本书以为，此种观点恰恰是没有揭示出因果关系的本质，也不符合现实因果关系的含义，更未体现出我国刑法中犯罪的实质概念。更何况它连什么是实质的因果关系也没有说清楚。

五、高概率因果关系说

此种观点认为，“偶然性的实质就是可能性（概然率）问题。可能性有大有小，概然率有高有低。概然率达到百分之百，就成为必然。根据概然率频度，偶然因果关系可分为两类：一是高概率因果关系（即此现象很可能引起彼现象），二是低概率因果关系（即此现象极难引起彼现象）”。并认为，“只有高概率联系才是刑法学中的因果联系”。

此种观点把偶然性归于可能性之中，是正确的。说可能性有大有小，概然率有高有低，也是正确的。但说概然率达到百分之百，就成为必然，还说只有高概率联系才是刑法学中的因果联系，则是不正确的。

如果某一事物发生的可能性在概率上达到百分之百，那这一事物的发生就是绝对的、一定如此的、不可避免的，那就成了绝然性，而不是必然性了。绝然性与必然性的区别就在于，绝然性在概率上达到百分之百，在它的反面不存在任何其他的可能性，事物的发展只有一个发展趋势，而且这个发展趋势是不可避免地一定要变为现实性的。必然性则不同。它虽然所占的概率很大，大到已经接近于1，但却总也满足不了百分之百。这是因为，在它的反面还有一个偶然性，它不足百分之百的那一部分概率总是被偶然性占据着。正是因为如此，必然性和偶然性才总是紧密相随，不可分离。也正是因为如此，在事物的发展上，总是有正反两个发展趋势：一个是必然的发展趋势，另一个是偶然的发展趋势。还是因为如此，必然性的实现就不是不可避免的。

由以上的论述可知，当概率达到百分之百时，就成了绝然性。当绝然性变为现实性时就形成绝然的因果关系；当概率大到接近于1但仍小于1（或者说当概率小到接近于0但仍大于0）时，便同时形成了必然性和偶然性。当必然性变为现实性的时候，就形成必然的因果关系，偶然性随之消失；当偶然性变为现实性的时候，就形成偶然的因果关系，必然性随之消失。可见，按照概率含量的大小，可以把因果关系划分为绝然的、必然的、偶然的（还有或然的）因果关系。持高概率因果关系说的同志认为，只有高概率的因果关系才是刑法上的因果关系，说明他们还是只承认必然（实际上的绝然）的因果关系，这是不正确的。

六、直接和间接因果关系说

此种观点认为，在刑法中，凡是只有一个因果环节的，就是直接因果关系；凡是具有两个以上因果环节的，就是间接因果关系。他们不承认偶然因果关系。认为间接因果关系虽然间接，但它却有着某种必然的联系。偶然因果关系虽然在形式上也像间接因果关系，但实际上它只是一种偶然联系，而不是因果关系。

直接因果关系与间接因果关系是客观世界普遍联系的表现形式之一，也是因果关系多样性的表现之一。二者的区分是以有无中间环节，即是否只有一个因果环节为标准的。这样的区分具有直观、简明的特点，容易使人们对原因与结果之间的关系作出大致的把握和估价，但却不容易使人们准确地把握原因对结果所起作用的大小。因此，人们对因果关系的认识，不能仅仅停留在直接因果与间接因果上。为了深入一步，把握原因对结果所起作用的大小，就必须将因果关系划分为绝然的、必然的、或然的、偶然的几种。直接因果关系不一定就是绝然的或必然的因果关系，其中也可能有偶然的因果关系；间接因果关系也不一定就是或然的或偶然的因果关系，其中也可能有必然的因果关系。可见，在因果关系的类型上，作直接、间接的划分，并不影响必然与偶然的划分。或者说，直接、间接因果关系并不能取代必然、偶然因果关系。因此，只承认直接、间接因果关系，不承认必然、偶然因果关系的观点，是不正确的。

第四节　对其他偶然因果说的质疑

在承认偶然因果关系的学者中，对于什么是刑法中的偶然因果关系，或者说对于如何界定刑法中的偶然因果关系，又有各种不同的见解。这些不同的见解，削弱了偶然因果关系论辩的力量。由于有些见解缺乏科学性，扩大了偶然因果关系的范围，以致成为唯必然因果说批评的把柄。在这一节里，将对这些关于偶然因果关系的不同学说，进行分析和质疑。

一、对“巧遇、交叉说”的质疑

巧遇、交叉说认为，刑法中的偶然因果关系，就是两个必然因果环节的巧遇和交叉。作者举例说：“某甲在一条黑胡同里追赶某乙，某乙在逃向大街时，凑巧撞上由侧面过来的某丙行驶的汽车，因一时刹不住车，致将某乙撞死”。作者认为，在这个例子中，某甲的追赶行为与某乙的逃跑之间构成了一个必然因果环节，某丙刹不住车的行为与某乙的死亡之间构成了另一个必然因果环节。由于这两个必然因果环节巧遇地紧密衔接着的情况，由于针对着这种凑巧和间接的特殊情况，就自然得出了某甲的追赶行为与某乙的死亡之间是一种偶然因果关系的结论。

按照本书的观点，如果两个必然因果环节仅仅存在巧遇和交叉，而没有形成数个必然因果环节的必然联结，偶然因果关系仍然无法形成。以前边的例子为例，我们认为，在某甲的追赶行为与某乙的死亡之间是否存在偶然因果关系，关键并不在于前后两个必然因果环节是否存在巧遇和交叉，而是在于前后两个必然因果环节是否又构成了一个新的必然因果环节。固然，巧遇和交叉是必须要具备的。但是，如果只具备巧遇和交叉，而构不成中间一环的必然联结，那么，偶然因果关系仍然无法形成。这是因为，在仅仅存在巧遇和交叉的情况下，前一行为并没有也不可能作为原因伸入促使结果实现的境界中去，前一行为与后一结果自然也就无法形成偶然的因果关系。假如某乙在某甲的追赶之下逃向大街后，并不是于一瞬间内突然出现在行驶着的汽车跟前，而是在他又沿着大街一侧向前跑了两分钟之后，突然被从后面而来的某丙驾驶的汽车撞死的话，由于有了两分钟相隔的时间，原存在于某甲的追赶行为之中的直接导致某乙死亡的偶然性就消失了。某乙之所以被撞死，完全是由于司机某丙的麻痹大意或汽车发生故障等原因所引起的，某甲的追赶行为并没有对结果起到原因的作用，因而在某乙的跑向大街与某丙的刹不住车之间就不存在必然的因果关系，进而在某甲的追赶行为与某乙的死亡之间，就也不存在偶然的因果关系。但是，在这种情况下，在某乙的逃向大街与某丙的刹不住车之间，也就是在此说所说的两个必然因果环节之间，是仍然存在着巧遇和交叉的（某乙在某甲的追赶下逃向大街，又凑巧地碰上麻痹大意的司机某丙，这不能不说也是一个巧遇和交叉）。可见，仅凭两个必然因果环节之间存在的巧遇和交叉，尚不能认定刑法中的偶然因果关系。否则，将会扩大这种因果关系的范围。因此，巧遇、交叉说不是十分地严谨和科学的。

二、对“交错说”的质疑

此说认为，“所谓偶然因果关系，是指某种行为本身不包含着产生某种结果的必然性（内在根据），但在其发展过程中，偶然地同另一个因果过程相交错，由另一原因合规律地引起了这种结果。此时，最初一人的行为同最后的结果，表现为偶然因果关系”。

交错说在对偶然因果关系的界定上，虽然与巧遇、交叉说不完全相同，但其基本含义是相同的，因此，交错说同样会扩大偶然因果关系的范围。比如，甲殴伤乙，乙在去医院治疗的途中，被丙驾驶的汽车撞死。在这样的案例中，完全可以解释为：在甲殴伤乙的行为中本不包含致乙死亡的必然性（内在根据），但在其发展过程中，偶然地同丙驾驶汽车的过程相交错，由丙的行为合乎规律地引起了这种结果。此时，甲的行为与乙的死亡之间表现为偶然的因果关系。但事实上，在甲殴伤乙的行为与乙的死亡之间并不存在偶然因果关系。因为在乙受伤与乙被汽车撞击之间，找不到任何必然的联系。乙之所以被汽车撞击，可能是由于乙突然横穿马路造成的，也可能是由于汽车司机违章驾车造成的，这都与甲的殴打行为没有必然的联系。可见，交错说也容易扩大偶然因果关系的范围，也有不科学之处。

三、对“竞合说”的质疑

竞合说认为，“刑法中的偶然因果关系是：某（某些）危害行为造成某危害结果，这一结果在发展中又与另外的危害行为或事件相竞合，合乎规律地产生另一危害结果，先前的危害行为不是这最后结果的决定性原因，不能决定该结果出现的必然性，最后的结果对于先前的危害行为来说，可能出现，也可能不出现，可能这样出现，也可能那样出现，它们之间是偶然因果关系”。

用竞合说对前边甲伤乙，乙在去医院的途中被汽车撞死的案例进行解释，也可得出具有偶然因果关系的结论。解释如下：甲的殴打行为造成乙受伤的结果，这一结果在发展中又与丙的驾车行为相竞合，合乎规律地产生了致乙死亡的结果。甲的殴打行为不是乙死亡的决定性原因，不能决定乙死亡的必然性，乙的死亡对于甲的殴打行为来说，可能出现，也可能不出现，可能这样出现，也可能那样出现，因而甲的殴击行为与乙的死亡之间是偶然的因果关系。

前边我们已经分析过，这样的案例不具有偶然因果关系。但按照竞合说也得出了具有偶然因果关系的结论。可见，竞合说也不能科学地防止对偶然因果关系扩大。

四、对“引起说”的质疑

引起说认为，在刑法因果关系中，起决定作用的危害行为与结果之间是内在的必然的因果关系，起引起作用的危害行为与结果之间是外在的偶然的因果关系。

从哲学上讲，一现象引起另一现象的发生，起引起作用的现象就可以被称之为原因。但在刑法上却不能简单地这样认定。否则，将会无限的扩大刑法上偶然因果关系的范围。因为，客观世界是一个普遍地相互联系的统一体，在客观世界中，任何一个事物的发生，都是由许多相互关联的事物共同引起的。如果将起引起作用的统统认定为刑法上的偶然原因，那么偶然原因将会成为一个十分广泛的概念。比如，姥姥给10岁的外孙买了一件新衣服，母亲让孩子去距离不远的姥姥家取回，结果孩子在去姥姥家的路上被汽车撞死了。按照引起说的理论，姥姥买衣服的行为、母亲安排孩子去姥姥家的行为以及孩子自己的行为，都是孩子死亡的偶然原因，因为他们的行为都对孩子的死亡有引起作用。又如，某天，一位新娘坐在一辆租来的小汽车里前往新郎家，在半路上因与另一辆汽车相撞而死亡。照引起说推论，新郎与新娘谈恋爱的行为、准备结婚的行为、家人租汽车的行为、新娘前往新郎家的行为等都可以认定为新娘死亡的偶然原因。可见，引起说很容易无限扩大偶然因果关系的范围，不能说是科学的。

五、对“条件原因说”的质疑

此种观点把刑法中的原因分为根据与条件两种，根据是指犯罪对象（比如人体）内部的特性，条件是指引起对象变化的犯罪行为。比如，甲开枪打死了乙，他认为乙的身体内部经不住枪击这种特性，是乙死亡的内因、根据，与乙的死亡之间是必然的因果关系；甲的开枪行为存在于乙的身体外部，对乙的死亡来说是外因、条件，与乙的死亡之间是偶然的因果关系。

照此种观点推论，我们通常所说的犯罪行为，对于造成的危害结果来说，都属于外因，都属于条件；我们通常所说的刑法中的因果关系也都是偶然因果关系了，因为刑法上的犯罪行为都不是犯罪对象中固有的，都是存在于犯罪对象之外的。这样一种观点，简直是荒谬得令人称奇。

这里涉及一个如何理解“事物内部”的问题。毛泽东说“内因是变化的根据，外因是变化的条件”，黑格尔也说“根据就是内在存在着的本质，而本质即实质上的根据”。这里所说的“内”到底是什么事物的内？这里所说的“外”到底是什么事物的外？从哲学上讲，这个“内”当然是指事物本身的内。比如，说鸡蛋变为小鸡，内因是根据，外因是条件。这个内因就是指鸡蛋内部的胚胎，外因是指鸡蛋外部的温度。如果鸡蛋不是变化为小鸡，而是被落下的一块石头打碎了（完好的鸡蛋被打碎，这也是一种变化），这种变化的根据是不是也在鸡蛋的内部？这就很值得研究了。鸡蛋变为小鸡的内在根据是胚胎，我们在鸡蛋的内部确确实实可以找到这个胚胎。可鸡蛋被打碎的内在根据在哪呢？在鸡蛋的内部翻个遍也找不到。你说鸡蛋被打碎的内在根据也在鸡蛋的内部，可为什么在鸡蛋的内部找不到呢？于是，持此种观点的这位学者就说了，蛋壳的物理性能（经不住轻轻一击）就是鸡蛋被打碎的内在根据。[1] 如果鸡蛋是铁质的，这样的物理性能就会使它不能被打碎了。蛋壳是鸡蛋被打碎的根据，那落下来的那块石头对于鸡蛋被打碎来说是什么呢？这位学者说那是条件，是外因。照着这种逻辑推论下去，如果某甲用枪打死了某乙，这位学者就说，某乙身体内部的特性（经不住枪的一击）是某乙自己死亡的内在根据，至于某甲的开枪行为，由于存在于某乙身体之外，因而就是某乙死亡的外因、条件了。他说："在许多刑事案件中，特别是在杀人、伤害、放火、爆炸等刑事案件中，犯罪主体的行为总是作为外部的力量施加于客体或对象，从而给客体造成损害的。在这里，对客体的变化（遭受损害）来说，犯罪人的行为是外因、是条件，而不是内因，不是根据。因为它存于事物（客体）外部。例如，在杀人罪中对被害人的死亡来说，杀人行为就是外因（条件），而不是内因（根据），因为它不存在于事物（被害人）内部。因此犯罪主体的行为与死亡结果之间就不是必然因果关系"。

由上可见，这位学者所理解的内因、根据，只能存在于发生变化的这个事物的内部，而不能存在于发生变化的这个事物之外的另外一个事物的内部。显然，这位学者是把哲学上的内外因原理原封不动地照搬到刑法中来了。

刑法因果关系是哲学因果关系的一部分，自然要接受哲学因果理论的指导。但哲学上的因果理论是否只能原封不动地照搬到刑法中来，倒是值得研究的。

只要我们认真比较一下就可以发现，哲学上所讲的事物变化与刑法上所讲的事物变化，有一个显著的区别。这就是：哲学上所讲的事物变化，一般都是指事物向正常方向（简称正向）的发展变化，如鸡蛋变为小鸡、幼儿健康成长等；而刑法上所讲的事物变化，则全部

---

① 何秉松：《毛泽东的内外因理论是刑法因果关系的理论基础》，载《法律科学》1994年第2期，第19页。

是向非正常方向的发展变化，或者说是一种破坏性（简称反向）的发展变化，比如，桥梁突然被炸断、人突然被杀死等。如果我们再仔细观察一下，就又可发现，事物正向的发展，都是由该事物的内在本质起决定作用。比如鸡蛋变为小鸡是内部的胚胎起决定作用。而事物反向的发展，则是由该事物外部的另一个事物的内在本质起决定作用，如好好的一座桥梁突然垮塌，是强大的爆炸力或者强烈的地震等起了决定作用，一个健康活泼的人突然死亡，是杀人犯实施的枪击行为或者突然遭遇的车祸等起了决定作用。由此可以发现，事物正向发展的根据存在于该事物的内部，事物反向发展的根据却不是存在于该事物的内部，而是来自于该事物之外的另一事物的内部。这位学者不注意观察事物正向发展与反向发展的区别，对于反向发展的事物也从事物本身的内部去寻找发展变化的根据，自然会得出荒谬的结论来。

那么，从本事物之外的另一个事物的内部寻找本事物反向发展的内在根据的理论，是否违背哲学上的内外因原理呢？回答应当是否定的。因为这样的理论，同样符合内因是变化的根据，外因是变化的条件的理论。比如，某甲开枪打死了某乙。我们认为，某乙死亡的根据（内因）不是存在于某乙身体的内部，而是存在于某乙身体之外的某甲的开枪行为中所包含的强大的破坏力（开枪行为的本质），某乙死亡的条件（外因），则是存在于某甲开枪行为之外的其他一些因素，如时间、地点、环境、某乙因未发觉而没有躲避等。这同样是内、外因结合引起了事物的变化，同样符合内因是变化的根据、外因是变化的条件的原理。只是从哪个事物的内部寻找根据，与那位学者有点不同罢了。按照那位学者的理论，在这样的杀人案件中，某乙死亡的根据是某乙身体经不住枪击这样的一种特性；某乙死亡的条件是某甲的开枪行为。按照这种理论，有以下五个问题都无法解释清楚：第一，身体经不住枪击这样一种特性，不只是某乙独有，人人都有，为什么别的人没死呢？第二，把杀人行为作为条件，那么通常刑法学上所讲的条件，如时间、地点、光线、音响、距离等是什么呢？第三，把杀人行为与被害人死亡之间的关系称之为偶然因果关系，这就意味着刑法上所有的因果关系全部是偶然的因果关系，是否要全盘否定原有的刑法因果理论？第四，把被害人身体内部经不住枪击的这种特性作为死亡的根据，并把它与死亡结果之间的关系称之为必然的因果关系，在刑法学上有什么意义？难道要追究被害人的责任不成？第五，按照通常的刑法理论，条件不是原因，对于条件行为不追究刑事责任。那么，把杀人行为作为死亡结果的条件，还追不追究杀人犯的责任呢？另外，把杀人行为作为条件看待，也严重违反哲学上关于条件的基本原理。从哲学上讲，“条件是那样一些在时间上空间上同原因共同存在的事物和过程——它们虽然不直接产生结果，但是对因果联系发生影响并使结果的出现成为可能”。[①] 这说明条件有三个特征：（1）它与原因共存。换言之，条件不能脱离原因而独立存在，没有原因，也就没有条件。（2）从条件中不能直接产生结果。（3）条件只能对因果联系发生影响。但杀人行为并不存在这三个特征。首先，它和所谓的原因——被害人身体内部的特性——并不是共存的关系，即并非人体因为有这样的特性，就一定要有杀人行为的产生，这就不符合条件的条一个特征；其次，从杀人行为中能够直接产生致人死亡的结果，这就不符合条件的第二个特征；再次，杀人行为对因果联系不只是产生影响作用，而是起了决定的作用，这就不符合条件的第三个特征。

综上所述，这种“条件原因说”的理论是不能成立的，是十分荒谬的。

① ［德］弗朗克·菲德勒、奥托·芬格尔等著：《辩证唯物主义与历史唯物主义》，郑伊清、王亚汶等译，求实出版社 1985 年版，第 136 页。

主要参考书目

1. 蔡枢衡:《中国刑法史》,广西人民出版社 1983 年版。

2. [英] 特纳:《肯尼刑法原理》,华夏出版社 1989 年版。

3. 《马克思恩格斯选集》(第 3 卷),人民出版社 1972 年版。

4. 李光灿、张文、龚明礼:《刑法因果关系论》,北京大学出版社 1986 年版。

5. 高铭暄主编:《新中国刑法学研究综述》,河南人民出版社 1986 年版。

6. 《刑法学论集》,北京市法学会 1983 年编。

7. [德] 黑格尔:《逻辑学》,商务印书馆 1982 年版。

8. 高铭暄主编:《刑法学》,北京大学出版社 1989 年 10 月第 1 版。

9. 陈兴良:《刑法哲学》,中国政法大学出版社 1992 年版。

10. 萨厄尔:《一般刑法学》,1949 年。

11. [苏] H. A. 别利亚耶夫、M. И. 科瓦廖夫主编:《苏维埃刑法总论》,马改秀、张广贤译,群众出版社 1987 年版。

12. [苏] A. A. 皮昂特科夫斯基等著:《苏联刑法科学史》,曹子丹等译,法律出版社 1984 年版。

13. 李秀林、王于、李淮春主编:《辩证唯物主义和历史唯物主义原理》,中国人民大学出版社 1982 年版。

14. [苏] 费·瓦·康斯坦丁诺夫主编:《马克思列宁主义哲学原理》人民出版社 1985 年版。

15. [德] 黑格尔:《逻辑学》(下卷),商务印书馆 1976 年版。

16. 《马克思因格斯选集》(第三卷),人民出版社 1995 年版。

17. 《毛泽东选集》(第三卷),人民出版社 1966 年版。

18. 《列宁全集》(第38卷)，人民出版1986年版。

19. 高铭暄主编：《中国刑法学》，中国人民大学出版社1989年版。

20. 列宁：《黑格尔“逻辑学”一书摘要》(单行本)，人民出版社1963年版。

21. 《列宁选集》(第2卷)，人民出版社1972年版。

22. 《列宁全集》(第14卷)，人民出版社1957年版。

23. 《毛泽东选集》(合订本)，人民出版社1966年版。

24. [德] 黑格尔：《小逻辑》，人民出版社1980年版。

25. 《马克思恩格斯选集》(第4卷)，人民出版社1972年版。

26. 《辞海》(缩印本)，上海辞书出版社1979年版。

27. 陈晏清：《马克思主义哲学纲要》，中央广播电视大学出版社、天津人民出版社1983年版。

28. 艾思奇主编：《辩证唯物主义历史唯物主义》，人民出版社1978年版。

29. 陈昭著：《工业心理学漫谈》，甘肃人民出版社1985年版。

30. 《在科技革命条件下如何打击犯罪》，群众出版社1984年版。

31. [德] 弗朗克·菲德勒、奥托·芬格尔等著：《辩证唯物主义与历史唯物主义》，郑伊倩、王亚汶等译，求实出版社1985年版。

32. [苏] 费·瓦·康斯坦丁诺主编：《马克思列宁主义哲学原理》，李光谟等译，人民出版社1985年版。

33. 毛泽东：《矛盾论》，载《毛泽东选集》(第1卷)，人民出版社1966年版。

34. 韩树英：《通俗哲学》，人民出版社1978年版。

35. 李达主编：《唯物辩证法大纲》，人民出版社1978年版。

36. 李秀林、王于、李淮春主编：《辩证唯物主义和历史唯物主义原理》，中国人民大学出版社1982年版。

37. 黎克明等：《哲学原理集辩》，广东人民出版社1984年版。

38. 《哲学原理研究》，福建人民出版社1984年版。

39. [德] 阿·科辛主编:《马克思列宁主义哲学词典》,郭官义等译,东方出版社 1991 年版。

40. 王作富:《中国刑法研究》,中国人民大学出版社 1988 年版。

41. 马克昌、杨春洗、吕继贵主编:《刑法学全书》,上海科学技术出版社 1993 年版。

42. 张世英:《黑格尔〈小逻辑〉绎注》,吉林人民出版社 1982 年版。

43. 高清海主编:《马克思主义哲学基础》,人民出版社 1985 年版。

44. [日] 泉二新熊:《日本刑法论》,有斐阁 1927 年版。

45. [意] 杜里奥·帕多瓦尼:《意大利刑法学原理》,陈忠林译,法律出版社 1998 年版。

46. 洪福增:《刑法理论之基础》,1977 年版。

47. [苏] 孟沙金主编:《苏联刑法总论》下册,彭仲文译,大东书局 1950 年版。

48. [苏] A. H. 特拉伊宁:《犯罪构成的一般学说》,薛秉忠等译,中国人民大学出版社 1958 年版。

49. [苏] 罗森塔尔:《唯物辩证法的范畴》,厦门大学出版社 1994 年版。

50. 韩忠谟:《刑法原理》,1981 年版。

51. 王觐:《中华刑法论》(总则) 中册,方正出版社 2005 年版。

52. [日] 大冢仁:《犯罪论的基本问题》,冯军译,中国政法大学出版社 1993 年版。

53. [英] J. W. 塞西尔·特纳:《肯尼刑法原理》,王国庆、李启家等译,华夏出版社 1989 年版。

54. 储槐植:《美国刑法》,北京大学出版社 1987 年版。

55. [苏]《普列汉诺夫哲学著作选集》(第 2 卷),三联书店 1961 年版。

56. [英] 鲁珀特·克罗斯等著:《英国刑法导论》,中国人民大学出版社 1991 年版。

57. 甘雨沛、何鹏：《外国刑法学》（上册），北京大学出版社 1984 年版。

58. ［德］J. 列克沙斯、J. 伦内贝格著：《民主德国刑法理论的若干问题》，深圳大学学报建校五周年专刊。

59. 高铭暄主编：《新中国刑法科学简史》，中国人民公安大学出版社 1993 年版。

后 记

写完本书最后一个字时，我意识到，20 年的长途跋涉终于结束了，一个长久的梦终于圆了。我不由自主地站起身来，活动活动身体，深深地吸一口气。抖去了一身的疲劳，心中才荡漾起收获的喜乐。

谁要问我什么是刑法学中最深、最难的理论问题，我会毫不犹豫地回答：“是刑法中的因果关系”。它简直是刑法学中的一个无底黑洞，深不可测；也可说，它是刑法学中的喜马拉雅，高而难攀。不是吗？多少年来，有多少偏爱刑法学的志士学者，对刑法因果关系苦心钻研，缜密思索，虽然也取得了一个个辉煌的成果，但至今仍有许多疑难问题不得其解。比如，西方学者虽然明显地感受到了“条件即原因”说的缺陷，但多少年了仍然找不到补救的办法；虽然许多人认为“相当因果关系说”的标准不够科学，但总也找不到一个更好的标准。在我国，坚持唯必然因果说的学者，至今拿不出刑法中只存在必然因果关系的令人信服的理由；坚持偶然因果关系的学者也拿不出既不遗漏偶然因果也不扩大偶然因果的科学办法。还有，因果关系是怎么产生的，如何发展的，它的内部结构是什么？一直没有科学的解释。这些都充分说明了刑法因果关系的理论深度和研究难度。

本人历经 20 年的探索，通过对必然性、偶然性哲学概念的修正入手，创立出一套新的刑法因果关系理论，试图对刑法因果关系的产生、发展、实现及其内部结构作出科学的解释，并力图为偶然因果关系在刑法中的确立奠定坚实的理论基础，进而终结刑法中有无偶然因果关的论争。另外，我还有一个小小的心愿，就是希望这一新的理论体系，能够对司法实践在认定具体犯罪的因果关系时有所帮助。至于我的这一初衷能否实现，或者说这一新的理论体系到底有无著者所追求的理论价值，我不敢作出自负的判断，只好交给实践去检验，由得世人去评说了。

不论本书问世后是成功还是失败，也不论人们如何评价这本书的价值，我都要把她作为一份心爱的礼物奉献给我的大学老师王者香、伍柳村、邓又天、赵长青、董鑫诸位教授，是他们把我带上了从事刑法学研究的通幽曲径，并为我开启思路，指点迷津。若没有他们早年对我的教诲和引导，我就不可能站上大学的讲坛，更不可能有这本理论性较强的专著问世。

我由衷地感谢本书的写作顾问曹子丹和王者香两位教授。曹教授以同一单位之便，经常给我启迪和指导，使我受益匪浅。王教授虽然远居重庆，但他利用现代化的通信工具和信函往来，仍像当年指导我写作学生论文那样，一丝不苟，精心指点。

我更要感谢高铭暄和储槐植两位教授，他们在百忙之中放下案头要事，来为我审阅书稿，并为本书作序。尤其是储槐植教授，还为本书提出了一些宝贵的修改意见。在此，我衷心感谢两位教授的支持。

侯国云

1999 年 8 月于北京